MARKETING PRINCIPLES AND PRACTICE

市场营销原理与实务

主编◎陈雄鹰

副主编◎汪昕宇　冯　琨

中央民族大学出版社
China Minzu University Press

图书在版编目（CIP）数据

市场营销原理与实务/陈雄鹰主编．—北京：中央民族大学出版社，2013.7

ISBN 978－7－5660－0432－1

Ⅰ.①市… Ⅱ.①陈… Ⅲ.①市场营销学 Ⅳ.①F713.50

中国版本图书馆 CIP 数据核字（2013）第 117790 号

市场营销原理与实务

主　　编　陈雄鹰
副 主 编　汪昕宇　冯　琨
责任编辑　舒　松
封面设计　汤建军
出 版 者　中央民族大学出版社
　　　　　北京市海淀区中关村南大街 27 号　邮编：100081
　　　　　电话：68472815（发行部）　传真：68932751（发行部）
　　　　　　　　68932218（总编室）　　　　68932447（办公室）
发 行 者　全国各地新华书店
印 刷 者　北京华正印刷有限公司
开　　本　787×1092（毫米）　1/16　印张：30.875
字　　数　500 千字
版　　次　2013 年 7 月第 1 版　　2013 年 7 月第 1 次印刷
书　　号　ISBN 978－7－5660－0432－1
定　　价　49.00 元

前 言

目前，国内外关于市场营销学的理论体系虽已基本成熟，但是随着信息技术的发展，市场营销环境的日新月异，企业与市场、消费者与市场、企业与消费者关系的改变，市场营销理论从理念、程序、组织、技术、模式等多层面都在进行着创新。在营销创新的过程中，网络营销、病毒营销、口碑营销、事件营销、整合营销传播、数据库营销、客户关系管理等市场营销新模式、新概念、不断丰富着市场营销理论。为了使学生能够更好地了解营销理论基础及其发展沿革与前沿，把握营销的相关基本概念，明确营销要素及其相互关系，系统化、完整化地掌握营销创新过程及营销实践的技术，我们编写了这本《市场营销原理与实务》教材。

本书共分为四篇十二章，第一篇感悟市场营销，主要介绍了市场及市场营销的内涵，市场营销学科的发展、相关理论、研究意义和方法，并界定了营销道德的含义，阐述了营销道德的表现与决策。第二篇寻找市场机会，主要介绍了市场营销环境的概念、市场环境的内容以及营销环境的研究方法，着重研究消费者市场和组织市场的特点，并对市场营销调研和市场预测的内容与方法进行了专门阐述。第三篇确定营销战略，主要介绍了市场细分的相关概念、标准、方法和程序，阐述了目标市场选择的依据、模式和策略，重点分析了市场竞争的本质、主要形式以及竞争对手的识别和竞争战略的选择。第四篇制定营销策略，在对市场营销传统的4P策略：产品策略、价格策略、渠道策略和促销策略的基本方法和主要内容进行分析的基础上，结合最新的营销创新理论和营销实践，对4C、4R理论进行了相应的阐述。本书最后在附录部分，介绍了市场营销策划的含义、流程、内容、构成要素和营销策划书的结构。

本书结构清晰、严谨，注重引导读者思考，鼓励读者从本书中了解营销的基础理论和知识概况；在撰写过程中关注社会的最新动态，并将学科发展的前沿理论与传统理论有机结合起来，形成了自己的特色；本书理论与实践紧密结合，具有针对性、现实性、前瞻性、科学性等特点。每章均有本章学习目标、重点难点、职业引导案例、思考题和案例分析讨论，既便于读者学习，也有利于教师组织课堂教学。本书既可作为高等院校市场营销专业、工商管理类其他专业以及经济类各专业本专科层次“市场营销学”课程的教学用书，也可作为研究生教学的参考用书，还可作为企业经营管理人员的在职培训教材，并可作为营销业界人士的参考书籍。

本书的编写分工（按各章先后为序）是：第1、第2、第3、第4、第5章由陈雄鹰编写；第6、第7、第8章由冯琨编写；第9、第10、第11、第12章由汪昕宇编写。

本书在撰写过程中得到北京联合大学各相关部门的大力支持，同时得到了周明珠、张恩祥、张明贤、于水波、孟燕等同志的鼎力相助，也得到了中央民族大学出版社教材编辑室多位编辑的悉心指导。本书借鉴了国内外营销学者的最新研究成果，除注明出处的部分外，限于体例未能一一说明。在此谨向本书的支持和协助者表示感谢，并向市场营销学界的师友及作者致谢。

编者　2013 年5月

目　录

第一篇　感悟市场营销

第二篇 寻找市场机会

第三篇 确定营销战略

第四篇　制订营销策略

第一篇

感悟市场营销

第一章 市场与市场营销

【学习目标】

1. 了解市场营销学的产生和发展；了解市场营销学的研究对象和研究方法；

2. 了解市场的含义；掌握市场的构成要素；

3. 掌握市场营销的含义；掌握市场营销核心概念；掌握市场营销观念。

【重点难点】

1. 市场的构成要素；

2. 市场营销的核心概念；

3. 市场营销观念。

职业引导案例

沃尔玛公司由美国零售业的传奇人物山姆·沃尔顿先生于1962年在阿肯色州成立。经过近49年的发展，沃尔玛公司已经成为世界最大的私人雇主和连锁零售商，多次荣登《财富》杂志世界500强榜首及当选最具价值品牌。

目前，沃尔玛在全球27个国家开设了超过1万家商场，下设69个品牌，全球员工总数220多万人，每周光临沃尔玛的顾客2亿人次。2011财政年度（2010年2月1日至2011年1月31日）销售额达4190亿美元，比2010财年增长3.4%。2011财年，沃尔玛公司和沃尔玛基金会慈善捐赠资金累计3.19亿美元、物资累计超过4.8亿美元。2010年，沃尔玛公司再次荣登《财富》世界500强榜首，并在《财富》杂志“2010年最受赞赏企业”调查的零售企业中排名第一。美国沃尔玛公司是世界最大的零售业巨头。始创于1945年，创始人山姆·沃尔顿早期在美国一个小城镇本顿威尔开始经营零售业。经过四十多年的努力奋斗，终于建立起全球最大的零售业王国。在全球拥有4000多家连锁店、4000多家供应商、拥有4457个仓库，并向全球2000多家商场供货，每个商场的品种平均在两万种以上。每年的销售额超过2170亿美元。其中在美国有2500多家，萨姆俱乐部会员店500多家，海外机构1000余家。

沃尔玛公司从成立之初一直强调对市场的理解与把握，对构成市场的各种因素进行一一分析。在以顾客为中心的基础上，对竞争者、合作者、政府等市场中的重要力量也给予了高度的重视，不断研究与分析不断变化的全球、国家及地方市场，提出了在日益激烈的竞争中适合企业自身实际的并和当地市场紧密结合的市场营销经营理念。如："天天平价"、"物超所值"、"服务卓越"等，要求员工必须友善地向消费者提供较低价格及独到的顾客服务等种类齐全的优质商品；企业要使用领先的信息技术和后勤系统不断地大幅降低其运营成本；要求供应商进行流程改造，使他们同沃尔玛一样致力于降低成本的运作。

沃尔玛于1996年进入中国，在深圳开设了第一家沃尔玛购物广场和山姆会员商店。目前沃尔玛在中国经营多种业态和品牌，包括购物广场、山姆会员商店、社区店等，截至2012年3月1日，已经在全国21个省、4个直辖市的140个城市开设了370家商场，在全国创造了超过106500个就业机会。

资料来源：http：//www. wal－martchina. com/

第一节　市场与市场营销

一、市场

市场是商品经济的范畴，是一种以商品交换为内容的经济联系形式。对于企业来说，市场是其营销活动的出发点和归宿。能否正确地认识其特征和作用、了解市场购买者的行为，关系到企业能否制定正确的营销方案，进而关系到企业的兴衰存亡。

1. 市场（Market）的含义

一方面，市场是社会生产和社会分工的产物。人们对市场的认识随着生产力的发展和社会分工的扩大而不断深化、充实和完善。而另一方面，市场是商品经济的产物，哪里有社会分工和商品生产，哪里就有市场。而且市场的含义随着商品经济的发展而不断发生变化，在不同的历史时期，不同的场合，具有不同的含义。“市场”最初的含义是指商品交易的场所，“市 ”就是买卖，“场”就是场所，“市场”即买者和卖者于一定的时间聚集在一起进行交换的场所。因此，市场就是交易的场所，这是市场最古老的定义。随着商品生产和商品交换的发展，市场的含义也随之发生变化。这是因为由于社会分工的发展，每个生产者的生产活动都不仅仅是满足自己的需要。生产者一方面为满足自己的需求而生产产品，同时也为他人的需求提供商品，从而出现了实现商品交换的商品流通，这就是市场，而此时的市场不仅是指具体的交易场所，而是指所有卖者和买者实现商品让渡的交换关系的总和。马克思指出：“生产劳动的分工，使它们各自的产品互相变成商品，互相成为等价物，使它们互相成为市场。”因而，市场又是指一定时间、地点条件下商品交换关系的总和。经济学一般是在这种意义上使用“市场”这一概念的。

随着科学技术的进步，商品交换的手段日益多样化，商品交换打破了场所的限制，市场的定义又发生了根本的变化。从微观市场学观点看，即从卖方立场来研究买方市场，那么，市场是由那些具有特定需求或欲望，而愿意通过交换来满足这种需求或欲望的全部的潜在顾客所构成；从宏观市场学观点看，市场是商品供求关系的总和，而把市场的概念定义为：市场是具有需求欲望和购买能力而进行交易活动的个人、企业和组织这一需求主体与商品所有者这一客体的关系。

市场营销学是从卖者的角度来认识和理解市场的含义，它要研究的是如何采取有效的措施，来满足消费者需求，其中包括现实的需求和潜在需求。可以说，在市场营销学的范畴里，“市场”即等同于“需求”。例如美国市场营销协会（AMA）的定义委员会1960年对市场提出了如下定义：“市场是指一种货物或劳务的潜在购买者的集合需求。”菲利普·科特勒把市场定义为“市场是指某种产品的所有实际的和潜在的购买者的集合”。同经济学相比，市场营销学对“市场”含义的认识不仅角度不同，而且构成市场的因素亦有区别。根据这个定义，市场是由一切有特定需求或欲求并且愿意和可能从事交换来使需求和欲求得到满足的潜在顾客所组成。

按照上述的两种观点，市场包括以下因素：

（1）有一定量的商品或劳务，这是人们进行交换的物质基础。

（2）市场的概念是相对的，在交换中相互成为对方的市场。因为货币已经成为一种特殊的商品，是互供互求的。

(3) 存在商品的不同所有者，彼此又需要对方的商品，使商品交换成为必要。这就是说有购买力、有购买动机。购买力包括商品与货币。

(4) 有参加交换活动的当事人。当事人是指生产者、消费者、中间商、个人、企业和团体组织。

通过对分析市场的因素，我们知道，市场是一个动态的组合的概念，包括以下几层含义：

(1) 市场是商品交换的场所。

(2) 市场是交换关系的总和。

(3) 市场是需求的总称。

2. 市场的构成要素

在市场的几层含义中应该突出消费者的需求，因为市场构成的因素是人口、购买动机及购买力。这三个要素同时并存，缺一不可，任何一个因素的变化都会影响市场规模与容量大小的变化。可用一个函数式表示，即市场规模与容量是人口、购买动机、购买力的函数，其中人口是决定市场规模与容量大小的最活跃的基本因素。一般来说，人口越多，市场的规模和容量就越大，反之则小；但仅有人口，而人口的购买力水平不高，也不能构成理想的市场；同时，虽然人口多，购买力亦强，但消费者将货币储蓄起来，或者因商品不适合消费者的需求，不能引起他们的购买欲望，对卖方来说，仍然构不成现实的市场。

用公式来表示市场就是：

$$市场 = 人口 + 购买力 + 购买动机$$

市场的这三个因素是相互制约、缺一不可的，只有三者结合起来才能构成现实的市场，才能决定市场的规模和容量。例如，一个国家或地区人口众多，但收入很低，购买力有限，则不能构成容量很大的市场；又如，购买力虽然很大，但人口很少，也不能成为很大的市场。只有人口既多，购买力又高，才能成为一个有潜力的大市场。但是，如果产品不适合需要，不能引起人们的购买欲望，对销售者来说，仍然不能成为现实的市场。所以，市场是上述三个因素的统一。

小贴士

美国前总统里根曾经说过“美国只要占领了中国市场，美国就能再繁荣十年”。随着中国经济实力的增强，中国的个人可支配收入也在不断提高，中国所拥有的13亿人口以及由此所带来的巨大的购买力已成为世界众多企业眼中最庞大的市场。早在20世纪90年代，世界众多啤酒生产企业就在纷纷加快进军中国市场的步伐，因为他们知道：世界啤酒市场的最后一块大蛋糕就是中国市场。

在现代市场经济条件下，每个人在从事某项生产中趋向专业化，接受报偿，并以此来购买所需之物。每一个国家的经济和整个世界经济都是由各种市场组成的复杂体系，而这些市场之间则由交换过程来联结，共同组成一个市场系统，见图1－1所示。

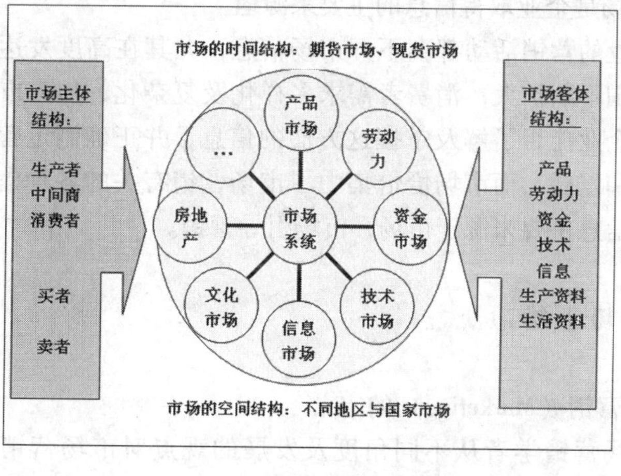

图1－1　市场立体交换关系系统

3. 市场的作用

市场无论对宏观经济活动还是对微观（企业）经济活动均起重要作用。市场是生产与消费的连接点，从而是保证国民经济正常运行及广大居民生活需求的重要手段。从微观角度看，市场对企业营销产生巨大的作用。

（1）市场是企业不断满足顾客需求的场所

市场是企业生产经营活动的出发点，一方面是企业只有通过市场才能了解顾客的需求，并根据市场需求特点制订正确营销方略，实现企业营销目标；另一方面，在商品经济条件下，产品必须通过市场进行交换才能传递到消费者手中。市场可以调节供求关系，保证供给。

(2) 市场是保证企业实现利润的场所

市场是实现企业利润的必要条件，是市场营销观念的重要组成部分。企业要获取利润，就要通过生产过程将生产资料与劳动力结合起来，生产出产品，经过市场交换，使商品转化为货币资金，企业利润得以实现，生产过程的劳动消耗得以补偿，再生产得以进行。

(3) 市场是企业展开竞争的场所

市场是商品经济的产物，有商品经济的存在，价值规律就起作用。存在卖者之间为实现产品价值的竞争，也存在买者之间购买产品的竞争，以及买者与卖者之间的竞争。随着市场经济的发展，卖者之间的竞争更复杂，不仅包含产品、价格间的竞争，还包括市场营销策略等全方位的竞争。

(4) 市场是企业取得信息的主要来源地

任何企业的营销活动都离不开市场信息，尤其在高度发达的商品经济中，市场范围不断扩大，消费者需求多样化及复杂化，加入市场的竞争者日益增多。企业能否了解及掌握这方面的信息，并正确制定营销策略，关系到其生存和发展，而市场恰恰集中了市场营销有关的各种信息。这就是说，企业的信息主要来源于市场，市场引导营销。

二、市场营销

1. 市场营销（Marketing）的定义

西方市场营销学者从不同角度及发展的观点对市场营销下了不同的定义。

有些学者从宏观角度对市场营销下定义。例如，E. J. Mccarthy 把市场营销定义为一种社会经济活动过程，其目的在于满足社会或人类需要，实现社会目标。又如，Philop Kotler 指出，“市场营销是与市场有关的人类活动。市场营销意味着和市场打交道，为了满足人类需要和欲望，去实现潜在的交换。”

还有些定义是从微观角度来表述的。例如，美国市场营销协会（AMA）于 1960 年对市场营销下的定义是：市场营销是“引导产品或劳务从生产者流向消费者的企业营销活动”。

J. E. Mccarthy 于 1960 年也对微观市场营销下了定义：市场营销“是企业经营活动的职责，它将产品及劳务从生产者直接引向消费者或使用者以便满足顾客需求及实现公司利润”。这一定义虽比美国市场营销协会的定义前进了一步，指出了满足顾客需求及实现企业赢利成为公司的经营目标，但这两种定义都说明，市场营销活动是在产品生产活动结束时开始的，中间经过一系列经营销售活动，当商品转到用户手中就结束了，因而把企业营销活动 仅局限于流通领域的狭窄范围，而不是视为企业整个经营销售的全过程，即包括市场营销调研、产品开发、定价、分销广告、宣传报道、销售促进、人员推销、售后服务等。

Philop Kotler 于 1984 年对市场营销又下了定义：市场营销是指企业的这种职能，“认识目前未满足的需要和欲望，估量和确定需求量大小，选择和决定企业能最好地为其服务的目标市场，并决定适当的产品、劳务和计划（或方案），以便为目标市场服务”（《市场营销管理》序言）。

美国市场营销协会（AMA）于 1985 年对市场营销下了更完整和全面的定义：市场营销“是对思想、产品及劳务进行设计、定价、促销及分销的计划和实施的过程，从而产生满足个人和组织目标的交换”。

2004 年 8 月，美国营销协会（AMA）再次公布了营销的定义：营销既是一种组织职能，也是为了组织自身及其利益相关者的利益而创造、沟通、传递客户价值，管理客户关系的一系列过程。这一定义的提出，与其在 1985 年提出的有所不同，那个定义更注重“个人与组织的目标交换”；而新的定义则一方面将“个人”扩大为“利益相关者”，另一方面，强调组织与客户长期关系的实现、维持和管理。

通过对上述定义的比较发现，美国市场营销协会 2004 年所下的营销定义更全面地表达了市场营销的完整含义，因此本书采用这一定义作为市场营销的定义。通过这一定义可以看出：

（1）该定义兼蓄了当代有关营销的各种不同观点，较为全面、客观地反映了现代营销的本质特征，即以交换为中心，以顾客为导向，协调各种营销活动，通过使顾客满意来实现组织的诸目标。

（2）该定义强调管理导向，强调管理是一个过程，包括分析、计划、执行和控制。

（3）该定义的适用范围较广。它适用于个人和组织，包括盈利性组织和非盈利性组织，大小公司，国内、国际企业，有形和无形产品，消费品市场、工业品市场、劳务市场，等等；特别是强调利益相关者长期关系的维持，实现双赢或多赢。

2. 市场营销的核心概念

市场营销涉及其出发点，即满足顾客需求，还涉及以何种产品来满足顾客需求，如何才能满足消费者需求，即通过交换方式，产品在何时、何处交换，实现产品与消费者的连接 。可见，市场营销的核心概念应当包含需求及相关的欲求、需要，产品及相关的效用、价值和满足，交换及相关的交易和关系，市场、市场营销及市场营销者。

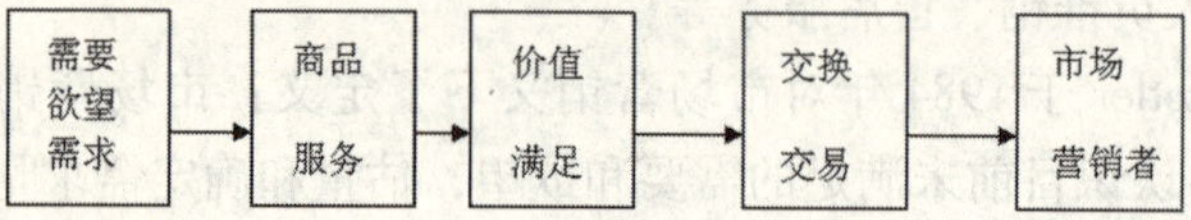

图 1－2　市场营销核心概念

(1) 需要、欲望和需求

需要指有支付能力和愿意购买某种物品的欲求。可见，消费者的欲求在有购买力作后盾时就变成为需要。许多人想购买奥迪牌轿车，但只有具有支付能力的人才能购买。因此，市场营销者不仅要了解有多少消费者欲求其产品，还要了解他们是否有能力购买。

人类的需要和欲望是市场营销活动的出发点。需要是没有得到某些基本满足的感受状态。欲望是想得到基本需要的具体满足物的愿望，而需求是对于有能力购买并且愿意购买的某个具体产品的欲望。人类为了生存，需要食品、衣服、住所、安全、归属、受人尊重等。这些需要可用不同方式来满足。人类的需要有限，但其欲望却很多。当具有购买能力时，欲望便转化成需求。

市场营销管理的基本任务：通过营销调研、计划、执行与控制，来管理目标市场的需求水平、时机和构成。消费者的需求不同，市场营销管理的任务不同，市场营销策略则不同。

①负需求

负需求是指市场上众多顾客不喜欢某种产品或服务，即指绝大多数人对某个产品感到厌恶，甚至愿意出钱回避它的一种需求状况。如近年来许多老年人为预防各种老年疾病不敢吃甜点心和肥肉，又如有些顾客害怕危险而不敢乘飞机，或害怕化纤纺织品有毒物质损害身体而不敢购买化纤服装。市场营销管理的任务是分析人们为什么不喜欢这些产品，并针对目标顾客的需求重新设计产品、定价，作更积极的促销，或改变顾客对某些产

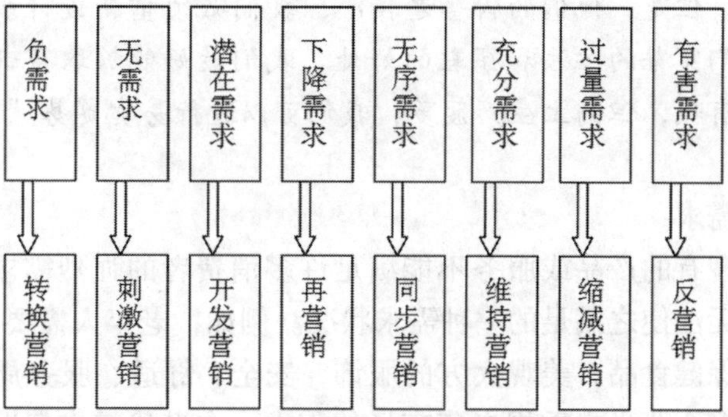

图1－3　市场营销管理的任务

品或服务的信念，诸如宣传老年人适当吃甜食可促进脑血液循环，乘坐飞机出事的概率比较小等。把负需求变为正需求，称为改变市场营销。

②无需求

无需求是指目标市场顾客由于时间上或者是空间的原因对某种产品从来不感兴趣或漠不关心的一种需求状况。市场对下列产品无需求：人们一般认为无价值的废旧物资；人们一般认为有价值，但在特定市场无价值的东西；新产品或消费者平常不熟悉的物品等。在无需求情况下，市场营销管理的任务是刺激市场营销，即通过大力促销及其他市场营销措施，努力将产品所能提供的利益与人的自然需要和兴趣联系起来。

小贴士

鲁国有个人善于编织草鞋，他的妻子善于纺纱，他们想一起迁徙到越国。于是就有人告诫他：“你一定会受穷的。”鲁国人就问：“为什么？”那人说：“草鞋是用来穿的，但越国人却赤脚走路；纱是用来做帽子的，但越国人却披头散发不戴帽子。你们虽然有专长，但迁徙到没有用途的国度，想不受穷，这可能吗？”鲁国人就反问他说：“到了不用我们专长的地方，我们可以引导他们穿鞋戴帽，随着用途的不断推广，我们怎么会受穷呢？”

现代版“鲁人徙越”：美国有一个制鞋公司要把自己的产品卖给太平洋上一个小岛的土著居民。老板派两个营销员去进行市场调查。过了一段时间，两个人都回来了。一个说：那里的人都光着脚，我们的鞋子没有市场，所以我就回来了，准备去开拓其他市场。另一个人说：“那里的人都光着脚，许多人脚上有伤病，所以我们的鞋子很有市场。于是我就回来准备弄一批货过去。但是，他们的脚普遍较小，我们必须重新设计我们的鞋。我们还要教他们穿鞋的方法和穿鞋的好处。我们最好能够取得部落酋长的支持。他们没有钱，但岛上生产菠萝，我们可以进行易货贸易。"

③潜在需求

这是指现有的产品或服务不能满足许多消费者的强烈需求，而现有产品或服务又无法使之满足的一种需求状况。例如，老年人需要高植物蛋白、低胆固醇的保健食品，美观大方的服饰，安全、舒适、服务周到的交通工具等，但许多企业尚未重视老年市场的需求。在潜伏需求情况下，市场营销管理的任务是开发市场营销，准确地衡量潜在市场需求，开发有效的产品和服务，即开发市场营销，将潜伏需求变为现实需求。随着市场经济的发展，众多企业对市场份额的争夺日益激烈，而消费者的需求却是日新月异。这就需要企业既要满足消费者现实需求，又要不断开发消费者的潜在需求，通过研究与开发新的“概念产品”——消费者目前暂时没有需求，但是将来一定会有需求的产品，来提高企业在未来市场的竞争力。

④下降需求

这是指目标市场顾客对某些产品或服务的需求出现了下降趋势的一种需求状况，如近年来城市居民对电风扇的需求已饱和，需求相对减少。在下降需求情况下，市场营销者要了解顾客需求下降的原因，或通过改变产品的特色，采用更有效的沟通方法再刺激需求，即创造性的再营销，或通过寻求新的目标市场，以扭转需求下降的格局。企业在对处于下降需求的产品的投资选择时，面临着两难的选择。一方面，对市场的剩余需求的控制有可能会使企业获取相当的利润，另一方面，想要控制剩余需求则需要企业加大对此种产品的投资，这也意味着企业将要面临着更大的市场风险。

⑤不规则需求

许多企业常面临因季节、月份、周、日、时对产品或服务需求的变化，而造成生产能力和商品的闲置或过度使用。如在公用交通工具方面，在运输高峰时不够用，在非高峰时则闲置不用。又如在旅游旺季时旅馆紧张和短缺，在旅游淡季时，旅馆空闲。再如节假日或周末时，商店拥挤，在平时商店顾客稀少。在不规则需求情况下，市场营销的任务是通过灵活的定价、促销及其他激励因素来改变需求时间模式，使物品或服务的市场供给与需求在时间上协调一致，这称为同步营销。

⑥充分需求

这是指某种产品或服务目前的需求水平和时间等于期望的需求，这是企业最理想的一种需求状况。但是，在动态市场上，消费者需求会不断变化，竞争日益加剧。因此，在充分需求情况下，企业营销的任务是改进产品质量及不断估计消费者的满足程度，通过降低成本来保持合理价格，并激励推销人员和经销商大力推销，千方百计维持目前需求水平，维持现时需求，这称为“维持营销”。

⑦过度需求

是指市场上顾客对某些产品的需求超过了企业供应能力，产品供不应求的一种需求状况。比如，由于人口过多或物资短缺，引起交通、能源及住房等产品供不应求。在过量需求情况下，企业营销管理的任务是减缓营销，可以通过提高价格、减少促销和服务等方式暂时或永久地降低市场需求水平，或者设法降低来自盈利较少或服务需要不大的市场的需求水平。企业最好选择那些利润较少、要求提供服务不多的目标顾客作为减缓营销的对象。减缓营销的目的不是破坏需求，而只是暂缓需求水平。

⑧有害需求

有害需求是指市场对某些有害物品或服务的需求。对于有害需求，市场营销管理的任务是反市场营销，即劝说喜欢有害产品或服务的消费者放弃这种爱好和需求，大力宣传有害产品或服务的严重危害性，大幅度提高价格，以及停止生产供应等。降低市场营销与反市场营销的区别在于：前者是采取措施减少需求，后者是采取措施消灭需求。

将需要、欲望和需求加以区分，其重要意义就在于阐明这样一个事实，即：市场营销者并不创造需要；需要早就存在于市场营销活动出现之前；市场营销者，连同社会上的其他因素，只是影响了人们的欲望，并试图向人们指出何种特定产品可以满足其特定需要，进而通过使产品富有吸引力，适应消费者的支付能力且使之容易得到，来影响需求。

（2）产品

人类靠产品来满足自己的各种需要和欲望。因此，可将产品表述为能够用以满足人类某种需要或欲望的任何东西。

产品包括有形与无形的、可触摸与不可触摸的。有形产品是为顾客提供服务的载体。无形产品或服务是通过其他载体，诸如人、地、活动、组织和观念等来提供的。当我们感到疲劳时，可以到音乐厅欣赏歌星唱歌

（人），可以到公园去游玩（地），可以到室外散步（活动），可以参加俱乐部活动（组织），或者接受一种新的意识（观念）。服务也可以通过有形物体和其他载体来传递。实体产品的重要性不仅在于拥有它们，更在于使用它们来满足我们的欲望。人们购买小汽车不是为了观赏，而是因为它可以提供一种叫做交通的服务。所以，实体产品实际上是向我们传送服务的工具。如果生产者关心产品甚于关心产品所提供的服务，那就会陷入困境。过分钟爱自己的产品，往往导致忽略顾客购买产品是为了满足某种需要这样一个事实。人们不是为了产品的实体而买产品，而是因为产品实体是服务的外壳，即通过购买某种产品实体能够获得自己所需要的服务。市场营销者的任务，是向市场展示产品实体中所包含的利益或服务，而不能仅限于描述产品的形貌。否则，企业将导致"市场营销近视"，即在市场营销管理中缺乏远见，只看见自己的产品质量好，看不见市场需要在变化，最终使企业经营陷入困境。

(3) 效用、价值和满足

在对能够满足某一特定需要的一组产品进行选择时，人们所依据的标准是各种产品的效用和价值。效用是消费者对满足其需要的产品的全部效能的估价，是指产品满足人们欲望的能力。效用实际上是一个人的自我心理感受，它来自人的主观评价。

例如某消费者到某地去的交通工具，可以是自行车、摩托车、汽车、飞机等。这些可供选择的产品构成了产品的选择组合。又假设某消费者要求满足不同的需求，即速度、安全、舒适及节约成本，这些构成了其需求组合。这样，每种产品有不同能力来满足其不同需要，如自行车省钱，但速度慢，欠安全；汽车速度快，但成本高。消费者要决定一项最能满足其需要的产品。为此，将最能满足其需求到最不能满足其需求的产品进行排列，从中选择出最接近理想产品的产品，它对顾客效用最大，如顾客到某目的地所选择理想产品的标准是安全、速度，他可能会选择汽车。

顾客选择所需的产品除效用因素外，产品价格高低亦是因素之一。如果顾客追求效用最大化，他就不会简单地只看产品表面价格的高低，而会看每一元钱能产生的最大效用，如一部好汽车价格比自行车昂贵，但由于速度快、修理费少、相对于自行车更安全，其效用可能大，从而更能满足顾客需求。这就涉及价值的概念。

价值是一个很复杂的概念，也是一个在经济思想中有着很长历史的概念。马克思认为，价值是人类劳动当作商品共有的社会实体的结晶，商品价值量的多少由社会必要劳动时间来决定，而“社会必要劳动时间是在现有的社会正常的生产条件下，在社会平均的劳动熟练程度和劳动强度下制造某种使用价值所需要的劳动时间”。而边际效用学派则认为，消费者根据不同产品满足其需要的能力来决定这些产品的价值，并据此选择购买效用最大的产品。他所愿支付的价格（即需求价格）取决于产品的边际效用。

（4）交换、交易和关系

交换是一个过程。如果双方正在洽谈并逐渐达成协议，称为在交换中。如果双方通过谈判并达成协议，交易便发生。交易是交换的基本组成部分。交易是指买卖双方价值的交换，它是以货币为媒介的，而交换不一定以货币为媒介，它可以是物物交换。交易涉及几个方面，即两件有价值的物品，双方同意的条件、时间、地点，还有来维护和迫使交易双方执行承诺的法律制度。交易营销是关系营销大观念中的一部分。关系营销可以减少交易费用和时间，处理好企业同顾客关系的最终结果是建立起市场营销网络。市场营销网络是由企业同市场营销中介人建立起的牢固的业务关系。下面，我们将详细讨论各个概念。

交换是市场营销的核心概念。当人们决定以交换方式来满足需要或欲望时，就存在市场营销了。一个人可以通过四种方式获得自己所需要的产品，交换是其中之一。第一种方式是自行生产。一个饿汉可以通过打猎、捕鱼或采集野果来充饥。这个人不必与其他任何人发生联系。在这种情况下，既没有市场，更无所谓市场营销。第二种方式是强制取得。一个饿汉可以从另一个人那里夺取或偷得食物。对另一个人而言，除了可能未被伤害之外，毫无益处。第三种方式是乞讨。一个饿汉可以向别人乞讨食物。除了一声谢谢之外，乞讨者没有拿出任何有形的东西作回报。第四种方式是交换。一个饿汉可以用自己的钱、其他物品或服务与拥有食物的人进行交换。市场营销活动产生于第四种获得产品的方式。

所谓交换是指通过提供某种东西作为回报，从别人那里取得所需物的行为。交换的发生，必须具备五个条件：

①至少有两方；

②每一方都有被对方认为有价值的东西；

③每一方都能沟通信息和传送物品；

④每一方都可以自由接受或拒绝对方的产品；

⑤每一方都认为与另一方进行交换是适当的或称心如意的。

具备了上述条件，就有可能发生交换行为。但交换能否真正发生，取决于双方能否找到交换条件，即交换以后双方都比交换以前好（至少不比以前差）。

交换应看作是一个过程而不是一个事件。如果双方正在进行谈判，并趋于达成协议，这就意味着他们正在进行交换。一旦达成协议，我们就说发生了交易行为。交易是交换活动的基本单元，是由双方之间的价值交换所构成的行为。一次交易包括三个可以量度的实质内容：

①至少有两个有价值的事物；

②买卖双方所同意的条件；

③协议时间和地点。

交易与转让不同。在转让过程中，甲将某物给乙，甲并不接受任何实物作为回报。市场营销管理不仅要考察交易行为，也要研究转让行为。事实上，与交易有关的市场营销活动，即交易市场营销，只是另外一个大概念即关系市场营销的一部分。关系市场营销这个概念最先由巴巴拉·本德·杰克逊于1985年提出，她认为，关系市场营销将使企业获得较之其在交易市场营销中所得到的更多。精明的市场营销者总是试图与其顾客、分销商、经销商、供应商等建立起长期的互信互利关系。这就需要以公平的价格、优质的产品、良好的服务与对方交易，同时，双方的成员之间还需加强经济、技术及社会等各方面的联系与交往。双方越是增进相互信任和了解，便越有利于互相帮助。关系市场营销还可节省交易成本和时间，并由过去逐项逐次的谈判交易发展成为例行的程序化交易。

关系市场营销可定义为：企业与其顾客、分销商、经销商、供应商等建立、保持并加强关系，通过互利交换及共同履行诺言，使有关各方实现各自目的。企业与顾客之间的长期关系是关系市场营销的核心概念。交易市场营销能使企业获利，但企业更应着眼于长远利益，因而保持并发展与顾客的长期关系是关系市场营销的重要内容。建立关系是指企业向顾客做出各种许诺。保持关系的前提是企业履行诺言。发展或加强关系是指企业履行从前的诺言后，向顾客做出一系列新的许诺。关系市场营销与交易市场营销存在着一定的区别。例如：在交易市场营销情况下，一般说来，除产品和企业的市场形象之外，企业很难采取其他有效措施以与顾客保持持久的关系。如果竞争者用较低的价格向顾客出售产品或服务，用类似的技术解决顾客的问题，则企业与顾客的关系就会终止。而在关系市场营销情况下，企业与顾客保持广泛、密切的联系，价格不再是最主要的竞争手段，竞争者很难破坏企业与顾客的关系。再如：交易市场营销强调市场占有率。在任何时刻，管理人员都必须花费大量费用，吸引潜在顾客购买，取代不再购买本企业产品或服务的老顾客。关系市场营销则强调顾客忠诚度，保持老顾客比吸引新顾客更重要。企业的回头客比率越高，市场营销费用越低。关系市场营销的最终结果，将为企业带来一种独特的资产，即市场营销网络。

所谓市场营销网络是指企业及其与之建立起牢固的互相信赖的商业关系的其他企业所构成的网络。在市场营销网络中，企业可以找到战略伙伴并与之联合，以获得一个更广泛更有效的地理占有。这种网络已经超出了纯粹的“市场营销渠道”的概念范畴。借助该网络，企业可在全球各地市场上同时推出新产品，并减少由于产品进入市场的时间滞后而被富有进攻性的模仿者夺走市场的风险。市场营销管理也正日益由过去追求单项交易的利润最大化，转变为追求与对方互利关系的最佳化。其经营信条是：建立良好关系，有利可图的交易随之即来。

（5）市场与市场营销者

市场这个概念在本章开始时就已经做了详尽的阐述，这里就不再累述。市场营销者是一个相对的概念，他既可以是为了达到一定目标而在寻找潜在需求的卖方，也可是在收入既定的条件下，如何以最小的成本而获得最大满足的买方。他在市场中可以依据不同的目标而不断地转换角色，运用市场营销的手段与方法，最大限度地满足自身的需要。市场营销者的角色互换见图 1－4 所示。

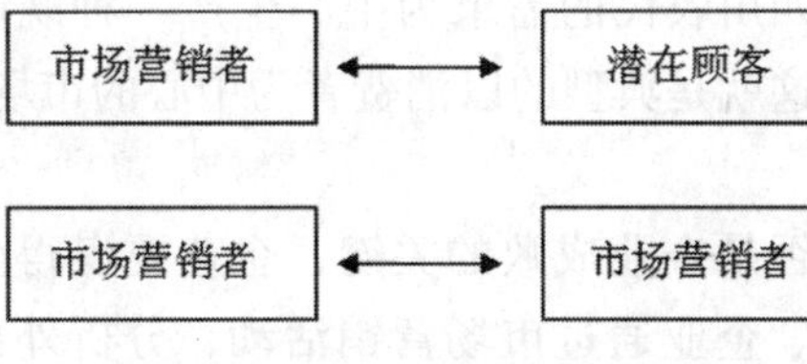

图 1－4　市场营销者的角色互换

通过以上的分析，我们可以把市场营销定义为：企业为了达到预定目标，根据客观经济规律，结合企业实际，以消费者为中心所从事的企业产品的研究与开发，产品的定价，产品的渠道，产品的促销等活动进行整体协调的过程。

小贴士

营销在我们的生活中无处不在：

企业需要营销以满足消费者的需要；

学校需要营销以满足广大学生的需要；

医生需要营销以满足其患者的健康需要；

政治家需要营销以满足他的人民的需要；

我们自己也需要营销以满足与人有效交往的需要。

资料来源：http：//www. ceocio. com. cn 经理世界网

3. 市场营销的职能和作用

（1）市场营销的职能

市场营销的职能是一个比较广义的概念，它包括一个组织的所有营销活动。市场营销作为一种活动，有如下四项基本职能：

①发现和了解消费者的需求

现代市场营销观念强调市场营销应以消费者为中心，企业也只有通过满足消费者的需求，才可能实现企业的目标，因此，发现和了解消费者的需求是市场营销的首要功能。海尔的售后服务部门曾经接到过四川农民的投诉，说海尔的洗衣机质量有问题，他们所买的洗衣机经常发生下水管堵塞的情况。海尔经过调查发现，并不是海尔洗衣机的下水管质量出了问题，而是四川的这些农民不仅是用洗衣机洗衣服，还用来洗土豆和地瓜。于是海尔就做出决定，以四川农民的需求为中心生产一种既能洗衣服又能洗土豆和地瓜的洗衣机。这就是典型的以消费者为中心的市场营销观念的体现。

②指导企业决策

企业决策正确与否是企业成败的关键，企业要谋得生存和发展，很重要的是做好经营决策。企业通过市场营销活动，分析外部环境的动向，了解消费者的需求和欲望，了解竞争者的现状和发展趋势，结合自身的资源条件，指导企业在产品、定价、分销、促销和服务等方面做出相应的、科学的决策。

③开拓市场

企业市场营销活动的另一个功能就是通过对消费者现在需求和潜在需求的调查、了解与分析，充分把握和捕捉市场机会，积极开发产品，建立更多的分销渠道及采用更多的促销形式，开拓市场，增加销售。

④满足消费者的需要

满足消费者的需求与欲望是企业市场营销的出发点和中心，也是市场营销的基本功能。企业通过市场营销活动，从消费者的需求出发，并根据不同目标市场的顾客，采取不同的市场营销策略，合理地组织企业的人力、财力、物力等资源，为消费者提供适销对路的产品，搞好销售后的各种服务，让消费者满意。

根据上面对市场营销职能的阐述，那么在“营销”这个大概念下，在实际运用中，营销职能到底包含什么样的活动呢？表 1 – 1 中显示了其中最典型的部分。

表 1 – 1　市场营销活动

市场研究与分析
我们是谁？我们在哪儿？
市场调查：谁是我们的竞争对手？他们在做什么？
我们在市场中处于什么地位？（市场份额，消费者的观点）
组织调查：我们的优势在哪儿？（组织优势）我们的劣势在哪儿？（组织劣势）
过去我们哪方面做得不好？（比如促销）我们可以投入多少钱？（预算）
我们是风险爱好者？
目标设定
我们想成为谁？我们想达到什么目标？
目标：例如市场份额、利润、销售额、品牌形象、品牌知晓度、销路、产品销售地区（国内还是国外）、新产品开发、产品更新、顾客满意水平……
市场任务
我们将如何完成目标？
计划：选择市场营销任务和设定时间表
人员：选择合适的人员并予以培训
预算：分配到各个活动上
促销活动：广告、公关、销售促进、销售支持、直销、包装、网站等
推销：寻找新客户，保持老客户
定价：设定价格、折扣、信用额度等
分销：仓储、包装、运输、处理订单等
产品管理：创新、放弃老产品、标准化、改进产品来满足不同的消费者等
品牌：品牌战略、保持品牌形象、商标、颜色等
开拓新市场：在新市场中出售产品（直接进入或通过第三方进入）
客户服务：提高忠诚度、处理抱怨、售后服务、提供担保
客户管理：客户数据库、策划活动来建立联系

续表

收集反馈和控制活动 如何考评我们的活动效果？
目标：是否已经完成？还是很可能完成？ 客户反馈：抱怨、赞扬、建议、重复购买情况，满意度调查。 清单和截止日期：活动是不是按时进行？ 市场位置：我们是不是比竞争者做得更好/更差？

（2）市场营销的作用

市场营销的作用集中体现在下面几个方面：

①市场营销对企业发展的作用

当今，市场营销已成为企业经营活动首先考虑的第一任务，这一点在发达市场经济国家显得尤为突出。对美国250家主要公司高级管理人员进行调查后发现，公司的第一任务是发展、改进及执行竞争性的市场营销策略；第二任务是“控制成本”；第三任务是“改善人力资源”。大部分企业的高级管理人员来自市场营销部门，比如美国克莱斯勒汽车公司总裁艾可卡便是来自营销部门。

通过调查还发现，成功的企业有一套明智的经营原则，即有强烈的顾客意识（持久不懈地接近顾客），强烈的市场意识及推动广大职工为顾客生产优质产品的本领。美国著名的IBM公司是巧妙应用市场营销观念及营销策略的成功典范。IBM总经理罗杰斯说过：“在IBM公司，每个员工都在推销……当你走进纽约IBM大厦或世界各地办事处时，你都会产生这种印象。”有人问，IBM销售什么产品？他回答：“IBM公司不出售产品，而是出售解决方法。”

市场营销虽然不是企业成功的唯一因素，但确是关键因素。美国著名管理学家Peter Drucker曾指出：市场营销是企业的基础，不能把它看做是单独的职能。从营销的最终成果，亦即从顾客的观点看，市场营销就是整个企业。企业经营的成功不是取决于生产者，而是取决于顾客。

总之，从微观角度看，市场营销是联结社会需求与企业反应的中间环节，是企业用来把消费者需求和市场机会变成有利可图的公司机会的一种行之有效的方法，亦是企业战胜竞争者、谋求发展的重要方法。

②市场营销对社会经济发展的作用

从宏观层面看，市场营销对社会经济发展的主要作用是解决社会生产与消费之间的七大矛盾：

第一，生产者与消费者在空间上的分离，即产品的生产与消费在地域上的距离，它是由诸多因素造成的。

从工业品看，由于各国的地理条件、自然资源、交通情况及工业布局不同，加之各国资源特点、国力水平以及经济发展目标的差异而实行不同的产业政策，如在一定时期内重点扶植某些产业；延缓或抑制某些产业的发展，造成各国工业生产往往按行业集中于某一地区，而工业品的用户则分布于全国各地乃至全世界，这样，必然造成工业品生产者与工业品用户在地域上的分离。至于工业品消费者，更是散居于全国各地乃至世界各地，因而工业消费品生产者与消费者在地区上的矛盾更加突出。从农产品看，农产品的生产与消费在空间上亦发生矛盾。一方面，农产品由分散在全国广大农村的农民进行生产；另一方面，农产品的消费者分散于全国乃至世界各地，因此，农产品生产与消费存在着突出的空间矛盾。解决上述矛盾，则是由市场营销机构执行市场营销职能，把产品从产地运往全国乃至世界各地，以便适时适地将产品销售给广大用户。从此意义上讲，市场营销创造了地点效用。

第二，生产者与消费者在时间上的分离，指产品的生产与消费者对产品的消费在时间上的差异。

它是由工业品及农产品生产周期的特征及消费者的消费特点引起的。工业品是常年生产，但广大消费者因自然条件的制约，使其消费呈现出不同的状况，对某些工业品是常年消费，但对某些工业品是季节性消费。农产品生产具有明显的季节性，但对农产品的消费却是常年进行的。产品生产与消费在时间上的差异，要求宏观市场营销机构向工厂或农民收购产品，并对产品进行加工、分级和储存，以不断保证广大用户的需求。

第三，生产者与消费者在信息上的分离。

随着商品经济的进一步发展，市场随之不断扩大，生产者与消费者在空间上的分离加深，市场信息的分离也随之扩大。由于市场范围突破了原来狭窄的地区交换，扩大至全国乃至世界范围，生产者与消费者从原来的直接交换变成通过中间商的间接交换，生产者与消费者已不能直接相互了解和掌握自己所需产品的市场信息。这种生产与消费信息的分离，要求宏观市场营销机构进行市场营销调研，并通过广告媒体传递市场信息。

第四，生产者与消费者在产品估价上的差异。

由于生产者与消费者处于不同的地位及追求不同的利益目标，因此对产品的估价迥然不同。生产者从事经营活动的目的是追求利润，要求产品价格必须在成本价格之上才能盈利，所以，企业对产品的估价是以获利为标准的。至于商品价格在何种水平，利润水平多高，则取决于市场竞争状况及消费者的需求程度。

消费者则多半从产品的经济效用及自己的支付能力来估价产品。这样，生产者与消费者对产品估价差异性较大，存在着生产者对产品估价过高及消费者对产品估价过低的矛盾。因此，除了企业通过改善经营管理，提高技术，降低成本及合理定价外，还需要宏观市场营销机构通过广告媒体宣传，改变消费者的估价观念，缩小生产者与消费者对产品估价的差异。

第五，生产者与消费者在商品所有权上的分离。

在商品经济社会中，商品生产者对其产品具有所有权，但他们生产这些产品的目的不是为了获取使用价值，而是为了价值，为了利润；广大消费者需要这些产品，但对这些产品不拥有所有权，这就产生了生产者与消费者对产品所有权的分离。因此，需要特定的宏观市场营销机构组织商品交换，帮助生产者在把产品转到消费者手中的同时，实现产品所有权的转移。

第六，生产者与消费者在产品供需数量上的差异。

随着社会主义市场经济及国际经济一体化的发展，国内市场及国际市场竞争日趋激烈，各企业为了在竞争中占据有利地位，纷纷扩大自身的生产规模或组建企业集团，竞争从个别企业之间小规模的较量变成大企业集团之间的大规模抗衡。大规模企业或企业集团能够充分发挥规模经济效益，即进行大批量生产和销售，降低成本，提高市场占有率。但是，广大消费者均以家庭为单位进行消费，多数小企业也是小批量生产及小批量购买，只有少数大型企业实行大批量生产及大批量集中购买，但又需要多品种的原材料。这样，产生了生产者大批量生产产品与用户小量消费及零星购买的矛盾。因此，需要特定宏观市场营销机构向企业进行采购、分级及分散地销售产品。

第七，生产者与消费者在产品花色品种供需上的差异。

随着市场经济的发展及市场竞争的加剧，许多企业都想方设法实行专业化生产以降低成本，提高经济效益，或通过专业化生产满足某个目标市场顾客的需求，以提高其市场竞争力。然而，广大消费者随着其个人收入不断提高，对产品的需求呈多样化趋势。显然，企业实行专业化生产，仅能满足消费者的某种需求。因此，要求特定宏观市场营销机构向各企业广泛采购、分级、加工，并将各种产品销售给广大消费者。

小贴士

顾客是本公司最重要的人，不论他们是亲临还是邮购。不是顾客依靠我们，而是我们依靠顾客。

顾客不是我们工作的障碍，而是我们工作的目标。我们不是通过为他们服务而给他们恩惠，而是顾客因给了我们为其服务的机会而给了我们恩惠。

顾客不是我们争辩和斗智的对象。从未有人会取得同顾客争辩的胜利。

顾客是把他们欲望带给我们的人。我们的工作是为其服务，使他们和我们都得益。

——菲利普·科特勒

总之，从宏观角度看，市场营销对于适时、适地、以适当价格把产品从生产者传递到消费者手中，求得生产与消费在时间、地区的平衡，从而促进社会总供需的平衡起着重大的作用。同时，市场营销对实现我国和谐社会建设，发展我国各领域的经济，起着巨大的作用。

第二节　市场营销哲学

企业的市场营销活动是在特定的市场营销哲学或经营观念指导下进行的。市场营销哲学是企业经营活动的指导思想，是企业如何看待顾客和社会的利益，即如何处理企业、顾客和社会三者利益之间比重的关键。

市场营销哲学的核心是正确处理企业、顾客和社会三者之间的利益关系。在许多情况下，这些利益是相互矛盾的，也是相辅相成的。企业必须在全面分析市场环境的基础上，正确处理三者关系，确定自己的原则和基本取向，并用于指导营销实践，才能有效地实现企业目标，保证企业的成功。了解市场营销哲学的演变，适应快速变化的市场形势，加强营销管理，具有十分重要的意思。

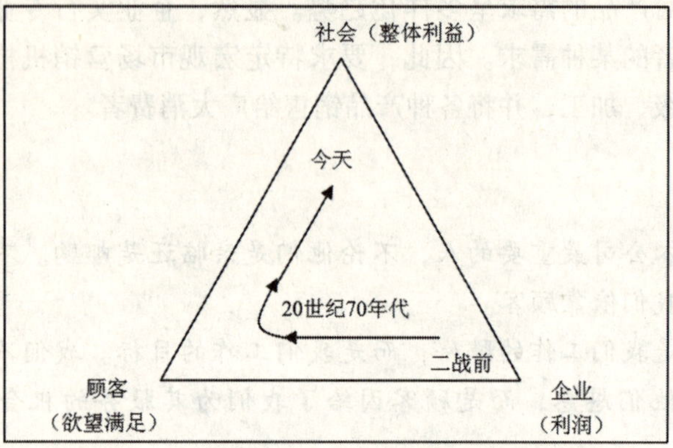

图 1－5　企业营销管理观念的变化趋势

资料来源：吴健安主编．《市场营销学》．高等教育出版社

现代企业的市场营销管理观念可归纳为五种，即生产观念、产品观念、推销观念、市场营销观念和社会市场营销观念。前面三种观念一般被称之为传统营销观念，是以企业为中心的观念；后面两个观念是营销观念的发展，属于新的市场营销观念，可分别称之为顾客（市场）导向观念和社会营销导向观念。

小贴士

1964 年，著名的汽车大王李·艾柯卡，为福特汽车公司推出的新产品“野马”轿车，取得了轰动一时的成功，两年内为福特公司创造了 11 亿美元的纯利润。当时，购买野马车的人打破了美国历史的记录，在不到一年的时间里，野马汽车风行整个美国，各地还纷纷成立野马车会。为什么野马汽车如此受人欢迎？

福特公司在正式推出“野马”轿车之时，采用了多种多样具有轰动效应的促销手段，真可谓奇招迭出，一鸣惊人。

“野马”汽车正式投放市场前四天，公司邀请了报界 100 多名新闻记者参加从纽约到迪尔本的 70 辆“野马”汽车大赛，这些车飞驰 700 英里无一发生故障，证实了野马车的可靠性。于是，几百家报纸都以显著的位置热情地刊出了关于“野马”的大量文章和照片。表面上看，这只是一次赛车活动，实际上是一次告知性广告，使“野马”成为新闻界的热门话题。

在“野马”车投放市场的当天，福特在2600种报刊上登了全页广告，并在数家电视台播出广告短片。广告使用了所谓的“蒙娜·丽莎”手法：一幅朴素的白色“野马”在奔驰的画面，注上一行简单的字：“真想不到”，副题是：售价2368美元。由于公关经理的努力，新车照片同时出现在《时代》和《新闻周刊》封面上，关于这两大杂志的惊人宣传效果，艾柯卡后来回忆说：《时代》和《新闻周刊》本身就使我们多卖出10万辆！”

福特公司还在全国15个最繁忙的机场和从东海岸到西海岸的200家假日饭店的门厅里陈列了“野马”。公司选择最显眼的停车场，竖起巨型的广告牌，上书：“野马栏”以引起消费者的注意，激发人们的购买欲望。

同时，福特公司向全国的小汽车用户直接寄发几百万封推销信，既达到了促销的目的，也表示了公司忠诚为顾客服务的态度和决心。

此外，公司大量上市“野马”墨镜、钥匙链、帽子、“野马”玩具车，甚至在面包铺的橱窗里贴上广告：“我们的烤饼卖得像‘野马’一样快。”

由于从选定目标市场、产品设计到销售野马车的各个环节，福特公司均作了一系列精心的策划。使野马汽车获得了汽车销售史上的巨大成功：其订货单源源而来。到1965年4月16日，即野马诞生一周年的时候，已售出418812辆，创下了福特公司的销售记录。

一、生产观念（Production Concept）

生产观念是指导销售者行为的最古老的观念之一。这种观念产生于20世纪20年代前。企业经营哲学不是从消费者需求出发，而是从企业生产出发。其主要表现是“我生产什么，就卖什么”。生产观念认为，消费者喜欢那些可以随处买得到而且价格低廉的产品，企业应致力于提高生产效率和分销效率，扩大生产，降低成本以扩展市场。例如，美国皮尔斯堡面粉公司，从1869年至20世纪20年代，一直运用生产观念指导企业的经营，当时这家公司提出的口号是“本公司旨在制造面粉”。显然，生产观念是一种重生产、轻市场营销的商业哲学。

生产观念是在卖方市场条件下产生的。在资本主义工业化初期以及第二次世界大战末期和战后一段时期内，由于物资短缺，市场产品供不应求，生产观念在企业经营管理中颇为流行。我国在计划经济旧体制下，由于市场产品短缺，企业不愁其产品没有销路，工商企业在其经营管理中也奉行生产观念，具体表现为：工业企业集中力量发展生产，轻视市场营销，实行以产定销；商业企业集中力量抓货源，工业生产什么就收购什么，工业生产多少就收购多少，也不重视市场营销。

除了物资短缺、产品供不应求的情况之外，有些企业在产品成本高的条件下，其市场营销管理也受产品观念支配。例如，亨利·福特在本世纪初期，曾经倾全力于汽车的大规模生产，努力降低成本，使消费者购买得起，借以提高福特汽车的市场占有率。

二、产品观念（Product Concept）

它也是一种较早的企业经营观念。产品观念认为，消费者最喜欢高质量、多功能和具有某种特色的产品，企业应致力于生产高值产品，并不断加以改进。因此，企业应致力于提高产品的质量、增加产品的功能，不断地改进产品。同时，抱着"皇帝的女儿不愁嫁"、"酒香不怕巷子深"的想法，认为只要产品好，不愁没有销路。

在产品观念的指导下，企业注重两手抓，一手抓管理，提高人员的素质，制定各种规章制度；一手抓质量，不断改进产品，提高和增加产品的功能。

产品观念是一种"以产定销"的观念，表现为重生产轻销售、重产品质量而轻顾客需求。其主要特点为：

（1）企业把主要精力放在产品的改进和生产上，追求高质量、多功能。

（2）轻视推销，单纯强调以产品本身来吸引顾客，一味排斥其他促销手段。

（3）企业管理中仍以生产部门为主要部分，但加强了生产过程中的质量控制。

产品观念的核心思想及其特点，是由其产生的背景所决定的。产品观念产生于市场产品供不应求的"卖方市场"形势下。最容易滋生产品观念的场合，莫过于当企业发明一项新产品时。此时，企业最容易导致"市场营销近视"，即不适当地把注意力放在产品上，而不是放在市场需要上，在市场营销管理中缺乏远见，只看到自己的产品质量好，看不到市场需求在变化，致使企业经营陷入困境。比方说，有一家办公用公文柜的生产商，过分迷恋自己的商品质量与追求精美。生产经理认为，他们生产的公文柜是全世界质量最好的，从四楼上扔下来都不会损坏。然而，当商品拿到展销会上推销时却遇到了强大的销售阻力，这使得生产经理难以理解，他觉得商品质量好的公文柜理应获得顾客的青睐。销售经理告诉他，顾客需要的是适合这些人工作环境与条件的商品，没有哪一位顾客打算把它的公文柜从四楼扔下来。

三、推销观念（Selling Concept）

推销观念（或称销售观念）产生于20世纪20年代末至50年代前，是为许多企业所采用的另一种观念，表现为“我卖什么，顾客就买什么”。它认为，消费者通常表现出一种购买惰性或抗衡心理，如果听其自然的话，消费者一般不会足量购买某一企业的产品，因此，企业必须积极推销和大力促销，以刺激消费者大量购买本企业产品。推销观念在现代市场经济条件下被大量用于推销那些非渴求物品，即购买者一般不会想到要去购买的产品或服务。许多企业在产品过剩时，也常常奉行推销观念。

推销观念产生于资本主义国家由“卖方市场”向“买方市场”过渡的阶段。在1920—1945年间，由于科学技术的进步，科学管理和大规模生产的推广，产品产量迅速增加，逐渐出现了市场产品供过于求，卖主之间竞争激烈的新形势。尤其在1929—1933年的特大经济危机期间，大量产品销售不出去，因而迫使企业重视采用广告术与推销术去推销产品。许多企业家感到：即使有物美价廉的产品，也未必能卖得出去；企业要在日益激烈的市场竞争中求得生存和发展，就必须重视推销。例如，美国皮尔斯堡面粉公司在此经营观念导向下，当时提出“本公司旨在推销面粉”。推销观念仍存在于当今的企业营销活动中，如对于顾客不愿购买的产品，往往采用强行的推销手段。

小贴士

美国皮尔斯堡面粉公司，于1869年成立。到20世纪20年代以前，由于人们生活水平比较低，面粉公司认为不需要做大量宣传，只需要保证面粉质量、降低生产成本和价格就可以。因此，这个公司提出：“本公司旨在制造面粉”的口号。

1930年左右，资本主义市场发生了变化，社会产品数量不断增加，花色品种不断增多，出现了相对的产品过剩，企业之间竞争加剧。皮尔斯堡公司发现，在推销公司产品的中间商中有的已开始从其他的厂家进货，销量也随之不断减少，公司为了扭转这种局面，第一次在公司内部成立商情调研部门，并选派了大量的推销人员，同时他们更改了口号：“本公司旨在推销面粉”。

然而，各种强有力的推销方式并未满足顾客经常变化的新需求，由此迫使皮尔斯堡面粉公司必须从满足消费者的心理及实际需要出发，对消费者进行分析研究。1950年前后，皮尔斯堡面粉公司经过市场调查，了解到家庭妇女采购食品时，日益要求多种多样的半成品或成品，如各式饼干、点心、面包，等等。针对市场需求的变化，皮尔斯堡公司开始生产和推销各种成品或半成品的食品，使销售量得到了迅速上升。

1958年，他们又成立了销售公司，着眼于长期占领市场，着重研究以后3年到30年的销售趋势，不断设计和生产新产品，培训新的销售人员。

推销观念虽然比前两种观念前进了一步，开始重视广告术及推销术，但其实质仍然是以生产为中心，注重的也依然是产品和利润，不注重市场需求的研究和满足，不注重消费者的利益和社会利益。强行推销不仅会引起消费者的反感，从而影响营销效果；而且可能使消费者在不自愿的情况下购买了不需要的商品，严重损害了消费者的利益。

彼得·德鲁克有一句名言：“市场营销的目的就是使销售成为不必要。”这显然在说，推销不应该是企业追求的营销方式和营销理念，如果商品是顾客非常想得到的，那么强行推销或者说硬推销就是不必要的了。菲利普·科特勒说过“推销只不过是营销冰山上的顶峰。推销要变得有效，必须以其他营销功能为前提”。

推销工作只是市场营销中的一部分，而且不是最重要的部分。推销作为市场营销活动的一种职能，无论是过去、现在和将来，都会被企业所采用，在企业的市场营销中发挥一定作用。但是，推销观念作为企业营销的一种指导思想，已不能适应社会发展的需要。

小贴士

推销员的3H1F理论：

HEAD：科学家的头脑　　HEART：艺术家的心

HAND：技术员的手　　FOOT：劳动者的脚

四、市场营销观念（Marketing Concept）

1. 市场营销观念

市场营销观念是作为对上述诸观念的挑战而出现的一种新型的企业经营哲学。这种观念是以满足顾客需求为出发点的，即"顾客需要什么，就生产什么"。尽管这种思想由来已久，但其核心原则直到20世纪50年代中期才基本定型，当时社会生产力迅速发展，市场趋势表现为供过于求的买方市场，同时广大居民个人收入迅速提高，有可能对产品进行选择，企业之间为实现产品的竞争加剧，许多企业开始认识到，必须转变经营观念，才能求得生存和发展。市场营销观念认为，实现企业各项目标的关键，在于正确确定目标市场的需要和欲望，并且比竞争者更有效地传送目标市场所期望的物品或服务，进而比竞争者更有效地满足目标市场的需要和欲望。

许多优秀的企业都是奉行市场营销观念的。如日本本田汽车公司要在美国推出一种雅阁牌新车。在设计新车前，他们派出工程技术人员专程到洛杉矶地区考察高速公路的情况，实地丈量路长、路宽，采集高速公路的柏油，拍摄进出口道路的设计。回到日本后，他们专门修了一条9英里长的高速公路，就连路标和告示牌都与美国公路上的一模一样。在设计行李箱时，设计人员意见有分歧，他们就到停车场看了一个下午，看人们如何放取行李。这样一来，意见马上统一起来。结果本田公司的雅阁牌汽车一到美国就备受欢迎，被称为是全世界都能接受的好车。

再如美国的迪斯尼乐园，欢乐如同空气一般无所不在。它使得每一位来自世界各地的儿童美梦得以实现，使各种肤色的成年人产生忘年之爱。因为迪斯尼乐园成立之时便明确了它的目标：它的产品不是米老鼠、唐老鸭，而是快乐。人们来到这里是享受欢乐的。公园提供的全是欢乐。公司的每一个人都要成为欢乐的灵魂。游人无论向谁提出问题，谁都必须用"迪斯尼礼节"回答，决不能说"不知道"。因此游人们一次又一次地重返这里，享受欢乐，并愿付出代价。反观我国的一些娱乐城、民俗村、世界风光城等，那单调的节目，毫无表情的解说，爱理不理的面孔，使人只感到寒意，哪有欢乐可言？由此可见我国企业树立市场营销观念之迫切性。

2. 市场营销观念与推销观念的区别

市场营销观念的出现，使企业经营观念发生了根本性变化，也使市场营销学发生了一次革命。市场营销观念同推销观念相比具有重大的差别。

西奥多·莱维特曾对推销观念和市场营销观念作过深刻的比较，指出：推销观念注重卖方需要；市场营销观念则注重买方需要。推销观念以卖主需要为出发点，考虑如何把产品变成现金；而市场营销观念则考虑如何通过制造、传送产品以及与最终消费产品有关的所有事物，来满足顾客的需要。可见，市场营销观念的4个支柱是：市场中心，顾客导向，协调的市场营销和利润；而推销观念的4个支柱是：工厂，产品导向，推销、赢利。两者的区别如图1-6所示：

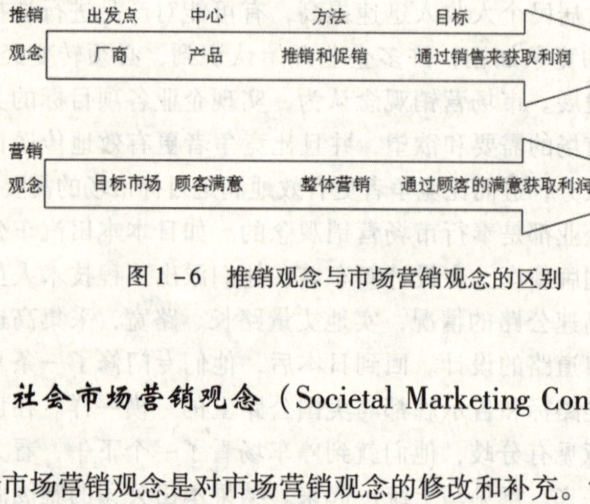

图1-6 推销观念与市场营销观念的区别

五、社会市场营销观念（Societal Marketing Concept）

社会市场营销观念是对市场营销观念的修改和补充。它产生于20世纪70年代西方资本主义能源短缺、通货膨胀、失业增加、环境污染严重、消费者保护运动盛行的新形势下。因为市场营销观念回避了消费者需要、消费者利益和长期社会福利之间隐含着冲突的现实。社会市场营销观念认为，企业的任务是确定各个目标市场的需要、欲望和利益，并以保护或提高消费者和社会福利的方式，比竞争者更有效、更有利地向目标市场提供能够满足其需要、欲望和利益的物品或服务。社会市场营销观念要求市场营销者在制定市场营销政策时，要统筹兼顾三方面的利益，即企业利润、消费者需要的满足和社会利益，见图1-7所示。

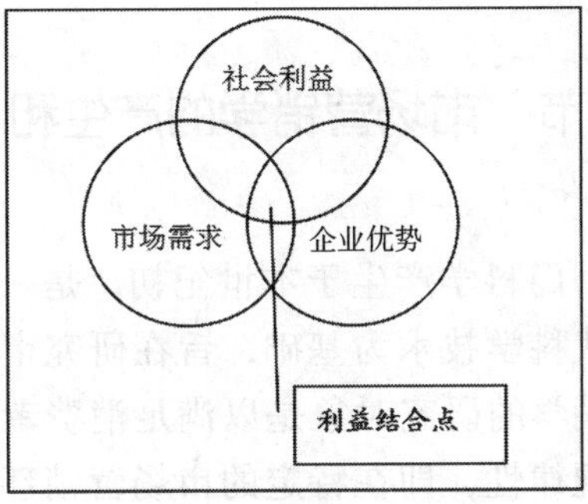

图1－7　社会市场营销观念中三方的利益关系

在社会市场营销观念指导下，图1－7中的三方面重叠的部分，即为企业经营的重点。因此，企业一方面要搞好市场调查研究，不仅要调查了解市场的现实需求和潜在需求，而且要了解市场需求的满足情况，以避免重复引进、重复生产带来的社会资源的浪费；不仅要调查市场需求，而且要了解企业的营销效果。另一方面要注重企业和竞争对手的优劣势分析，发挥自身的优势来搞好营销。同时能够使注重企业营销的社会效益分析，从全局利益考虑，发展有利于社会效益的业务，促进经济社会的发展。

上述五种企业经营观，其产生和存在都有其历史背景和必然性，都是与一定的条件相联系、相适应的，见表1－2。当前，国外的很多企业已经从生产型向经营型或经营服务型转变，企业为了求得生存和发展，就必须树立具有现代意识的市场营销观念、社会市场营销观念。

表1－2　五种营销观念的异同

营销观念		重　点	方　法	目　标
传统观念	生产观念	产品	提高生产效率	通过扩大销售量，增加利润
	产品观念	产品	提高产品质量	
	推销观念	产品	加强推销	
新观念	市场营销观念	市场需求	整体营销	通过满足消费者需要而获利
		企业利益		
	社会市场营销观念	市场需求	整体营销	通过满足消费者需要、增进社会福利而获利
		企业利益		
		社会利益		

第三节　市场营销学的产生和发展

市场营销学作为一门科学产生于本世纪初，是一门以经济科学、行为科学、管理理论和现代科学技术为基础，旨在研究市场营销活动及其规律的应用科学。市场营销学的研究对象是以满足消费者需求为中心的企业市场营销活动过程及其规律性，即在特定的市场营销环境中，企业以市场营销研究为基础，为满足消费者现实和潜在的需要，所实施的以产品（Product）、定价（Price）、地点（Place）、促销（Promotion）为主要内容的市场营销活动过程及其客观规律性。其内容具有综合性、实践性、应用性的特点。

市场营销学要对下列三个问题展开研究：消费者的需求和欲望及其形成、影响因素、满足方式等（即消费者行为）；供应商如何满足并影响消费者的欲望和购买行为（即供应商行为）；辅助完成交易行为，从而满足消费者欲望的机构及其活动（即市场营销机构行为）。

一、市场营销学的产生和发展

营销学是在19世纪末20世纪初自由竞争资本主义向垄断资本主义过渡、资本主义基本矛盾日益尖锐的基础上产生的，创建于美国，后来流传到欧洲、日本和其他国家，并在实践中不断完善和发展。

1. 形成阶段

人类的市场经营活动，从市场出现就开始了。20世纪之前，市场营销还没有成为一门独立学科。到19世纪末20世纪初，世界主要资本主义国家先后完成了工业革命，垄断组织加快了资本的积聚和集中，使生产规模迅速扩大。同时，科学技术的发展，也使企业内部计划与组织变得更为严整，从而有可能运用科学的调查研究方法，预测市场变化趋势，制订有效的生产计划和销售计划，控制和调节市场销售量。在这种客观需要与可能条件下，市场营销学作为一门独立的经营管理学科诞生了。

在此之前，美国学者已经发表和出版了一些论著，分别论述产品分销、推销、广告、定价、产品设计和实体分配等专题。到20世纪初，一些学者如阿克·肖（Arch W. Shaw）、爱德华·琼斯（Edward D. Jones）等，将上述专题综合起来，形成市场营销学科。1902—1905年，密执安、加州、伊里诺斯和俄亥俄等大学相继开设了市场营销课程。1910年，执教于威斯康星大学的巴特勒教授正式出版《市场营销方法》一书，首先使用市场营销（Marketing）作为学科名称。而后，弗莱德·克拉克（Fred E. Clark）于1918年编写了《市场营销原理》讲义，被多间大学用作教材并于1922年出版；L. S. 邓肯也于1920年出版了《市场营销问题与方法》。

这一时期的市场营销学，其内容局限于流通领域，真正的市场营销观念尚未形成。然而，将市场营销从企业生产活动中分离出来进行专门的研究，无疑是一个创举。

2. 应用阶段

1929—1933年资本主义大危机，震撼了整个资本主义世界。生产严重过剩，产品销售困难，已直接威胁企业生存。从20世纪30年代开始，主要资本主义国家市场明显进入供过于求的买方市场。这时，企业界广泛关心的首要问题已经不是扩大生产和降低成本，而是如何把产品销售出去。为了争夺市场，解决产品实现问题，企业家开始重视市场调查，提出了“创造需求”的口号，致力于扩大销路并在实践中积累了丰富的资料和经验。与此同时，市场营销学科研究大规模展开。

一些著名大学的教授将市场营销研究深入到各个问题，调查和运用大量实际资料，形成了许多新的原理。如弗莱德·克拉克和韦尔法在其《农产品市场营销》（1932年）中将农产品市场营销系统划分为集中（农产品收购）、平衡（调节供求）和分散（化整为零销售）三个相互关联的过程，详细研究了营销者在其中执行的7种市场营销职能：集中、储存、融资、承担风险、标准化、销售和运输。拉尔夫·亚历山大（Ralph S. Alexander）等学者在1940年出版的《市场营销》一书中，强调市场营销的商品化职能包含适应顾客需要的过程，销售是“帮助或说服潜在顾客购买商品或服务的过程”。1937年，美国全国市场营销学和广告学教师协会及美国市场营销学会合并组成美国市场营销学会（AMA）。该学会在美国设立几十个分会，从事市场营销研究和营销人才的培训工作，出版市场营销专刊和市场营销调研专刊，对市场营销学的发展起了重要作用。到第二次世界大战结束，市场营销学得到长足发展，并在企业经营实践中广泛应用。但在这一阶段，它的研究主要集中在销售推广方面，应用范围基本上仍局限于商品流通领域。

3. 变革阶段

20世纪50年代，随着第三次科技革命的发展，劳动生产率空前提高，社会产品数量剧增，花色品种不断翻新，市场供过于求的矛盾进一步激化，原有的建立在研究产品生产出来后如何推销的市场营销学，在概念与内容的方方面面都已越来越不能适应新形势的要求。许多市场学者纷纷提出了生产者的产品或劳务要适合消费者的需求与欲望，以及营销活动的实质就是企业对于动态环境的创造性适应的观点，并通过他们的著作予以论述。例如，美国哥伦比亚大学教授约翰·H. 霍华德在《营销管理：分析和决策》一书中，从管理角度来研究营销，提出了营销管理的实质是企业对于动态环境的创造性适应。E. 杰罗姆·麦克卡瑟（美国密歇根州大学）在《基础市场学》一书中强调营销的核心是明确目标市场，提出以消费者为中心的营销组合策略（即4Ps），通过营销组合的实施，适应外部环境，满足目标市场顾客的需求，从而形成以市场为导向的指导思想，使营销学发生了第一次革命。营销学这次从传统的营销学向现代营销学的转变，就使企业的经营观点从"以生产为中心"转为"以消费者为中心"，市场也就成了生产过程的起点而不仅仅是终点，营销也就突破了流通领域，延伸到生产过程及售后过程；营销活动不仅是推销已经生产出来的产品，而是通过消费者的需要与欲望的调查、分析和判断，通过企业整体协调活动来满足消费者的现实需求和潜在需求。

4. 发展阶段

20世纪60年代以来，营销学与经济学、管理学、心理学、社会学、哲学、数学及统计学学科的结合越来越密切，成为一门综合型、边缘型、应用型的经营管理学科，引起了社会的广泛重视。由于营销学适应市场经济的需要，因而逐渐从美国传播到日本、西欧、前苏联、东欧和中国，并得到了迅速的发展。20世纪80年代菲利普·科特勒又提出了大市场营销观念，将营销组合由4Ps扩展为6Ps和11Ps；20世纪90年代以来，营销的含义进一步扩大，营销学的研究范围也在进一步拓宽，相继出现了网络营销、绿色营销、文化营销、整合营销等新的研究领域。市场营销学新概念见表1－3。

表 1-3　市场营销学新概念

年代	新概念
20 世纪 50 年代	市场营销组合，产品生命周期，品牌形象，市场细分，市场营销观念，营销审计
60 年代	“4P”组合，消费者行为理论，扩大营销概念
70 年代	社会营销，低营销，市场定位，战略营销，服务营销
80 年代	大市场营销，内部营销，全球营销，关系营销
90 年代	网络营销，差异化营销，绿色营销，3R 营销
21 世纪初期	4R 营销，过程营销，虚拟营销

二、市场营销学在中国的传播和发展

20 世纪三四十年代，市场营销学在中国曾有一轮传播。现存最早的教材，是丁馨伯编译的《市场学》，由复旦大学于 1933 年出版。当时一些大学的商学院开设了市场学课程。教师主要是欧美留学归来的学者。

新中国成立后，从 50 年代到 70 年代末，由于西方的外部封锁和国内实行高度集中的计划经济体制，中国内地学术界对国外迅速发展的市场营销学知之甚少。党的十一届三中全会以后，党中央提出了对外开放、对内搞活的总方针，从而为我国重新引进和研究市场营销学创造了有利的环境。1978 年，北京、上海、广州的部分学者和专家开始着手市场营销学的引进研究工作。虽然当时还局限在很小的范围内，而且在名称上还称为外国商业概论或销售学原理，但毕竟在市场营销学的引进上迈出了第一步。经过三十几年的时间，我国对于市场营销学的研究、应用和发展已取得了可喜的成绩。从整个发展过程来看，大致经历以下几个阶段：

1. 引进时期（1978—1982）

在此期间，通过对国外市场营销学著作、杂志和国外学者讲课的内容进行翻译介绍，选派学者、专家到国外访问、考察和学习，邀请外国专家和学者来国内讲学等方式，系统介绍和引进了国外市场营销理论。因为当时该学科的研究还局限于部分大专院校和研究机构，从事该学科引进和研究工作的人数还很有限，所以对于西方市场营销理论的许多基本观点的认识也比较肤浅，大多数企业对于该学科还比较陌生。但这一时期的努力毕竟为我国市场营销学的进一步发展打下了基础。

2. 传播时期（1983—1985）

经过前一时期的努力，全国各地从事市场营销学研究、教学的专家和学者开始意识到，要使市场营销学在中国得到进一步的应用和发展，必须在各地成立市场营销学的研究团体，以便相互交流和切磋研究成果，并利用团体的力量扩大市场营销学的影响，推进市场营销学研究的进一步发展。1984年1月，全国高等综合大学、财经院校市场学教学研究会成立，在以后的几年时间里，全国各地、各种类型的市场营销学研究团体纷纷成立。各团体在做好学术研究和学术交流的同时，还做了大量的传播工作。例如，广东市场营销学会定期出版了会刊《营销管理》，全国高等综合大学、财经院校市场学教学研究会在每届年会后都向会员印发了各种类型的简报。这些团体也分别举办了各种类型的培训班、讲习班，有些还通过当地电视台、广播电台举办了市场营销学的电视讲座和广播讲座。通过这些活动，既传播了市场营销学知识，又扩大了学术团体的影响。在此期间，市场营销学在学校教学中也开始受到重视，有关市场营销学的著作、教材、论文在质量和数量上都有很大的提高。

3. 应用时期（1986—1988）

1986年以后，我国经济体制改革的步伐进一步加快，市场环境的改善为企业应用现代市场营销原理指导经营管理实践提供了有利条件，但各地区、各行业的应用情况又不尽相同，具体表现为：①以生产经营指令性计划产品为主的企业应用得较少；以生产经营指导性计划产品或以市场调节为主的产品的企业应用得较多、较成功。②重工业、交通业、原材料工业等和以经营生产资料为主的行业所属的企业应用得较少；而轻工业、食品工业、纺织业、服装业等以生产经营消费品为主的行业所属的企业应用得较多、较成功。③经营自主权小、经营机制僵化的企业应用得较少；而经营自主权较大、经营机制灵活的企业应用得较多、较成功。④商品经济发展较快的地区（尤其是深圳、珠海等经济特区）的企业应用市场营销原理的自觉性较高，应用得也比较好。在此期间，多数企业应用市场营销原理时，偏重于分销渠道、促销、市场细分和市场营销调研部分。

4. 扩展时期（1988—1994）

在此期间，无论是市场营销教学研究队伍，还是市场营销教学、研究和应用的内容，都有了极大的扩展。全国各地的市场营销学学术团体，改变了过去只有学术界、教育界人士参加的状况，开始吸收企业界人士参加，其研究重点也由过去的单纯教学研究改为结合企业的市场营销实践进行研究。全国高等综合大学、财经院校市场学教学研究会也于1987年8月更名为“中国高等院校市场学研究会”。学者们已不满足于仅仅对市场营销一般原理的教学研究，而对其各分支学科的研究日益深入，并取得了一定的研究成果。在此期间，市场营销理论的国际研讨活动进一步发展，这极大地开阔了学者们的眼界。1992年春，邓小平南巡讲话以后，学者们还对市场经济体制的市场营销管理，中国市场营销的现状与未来，跨世纪中国市场营销面临的挑战、机遇与对策等重大理论课题展开了研究，这也有力地扩展了市场营销学的研究领域。

5. 国际化时期（1995—2000）

1995年6月，由中国人民大学、加拿大麦吉尔大学和康克迪亚大学联合举办的第五届市场营销与社会发展国际会议在北京召开。中国高等院校市场学研究会等学术组织作为协办单位，为会议的召开做出了重要的贡献。来自46个国家和地区的135名外国学者和142名国内学者出席了会议，25名国内学者的论文被收入《第五届市场营销与社会发展国际会议论文集》(英文版)，郭国庆等6名中国学者的论文荣获国际优秀论文奖。从此，中国市场营销学者开始全方位、大团队地登上国际舞台，与国际学术界、企业界的合作进一步加强。

6. 21世纪以来我国市场营销学的新发展

进入21世纪以来，尤其是我国加入WTO以后，市场的竞争形势发生了很大的变化。世界各行各业的优胜企业纷纷抢滩登陆中国市场，中国国内市场的竞争已是越来越激烈。我们的企业以前的目标是冲了国门，走向世界，现今，在“国际市场国内化，国内市场国际化”的环境下，企业竞争的需要则进一步推动中国市场营销学的发展。随着中国互联网的成长与壮大，信息技术的发展，利用网络平台从事营销活动已是中国企业的常用手段。因此，网络营销理论在中国的发展已经是达到了一个新的高度，同时，关系营销、绿色营销、程序营销、虚拟营销等新理论在中国也得到应用性的发展。

三、市场营销学的性质与研究对象

1. 市场营销学的性质与研究对象

（1）市场营销学的性质

市场营销学是一门以经济学、行为科学、管理理论和现代科学技术为基础，研究以满足消费者需求为中心的市场营销活动及其规律性的综合性应用科学。

市场营销学于20世纪初从经济学的母体中脱胎而出，但是现代市场营销学已经不再是经济科学，而是一门属于管理学范畴的应用科学。

（2）市场营销学的研究对象

市场营销学的研究对象是以满足消费者需求为中心的企业市场营销活动过程及其规律。具体来讲，市场营销学要研究作为卖主的企业如何在动态的市场上有效地管理其与买主的交换过程和交换关系以及相关市场营销活动过程。

小贴士

1886年，小型、轻便，人人都会用的照相机诞生了，伊斯曼为它起了一个字母不多，但读着响亮的名字：柯达。1888年，柯达打出了第一个广告，画面上一只手举着一架柯达相机，旁边是伊斯曼写的自信而自豪的承诺：你压下按钮，其余由我负责。柯达上市，一举获得成功。从此，"人人都会用"这一思想贯彻了整个柯达的经营历程，如何方便消费者使用相机一直是柯达公司孜孜以求的目标。1964年，柯达经过10年的研究，推出了一种立即自动相机，这种相机机型更加简单轻便，易于携带；操作简便，无需测距对光，就能获得清晰的照片：底片装卸便利安全。这种老少皆宜的照相机上市之初就销掉了750万架，一举创下了相机销量的世界最高纪录。同年，正值立即自动旺销之际，柯达了解到电子闪光灯设备不够完善，每照一张相片就得换一个灯泡，于是又于1965年推出使用方便的方形四闪镁光灯装置。1970年，柯达为弥补方型四闪镁光灯离不开电池的缺陷，进一步推出了新奇X系列闪光灯。1973年，超小型匣式柯达相机诞生，这种相机方便到可以放在口袋或手提袋里，而且照出的相片画面清晰。这种相机上市后仅3个月在美国一地就销售了100多万架，全世界销量达1000万架；人们亲昵地称它为傻瓜相机。然而，在柯达相机备受欢迎，销售直线上升之际，柯达公司宣布：柯达相机，人人可以仿造。柯达将10年的研究成果公之于众，这种大将风度令人大惑不解。然而不久人们就明白了，而且为柯达的精明所折服。原来，柯达早就考虑到了随着照相机销量的增加，胶卷冲印服务肯定会有大量的需求。于是在大家争相生产自动相机之时，柯达已将生产能力重点放在了胶卷的生产和冲印上。果然，柯达的胶卷销量猛增，同时几乎垄断了整个冲印市场。

资料来源：http：//www. sellcn. com/中国营销网

2. “市场营销学”与其他学科的关系

市场营销学在其发展的历史进程中，充分吸收了相关学科的概念、原理和方法，理论体系日趋充实、完善。市场营销学的发展史就是经济学、心理学、社会学以及管理学等相关学科对其不断渗透的历史。

（1）经济学与市场营销学

市场营销思想发展过程中，借鉴最多的是经济学的概念，例如，亚当·斯密认为，人类天生就有交换的倾向，加入市场机制是不可抗拒的历史趋势，他给市场所下的定义被早期的市场营销理论广为采用；边际学派的经济学家提出效用的概念，被用于解释消费者行为；福利经济学家有关市场营销的评价，对测定广告效果产生了重要影响等等。除市场营销与人类经济活动天然的密切联系之外，其中另一个重要原因是：一些早期的市场营销学者或者本身也是经济学家，或者接受过大量经济学教育。

（2）心理学与市场营销学

心理学概念对于市场营销思想发展的贡献在所有社会科学各分支中仅次于经济学。心理学研究心理、意识和行为一级个体如何与其周围的自然环境和社会环境发生关系。这些知识对市场营销的重要性是显而易见的，因为心理学研究的对象即个体正是市场营销交易的主体或当事人。

（3）社会学与市场营销学

社会学研究群体和社会环境下的人类行为。经济学家把人看作“经济人”，社会学家则认为人是社会人，是作为一个或多个群体的成员，是某种文化的代表，是他所处的时代背景和文化环境的产物。人们不仅会由于心理学家所考虑的因素而发生变化，也会因其所处的社会环境及其在与其他人的社会互动中所形成的习俗、制度和价值观等发生变化。人们采取行动不仅是为了经济利益，还往往会出于自尊、情感、满足欲望、愉悦及其他非理性原因。

(4) 其他学科的贡献

其他学科也为市场营销思想的发展作出了贡献。例如，市场营销学中的很多概念来自于法学和人类学等。总而言之，市场营销思想的发展是一个兼容并蓄的过程。市场营销学作为一门独立的学科，具有综合性、边缘性和实践性等明显特征。

本章小结

市场是商品经济中生产者与消费者之间的价值交换关系、条件和过程。市场营销则是个人和群体通过创造并同他人交换产品和价值，以满足需求和欲望的一种社会过程和管理过程。其核心概念是交换，基本目标是满足需求和欲望。市场营销是企业最重要的职能。市场营销哲学包含五种观念：生产观念、产品观念、推销观念、市场营销观念以及社会市场营销观念。

市场营销学作为一门学科于上世纪初形成于美国，经过漫长的发展道路，不断充实提高和创新，已经成为具有系统理论、策略和方法论的一门现代管理学科。在我国的发展速度也是很快。市场营销学是一门以经济学、行为科学、管理理论和现代科学技术为基础，研究以满足消费者需求为中心的市场营销活动及其规律性的综合性应用科学。利用科学的方法学习、研究市场营销学，对于迎接各种挑战、促进经济快速健康成长、促进企业发展具有重大理论意义和现实意义。

思考题

1. 试比较经济学家和管理学家对市场认识的异同。
2. 什么是市场营销？
3. 什么是市场营销哲学？它主要包括哪几个观念？
4. 试述市场营销学的形成与发展过程。
5. 结合实际，你是否认为市场营销对我国经济发展及企业成长具有重要意义？
6. 简述市场营销学的性质和研究对象。

第二章　市场营销道德与责任

【学习目标】

1. 理解市场营销道德的含义；掌握市场营销活动中的道德体现；了解营销的道德标准；了解市场营销道德构建的原则；

2. 了解市场营销观念的变化与社会责任的导入；理解市场营销社会责任的内涵和外延；掌握企业市场营销社会责任领域及承担社会责任的市场价值；

3. 了解市场营销规范的内涵；理解企业营销规范准则。

【重点难点】

1. 市场营销道德及营销活动中道德的体现；

2. 社会责任的内涵及外延；

3. 企业承担社会责任的市场价值。

职业引导案例

《中国商人》杂志社联合够优机构对2009年发生的一系列公益营销事件进行了认真的梳理和研究，发布年度中国十大公益营销事件：

1. 陈发树捐建新华都公益基金

事件简介：2009年10月20日，48岁的福建新华都集团董事长陈发树用1亿现金成功注册非公募基金会新华都慈善基金会，并向该基金捐赠自己名下股份90%，折合人民币83亿元。

2. 联想公益创投计划持续进行

事件简介：联想公益创投计划引进公益创投方式（Venture Philanthropy），即为初创和中小型的公益组织提供创业及发展资助，包括综合性能力建设及员工志愿者在内的全方位协助。

3. 欧莱雅世博礼仪课堂

事件简介："欧莱雅世博礼仪讲堂"是欧莱雅为2010年上海世博礼仪人员选拔活动专门打造的礼仪、妆容培训课堂。"欧莱雅世博礼仪讲堂"将在年轻人群体中传播世博理念，并帮助他们向世界展示东方古国的年轻风采。

4. 陕西万安“中国最能坚持的公益活动”

事件简介：由陕西省万安药业有限公司主办的“女职工保健知识讲座”公益活动，从2001年到现在，在全国开展讲座112167场次，直接听课女工达500余万人次，覆盖全国31个省、自治区、直辖市，涉及全国37080个企、事业，机关单位，被称为“中国最能坚持的公益活动”。

5. 西安华西大学“教育扶贫”让数万贫困子弟上大学

事件简介：2009年6月3日，坚持教育扶贫实践已有8年的西安华西专修大学在京启动万人助学工程，宣布在新学期招收一万名贫困有志青年上大学，他们的学费将依靠助学贷款和寒暑假打工收入来缴纳。

6. 李连杰“壹基金”公布账目

事件简介：自成立伊始，由李连杰创建的“壹基金”坚持每季度公开透露的财务报告制度，而每次账目一经公布，在网上总会引起一片骚动。“基金会工作人员工资福利和行政办公支出不得超过当年总支出的10%。”，壹基金一直严格尊重条例规定。截止2009年9月30日，壹基金累计管理费用占累计总支出的4%。

7. 王石等参加哥本哈根气候峰会

事件简介：2009年12月7日，备受瞩目的联合国气候变化峰会在哥本哈根贝拉中心开幕。身兼“阿拉善SEE生态协会”会长的王石，受邀以“观察员”身份参加此次大会。这是联合国气候变化大会上第一次出现中国企业家代表团的身影。

8. 蒙牛“拯救地球的100个行动”

事件简介：哥本哈根气候变化会议后，蒙牛又一次抓住时机，由蒙牛生态草原基金发起“拯救地球的100个行动”，号召网友加入后哥本哈根时代“保卫地球家园”的先锋队。上线后，短短两天时间，活动网站、视频的访问量就超过500万点击，网友提出的生态环保行动建议已超过100个。

9. 苹果公司自我批评公布代工厂涉嫌克扣工人工资

事件简介：苹果公司日前发布《2009年供货商社会责任进展报告》，自曝其中国代工厂存在克扣员工加班费以及薪酬低于当地最低工资水平等问题，使得苹果的国内供货商再次成为“风暴“中心。

10. 曹德旺建立公益基金未果

事件简介：福耀玻璃董事长曹德旺宣布，将曹氏家族持有的福耀玻璃股份的70%用来成立慈善基金，该股份约合人民币43.83亿。可是，如果曹德旺不捐现金而全部用股份，从政策角度无法实现。虽然很多人包括民政部门都希望帮助曹德旺，但是由于曹的坚持，至今他成立基金会以及捐赠只是一个"承诺"。

资料来源：http：//www.ceocio.com.cn 经理世界网

第一节　市场营销道德

一、市场营销道德问题的提出

随着市场经济发展，企业的营销行为进入快速成长阶段，企业营销为社会及广大消费者提供日益丰富的产品，为国民经济繁荣昌盛做出巨大的贡献。然而，某些企业从狭隘利益出发，出现了一系列违反法律及营销道德标准的行为，诸如：在市场上销售的"一日鞋"；销售使消费者致命的假酒、假药；销售毁坏消费者脸部的化妆品；销售使农民颗粒不收的种子；采用卑劣的手段牟取暴利，把成本价格几十元的服装以千元以上的市场价格出售，诱惑和强迫消费者做出错误的购买决策等等。因而，强调企业营销道德规范至关重要。西方国家对于市场营销道德的研究始于60年代，80年代则成为学术界研究的热门之一。1987年美国证券交易委员会前主任约翰·夏德（Jhon Shad）捐资2300万美元在哈佛大学商学院建立起目前全球最大的企业伦理问题研究中心，其研究的重点是企业营销道德。其他国家如英国、法国、意大利、德国、日本等也先后开展对市场营销道德的研究，许多学者著书立说，提出企业经营管理者应当遵循的道德标准；有的提出市场营销决策人应具备的社会与道德责任；有的提出经营管理道德已发生了危机，呼吁管理者重视树立营销道德观等。

二、市场营销道德标准

道德是评价某决定和行为正确与否的价值判断及评价某决定和行为是否被大众所接受。市场营销道德则指消费者对企业营销决策的价值判断，即判断企业营销活动是否符合广大消费者及社会的利益，能否给广大消费者及社会带来最大的幸福。这势必涉及企业经营活动的价值取向，要求企业以道德标准来规范其经营行为及履行社会责任。

最基本的道德标准形成法律和法规，并成为社会遵循的规范，企业必须遵守这些法律和法规。营销道德则不仅指法律范畴，还包括未纳入法律范畴而作为判断营销活动正确与否的道德标准。企业经营者在经营活动中应当遵循这两种类型的营销道德。

判断市场营销道德的标准是什么？在很多情况下并不像人们想的那么容易。固然有些违背营销道德的行为，诸如虚假广告、合谋定价、贩卖假酒、假药、假种子等普遍为社会所痛恨的行为，其违背道德是一目了然的。然而，基于个人价值观及生活阅历的不同，每个人对营销行为的道德判定存在不同的见解。比如，什么是欺骗性广告，在人员推销中哪些行为构成行贿？又如以顾客身份从竞争对手获取营销情报是否道德？再如对儿童做广告是否道德等。西方国家伦理学家提出了判断营销道德的两大理论，即功利论及道义论。功利论主要以行为后果来判断行为的道德合理性，如果某一行为给大多数人带来最大幸福，该行为就是道德的，否则就是不道德的。道义论则从处理事物的动机来审查是否具有道德，而不是从行动的后果来判断，并且从直觉和经验中归纳出某些人们应当遵守的道德责任和义务，以这些义务履行与否来判断行为的道德性。在现实中，通常将功利论与道义论相结合来判断营销行为的道德性。

三、市场营销道德体现于企业整体营销活动

企业营销活动始于市场营销调研，通过市场营销调研了解现实和潜在顾客的需求，发现市场营销机会，然后选择目标市场，针对目标市场需求特点，制定市场营销组合策略。市场营销道德则贯穿于企业营销活动全过程。

企业营销活动中道德问题的产生，或是由于经营者个人道德哲学观同企业营销战略、策略、组织环境的矛盾引起；或是由于经营者为实现营利目标同消费者要求获取安全可靠的产品 、合理价格、真实广告信息之间的矛盾引起；或是由于企业领导者错误的价值取向迫使经营者违背道德经营，诸如为增加利润及提高产品市场占有率迫使经营者去窃取竞争对手的商业秘密，或有意将伪劣产品推向市场等。

1. 产品策略中的道德问题

为广大消费者提供货真价实、优质产品及优质服务是企业最基本的社会责任，如果违背这一原则就会违背营销道德。然而，在现实中某些企业的产品策略往往同道德标准背道而驰。产品策略违背营销道德的主要表现，如果从实利论与道义论相结的观点看有：从企业设计生产产品的动机看，是否存心欺骗顾客，将假冒伪劣产品充当真货好货出售给消费者；与动机相联系，在手段上是否操纵消费者的需要，过度刺激消费者的欲望，并刺激社会经济成本的增加；从后果看，消费者向企业所购买的产品能否给自己带来最大的幸福。如果从企业应承担的社会责任来考察有：企业在产品的生产过程中，对广大职工的工作条件及工作时间能否做出恰当及合理安排，能否保证职工的人身安全及身心健康；企业在生产产品的过程中，是否造成环境污染及危及附近居民的正常生活；产品的包装及标签是否提供真实的商品信息，产品包装是否过多而造成社会资源的浪费及环境的污染等。

小贴士

2008 年 9 月 11 日晚中国卫生部指出，近期甘肃等地报告多例婴幼儿泌尿系统结石病例，调查发现患儿多有食用三鹿牌婴幼儿配方奶粉的历史。石家庄三鹿集团声明，称经公司自检发现 2008 年 8 月 6 日前出厂的部分批次三鹿婴幼儿奶粉受到三聚氰胺的污染，市场上大约有 700 吨。卫生部专家指出，三聚氰胺是一种化工原料，可导致人体泌尿系统产生结石。9 月 16 日，国家质检总局发布消息，三鹿、伊利、蒙牛、雅士利等 22 家奶粉中检出三聚氰胺，被要求立即下架，其中三鹿奶粉含量最高。这起三聚氰胺事件引发的毒奶粉事件使得中国乳业饱受挫折。事件发生后，中国乳业协会协调有关责任企业出资筹集了总额 11.1 亿元的婴幼儿奶粉事件赔偿金。根据卫生部的统一规定，全国有近 29.4 万名三聚氰胺患儿需要赔偿，其标准分别为死亡赔偿 20 万元，重症赔偿 3 万元，普通症状赔偿标准则为 2000 元。

企业如果在产品生产过程当中缺乏基本的营销道德，提供给社会形形色色的假冒、伪劣产品，无异于图财害命。

2. 价格策略中的道德问题

为广大用户提供真实及合理的价格，以及提供真实的价格信息，是企业履行社会责任的重要组成部分。然而，在现实中，某些企业严重地违背了价格道德。如果从实利论与道义论二者相结合的观点考察有：从动机看，企业为牟取暴利而欺骗顾客，诸如变相涨价，哄抬物价掠夺消费者的利益；为了压垮竞争对手而实行差异性歧视价格或实行垄断价格。与动机相联系，在手段上采取欺骗、诱惑及强制方法迫使顾客购买产品。从后果看，顾客购买产品后造成严重的经济损失。如果从企业应承担的社会责任看有：企业未按照价值规律进行公平交易，损害了企业及消费者的合法权益。企业未能为用户提供真实价格信息不利于消费者的购买抉择。

3. 分销策略中的道德问题

分销是指产品从生产者向消费者转移所经过的路线。当产品由生产者直接销售给消费者时，称为直销。这时主要涉及生产者与消费者的购销关系。当产品由生产者通过中间商销售给消费者时，称为间接渠道。这时涉及到生产者、中间商、消费者间的购销关系。各渠道成员根据各自的利益和条件相互选择，并以合约形式规定双方的权利和义务。如果违背合约有关规定，损害任一方的利益，都会产生道德问题。如当合约规定，零售商只能销售某一企业的产品，而不准销售其他企业的产品，但零售商为了自身利益，不顾合约规定，销售其他企业好销的产品，这显然是违背了道德。同样，当生产者凭借自身的经营优势，为了自身利益，控制供货，采用威逼手段对中间商减少或停止供货。或者是生产者依凭自己的经营性垄断地位，迫使中间商屈服自己的指挥，限制中间商只能从事某种特别的经营活动等，均会引起道德性问题。

4. 促销策略中的道德问题

促销是指通过人员推销或非人员推销（包括广告，公共关系、营业推广等）的方式，将商品（或服务）及企业本身的信息传递给广大顾客，引起他们的兴趣及购买行为。企业的责任在于将产品及企业自身的真实信息传递给广大用户。但在信息沟通过程中经常产生道德问题，诸如虚假和误导性广告，操纵或欺骗性销售促进、战术或宣传报道。这里主要阐述在广告及人员推销中的道德性问题。

①广告。广告是促销组合中最重要的因素。广告中不道德行为主要表现是：播送欺骗性广告推销产品，使消费者做出错误的购买决策；为了搞垮竞争对手以提高自己产品或企业的身份，而播送攻击竞争者的广告；或为了诱惑消费者购买自己产品而制作夸大其词或隐瞒产品缺陷的广告；或是采用含糊其辞、模棱两可的广告词做广告宣传，而引起消费者对广告真实含义的误解。

小贴士

当麦当劳（McDonald）快餐店在某些地区引进其鸡肉食品时，肯德基（Kentucky）快餐店在广告上含沙射影地攻击麦当劳，其广告宣传一名叫麦当劳先生小丑在议会受到质问，当麦当劳先生被问到是否有肯德基的油炸鸡时，他回答："玩具，许多玩具……，"答非所问，显然是对麦当劳先生的丑化。CBS 广播公司拒绝播送这则广告，认为这是对麦当劳公司的攻击，有损麦当劳的形象。

资料来源：http：//www.tomx.com/Library/网络营销手册

②人员推销。在人员推销中亦暴露出许多违背道德的行为。或者是销售人员使用诱惑方式促使消费者购买那些他既不需要也不想购买的产品；或者是销售人员通过操纵或强迫手段向顾客推销其伪劣产品或滞销积压的产品；或者是销售人员为了从其他人那里获取销售合同而向对方送礼，甚至贿赂等；或者是销售人员为了获得个人回扣而向其他企业购买假冒伪劣产品等。推销人员对有关道德问题的态度及处理如何，对个人及公司的形象会产生深刻的影响。

③推销中的贿赂行为。当某人（或组织）为了获取一笔销售额或其他原因而采用付酬金、送礼或提供其他好处时，便产生贿赂问题，从而违背了道德标准。从表面看，贿赂似乎给个人或企业带来好处，但它会损害个人或组织的长远利益及根本利益。因此，西方国家某些著名公司为自律其员工的经营行为，制定了营销道德标准，其中也包括对贿赂行为的界定及限制。

5. 市场调研中的道德问题

市场调研是指运用科学的方法，有目的、有计划、有步骤、系统地收集、记录、整理和分析有关市场营销方面的各种情况和发展趋势，为企业进行营销决策提供科学依据。市场调研往往涉及三方面的关系，即调研人员同委托者、调研人员同受访者、委托者同调研人员三方面的关系。各方均承担一定的权利与义务，只有履行彼此间的道德责任，方能保证营销调研任务的顺利完成及保证调研资料的真实和可靠性。

(1) 从调研人员对委托者的道德责任看，委托者有权要求调研人员保守业务秘密，未经委托者许可不能泄密，否则是不道德行为；调研人员必须根据委托者的要求，保证调研工作质量，如问卷设计要认真，访问次数不要偷工减料，调研人员要严格培训，否则不仅浪费了委托者支付的调研费，而且往往使所收集的资料失真而误导委托者的决策；调研人员要向委托者真实反映其调研所采用的方法、调研的时间、调研的对象、调研地点、访问方式及问卷反馈率等，使委托者据此推断所调研的资料是否可靠。如果调研人员违背委托者签订的合约，必然会引起道德性问题。

(2) 从调研人员对受访者的道德责任看，调研人员要尊重受访者的权利，如受访者可拒绝接受调研人员的访问；调研人员要尊重受访者的尊严和隐私权；访问者不要在受访者繁忙或不便时去访问，并对受访者身份进行保密；未经受访者许可，不能随意公布受访者提供的资料。

(3) 从委托者对调研人员的道德责任看，委托者必须依约支付调研费；委托者要公正、全面地发表调研成果，不能断章取义而对读者产生误导。

6. 公关营销中的道德问题

企业与政府交往之时，尤其在与行政机关接触过程中，通过行贿等其他变相的手段与行政执法人员建立一种不健康的“关系”。这不仅诱导了政府的腐败行为，败坏了社会风气，还可能削弱国家的整体经济竞争力。同时，企业为博得社会对企业的认同，对社会公共事业大开空头支票，妄图靠手腕和技巧粉饰门面。1998 年洪水，很多企业打出为防洪事业捐赠的标语，然而实际上很多企业并没有兑现当初的承诺，或仅兑现了小部分。

这些不道德营销行为给企业、社会和消费者等多方面带来了危害，严重影响了企业收益，加大了营销成本，影响了国家税收，损害了消费者权益，造成了整体市场的失序。同时还影响到企业形象，使企业信誉受损，无形中恶化了企业的生存环境，加大了社会的无效成本。而且，不道德营销行为对正当经营者造成严重的打击，诱使他们转而追逐不义之利。不道德营销行为扩大还会污染社会空气，导致社会道德水平下降。当不道德营销行为被揭露后，消费者对整个行业的道德诚信失去信心，导致行业性的衰败，最终也损害了企业自身利益。

四、市场营销道德构建

1. 出现市场营销不道德行为的原因

随着市场经济的发展，市场营销已经深入到社会生活的各个领域，对公众和社会的影响日益突出。与此同时，企业营销出现了一系列的道德问题，给社会、组织和个人带来了严重的损失。从2005年的“毒奶粉”事件到2006年的“苏丹红一号”事件，再到2008年年中国乳业的“三聚氰胺”事件，部分企业在营销活动中的不道德行为，已经造成了全社会的信任危机。究其原因，既有企业自身的主观因素，也与我国经济转型时期市场营销环境特点有关。

（1）外部环境

首先，市场经济体系不完善，没有形成统一开放的大市场。地区封锁和部门分割现象时有发生，一些地区从地方或部门的利益出发，实行地方保护，甚至对违法行为进行姑息、庇护，成为不道德经营的保护伞。我国市场体系发育尚不平衡，与市场经济发展相协调的各种配套体系尚未建立或完善，特别是信息市场的发育滞后，导致了消费者在收集信息，评判商品时处于信息劣势，无法进行系统的比较，使一些企业的不法、不道德行为成为可能。

其次，社会道德整体水平偏低。企业的不道德行为一旦跌破社会整体道德所能承受的底线，必然会引起社会、公众、政府的干预和反对。然而，目前我国社会道德整体水平偏低，使得很多企业的不道德营销行为能够被社会容忍。

第三，相关法律法规不完善。目前我国已经出台了一系列规范营销活动的法律法规，问题在于对卖方在经营活动中违反法律应承担的责任，或规定的太笼统，或规定的太轻。这必然造成操作中的弹性太大，增加法律实施成本，为地方保护主义的发展提供了空间，并使法律缺乏约束力。同时在执法力度、执法手段等方面也都表现出不足或与市场经济发展的不适应。

第四，消费者自我保护意识偏低。一些消费者文化素质偏低，对法律不了解或者嫌法律诉讼程序繁琐，在遇到侵害时，不会用法律来保护自己的合法权益。同时消费者压力集团，如消费者协会，因没有强制力，制约了其对消费者权益的保护和对企业不道德营销的监督。

第五，企业和消费者之间信息不对称。所谓信息不对称是指经济行为人对同一经济事件掌握的信息量有差异。在企业和消费者之间，企业掌握了产品、价格、成本、销售等更多的信息，而消费者只能从企业、销售人员和自身的经验中获取信息，并且这些信息往往是不全面的，这使得企业的不道德营销有了实施的可能。

(2) 内部环境

首先，企业及其员工过于功利化。对大多员工和企业自身而言，成功的唯一衡量尺度是销售额、利润。因此，不论对于员工还是企业，追逐高销售高利润成为了最终目标。功利化的行为动机，往往掩盖了财富取得的途径，导致了营销道德的缺失。

其次，企业文化落后。企业文化能够影响到企业领导者和广大职工的决策动机，优秀的企业文化使企业形成一种凝聚力和向心力，即通过企业文化所塑造的共同价值、共同意识，把全体职工凝聚在一起，对实现企业目标，提高营销道德水平起重要作用。落后的企业文化或没有融入道德理念的企业文化，无论从意识到行为都很难具有较高的营销道德水平。

第三，企业核心管理层营销理念偏差。企业核心管理层的道德偏好会融入企业经营决策的制定与实施。如果企业核心管理层具有正确的经营哲学，在制定营销决策中，才能既考虑企业的利润目标，又考虑消费者及社会的利益，体现出企业营销决策的道德性。反之，如果核心企业管理层片面追求利润最大化而损害社会与消费者利益，营销决策必然会偏离道德的轨迹。

第四，企业管理制度不完善。包括内部奖惩机制和不道德行为被发现的机率。当企业员工在销售中做出不道德营销行为时，如果企业对这种情况不处罚，反而嘉奖，那么必然导致员工不断重复非道德行为，并影响其他员工效仿这种不道德营销行为。

2. 市场营销道德构建的关联因素

通过上述分析，可以看出，市场营销道德涉及个人道德哲学、组织关系、企业价值观、待遇等关联因素：

(1) 个人道德哲学观。指用来指导个人行为的原则或规则。个人道德哲学观，尤其是高层管理者的个人道德哲学观必然会渗入企业营销决策中。个人道德哲学观正确与否及其水平的高低，必然会影响企业营销决策是否符合道德标准及营销决策道德水准的高低。个人道德哲学观是由人们家庭教育、社会组织等教育影响而形成的。因而，应当重视家庭对子女的正确教育及社会对广大公民的教育内容。

(2) 企业价值观。指企业职工拥有共同性的价值观念。它是在企业经营哲学指导下构成企业文化的基础与核心，它决定企业的经营目标、企业的管理风格及企业的行为规范。因而，它是决定营销决策是否符合道德规范的关键。例如，当企业价值观是“实现利润最大化”时，企业的营销决策往往会忽略、甚而无视消费者及社会的利益。反之，如果企业价值观是“为用户提供最优质的产品和服务”时，企业的营销决策就会以消费者利益为立足点。

(3) 组织关系。指在企业中，领导与广大员工、上级与下级、同事之间的关系 。在这些诸多关系中要保持相互信任、履行相互的责任及义务等。一般说来，最高层管理者设计整个营销管理决策中道德性基调，中下层领导干部则根据高层管理者的决策指示，结合自己的个人道德哲学观，去影响道德性营销决策的实施。广大职工在道德性决策中发生相互影响。而职工们在营销道德性决策中的作用程度取决于个人受道德行为与不道德行为影响相比的程度。如果职工面临越多的不道德经营行为，他就越可能做出不道德的行为；反之，如果职工面临越多的道德经营行为，他就越可能效仿做出道德的营销行为。

(4) 待遇。它是影响企业营销道德的另一个因素，是指对经营者一些有利条件，它减少障碍或提供报酬，从而影响营销决策的道德性。报酬包括来自内部或外部的。内部报酬是指为他人作某事后的良好感觉。外部报酬是指在等价交换基础上从他人获得自己想得到的有价值的东西，如获得领导者的提升和加薪、同事的赞扬等。如果当某一经营者采用欺骗手段为增加销售额而增加个人提成，获得领导的奖励，这就表明，领导者肯定了其非道德行为，从而为经营者指明了未来努力方向。可见，领导为营销者提供激励机制直接影响其营销道德的正常发挥，从而对营销道德产生重要的作用。

3. 市场营销道德构建原则

（1）守信。守信即要求营销活动讲究信誉，“一言既出，驷马难追”。信誉指信用和声誉，它是在长期的商品交换过程中形成的一种信赖关系，综合反映出营销者的道德素质与水平。现代营销领域中，守信是营销道德的核心内容，具有举足轻重的位置，它是市场环境中竞争胜出的重要手段，在激烈的市场竞争中，凭借信誉可以在市场中立于不败之地；损害信誉终将被市场所淘汰。

（2）负责。负责即要求营销者对自己的一切经济行为及其后果承担政治的、法律的、经济的、道义的责任。任何逃避责任的行为都是不道德的，且是“营销近视症”的表现。市场经济条件下，营销者独立做出决策，因此要对自主营销活动及其可能带来的一切短期和长期的后果承担责任，营销者的言行代表企业形象，表明企业的社会责任，在营销过程中要对用户负责，向用户讲真话，如实为用户介绍产品，为用户提供真实有效的商品和服务。以此赢得公众的信任，提高企业的社会效益。坚持负责的原则，需要营销人员具有良好的人文素质和高度的自觉性以及承担责任的勇气，特定环境中需要牺牲自身的既得利益。

（3）公平。公平是社会经济生活中人们普遍性诉求，它以每个社会成员在法律上和人格上的平等为依据。市场营销领域中，这一诉求同样存在且尤为强烈，因此营销必须坚持公平的原则。市场营销公平具有两层含义：一是竞争中的营销公平。营销竞争不可避免，竞争是提高产品价值、提升服务效益的原动力。然而，营销竞争不可避免的带来一些负面效应，部分企业为了在竞争中胜出不择手段，诋毁甚至无中生有诽谤竞争对手，千方百计置对方于死地，这种竞争行为偏离了公平竞争的轨迹，是对他人、对社会不负责任的集中表现。二是销售中的营销公平。营销对象无论男女老幼、贫富尊卑，都充分享有商品使用价值的权利，各种以次充好、缺斤短两、弄虚作假的营销行为都违反公平的原则，都是企业人格品质低下、道德匮乏的表现。

守信、负责、公平是企业营销道德最基本要求，在营销过程中企业要考虑到自己所肩负的社会责任；考虑到自身行为是否符合社会公众的道德准则，从长远观点来看，只有坚持守信、负责、公平的营销道德，企业与用户、企业与竞争对手才能够在市场经济环境中达到相对平稳和谐的状态。

4. 市场营销道德构建方式

构建市场营销道德是一项涉及社会诸多层面的系统工程，关键在于创造客观条件，发展社会生产力；转换政府职能，通过宏观间接调控模式引导企业沿着法律及道德的轨迹运行；不断完善立法及强化执法力度，既打击非法营销行为，又要保护和鼓励合法营销行为。与此同时，提高社会整体的道德意识：

（1）端正营销观念。在杜绝营销不道德行为的问题上，企业自律是根本。企业不仅是经济组织，还是社会组织，所以企业在不断追求自我生存发展的同时，也要承担一定的社会责任。这就要求企业在进行营销活动时，要把消费者的需求、企业的利益和整个社会的长远利益结合起来考虑。企业必须认识到，不道德行为所能带来的利益只是暂时的，只有自觉遵守道德规范，树立自己在消费者和社会公众心目中的良好形象，才是企业发展的长远之计。诚信经营塑造的企业形象和品牌价值是企业最宝贵的无形资产，必将给企业带来长远的经济利益。企业树立诚信营销观念，就要视消费者为上帝，坚持顾客至上。只有以消费者的利益为中心，企业才能诚实守信，不做欺骗消费者的不法行为。诚信不仅是企业生存之本，更是企业营销之道。再好的营销策略失去了诚信，就不是成功的营销策略。诚信本身就是最好的营销策略。

（2）更新消费观念。消费者通常在市场交易中处于弱势地位，由于对商品信息的掌握不充分而受到不道德营销行为的侵害。要防止市场营销中的不道德行为，使自己免受侵害，消费者必须提高自身素质，树立正确的消费观念，增强自我保护意识，积极与违法的不道德营销行为做斗争。作为消费者，一方面，在面对琳琅满目的商品和强大的广告宣传攻势，以及对产品的低价诱惑，一定要保持清醒的头脑，做到理性购买，使不道德的企业及其商品在没有市场的情况下，被自然淘汰。另一方面，在自己的利益受到侵害时，要积极地诉诸法律，使不道德企业受到应有的惩罚。只有广大消费者都积极地行动起来，抵制市场营销中的不道德行为，营销不道德行为才能得以抑制。

（3）强化法制观念。道德是法律的前提基础，法律是道德的保证，两者相辅相成。市场经济是法制经济，完善的法律体系对规范市场营销主体行为具有重要意义。法律法规不仅为治理企业的营销不道德行为提供依据，而且使企业有了参照的底线。近年来，我国颁布了一系列法律、法规来规范和约束企业的营销活动，涉及经济合同上、商标、价格管理、广告、产品质量、不正当竞争、消费者权益等方面。但在法律上仍然存在一些空白或模糊之处，给不法企业钻漏洞、打擦边球提供了机会；违法成本偏低也鼓励了一些企业的不道德行为。政府监管部门如工商行政、物价、计量、技术监督部门必须加大执法力度，严厉处罚违法行为。只有当不讲诚信的企业为其行为付出沉重代价时，企业在营销中的不道德行为才能得以有效制止。

5. 市场营销道德构建的主要内容

(1) 塑造优秀企业文化。在企业经营活动中，渗透着大量文化因素，它融存于企业经营哲学思想、价值观念、群体意识、管理方式、道德规范及行为标准中。随着企业经济的发展，逐步形成了企业自身经营管理哲学及精神文化即公司文化。如果每个企业都重视塑造具有创造力、影响力、凝聚力、显示出鲜明个性的高水平的企业文化，将有利于企业领导者及广大职工树立正确的价值观，从而有利于企业做出道德性的营销决策。

(2) 建立营销道德标准，并将道德标准实施融入控制系统中。西方国家企业对道德标准的创建及实施，为我国企业营销道德的建设提供了有益的借鉴。自20世纪80年代以来，西方国家许多大型公司创立起道德决策及执行机构，并制定了用来约束职工经营行为的道德标准，诸如美国营销协会（AMA）制定出协会成员必须遵守的职业道德条例，并规定了相应的惩处办法。又如IBM公司、GE公司及McDonald公司等均制定出各具特色的营销道德标准，有力地规范了企业的营销行为。近年来，我国不仅学术界开展了对商业伦理及企业伦理的研究，而且在某些企业中亦开始提出自律经营道德行为的守则纲要，诸如在全国提出“百城万店无假货”，并开展了讲诚信、反欺诈活动。要使企业遵循道德标准，更为重要的是将道德标准的实施纳入控制系统之中，即对营销道德标准的实施进行监督、检查及调控。否则，再多再好的道德标准也只不过是一种摆设而已。

(3) 加强营销道德的审计工作。营销道德审计师通过对照行业道德准则和企业自己的道德准则，开展遵循性审计和有效性审计。可分为社会责任审计、职能审计和营销决策文化审计三种。通过营销道德审计企业可以知道哪些部门在工作中违反了准则，产生了哪些问题、哪些地方需要改进，从而有效地防范营销道德风险。

(4) 设立专门的伦理机构或伦理主管。我国很多企业目前尚未在企业内部开展深入持久地各项文化道德建设工作，这容易导致道德上的短期随意性。借鉴外国大公司设立伦理委员会的做法，设立企业自身的伦理委员会和伦理主管人员，加强对企业营销道德的规范和管制。

第二节　市场营销社会责任

市场营销道德和社会责任两个概念虽然经常互换使用，但二者是存在区别的。道德与个人哲学观（或价值观念）相联系，即在某特定的决策环境中判断是非。社会责任是指某组织有责任扩大其对社会的积极影响和减少对社会的消极作用。因此，社会责任是面对市场营销决策对社会的整体影响。任何企业营销既要履行社会责任，又要遵循道德规范。在全球经济一体化的今天，企业的产品以及服务日益趋同，要想在众多的竞争者中脱颖而出，仅依靠良好的服务及著名的品牌已经不够。现代的客户希望知道，他们所使用的产品和所投资的企业在环保、人权以及社会责任方面有何作为？股东也开始询问公司的道德规范、社会承诺以及相关责任方面的完成情况。在这个时代背景下，企业的社会责任在市场营销领域中的地位日益凸显。

一、市场营销社会责任的内涵和外延

根据著名学者卡诺的观点，一个企业的社会责任呈现出四个层次的内涵，可用金字塔图形表示，第一个层次的企业社会责任是经济责任，它是指企业的赢利，是其他更高层次社会责任实现的基础；第二个层次的企业社会责任是法律责任，它是指企业的一切活动都必须遵守法律的条款，依法经营；第三个层次的企业社会责任是伦理责任，它是指企业的各项工作必须符合公平、公正的社会基本伦理道德，不能做违反社会公德的事；第四个层次的企业社会责任是慈善责任，它是指企业作为社会的组成成员，必须为社会的繁荣、进步和人类生活水平的提高做出自己应有的贡献。

应该说，卡诺先生有关企业社会责任层次的观点，是较为完备并且合理的。我们不能要求所有的企业履行的社会责任都是均等的，譬如我们不能要求正在为企业的盈利辛苦打拼的企业去过度关心慈善事业，这也是不

太现实的。然而，企业社会责任的层次性却对应着不同的营销形式：

当一个企业的社会责任尚停留在经济责任的层面时，企业的首要目标是实现盈利，是实现股东权益的最大化，而这就要借助于传统市场营销手段，从顾客需求出发，以市场为核心地设计营销策略，实现利润的增长。

当一个企业的经济责任上升为法律责任时，企业就必须要考虑诚信问题。温州经济刚起步的时候，曾经出现过一段时期的造假现象，主要集中在鞋类方面，那时曾有人把温州鞋称为“礼拜鞋”，意思是穿一个礼拜就坏了，温州货一度在全国上下成为假冒伪劣的代名词，这严重损害了消费者的利益，也影响了企业声誉。所幸这一现象并未持续很久，很多企业在迅速完成原始资本积累之后，就转入了正规经营，纷纷在重塑形象、锻造品牌上狠下工夫，通过制度建设、行业监督、自我监督、自我约束，温州已构建起了工商业诚信体系，并涌现出一批全国知名的品牌。

当企业的社会责任表现为伦理责任时，道德营销方式就呼之欲出。所谓道德营销，是指企业以其广大用户及社会需求为动机，采用正当的营销手段，给广大消费者带来最大的幸福，给社会带来利益，并有利于企业自身良性发展的营销活动。这其中包括三个层次：一是为消费者提供安全而又性能良好的商品和服务；二是关心环境和减少资源消耗；三是企业作为一个道德共同体的质量。

企业的社会责任最高层次的表现形式是慈善责任，与之相对应的营销方式称之为善因营销，也叫事业关联营销（Cause - related Marketing）。善因营销是将企业与非盈利机构，特别是慈善组织相结合，将产品销售与社会问题或公益事业相结合，在为相关事业进行捐赠、资助其发展的同时，达到提高产品销售额、实现企业利润、改善企业社会形象的目的。善因营销体现了社会营销观念，是最高层次的营销观念，它不仅注重营销的效率和效果，还考虑社会和道德问题。

依据上述观点，现代社会经济生活中企业营销的社会责任范围延展到三个层面：即保护消费者权益，保护社会的利益和发展，保护社会自然环境。

1. 保护消费者权益

保护消费者权利和利益是企业的主要社会责任。具体说，要求企业为广大消费者提供花色品种多样的、优质的产品和服务，以满足其各种不同的需求。为此，要求企业要树立起以顾客为导向的经营哲学，并根据市场需求的变化，不断调整市场营销策略，以适应消费者不断变化的需求。在现实中，随着市场经济的发展，众多企业为广大消费者提供日益丰富及花色品种多样化的产品，大大提高了人们的生活质量，并考虑了广大消费者的权益。但是，某些企业出于自身狭隘的利益，追逐利润最大化，生产和销售假冒伪劣产品；哄抬物价或实行垄断价格；进行欺骗性广告宣传；诱惑及操纵、强迫顾客购买自己所不需要的产品；利用过多的包装而造成严重的浪费及环境污染，破坏了自然环境生态平衡，破坏了人类生活的环境及生活质量。为了保护社会及广大消费者的利益，西方国家的消费者自发地掀起了保护消费者权益运动，迫使企业保护消费者的权益。我国则是在全国及各级消费者协会的领导下，有组织地开展保护消费者权益活动，从而推动企业承担有关这方面的社会责任。

在保护消费者权益运动中，社会关心的焦点是要求企业承担以下的社会责任或执行四项基本义务：

使消费者获得安全产品与服务的权利。即要求企业保证购入产品或服务的消费者的身体健康及生命安全。为此，要求生产者及经营者对其所生产和出售的产品或服务所产生的后果负责任。

使消费者获得有关产品充分信息的权利。即要求企业向消费者提供充分的关于产品优劣 、构成成分、使用方法及使用效果等真实情报，以避免误导消费者作错误的购买决策。

使消费者具有自由选择产品的权利。即要求企业在任何时候让消费者自由选择自己所需要和所喜爱的产品，反对企业对消费者采取高压推销及垄断政策，反对诱惑消费者购买并不需要的产品。

使消费者具有申诉的权利。企业对消费者因购入的产品或服务不满意而向有关部门进行申诉，应持欢迎及支持态度，并对消费者的损失进行赔偿。

2. 保护社会利益及社会的发展

保护社会利益及社会发展是企业义不容辞的社会责任。企业从事生产经营活动，一方面为社会创造日益丰富的物质财富，以保证社会各经济部门及国民经济的正常运转，以及保证中央及各级政府、各企事业单位职能正常运行所需的物质条件，亦即为保护社会利益及社会发展提供使用价值形态的财富；另一方面，企业为国家及各级政府提供一定的税收，即从价值形态上为国家作贡献，以增加国家积累资金，促进国家建设事业迅速发展。此外，企业还应当对社会公益事业进行支持和捐赠，帮助教育、娱乐、社会贫困地区的发展，这是近年来企业社会责任的延伸。例如美国特快专递分公司建立一种计算机培训计划，用以帮助残疾者应聘计算机工作的需要。又如IBM公司捐赠或降价销售计算机给教育部门。在实践中，许多企业认真地履行了为社会提供丰富优质的财富及照章纳税等社会责任，但有些企业由于经营指导思想不端正，一味追逐利润最大化，或生产和销售不符合社会要求的产品，或进行偷税漏税，严重地违背了法律及道德原则。由于诸多原因，许多企业还不可能对社会公益事业进行支持和捐赠，更不能将这些活动纳入社会责任的范畴。

3. 保护自然环境及社会生态平衡

保护社会自然环境免遭污染，实现社会生态平衡是企业重要的社会责任。随着商品经济的发展，企业在为社会创造巨大财富、给广大消费者提供物质福利的同时，却严重地破坏自然生态平衡，污染了环境，并造成恶劣的社会环境，严重地威胁着人类生存环境的良性循环。因此保护自然环境，治理环境污染，解决恶劣的社会环境，实施社会可持续发展战略势在必行。通过绿色营销从微观方面实施可持续发展战略是企业的社会责任，通过绿色营销来保证消费者的绿色消费亦成为企业的社会责任。

通过绿色营销满足消费者的绿色消费，提高消费者的生活质量。绿色营销是在绿色消费的驱动下产生的。所谓绿色消费，指消费者意识到环境恶化已经影响其生活质量及生活方式，要求企业生产和销售对环境冲击最小的绿色产品，以减少伤害环境的消费。所谓绿色营销，指企业以保护环境观念作为其经营哲学，以绿色文化为其价值观念，以消费者的绿色消费为中心和出发点，通过制定及实施绿色营销，满足消费者的绿色需求，实现企业的经营目标。

绿色营销体现出四种绿色理念：①企业在选择生产何种产品及应用何种技术时，必须考虑尽量减少对环境的不利影响。②产品在生产过程中要考虑安全性，产品在消费中要考虑降低对环境的负面影响。③企业设计产品及包装时，要减少原材料消耗，并减少包装对环境的污染。④从产品整体概念考虑产品的设计、产品形体及售后服务的节约及保护环境等。

小贴士

日本横滨本田汽车公司汽车大王——青木勤社长别出心裁地想出了一

个为推销汽车而绿化街道的“本田妙案”。方案推出，即收到意想不到的效果，使本田汽车独领风骚。

“本田妙案”是怎样产生的呢？青木勤社长在每天外出和上下班的途中发现，汽车在飞跑过程中排出大量废气直接污染了城市环境，不但乌烟瘴气，而且造成路旁绿树的枯萎。青木勤社长看到自己产品给环境带来的不利影响，心情非常沉重。他决心解决这个问题，恢复自然的本来面目。于是，青木社长亲自制定了“今后每卖一辆车，要在街道两侧种一棵纪念树”的经营方针。随后，本田公司又将卖车所得利润的一部分转为植树费用，以减轻越来越多汽车排气对环境的污染。“本田妙案”实施后，汽车一辆辆开出车门，街上的树木一棵棵栽上，绿化地带一块块铺开。消费者心目中自然产生了一种强烈的需求欲望，同样是买车，为什么不买绿化街道的本田的汽车呢？既可以买到需要的产品，还可以美化生活环境，这可真是有心栽花花不开，无心插柳柳成荫。这种别出心裁的方案使本田汽车与“绿”俱增，起到了非常好的促销作用。

面向21世纪的绿色营销是满足消费者绿色消费，保证消费者身心健康，提高消费者生活质量的根本途径，也是企业营销主要的社会责任。通过绿色营销实施社会可持续发展战略。可持续发展战略是指社会经济发展必须同自然环境和社会环境相联系，使经济建设与资源、环境相协调，使人口增长与社会生产力发展相适应，以保证社会实现良性循环发展。可持续发展战略的实施，从宏观方面，要求政府重视制定实施可持续发展战略的总体目标、方针及政策。从微观方面，要求企业将营销活动同自然环境、社会环境的发展相联系，使企业营销活动有利于环境的良性循环发展，即使企业从微观方面保证可持续发展战略的实施。这也是当今及未来企业的重要社会责任。

三、企业营销承担社会责任的市场价值

企业营销履行社会责任，一方面促使企业的营销决策不仅以客户需求为出发点，而且以社会责任为出发点；促使企业的营销目标将企业利益同消费者利益及社会利益三者有机结合；促使企业短期利益同长远利益更好地相结合。事实上，许多企业通过营销实践逐渐认识到，企业要取得竞争

优势，要生存和发展，有社会责任心从事企业经营活动带来的长期利益比无社会责任心带来近期利益更加重要。企业营销承担社会责任所带来的市场价值可以体现在以下几个方面：

1. 提升企业的形象和声誉

随着社会的发展和进步，公众对企业应该承担社会责任的期望在急剧增长，公众支持并赞许企业在追求经济目标的同时也追求更多的社会目标。企业的行为如果与公众期望一致，则必然能赢得良好的口碑，树立良好的企业形象，赢得更多的顾客，为企业营造良好宽松的销售氛围。例如，2011 年 12 月 1 日——2012 年 1 月 29 日期间，宜家商场每售出一个毛绒玩具，将通过宜家社会工作团体向联合国儿童基金会（UNICEF）捐助 1 欧元，资助让中国农村贫困地区儿童能够受益的幼儿早期教育项目。作为联合国儿童基金会全球最大的企业合作伙伴，宜家自 2003 年开始每年年末在全球开展毛绒玩具活动。顾客每购买一个毛绒玩具，宜家就会捐出 1 欧元，资助在全球各地所开展的儿童项目。至 2011 年宜家已经通过该活动在全球范围内向联合国儿童基金会（UNICEF）及儿童救助会累计捐助了 4750 万欧元，切实帮助了 45 个国家的 800 多万名儿童。仅 2010 年，宜家就向联合国儿童基金会及儿童救助会捐出 1240 万欧元，向中国地区捐出 38. 3 万欧元。

2. 促进企业产品的销售

从营销的角度来看，社会责任的承担还能直接增加产品的销量，获得利润。事实上，作为一个市场经济条件下的市场主体一方，企业的许多社会行为不排除直接功利性的目的，它虽然是由利润动机驱动，但它也是双赢的一种活动。美国的莱兹科公司是一家小公司，专门为青少年市场生产和销售山莓酸橙苏打饮料。许多年来，反酒后驾车组织一直努力争取高中学校加入一个以反酗酒为主题的标语比赛，但几乎没有学校报名。莱兹科公司看出这是一个机会，它和该组织都想以青少年为目标，并且两者都对饮料消费问题感兴趣。故由莱兹科公司提供资金，为标语比赛开展了一场巧妙的直接邮寄活动，活动总费用为 25000 美元，但其销售额在一年中从 25 万美元增加到 50 万美元，此外，一些超市甚至愿意提供展销专柜来支持中学生反酗酒行动。这可以看做是承担社会责任给企业带来的最显性、最直接的经济效益。

3. 融洽公共关系

企业通过承担社会责任，获得“更高层次”的形象，不仅有利于融洽企业和消费者的关系，还有利于融洽企业和社会公众、社会组织、政府机构的关系，有利于企业的各项公关活动。在中国，政府对企业的行政干预还较多的情况下，企业和政府的关系是否融洽非常重要，这有利于减少政府的干预，甚至获得较多的发展机会。例如摩托罗拉公司总裁扎菲洛斯基在抗“非典”捐赠仪式上表示：“作为中国最大的外商投资企业之一，我们有责任帮助中国政府和人民抗击‘非典’，共渡难关。”而我国发改委主任马凯在会见扎菲洛斯基时，则表示了希望摩托罗拉公司进一步加深与中国有关企业的合作，扩大对华投资，积极参与中国的经济建设。

综上所述，企业的社会责任和经济效益间存在着一种正相关的关系，采用互利的方式把企业的产品和服务与之相吻合的社会责任结合起来，能起到一种显性的效果，刺激利润的增长，但社会责任活动更是一种长期投资，它对企业积极的影响要较长时间后方才见效，然而一经形成就会成为企业长期而稳定的利润源泉。从这个意义上说，企业的社会责任是一把特殊的营销利器。

四、企业营销社会责任领域

任何企业均具有双重身份。企业作为独立自主、自负盈亏的商品生产者和经营者，它具有自己独特的经济利益，其经济利益在于追求利润的最大化，由此而言，企业是“经济人”，势必以追求利润为标准衡量自己的经营成果，从而决定自身的价值取向。同时，企业又是社会的经济细胞，是社会财富最基本的创造者，企业的这种社会性决定了它是“社会人”。企业的生存与发展所需的各种资源（包括人、财、物等）及企业所生产的产品的实现条件都有赖于社会提供，因而企业应当承担一定的社会责任，其营销行为应当受到社会的约束和限制。对企业营销而言，履行社会职责要考虑自身的能量范围和能力大小，在其业务领域之内承担社会责任的后果：

1. 提升社会生活质量

企业营销首先要担当为广大消费者提供质量合格、安全放心、让人满意的产品和服务的责任。如果企业的产品和服务出了问题，不能改善人们的生活水平，还会给消费者带来很多的麻烦、苦恼，甚至利益损失、感情损失。因此企业营销履行社会责任的首要任务是通过满足人们的需要，提升社会生活质量、促进社会进步。

2. 积累社会财富

企业营销通过商品交易活动推动经济发展、积累社会财富。所创造的社会财富包括有形与无形两种形式，有形财富如缴纳税收、解决就业、慈善捐赠等，无形财富即企业的创新精神、先进管理经验、对弱者的辅助与关爱举动等，对社会经济进步产生巨大经济效用。

3. 引领行业发展方向、规范行业营销行为

作为行业领域中的市场主导型企业，坚守住行业营销准则，不断提升行业规范营销的标准，不仅能够避免整个行业的恶性竞争，还可以维护社会的健康与发展。同时，主导型企业具有树立行业形象的义务，真实地向社会公众反映出一个行业发展的水平，营造一个信息对称的购物环境，树立消费者对整个行业的信心。另外，主导型企业产品与服务品牌还具有引领行业发展的方向，维护行业的营销秩序的责任。

4. 树立品牌形象、增强核心竞争能力

企业营销在不断积累过程中，逐渐确立品牌的位置，提炼出核心竞争能力，有责任加入国际经济循环，合理阻挡国外经济对国内市场的冲击，将中国产品与服务推广到世界市场，传播中国文化，通过商品流通，在世界与中国之间架起文化交流、经济共荣的桥梁。在加入世贸组织的保护期过后，这种责任意义重大。同时，阻止假冒伪劣产品肆意横流，维护产品与服务的品牌形象，同样是企业营销的责任所在。

5. 保护环境、节省资源

在全球能源危机、环境污染严重时刻，企业有必要强制自己的营销行为符合于社会整体的发展利益。具体体现在两个层面：一是不造成环境污染，不过度消耗资源；二是为环境保护和资源节约做贡献。地球上的自然资源分为三类：第一类是取之不尽、用之不竭的资源，如，空气、水等。近年来，世界各地尤其是现代化城市的用水量增加很快，而世界各地的水资源分布不均，许多国家面临缺水。第二类是有限但可以更新的资源，如森林、粮食等。我国森林覆盖率较低，人均森林面积只有1.8亩，且可耕地逐渐减少。第三类是有限又不能更新的资源，如石油、煤和稀有矿物等。这类资源在近期一直处于供不应求的态势。自然资源的发展变化既给营销造成威胁，也给营销带来机会，企业必须坚持“可持续发展战略”，为保护

环境、节省资源尽到社会责任。

6. 维护员工基本利益

企业营销要为员工谋取福利，担当企业内部员工及相关利益方（产业链上游的商家）的发展和成长的责任。这属于社会安全责任的范围，企业员工及相关利益方的安居乐业，促进了社会和谐发展，增加人们对未来的信心，对社会安定起到很大的作用。同时，企业要关注股东的利益，这是容易被忽略的问题。股东是风险最大、贡献最大的一个社会群体，他们的投资固然是获利动机的驱使，然而客观上担当着重要的社会责任。如果不保护股东的利润，众多企业就要破产，成千上万人失业，甚至涉及家庭的存亡，直接影响社会经济的稳定。

小贴士

瑞达纺织有限公司是一个生产内衣的企业，日前在广州举办的一个针织产品交易会上，由于没有通过SA8000社会道德责任认证，潘丽苹没有拿到订单。“我们的染整、成衣技术绝对是一流的，我们甚至达到了很难达到的欧洲一些国家的环保标准。”潘丽苹介绍：“没想到又来了一个SA8000。”经过上网和到佛山质量管理委员会咨询之后，潘丽苹了解到通过SA8000社会道德责任认证需要从最基础的关爱员工，关心员工的生活、工作条件、工资福利等做起。

中国劳动关系学院黄河涛教授介绍，截至目前，我国共有49家企业通过了SA8000认证，认证的企业大多数在外商的要求之下，被动做出的。从上个世纪末开始，我国沿海地区已有超过8000家企业接受过社会责任的考察，不少企业因为没有SA8000认证而失去订单。黄河涛教授介绍，SA8000标准是一把双刃剑，而当它把劳工权利与订单联系在一起的时候，其实就形成了新的贸易壁垒，从今年5月起，美国、欧盟一些国家将开始强制推广SA8000标准认证。据美国相关商会组织调查，目前有超过50%的跨国公司和外资企业表示，如果SA8000标准实施，将重新与中国企业签订新的采购合同。

中国外交学院副教授、中国企业文化研究会企业美育委员会秘书长唐骅则更多地看到的是SA8000有利的一面，他认为，SA8000是挑战更是机遇。企业要想发展壮大必须要学会关爱员工，实施人性化管理，而SA8000可以引导企业去关爱员工、关心社会。同时，它不是专为中国企业制定的标准。最近一些年，国外某些企业利用我国法律的不完善，把一些低端、污染的劳动密集型产业向中国转移，克扣工人工资，甚至对中国的劳动者进行人身侮辱。我国同样可以以SA8000为标准，对引进的外资企业进行筛选和监督，要求外资企业加大在社会责任方面的投入和成本。中国国家标准化委员会日前发表声明，要大力推进国际标准转化为国内标准的进程，计划在五年内由37%上升到70%。也就是说过几年，SA8000标准可能会成为国内企业同样不得不面对的标准。有关组织曾经在欧美国家作过一次消费者调查，其中70%的人认为公司对社会责任的承诺，是他们购买其产品或服务时考虑的一个重要因素；58%的人认为很多公司对劳工问题没有给予足够的关注；超过50%的人表示会对没有社会责任的公司采取负面行动；20%的人表示自己已经对没有社会责任的公司采取了“惩罚”行动。在国际上，通过SA8000的企业比其他企业无疑会有好的信誉，可以作为企业对外宣传的一个诉求点和产品的卖点，可获得更多的信赖和喜爱。另外，通过SA8000认证有利于企业社会信用体系的建立和完善，不仅在银行贷款方面有较高的信誉，对于求职者也具有更大的亲和力。唐骅认为，企业完全可以像通过ISO9001认证一样，把通过SA8000认证作为推销自己、吸引消费者和人才的一种方式。针对一些企业反映的通过SA8000标准认证会增加企业成本的问题，唐骅认为，SA8000标准和我国相关的劳动法律、法规其实是重叠的，达到SA8000标准对国内很多企业而言不应该是非常困难的事。

SA8000标准把关爱员工变成了一个企业营销社会责任的问题。瑞达纺织有限公司总经理潘丽苹表示，希望更多地了解SA8000标准的详细内容，变被动的适应为主动出击。

资料来源：http：//www.yanmo.net/中国研磨网

第三节　市场营销规范

一、营销规范内涵

规范是指约定俗成或明文规定的标准，是指人们在社会生活中相互关系的行为规则的思想、观点和心理的总称。企业营销规范一般是指企业从事营销活动必须遵守的法定或社会约定的行为标准。它是在高度专业化分工的社会化大在生产中，企业通过市场实现分工的连接时的行为程序与工艺要求；它是在社会经济利益的链环中，企业通过市场取得自身利益的方式、方法的行为程序与工艺要求。营销规范是保护和完善交易关系的必要手段，对企业市场营销活动的形成和实现具有一定程度的调节作用，它可以鼓励企业营销业务的发展，也可以限制企业营销业务的形成。因此，市场经济条件下的企业应该具有规范意识，在约束中保护自我、发展自我。

企业在市场中开展营销活动必须以三方面的规范约束自己的行为，即经济规范、法律规范、社会规范。所谓经济规范是指国家用于调节宏观经济的一系列手段——财政、信贷、价格、税收、股票市场等经济杠杆和企业内部机制的管理手段；所谓法律规范主要概括为两个方面：国家在特定阶段颁布的一系列经济政策和现行的经济法令法规。法律规范是由国家强制力制定和认可的，它体现了统治阶级的意志，要求人们必须遵循，否则予以处罚；所谓社会规范主要包括道德规范、宗教规范及社会习俗等。实质上，这些社会规范也是从阶级利益出发把现实社会关系抽象地概括为一般的规范，它具有典范性和可预测性的特征。企业在营销运作过程中，其行为时刻受到上述规范的约束，即要明确自己可以做什么，可能做什么，禁止做什么。

二、企业营销规范准则

企业开展营销活动必须具备规范意识，注重对规范的了解、掌握与运用。企业营销规范具体包括：

1. 企业商品质量规范

企业商品质量行为规范是指企业所生产的商品所应遵循的行为准则的总和，它由法律规范、政策规范和道德规范三部分构成，其中法律规范是主体部分。我国现行的企业商品质量行为法律规范分别见于多种法规。如：《标准化法》、《计量法》、《工业产品质量责任条例》、《工业企业全面质量管理暂行办法》、《质量管理小组暂行条例》、《工业产品生产许可试行条例》、《全国产品质量仲裁检验办法》以及《食品卫生法》、《药品管理法》等。作为企业全部质量行为的指导思想，商品质量行为准则强调对全面质量管理的重视与贯彻落实，它要求企业经常了解国家建设和人民生活的需要；重视研究国内外同类产品发展情况和市场情况；以“质量第一”为生产经营方针，树立企业全员的质量意识；贯彻执行先进合理的技术标准，采用科学的方法控制影响产品质量的各种因素，进行产品质量的技术经济分析；开展对用户的服务，根据用户要求不断改进产品质量，努力生产物美价廉、适销对路、用户满意，在国外市场具有竞争能力和产品。

2. 企业产品设计与试制规范

企业产品设计试制行为是指产品正式投产前的全部准备活动，它包括调查研究方案制订、产品设计、工艺设计、试制、试验、鉴定等行为。对这些行为，法律要求企业：(1) 在调查研究中要了解用户对产品质量的要求，收集国内外有关技术资料，研究解决技术关键的途径，制定出适用可靠、能满足消费需求又经济合理的质量指标和技术要求；(2) 在设计方案的审核中，要组织有关的人员和部门包括使用、销售、科研等方面的人员和质量管理部门以及企业的管理干部、技术人员、生产人员参加设计方案的评估，以确定合适的设计方案；(3) 产品的设计应符合或高于国家规定的各项技术标准，企业应不断努力提高产品的标准化、系列化、通用化的程度；(4) 新产品的试制或老产品的重大改进完成后，企业要组织有关人员进行严格的试验和鉴定，以从技术、经济价值等方面做出全面的评价。

3. 企业产品生产许可证获取规范

工业产品生产许可证制度是国家对企业产品从质量方面实施监督管理的法律制度。凡工业产品被列入国家经委审定的实施生产许可证产品目录的，企业必须取得生产许可证才具有生产该产品的资格，没有取得生产许可证的，企业不得生产该产品。

企业取得生产许可证必须具备的条件是：(1) 企业必须持有工商行政管理部门核发的营业执照；(2) 产品必须达到现行国家标准或行业标准，有保障产品质量的专业设备、工艺装备和计量与测试手段，有保障产品质量的生产专业技术人员、熟练技术工人及计量、检验人员队伍，并建立有效的质量控制制度。

4. 企业产品生产规范

企业商品质量生产行为贯穿于生产过程的始终，质量生产规范要求企业建立能够稳定生产合格品和优质品的生产系统，抓住每个环节的质量管理。

5. 企业产品质量保证规范

企业产品应有保证期限、安装方法、维修方法、保存条件、技术保养检修期的说明，以及其他有设计参数的有效数据，其包装必须符合国家的有关规定和标准。

6. 企业产品出厂规范

（1）产品质量要符合国家有关法规、质量标准以及合同规定对产品适用、安全和其它特征的要求，并应有检验机构签证的产品检验合格证。（2）根据不同特点产品或其包装上应有名称、规格、型号、成份含量、重量、用法、生产批号、出厂日期、生产厂家、厂址、产品技术标准编号等文字说明，限期使用的应注明失效时间，优质产品要有许可证编号、批准日期和有效期限。（3）机器设备装置、仪表及耐用消费品还应有详细的产品使用说明书。

7. 企业商品储运规范

企业储藏、运输、装卸产品必须根据国家有关规定和产品包装上标明的要求进行，产品的出入库、交付运输或收货方式，应按照规定严格执行交接验收制度、明确质量责任。

8. 企业商品销售规范

企业销售商品应确保其质量符合国家法规、质量标准以及合约规定的关于适用、安全和其他有关特性的要求。其措施是：（1）进货时对产品严格验收，确定产品的质量水平与状况。（2）不销售不合格的产品和国家已明令淘汰的产品以及没有质量标准，未经质量检验机构检验的产品，不弄虚作假，以次充好、伪造商标、假冒名牌。（3）不用搭配手段推销商品。（4）尊重消费者权益，主动、真实地介绍商品质量，提供有关商品质量的说明文件和必要的销售服务。（5）在保证期内，经销企业对产品质量负责，包括包修、包换、包退以及承担赔偿实际经济损失等责任。

9. 企业商品质量管理规范

企业商品质量管理行为规范是从企业经营管理的角度对企业产品质量行为的法律规范，它要求企业认真贯彻国家有关质量工作的方针、政策和法律规章，充分发挥全体员工在质量管理中的积极性和主动性。（1）把全面质量管理列入重要议事内容与日程。（2）设置综合性质量管理机构或专职人员，在企业决策者的领导下进行综合性日常质量管理。（3）建立健全质量检验机构，监督企业产品质量标准的贯彻执行。（4）开展群众性质量管理活动。(5) 普遍进行全面质量管理的教育。(6) 在企业内部应建立有关质量工作的奖惩制度。

三、营销典型违规行为

当今，经济环境发生了很大的变化，改革开放以后，国家放宽了经济政策，理顺了经济关系，疏通了商品流通渠道，开拓了新的市场领域。租赁制、股份制的实施使众多企业成为相对独立的经济实体，在自主经营的原则下可能充分实现生产经营的多样性、灵活性和进取性。然而有些企业的决策者在宽松的营销环境中淡泊了规范意识，有些企业的决策者根本不具备规范观念，其营销行为总是跨越规范的约束。

1. 侵权行为，尤以经济合同纠纷和商标侵权最为突出

商标专用权是商品经济条件下市场营销竞争的产物，它是企业吸引消费忠诚者、扩大商品市场占有率、击败竞争对象的一种手段，故有人把它称之为“商战武器”，所以商标在使用过程中往往成为不法商人猎取的对象。而不具备商标法规意识的企业，其产品成名之后不主动向有关部门申报商标注册，受到商标侵权之害只得“哑巴吃黄连——苦不堪言”，等待仲裁部门的调解。

营销中侵权行为具体表现：

(1) 在其未注册的商标上加印有 R 字样，这是一种恶劣的商业性欺骗行为，使消费者误认为该商品的商标已经注册。

(2) 假冒他人的注册商标，未经商标所有权人许可，就在同类商品或者类似商品上使用他人已经注册过的相同或者近似的商标。

(3) 擅自印制或偷售他人注册商标的标识，给其他不法分子的投机活动提供有利的条件。

(4) 大量的伪劣假冒商品的制作者怕露出“马脚”，在使用未注册商标的同时，在商品的包装上面根本找不到生产厂家的名称和地址，用以逃避法律责任。

2. 弄虚作假行为

近年来，假冒伪劣商品充斥市场的现象时有发生，从汽车、电冰箱、电视机等高档耐用消费品到假烟、假酒、假药等。制造这些假冒伪劣商品的企业实为不法分子，他们见利忘义、无孔不入，渗透到生产、流通领域

的各个方面，久负盛名的诸多企业防不胜防，消费者深受其害。他们的行为严重地扰乱了正常的社会经济秩序，一方面要受到法律的追究，被公众舆论所谴责；另一方面严重损害了企业的声誉，使企业产品的营销渠道堵塞。

3. 违背传统习俗行为

企业决策者在营销活动中不了解市场环境的局限。不仔细研究目标市场的状况，其营销行为严重违背了社会习俗，已经签约的产品被客户拒之门外，给企业带来了巨大的经济损失。北京某家农场的鸭子在国际市场上销售一直看好，通过某国驻京商务参赞的介绍准备签署贸易协约大批量出口。进口鸭子的国家信仰伊斯兰教，从教义的角度考虑，该国国民在“杀生”方面有许多忌会，因此在签订商品出口协议之时再三强调：商品供应者宰杀活鸭必须尊重伊斯兰教教规，不能沿用老习惯。从鸭肚子上下刀，放血之后再包装。而要求从鸭嘴处下刀，而且死鸭身上没有刀口、不能见血。我方代表当即承诺下这一要求。然而，由于管理工作的疏忽，下属实际操作人员并没有对这项建议引起足够的重视，认真按照协议的要求宰杀活鸭，认为经过处理、包装后的生鸭，谁会注意到该鸭的宰杀方式呢？因此，当盖有我国伊斯兰教协会的公章、确认此物可作为伊斯兰教民食品的几千只北京鸭出境之后，我方的供货者还没有完全缓过神来就接到了该国责问违约事宜的电传，并且不给解释、承认过错的任何余地和时间，当即把全部产品退回。这一事件的发生不仅给我方供货单位造成了严重的效益损失，而且最严重的问题在于中国伊斯兰教协会的名誉受到威胁。

4. 违背伦理道德行为

广州某家制衣厂的营销失败教训同样令人深思。该厂的决策人年轻有为，头脑灵活、目光敏锐，捕捉需求信息的能力出类拔萃，其产品总是超前同行业抢先占领市场。正当企业蒸蒸日上之时，他们发现香港、澳门一带的少女之中开始流行超短迷你套裙，此款衣衫属“开放”之例，袒胸露背，裙摆之处的英文 kiss me 耀眼夺目，甚是引人注意。凭借直觉，他们感到此项产品一旦行销大陆，必定会给企业带来丰厚的利润。于是，该企业立即行动起来，打样板，找原料、细加工、精包装，大张旗鼓地隆重在国内推出迷你套裙系列，此项产品在市场上刚一露面，立即引起轩然大波，有人欣喜，有人驻足观望，有人则嗤之以鼻，最后国家有关部门责成该企业：此项产品的生产立即下马、停止市场供应。因为把西方资本主义的残渣引进国门与我们的民俗、民风相悖。企业这样的营销行为与我们的生产目的背道而驰。

四、跨国营销中的违规行为

1. 产品违规销售

(1) 在发展中国家销售在发达国家被禁止的药品和化学产品

首先，这种产品本身相对于其他产品而言具有更大的危险性，这种危险是可能是由于信息不足而导致的一些问题，如农药的说明书不够详细，导致使用方法不对或使用的量不合适造成的伤害；包括产品的使用本就不可避免地会带来严重的后果，如某些剧毒的农药（如 DDT）的使用等等。在一些国家，为了限制疟疾的蔓延，大量地使用滴滴涕，而研究表明，用滴滴涕消灭疟疾增加了对环境的污染，加剧了致癌的危险。其二，对这些产品的出售和使用，在不同的国家有不同的情况。在发达国家往往有严格的控制。比如在美国就有食品与药物管理局、美国职业安全和健康署等机构制定标准来监控和管理这类产品的问题。在这些机构和公众的关注下，这类产品所引发的问题可以控制在可接受的范围内。但是在发展中国家缺乏这种限制或者不够充分，这就会给某些跨国营销者造成可乘之机，他们可以将产品改头换面，改变产品的成分、名称或原产地，采用欺骗的手法来达到占领市场的目的。

(2) 发达国家出口有害产品到欠发达国家和地区

例如在发达国家，由于香烟受到有关法律的限制及吸烟致癌状况的加剧，以及社会舆论反对等等，因而，烟草公司极力将香烟销售到其他国家，尤其是销售到经济落后的国家。即使这些国家尚未觉醒，未认识到吸烟会危害身体而接受了这种销售行为，但实质上，这些转销活动仍然属于不道德行为。最有影响的就是美国的烟草制造商在国外销售香烟。根据世界卫生组织的报告，在 20 世纪 70 年代初期，发达国家成人的人均香烟消费量要比发展中国家高 3.3 倍；到 20 世纪 90 年代初期，这一比值已经下降到 1.8 倍。亚洲烟草控制公司执行董事兼中国科学院预防医学研究所教授朱迪思·麦凯（JudithMackay）说："西方国家的香烟消费数量正以每年 1.1% 的速度下降，而发展中国家却以 2.1% 的速度上涨。"麦凯认为这一增长部分是由于跨国烟草公司有计划地在发展中国家开发烟草市场的结果。另一方面，由于由香烟导致的健康问题在亚洲地区不如在美国那样受到重视，强行推销的策略常常被使用。这些国家的青少年和女性往往是香烟广告的明显的目标受体，华盛顿特区的国家无烟少年中心特别项目组经理约翰·L·布卢姆（JohnL. Bloom）说："例如，世界卫生组织估计目前中国有5000万儿童将会在成年后死于由吸烟引起的疾病。具有讽刺意味的是，造成烟草向发展中国家出口增长的一个原因竟是美国政府在国内市场不断加强对烟草制品的限制以抑制销售量，特别是对儿童的销售。1996年8月23日，克林顿总统批准了美国食品药物管理局制定的一系列条例。这些条例的目的是为了将青少年吸烟量降低50%。这些条例包括，不得派发免费香烟样品，不得销售或免费派发带有烟草制品名称或标识的服装，以及不得用品牌名称代替公司名称赞助体育及娱乐活动；禁止在学校及运动场1000英尺范围内做广告；以及规定读者对象中18岁以下人士超过15%（或200万）的出版物只能以黑白文字形式刊登香烟广告的条例。在另一条例中，美国食品药物管理局要求向青少年销售数量较大的六家烟草公司要针对吸烟对健康的危害在青少年中开展教育。随着发达国家对健康问题越来越重视，像美国、加拿大和英国的烟草制造商把他们增加的预算转移到了那些这类问题显得不是那么重要的地区。

（3）产品本身并无害处，但消费者缺乏必要的知识和条件来正确地使用这些产品从而造成问题

这实际上也涉及了信息不充分的问题。这些销售商预先假定了用户有阅读能力，并且对所购产品的危害性有所了解，也能够读得懂印在瓶上或者是容器上的告诫性资料的重要性。当然还有其他许多种种设想消费者能够正确和恰当地使用其产品。但是事实上每个消费者都不会完全一样，他们有的正如销售商设想的那样有足够的知识和经验正确使用所购买的产品，但是也有一些消费者并不满足这些假设，尤其是在发展中国家。发展中国家的那些易受伤害的消费者可能是文盲，也可能根本就不知道包装上提示的告诫性资料对他们而言意味着什么，即使出了差错也没有专门的人员和机构对他们进行指导和帮助，等等。尤其当销售的产品是针对儿童时，问题就更为严重。

2. 商业贿赂

商业贿赂是跨国公司营销违规行为中最常见到的，分为几种形式：

（1）促进支出或打点。美国《对外贿赂法案》将商业贿赂中的促进支

出和贿赂进行区分。促进支出是指为了加快运作过程如加快文件的传递、货物装运及常规交易的速度等而支付给低级官员的小额款项或小量礼品等。如在印度如果不支付小费及送礼品，产品交易速度就会很慢。在意大利如果不送小红包，进出口产品就很难运作。而在南美国家不给海关官员支付小额费用，产品则不可能顺利通过海关从而会延误交易时间。这种支出的目的是为了获得本该获得的正常待遇。

（2）贿赂。贿赂是指支付大额的款项以使官员做出他们平常不会做的行为。贿赂按主动性又可以区分为两类。一是行贿。行贿是指行贿方主动提供酬金，以企图非法获得某种优势。比如一个公司向某位官员提供酬金，以期顺利获得一个政府的项目订单。二是索贿。索贿是指某人只是想获得合法权益，但当权者却以此要挟，要他支付一笔酬金。例如一个政府的高层官员向一家大公司索要一笔巨额酬金，否则就要把项目转交他人。行贿和索贿的区别在于行贿方是主动提供酬金还是应要求提供酬金。从表面上看，向索贿者行贿似乎是值得原谅的，因为那是被逼无奈的行为。但是只要这种行为涉及第三方的利益，那就是在伦理上难以接受的。

（3）代理费。代理费是支付给代理人的费用。如聘请律师或经销商的费用。但是代理人往往可以成为贿赂的桥梁。当代理费被用来行贿的时候，代理费也就是行贿的费用。

商业贿赂之所以不能接受，是因为这种做法破坏了市场的公平基础，而且这种行为会伤害到本应得到某种待遇却由于贿赂而失去的人。但是不同文化有着不同的道德标准。许多不在美国经营的企业就认为这种支付在某些国家是标准的操作程序。也就是说，所有的促进支出和许多贿赂应该被视为经营上的一种“惯例”，仅仅是一种商务上的成本。美国的《对外贿赂法案》禁止任何未经报告的以获得海外合同为目的的对外国官员的支付。违者将面临 100 万美元的罚款：此外，相关责任人将被处以 10000 美元的罚款和最高 5 年的监禁。这一法律的顺利通过和洛克希德（Lockheed）公司的行贿事件有很大关系。在这一事件中，公司总裁卡尔·科奇恩（CarlKotchian）给日本代理商和政府官员酬金，从而获得了日本航空公司对洛克希德公司三叉戟飞机的 1250 万美元的大额订单。当这一事件被揭露后，日本相关政府大臣被指控有罪，一名大臣自杀，政府倒台。美国政府的反应则是通过了《对外贿赂法案》。这一法律对抑制贿赂起了积极作用。但是因为对《对外贿赂法案》的广泛批评，尤其是认为它把美国企业置于一种相对于其他跨国企业而言的劣势地位，这一条例于 1988 年做了修正。允许的支出更加广泛且有明确的定义。有关消除官僚作风的促进支出现在是合法的了。支持促进支出的理由是：①在许多国家都被接受；②是对购买过程中的中介者的一种补偿；③为在特定的市场获得业务顺利进行并进行长期有效竞争的一种必要花费。反对促进支出的理由是：①这种行为天生就是错误的；②鼓励了政府和企业的腐败行为；③欺骗利益相关者，把这种费用作为合理的商务费用。

目前，对商业贿赂问题没有一个绝对有效的解决办法。按照伦理置换的观点，除非各个国家都能完全实施反腐败协议，而且跨国公司都能拒绝行贿，形成国际层级上的解决办法，否则，在复杂的国际经营活动中，人们很难解决伦理和实用主义这一难题。尽管如此，有社会责任感的企业还是应该尽力去抵制这种行为。

3. 营销歧视

（1）种族、性别、宗教及残疾等歧视。在国际营销活动中，常常有对不同种族、不同性别、不同宗教信仰和对残疾人的歧视行为。尽管美国法律禁止其企业在海外雇用、解雇、晋升等过程中实行种族、性别、宗教、残疾等歧视行为，然而即使在美国，对黑人和少数民族的歧视也很严重。例如，美国许多企业对黑人及少数民族的雇员支付远低于白人的工资。在解雇雇员时，黑人与少数民族雇员首当其冲。再如，英国在东印度对当地人支付较低工资及提供较差的工作。在东南亚和远东国家，由于种族歧视政策的影响，许多雇员得不到晋升。1977 年，通用汽车公司的董事利昂·沙利文（LeonSullivan）认为种族隔离法是违规的，从道义上讲，通用汽车不应该遵循这样的法律。他提出了一套被称为“沙利文原则”的准则，作为公司在南非运作的行为准则。沙利文原则的主要内容

其一，在公司活动和工作设施上不对任何人种有种族歧视；

其二，所有雇员都有平等和公平的受雇佣的权利；

其三，对在同一时期从事同样或者等同的工作的所有雇员支付同等的工资；

其四，创建和发展能够使黑人、有色人种和亚洲人胜任管理、行政、文书和技术等工作的培训项目；

其五，增加黑人、有色人种和亚洲人在管理和高级职位的数量；

其六，提高雇员在工作环境之外的生活质量，如住房、交通、学习、

娱乐和健康设施；

其七，努力消除阻碍社会与政治公平的法律和习惯。

到1986年，有172家在南非经营业务的美国公司签署了遵守这一原则的协议。但是到1987年，经过10年的时间，沙利文宣布这套原则最终失败了。他认为，仅仅遵循这套原则再也不能保证公司在南非的经营符合道德了。不久，许多公司开始以各种方式离开南非。尽管沙利文最终失败了，但是他给出了一个在伦理困境中如何行事的例子。南非的种族隔离法案于1991年废除，1994年种族隔离政策正式废除。这一结果证明了沙利文原则在伦理上的合理性。

（2）目标市场用户歧视。这主要指对同样的产品在不同的国家的销售和服务不同的问题。这些问题的产生往往是在售出的产品发生问题之后，企业对不同市场的消费者的待遇差别问题。例如近几年来中国市场的汽车召回问题。2000年，由于福特汽车公司在西方国家召回有问题轮胎的汽车，中国消费者第一次认识了早已通行世界的汽车销售召回制度。但其后揭露出三菱汽车公司在中国销售的帕杰罗吉普车有致命的设计问题时，三菱公司却以使用环境的道路状况不良来推脱。

跨国营销违背道义、超出规范，必定陷入被动的局面。如果把世界经济看作一个大系统，那么每一个国家、每一个行业、每一个企业都是这个大系统中相对微小的细胞组织，而它们各自又形成独立、开放型的子系统。因此市场营销既要服从所属大系统的约束，自觉地遵循国家的政策指令，按照国家的法律规范组织其生产经营活动，同时加强内部子系统的依法管理，建立、健全管理制度和管理方法，使之达到良性循环，这样的营销才能够在外部环境和内部环境的动态平衡中求得自身的生存与发展。

本章小结

市场营销道德与社会责任是市场经济的伴生物。在市场经济条件下，企业营销活动必须遵循市场营销道德及其营销规范，并且要履行一定的社会责任。

市场营销道德是消费者对营销决策的价值判断，即判断企业营销活动是否符合广大消费者及社会的利益，能否给社会带来长远利益，能否给消费者带来最大的幸福。在现实中，通常将“功利论”与“道义论”相结合作为判断营销行为的道德标准。市场营销道德体现于企业整体营销活动，要在充分考虑影响营销道德关联因素的基础上，构建市场营销道德体系。

基于现代营销理念的营销社会责任包括三个层面内容：即保护消费者权益，保护社会的利益和发展，保护社会自然环境。营销履行社会责任具有相当的市场价值，促使企业的营销决策不仅以客户需求为出发点，而且以社会责任为出发点；促使企业的营销目标将企业利益同消费者利益及社会利益三者有机结合；促使企业短期利益同长远利益更好地相结合。企业营销需要明确责任领域。

营销规范一般是指企业从事营销活动必须遵守的法定或社会约定的行为标准。企业在市场中开展营销活动必须以三方面的规范约束自己的行为，即经济规范、法律规范、社会规范，必须具备规范意识，注重对规范的了解、掌握与运用，知晓在一段时期内可能做什么，可以做什么，禁止做什么。唯此，营销才能够步入良性循环的发展境界。

思考题

1. 什么是市场营销道德？如何判断企业营销决策具有道德性？
2. 市场营销活动中营销道德的具体表现有哪些？
3. 构建市场营销道德的现实意义是什么？
4. 什么是营销的社会责任？营销担当社会责任具有怎样的价值？
5. 市场营销社会责任的具体内容包括那些？
6. 什么是营销规范？企业营销规范准则是什么？
7. 举例说明企业营销违规运作的弊端与风险。

模块一　感悟市场营销——技能训练

项目一　了解市场营销的概念

项目目标

【知识目标】

理解市场营销的概念；

掌握市场营销的核心概念。

【技能目标】

具备分析市场营销基础问题的能力。

【实训目标】

通过市场营销概念的学习，和对市场营销核心概念的理解，具备一定的分析市场营销基础问题的能力；

项目实施

【技能训练】

1－1　一分钟自我推销训练

表 1－1　一分钟自我推销训练

技能代码	1－1	实训性质	专业基础素质训练
地点及用品要求	可在普通教室或拓展实训室进行，可根据学生需要自备辅助用品		
训练准备	学生准备	事先拟定推销词，并进行自我演练	
	教师准备	计时工具、自我推销事例等	
训练目标	1. 使教师掌握学生的基本情况		
	2. 锻炼学生的口头表达能力、应变能力及自我控制能力		
训练内容	1. 问候语开场白		
	2. 自我推销（姓名、地区、个人兴趣爱好、家庭、学校及未来的展望等等）		
训练流程	明确流程—上台—问候—自我介绍—致谢—返回		

续表

技能代码	1－1	实训性质	专业基础素质训练
操作要点	知识点	营销人员的素质、能力、胆量、勇气、口头表达能力	
	能力点	普通话水平、行为礼仪、口头表达能力、应变能力	
	控制点	时间及课堂气氛	
	考核点	1. 演讲的神态、举止（语言、强调、表情、肢体动作）	
		2. 创新性、完整性、流畅性	
		3. 时间控制	
备注			

1－2　校园营销系统分析综合训练

训练目标：

帮助学生了解市场营销的概念及核心概念；

帮助学生认识市场营销的系统性；

使学生具备分析简单营销问题的能力。

训练内容：

大学生生活的环境主要是在大学校园及其周边地区，在了解了市场营销的基本概念、原理之后，结合自己对市场营销的认识，选择自己熟悉的校园作为目标市场，对校园中的各种消费品市场（例如，手机、电脑、学习用品、食品饮料以及娱乐等）的营销系统进行分析。

训练要求：

（1）将参加训练的同学划分成若干小组，人数要适当，使每位小组成员都能充分参与训练；

（2）每个小组选择一种消费品，对其在校园的营销系统进行分析；

（3）每个小组通过调研的方式对其所选的产品的消费群体、校园市场特点、校园营销行为、校园营销系统、校园营销效果等内容进行了解；

（4）以小组为单位对调研结果进行公开展示。

【营销游戏】

农夫的遗嘱

一个农夫临死前留下了一块不规则形状的田地（如图所示）作为遗产，并留下遗嘱，要求在他死后将这块不规则形状的田地平均分给他的四个儿子，并且每个儿子得到的田地必须在面积和形状上一模一样，而且是完整的田地。请你试着对这块不规则的田地进行分割。

项目总结

【知识回顾】

市场营销是组织的一种功能和一系列创造、交流，并将价值观传递给顾客的过程和被用于管理顾客关系，以让组织及其股东获利的过程。理解市场营销的核心概念能够更好地帮助理解市场营销内涵。

【技能训练要点】

理解市场营销的内涵；

掌握利用简单市场调研的方法收集信息的技能；

分析简单市场营销问题的能力。

项目二　明确市场营销管理任务

项目目标

【知识目标】

熟悉市场需求状态；

掌握市场营销管理的任务。

【技能目标】

具备准确判断市场需求状况的能力；

具备根据市场需求状况明确营销管理任务的能力。

【实训目标】

通过市场需求的学习，具备一定的分析市场需求状况的能力；通过市场营销管理任务的学习，使学生具备根据不同市场的需求状况分析确定市场营销管理任务的能力。

项目实施

【技能训练】

2－1　校园市场需求分析训练

训练目标：

（1）帮助学生辨别市场需求；

（2）根据市场需求情况制定不同的市场营销管理任务。

训练背景：

选择熟悉的校园市场，尝试分析其中的笔记本电脑、手机、高级时装等产品的市场需状况，针对不同的市场需求制定相应的营销管理任务。

训练要求：

以小组为单位，选定产品，分组讨论该产品在校园市场中属于哪一种市场需求状况，通过讨论，充分认识该种市场需求的特点以及开发相应市场的营销管理任务，形成小组报告。

2－2　如何把干发帽卖给男士

训练目标：

帮助学生理解不同市场需求的特点，明确相应的营销管理任务。

训练背景：

干发帽是一种近几年流行的一种高科技产品，主要采用高新技术超细纤维纺织面料制成，具有超强的吸水性，具有快速吸水，以及吸水量大的特点，且耐用性也高于普通毛巾，手感柔软、色彩多样，较受女性消费者的喜爱和欢迎。

训练内容：

要求学生将干发帽视为目标产品，突破市场现有的消费者群体，尝试将干发帽卖给男士消费者。

训练要求：

（1）以小组为单位，对男士消费者市场中干发帽的市场需求状况进行分析，总结提炼该种市场需求的特点，并且制定相应营销对策，将干发帽销售给男士。

（2）提交书面报告。报告内容应该包括男士干发帽市场需求状况、特点以及营销管理的任务和对策等内容。

项目总结

【知识回顾】

市场营销管理的本质是需求管理，做好营销，营销工作人员需要认真识别消费者需求类型，并且有针对性地采取营销对策，激发和满足消费者需求。

【技能训练重点】

辨别消费者需求；

做出营销管理决策。

项目三 树立正确的市场营销观念

项目目标

【知识目标】

了解市场营销观念的发展演变过程；

理解现代市场营销观念与早期市场营销观念的区别；

掌握现代市场营销观念的主要内容。

【技能目标】

具备市场营销意识及营销职业情感；

能够区分各种市场营销观念。

【实训目标】

具备运用现代市场营销观念分析企业营销活动的能力。

项目实施

【技能训练】

案头调研——了解企业的市场营销观念。

训练目标：

（1）了解不同市场营销观念对企业营销活动的影响；

（2）帮助学生理解树立正确市场营销观念的重要意义。

训练内容：

通过多种途径收集资料，分别找到遵循生产观念、产品观念、推销观念、市场营销观念以及社会市场营销观念的企业实例。

训练要求：

（1）分组进行调研；

（2）每种观念至少举出一个企业实例；

（3）根据表格（如表1－2所示）内容，设计调查流程，并将结果填于表格内；

（4）撰写调研报告，重点分析不同的市场营销观念对企业营销活动的影响。

表1－2　企业营销观念表

营销观念	品牌名称	营销活动的具体表现	营销结果
生产观念			
产品观念			
推销观念			
市场营销观念			
社会营销观念			

项目总结

【知识回顾】

市场营销观念包括是生产观念、产品观念、推销观念、市场营销观念和社会营销观念。

【技能训练重点】

区分各种市场营销观念，运用市场营销观念分析企业实例。

第二篇

寻找市场机会

第三章 市场营销环境分析

【学习目标】

1. 理解市场营销环境的概念和特点，掌握分析市场营销环境的重要性；

2. 掌握市场营销微观环境和宏观环境的内容；

3. 了解市场营销环境的威胁以及机会的含义；理解如何分析营销环境并采取适当的对策。

【重点难点】

1. 分析市场营销环境的重要性；

3. 微观环境及宏观环境内容；

3. 企业应对环境威胁和机会的对策。

职业引导案例

泛美航空公司是美国境外的一家航线最广、历史最久的航空公司，也是美国国家航运业的化身。经过 50 多年的发展，至 1980 年初泛美航空公司已成为全美第三大航空公司，职工达 3 万多人，拥有 130 多架各种型号的飞机，航线遍布五大洲 50 多个国家的 100 多个城市。但是，14 年后 (1994 年) 泛美航空公司却以宣布破产而告终。是什么原因导致泛美航空公司的失败呢?

从 20 世纪 70 年代末期开始，世界航空业竞争日益激烈，加之世界经济不景气，交通量减少以及燃料价格上涨等原因，泛美航空公司陷入了财务危机。仅 1981 ~ 1982 年间，泛美航空公司累计亏损就达 10 亿美元之巨。该公司在纽约华尔街证券交易所的股票每股 1978 年的 10.8 美元降到 1981 年的 2.5 美元。巨额亏损迫使泛美航空公司不得不以 5 亿美元卖掉下属的大陆酒店连锁系统，以解决财务困难。1983 年，世界石油价格开始下降，同时美国经济也开始复苏，乘机顾客明显增加，各航空公司纷纷将机票加价 10 ~ 15 美元。在低燃料成本和高营业收入的双重作用下，泛美航空公司的经营状况有了一定改善，并在 1983 年第二季度出现了 5000 万美元的盈余。油价的下跌并没有持续多久，继之而来的是1984年的劳资纠纷。1984年，泛美航空公司的劳工方以公司盈利为依据，要求公司加薪。该公司拖欠职工退休金总计达4.5亿美元。但是，决策层不顾职工的反对，宣布不加薪，使全体职工愤怒不已。1985年3月1日，泛美航空公司的机械工人首先宣布罢工，并获得职员、乘务员、驾驶员的支持。这次罢工长达一个月，给公司造成7000万美元的损失。同时，美国国内市场的恶性削价竞争卷土重来，使泛美航空公司的股票每股降至4美元。1985年4月，美国联合航空公司以9亿美元的巨款，购买了泛美航空公司在太平洋地区的航线和航权，以及飞行在这些航线上的18架客机。实际上，这些航线是有利可图的，但泛美航空公司为了解燃眉之急不得不忍痛割爱。至此，泛美航空公司正式撤离了其苦心经营20多年的远东黄金市场。此后，泛美航空公司开始节节败退，溃不成军，终于于1994年宣告破产。

资料来源：王海斌，《市场营销管理》，武汉理工大学，2004

每个企业的生存和发展离不开周围的环境，要受到周围环境的影响和制约。因此，企业的市场营销活动也必将受到一定的环境条件影响和制约，企业在营销活动中必须根据现实环境及其发展趋势，制定有效的营销战略，把握机会，规避风险，从而实现企业的营销目标。

第一节　市场营销环境概述

一、市场营销环境的概念

企业市场营销环境是指直接或间接影响企业营销活动及其目标实现的各种条件和因素的总和。一般包括两部分，即宏观环境和微观环境。所有成功的企业都必须坚持不懈的观察并适应环境的变化。在企业营销活动中与企业关系密切、直接影响企业营销活动的因素是微观环境，主要包括企业自身、供应商、营销中介、顾客、竞争者和公众等。宏观环境是指间接影响企业营销活动的因素和趋势，主要包括人口、经济、自然、技术、政治法律和文化等因素。微观环境往往与企业的营销活动直接相关，又称为直接营销环境，而宏观环境是间接影响企业营销活动，又称为间接营销环境。如图 3－1 所示：

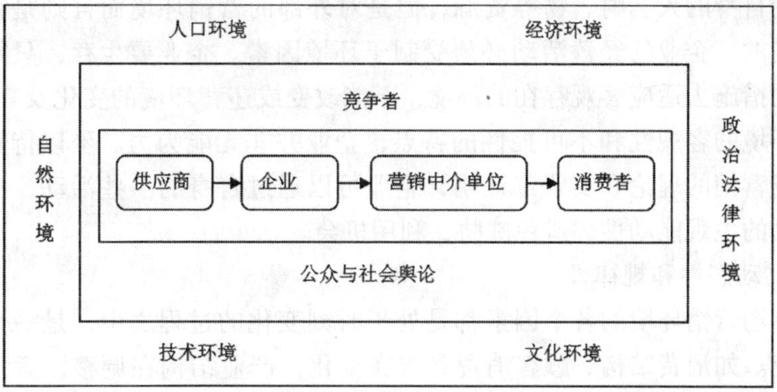

图 3－1　市场营销环境

在图 3－1 中，最外层的环境是宏观环境，它们间接影响企业营销活动，由于宏观环境多是不可控制的，因此宏观环境也可以称为不可控因素；从最外侧往里表示的是微观环境，它们直接影响企业营销活动，而企业对微观环境是可以控制的或部分可以控制的；同时，宏观环境影响和制约着微观环境。此外，从图 3－1 还可以看出，企业的生存与发展时刻都与外部环境相互影响，相互作用，成功经营的企业多是能够适应环境的企业。因此，企业必须能够在变化着的环境中进行自我调节，提高对环境的适应能力，才能抓住市场机遇，回避市场威胁。

二、市场营销环境的特点

市场营销环境是企业生存和发展的条件。市场营销环境的变化，既可以给企业带来市场机会，也可以给企业造成严重威胁。由于生产力水平的不断提高和科学技术的进步，当代企业的外部环境变化远远超过了企业内部因素变化的速度，企业的生存和发展愈来愈决定于其适应外界环境变化的能力。企业要在复杂多变的环境下驾驭市场，就必须认真研究市场环境的特征。市场营销环境是一个多因素、多层次而且不断变化的综合体，对市场环境的研究是一项复杂的工作，要搞好市场研究，首先必须了解它的特点。营销环境是由多种因素组成，具有以下特征：

1. 客观性和不可控性

市场营销环境的发展变化是不以企业意志为转移的客观存在，企业能够控制自身的人、财、物等资源，但是对外部的营销环境而言则是企业无法控制的，企业的经营活动必须受制于环境因素。企业要生存，只能采取适当的措施去适应客观存在的环境，不能改变或违背环境的变化及其规律。对于环境的客观性和不可控性的特点，企业并非无能为力、坐以待毙。现代市场营销的理论和实践都证明，企业可以通过自身的一些活动，充分发挥自己的主观能动性，避免威胁，利用机会。

2. 动态性和规律性

市场营销环境的各个因素都是处于时刻变化的过程之中，是一个动态的系统。如消费结构、顾客消费需求在变化，产业结构在调整，竞争对手的策略在改变等，因此企业的市场营销活动必须不断适应环境的变化，及时调整和修正自身的营销策略以打到企业的营销目标。但营销环境的变化并不是无序的，而是有一定规律可循的，企业必须在市场环境变化中寻找发展的规律，对规律认识越准确，营销活动成功性越大。

3. 复杂性和独特性

企业的营销环境具有一定的复杂性和独特性。表现在，首先企业面临的宏观环境之间、微观环境之间以及宏观环境与微观环境之间不断的相互影响，不断变化；其次，对每个企业而言，由于企业自身、面对的市场、竞争者等各不相同，所以每个企业面临的环境都是独特的。因此需要企业营销者在分析营销环境的过程中，既要把握营销环境的复杂性，又要掌握自身环境的独特性。

4. 相关性

营销环境诸因素之间，也是相互影响，相互制约的，某一因素的变化，会带动其他因素的相互变化，形成新的营销环境。例如，竞争者是企业重要的微观环境因素之一，而竞争者的多少和竞争格局的形成又会受到一个国家政治法律因素或经济政策的影响；又如，市场需求不仅受消费者收入水平、爱好以及社会文化等方面因素的影响，政治法律因素的变化，往往也会产生决定性的影响。

由于营销环境具有以上的特性，因此企业要不断调整自身适应环境变化，了解环境变化的现在关联，把握机遇，规避威胁。企业虽然不能控制环境，但是却能够积极主动的适应环境，为企业实现营销目标奠定良好的基础。

三、分析市场营销环境的重要性

企业的营销活动是不可能脱离周围的环境而孤立的进行的。一方面，由于营销活动要以环境为依据，而环境又具有不可控的特性，因此，企业要主动地去适应环境；另一方面企业可以通过了解和预测环境因素，主动地适应和利用环境，通过营销努力去影响外部环境，使环境有利于企业的生存和发展，有利于提高企业营销活动的有效性。由此可见，研究市场营销环境及其变化，是企业营销活动的最基本的任务之一。

企业可以通过分析了解环境寻找发展机遇，规避可能出现的威胁。实践证明，即使在经济不景气的时期，企业也可以捕获到一些新的市场机会，通过企业的营销活动，创造发展机会；在经济繁荣时期，市场环境也有可能给企业带来新的威胁，也会有一些企业难免摆脱倒闭的厄运。这也说明，同一市场营销环境的变化，可以给一些企业带来机遇，同时也可以给另外一些企业带来威胁，营销管理者的任务就在于，了解把握营销环境的变化趋势，适应环境的变化，提高应变市场的能力，趋利避害地开展市场营销活动，使企业更好地生存和发展。因此认真研究市场营销环境对企业发展有着十分重要的意义。

1. 营销环境分析是企业进行市场分析与研究的出发点和首要内容，也是市场分析与研究活动得以进一步展开的基础和前提。

2. 营销环境分析可以帮助企业充分了解环境变化中的有利方面，把握机遇，同时还可以及时克服环境变化的不利影响，规避风险。同时，通过分析营销环境，企业可以更加准确的了解自身的优势及弱点，从而有助于企业正确地结合内、外环境条件制定或调整其营销策略。

企业只有做到对环境因素进行实时监测，认真分析，才能及时采取措施，抓住机会，规避威胁，取得营销的成功。市场营销环境分析是企业营销成功的关键。营销部门必须利用完善的信息系统，科学的市场调研方法，及时跟踪环境发展趋势，寻找市场机会，发现威胁，使其能够及时采取措施，进行战略调整，以适应市场新的机遇与挑战。

第二节　市场营销微观环境

市场营销的微观环境是指直接影响企业的市场营销活动及目标实现的各种因素的总和，主要包括企业内部及与企业营销活动发生各种关系的供应商、中介机构、竞争者、顾客及社会公众等，如图 3－2 所示。

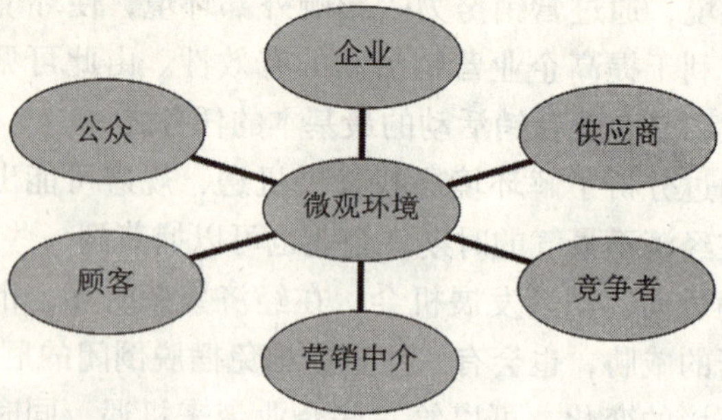

图 3－2　市场营销微观环境

一、企业

企业开展营销活动也要充分考虑到企业内部的环境力量。企业内部设立了管理、行政、财务、研发、采购、生产、营销等诸多部门，营销部门又有品牌、管理、营销研究人员、广告及促销专家、销售经理及销售代表等组成。

企业营销部门与企业业务部门之间既有多方面的合作，也存在着争夺资源方面的矛盾。所以在制订营销计划、开展营销活动时，必须考虑到与企业其他各部门的合作和协调。营销管理系统内部由于所肩负的职能各不相同，系统内的各部门也要协调一致，服务于营销目标。现代企业管理没有协调就难以避免内部摩擦与消耗，因此，如何通过内部有效沟通，协调好企业的各职能部门和营销管理系统的内部关系，就成为营造良好微观环境，更好地实现营销计划的关键。企业内部营销环境如图 3－3 所示：

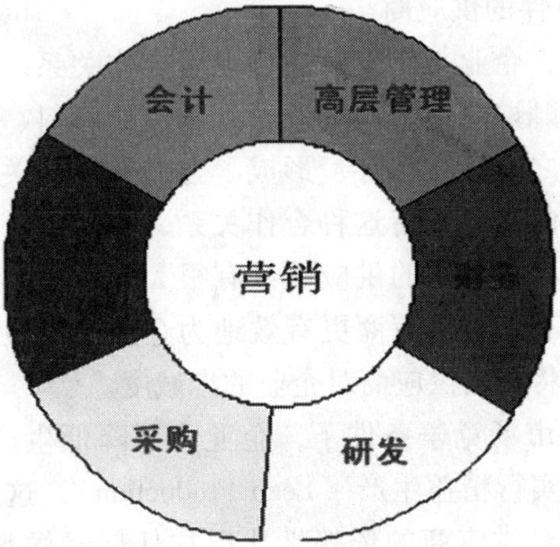

图 3－3　企业内部营销环境

二、供应商

供应商是指向企业及其竞争者提供生产产品或提供服务所需资源的企业和个人。它所提供的资源主要包括原材料、设备、能源、劳务、资金等。供应商对于营销的“价值传递系统”有着重要的影响，首先，资源供应的保证程度影响企业产品的销售量和交货期；其次，资源供应的价格及其变动趋势影响企业的产品成本；再次，供应资源的质量水平影响产品的质量。

企业要重视与供应商的合作和采购工作。对企业而言，应选择那些能保证质量、交货及时、供货条件好且价格低廉的供应商。同时多选择几家，以避免对某一家供应商的过分依赖。由于供应商既是商务谈判中的对手更是合作伙伴，因此，营销部门应该针对不同类型的供应商采取相应策略。

1. 作为竞争对手的供应商

供应商作为独立的企业，与企业建立交易关系时，就形成了竞争对手的关系，供应商与企业的竞争关系主要体现在供应商的议价能力。针对这种情况，一方面，营销部门应尽可能地减弱他们的讨价还价能力，增加企业的获利空间；另一方面，积极寻找其他备选的供应商来源，这样既可给对方造成压力，也可防止由于对方讨价还价能力的提高而带来的威胁。

2. 作为合作伙伴的供应商

除了竞争关系，企业与供应商还存在着合作关系。供应商向企业提供原材料、半成品以赚取收益，而企业通过购买原材料、半成品加工后出售以获利，因此二者之间互相依存，形成了合作伙伴的关系，企业要重视这种关系，采取相应的活动维持这种合作关系，如，企业可以与供应商签署长期的合同，这对稳定将来的供应关系有很大的作用，还可以说服供应商积极地接近顾客，有助于供应商更有效地为企业提供服务，还可以分担供应商的风险，这样将提高供应商对企业的忠诚度。

特别是在现代市场竞争条件下，企业为了降低生产成本，减少库存，节约作业时间，都实行精益生产（Lean Production），这就使企业与供应商的关系更为密切，对供应商的依赖性比以往任何时候都更加强烈。因此，营销人员必须对供应商的情况有比较全面的了解和透彻的分析，以便采取策略与供应商建立良好的关系。

三、营销中介机构

营销中介是指协助企业产品分销活动的企业或个人，包括中间商、物流配送机构、营销服务机构和金融机构。

1. 渠道分销商

渠道分销商是指帮助企业寻找顾客并直接与顾客进行交易，从而完成产品从生产者向顾客的转移过程的机构。分销商担负着为企业寻找顾客、帮助企业促销、销售等分销功能，其分销效率的高低对企业的生产经营活动、营销计划的制订有着重要的影响。因此，寻找分销商并与之合作成为营销活动成功的关键之一。在竞争激烈的市场中，企业不能在众多独立的小型分销商中任意选择，必须面对大型且不断发展的销售机构。因为这些机构在市场中有着强大的销售力量，选择他们可以达到事半功倍的效果。但是，这些机构也同样具有足够的操纵交易条件的力量，甚至能将某个制造商拒之门外，所以，制造商企业必须通过加强自身的建设和努力，与这些实力强大的分销商达成协作。

2. 物流服务机构

物流服务机构是指那些协助企业储存产品或把产品从原产地运往销售目的地的组织，包括仓储公司和运输公司。在通过中间商进行产品的销售时，仓储服务往往由中间商承担，仓储公司储存并保管要运送到下一站的货物。运输公司包括铁路、公路、航空、货轮等货运公司，企业可以通过权衡成本、速度和安全等因素综合考虑来选择成本效益最佳的货运方式。

3. 营销服务机构

营销服务机构是指帮助企业开发、生产及促销其产品到适当的市场的组织和个人，主要包括各种市场调研机构、营销咨询公司、广告公司、传播公司等。这些机构提供的信息、服务可以帮助企业营销活动达到最佳效果，实现最佳利润。由于这些机构在可信度、服务质量及价格等方面差异较大，因此，企业在利用这些机构时要慎重选择，关键是要选择最能适合本企业并能有效提供所需服务的机构。

4. 金融机构

金融机构是指为企业提供融资或风险保障的机构，主要包括银行、投资机构、保险公司和证券公司等。这些机构主要为企业的营销活动提供资金和保险等业务，绝大多数公司和客户都需要借助金融中介机构为其交易提供资金和保障。因此，企业与金融机构建立良好的关系是保证企业发展得到足够资金与保障的重要措施。现代经济的发展，使社会分工更加合理化、科学化和效率化。由于企业的资源有限，要想使资源配置更加有效，发挥最大功效，需要社会各部门之间的协作，因此，企业的营销功能离不开营销中介机构的支持与配合，企业要充分利用营销中介机构的作用，以帮助企业实现营销目标。

随着市场经济的发展，社会分工将趋向更加合理、科学和效率化。由于企业的资源有限，要想使资源配置更加有效，发挥最大功效，需要社会各部门之间的协作，因此，企业的营销功能离不开营销中介机构的支持与配合，企业要充分利用营销中介机构的作用，以帮助企业实现营销目标。

四、顾客

企业的一切营销活动都是为了满足顾客的需求，企业的顾客构成了企业的目标市场，是企业营销活动的出发点和归宿点。企业应明确其产品市场的主要类型，以便针对目标市场消费者的特点，制定适宜的营销策略，这是扩大销售、提高市场占有率的根本措施。

根据顾客状况及顾客购买目的的不同，企业营销的市场可以分为以下几种类型：

（1）消费者市场：为了个人消费而购买的个人和家庭所构成的市场。

（2）生产者市场：为了生产并取得利润而购买的组织机构所构成的市场。

（3）中间商市场：为了转卖并取得利润而购买的组织所构成的市场。

（4）非赢利性组织或政府市场：为提供公共服务或转赠需要者而购买的政府机构和非赢利组织所构成的市场。

（5）国际市场：国外的消费者、生产者、中间商及非赢利组织所构成的市场。

上述各类市场中的顾客都有不同的需求特点和购买特点，企业可以通过各种行为研究方法，通过研究不同类型的市场顾客群体特征是如何影响购买行为的，以及消费者如何进行购买决策等问题，找出这些市场的顾客行为特征，根据其特征提供符合其需求的产品和服务，从而为企业创造更广阔的市场空间。

五、竞争者

市场经济是一种竞争经济，竞争在给予企业压力的同时也给予企业动力。竞争者是指向企业的目标市场提供相同或类似产品，并对企业构成威胁的组织或个人。企业在目标市场进行营销活动的过程中，不可避免地会遇到竞争者或竞争对手的挑战。

1. 分析竞争者

企业为了能在目标市场上不被竞争对手击败，取得较大的市场份额，就必须准确地分析、深入地了解竞争对手，做到“知己知彼”，扬长避短，主动参与竞争。

（1）识别竞争者

进行竞争者分析，首先要识别竞争者。对企业来说，识别行业中现有竞争者往往比较容易，而要识别潜在的竞争者就比较困难。但是，潜在竞争者对企业的威胁有时却比现实竞争者的威胁要大得多。因此，企业不但要从行业竞争中发现那些明显的、现实的，同为一个行业生产相同产品，满足同一需求的竞争者，还要注意从市场竞争的角度去发现那些能够生产替代产品满足顾客需求，或是可能跨行业进行多元化经营的潜在竞争者。

（2）收集分析竞争信息

识别出企业的竞争者，就要收集竞争的信息进行分析。如竞争者的基本情况、市场占有率、销售增长率、营销战略、营销组合策略和产品结构等等。对这些信息利用一些图表分析工具，确定竞争者在市场上的相应地位，通过比较分析，找出竞争对手的优劣势，制定扬长避短的对策，以使企业在竞争中“知己知彼，百战不殆”。

2. 竞争者分类

从消费需求的角度可以将企业的竞争者划分为以下四类：

（1）愿望竞争者

愿望竞争者指提供不同的产品以满足不同需求的竞争者。例如，消费者要选择一种万元消费品，他所面临的选择就可能有电脑、电视机、摄像机、出国旅游等，这时电脑、电视机、摄像机以及出国旅游之间就存在着竞争关系，成为愿望竞争者。这种竞争的关键在于采取积极有效的促销手段，吸引消费者，诱导其购买本企业产品的强烈愿望，并促成其购买行动。

（2）类别竞争者

类别竞争者指提供不同的产品以满足相同需求的竞争者。如面包车、轿车、摩托车、自行车都是交通工具，在满足需求方面是相同的，它们就是类别竞争者。

（3）产品形式竞争者

产品形式竞争者指生产同类产品但规格、型号、花色、款式不同的竞争者。如自行车中的山地车与城市车、男式车与女式车，就构成产品形式竞争者。

（4）品牌竞争者

品牌竞争者指生产相同规格、型号、款式的产品，但品牌不同的竞争者。以电视机为例，索尼、长虹、夏普、金星等众多产品之间就互为品牌竞争者。

在竞争性的市场上，除来自本行业的竞争外，还有来自替代品生产者、潜在加入者、原材料供应者和购买者等多种力量的竞争。加强对竞争者的研究，了解对本企业形成威胁的主要竞争对手及其策略，力量对比如何，知己知彼，扬长避短，才能立于不败之地。

六、公众

公众是指对企业实现营销目标具有实际或潜在利害关系和影响力的一切团体和个人。良好的公众关系是企业营销的基础，公众对企业的态度会对企业的营销活动产生巨大的影响，它既可能会有助于增强企业实现自己营销目标的能力，也可能妨碍这种能力，所以企业必须采取一定的措施，成功地处理与主要公众的关系，争取公众的支持和偏爱，树立良好的企业形象，为自己营造和谐、宽松的社会环境，这是改善企业营销微观环境的一个重要方面。企业所面临的公众主要包括：金融公众、媒体公众、政府公众、社团公众、社区公众、一般公众及内部公众等。

1. 金融公众

金融公众主要包括银行、投资公司、证券公司、股东等，金融公众对企业的融资能力有重要的影响。企业可以通过发布乐观的年度财务报告，回答关于财务问题的询问，稳健地运用资金，在融资公众中树立信誉。

2. 媒介公众

媒介公众指的是报纸、杂志、电台、电视台等传播媒介，它们掌握着传媒工具，有着广泛的社会联系，能直接影响社会舆论对企业的认识和评价，对企业的声誉的正反面宣传有着举足轻重的作用。企业需要与媒体组织建立友善关系，争取有更多更好的有利于本企业的新闻、特写、报道以至社论，传播企业的良好形象。

3. 政府公众

政府公众指与企业经营活动有关的各级政府部门，如工商、税务、法律、商检及计量等部门。企业在制订发展计划、开展营销活动时必须认真研究政府政策方针与措施的发展变化情况，从中寻找对企业营销的限制或机遇。例如，目前我国政府从保护人民健康的需要出发，对有害健康的烟草产品的生产以及广告宣传规定了不少限制政策，卷烟营销工作必须严格执行政府规定，还要同有关政府部门搞好关系。

4. 社团公众

社团公众指与企业营销活动有关的非政府机构，如消费者组织、环境保护组织、劳动权益保护组织、未成年人保护组织，以及其他群众团体。企业营销活动涉及社会各方面的利益，来自社团公众的意见、建议对企业营销决策有着十分重要的影响。他们是企业必须重视的力量，企业需要重视他们的社会影响力，关注并尊重他们的活动。

5. 社区公众

社区公众指企业所在地附近的居民和社区团体。社区是企业的邻里，企业保持与社区的良好关系，为社区的发展做出一定的贡献，会受到社区居民的好评，他们的口碑能帮助企业树立形象。企业在营销活动中要避免同周围的公众利益发生冲突，应指派专人负责处理社区部门关系，并努力为公益事业做出贡献。

6. 一般公众

指上述各种关系公众之外其他的社会公众。一般公众虽未有组织地对企业采取行动，但企业形象会影响他们的惠顾。

7. 内部公众

内部公众指企业内部的所有工作人员。企业的营销活动离不开内部公众，企业应采取措施，激发员工的积极性、主动性，经常与内部公众沟通，增强企业的凝聚力和向心力。例如，企业应经常向员工通报有关情况，介绍企业发展计划，发动员工出谋献策，关心职工福利，奖励有功人员，增强内部凝聚力。员工的责任感和满意度，必然传播并影响外部公众，从而由内至外的塑造良好的企业形象。

现代企业是一个开放的系统，企业不仅有竞争对手与之竞争，而且还有对该企业进行业务活动的方式发生兴趣的各类公众，这些公众都与企业的营销活动有着直接或间接的关系，他们对企业营销活动的态度，则会影响企业营销活动的顺利进行，影响企业营销目标的实现。因此，企业营销部门必须注意处理好与各类公众的关系，充分发挥各类公众对企业营销的促进作用，避免因限制作用而带来的不必要的损失企业的营销活动必然与各方面发生联系，必须处理好与各方面公众的关系。

第三节 市场营销宏观环境分析

市场营销的宏观环境是指间接影响企业营销活动及其目标实现的因素的总和，主要是指一些社会力量，包括人口环境、经济环境、自然环境、技术环境、政治和法律环境以及社会文化环境等，如图 3 -4 所示。

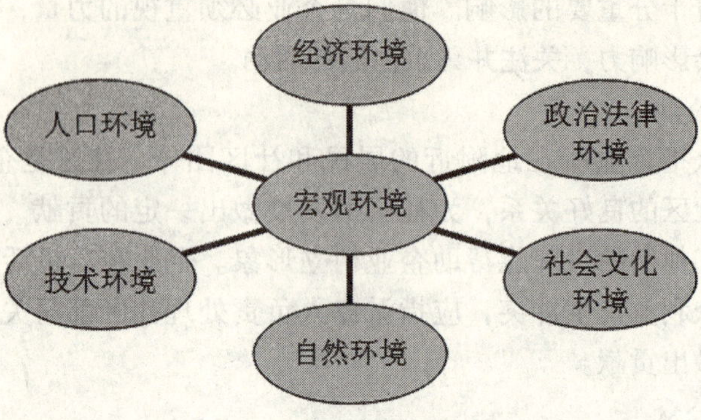

图3－4　市场营销宏观环境

企业和影响企业的微观环境都处在由这些社会力量所构成的宏观环境之中，并受其影响。而这些社会因素的发展变化，会为企业营销造成市场机会或威胁，企业必须监测和适应这些不可控制的力量。

一、人口环境

人口是市场的第一要素。人口数量直接决定市场的潜在容量，人口的性别、年龄、民族、居住地点、婚姻状况、密度、职业等也对市场格局产生深刻的影响，并直接影响企业的市场营销和经营管理活动。企业应重视对人口环境的研究，密切关注人口特性及其发展动向，及时地调整营销策略以适应人口环境的变化。

1. 人口的数量和规模

人口规模及人口数量的多少，这是决定市场规模的一个基本要素。一般而言，在其他要素不变的前提下，市场规模的大小与该地人口规模的大小呈正比例关系，即人口越多，对产品的需求量就越大。人口的增长会促使社会总需求的增长，从而为企业营销带来新的市场机会。我国目前的人口总数超过13亿，相当于欧洲和北美洲人口的总和，随着我国经济的发展，人们的收入不断增加，中国已经成为世界上最具潜力的市场。

但是若某一地区人口总量过大或增长速度过快也有可能带来一些消极影响：一方面使该地的购买能力降低，极端情况下还有可能导致该地区的经济衰退和社会动荡，降低市场需求；另一方面，人口的过快增长会导致人均自然资源的占有量进一步下降，尤其是一些不可再生资源的问题更加突出。

2. 人口结构

人口结构主要包括人口的年龄结构、性别结构、家庭结构、社会结构以及民族结构、职业结构等。

（1）年龄结构。不同年龄的消费者对商品的需求不一样，从而形成了不同年龄结构的市场：儿童市场、青年市场（25—39 岁）、中年市场（40—59 岁）和老年市场（60 岁及以上）等。目前我国人口年龄化的趋势是向上的，十二五期间我国 60 岁及以上的老年人口将由 1. 78 亿增加到 2. 21 亿，老年人口比例由 13. 3% 增加到 16%，特别是一些大中型城市，老龄化人口的快速增加一方面带来了社会养老的压力，另外一方面也带来了新的市场商机。

表 3 - 1　2011 年我国部分省市老年人口比例

城市	总人口（万）	60 岁及以上人口	
		人口（万）	比例（%）
北京	1277. 9	247. 9	19. 4
上海	1419. 36	347. 76	24. 50%
天津	984. 85	176. 4	17. 91
重庆	3329. 81	385. 26	11. 57
江苏	7506. 84	1366. 67	18. 21

如表 3 - 1 所示，随着我国老年人口在总人口中所占的比重逐渐增大，我国老年人市场将面临着极大的机遇，为营销老年产品和服务的企业带来了广阔的市场空间。由此可见，各个年龄段人口的变化趋势，将对营销者的目标市场战略产生重大影响

（2）性别结构。性别的差异会给消费需求带来差异，反映到市场上就会出现男性用品市场和女性用品市场，他们的购买习惯、购买行为也有各自不同的特征。一般来说，在一个国家或一个地区男女总数相差不大，性别结构较稳定，但在某些行业相对集中的较小地区男女比例可能会有一些变化，对这点企业也必须有所考虑。

（3）家庭结构。家庭是购买、消费的基本单位，家庭的数量直接影响

到某些商品的数量。对着经济和社会的发展，家庭规模逐渐趋于小型化，即家庭人口减少，家庭数量增加，这种变化给很多行业带来了新的营销机会。我国第六次人口普查显示，我国居民家庭平均规模为3.1人，而2000年我国居民家庭平均规模为3.44人。这表明我国的平均家庭规模在持续下降，另外，不同类型的家庭往往也表现出不同的消费需求与特征。

(4) 地理分布。人口的地理分布是指人口在不同地区的密集程度以及迁移趋势。人口在地理上的分布关系着消费者需求的异同：一方面，不同地区由于人口密度不同，需求量存在一定的差异。例如，中国的人口主要集中分布在东南沿海一带，人口密度向西北逐渐递减。迁移趋势表现出从西北向东南，从内陆向沿海，从农村向城市转移。这为企业选择区域市场提供了依据。

另一方面，不同地区的居民的购买习惯和购买行为也存在一定的差异。因为不同地区的自然条件、经济条件、生活习惯等存在很大差异，造成了不同地区的居民对各类消费品的需求的差异。例如在中国，天气炎热的南方对空调和电风扇的需求量大，寒冷的北方则需要暖气设备和抗寒服装；食物结构中，南方人以大米为主食，北方人则以小麦为主食等。

因此，人口的地理分布可以为企业准确地寻找自己的目标市场提供依据，也有助于企业对产品的流向与流量作出判断。

(5) 民族结构。民族不同，其文化传统、生活习性也不相同。我国是个多民族的国家，企业营销要注意民族市场的营销，重视开发适合不同民族特性、受其欢迎的商品。

3. 人口的地理分布及流动

人口的地理分布不同，消费习惯和市场需求也不同，我国的农村与城市、东部与西部、南方与北方、山区与平原等有着显著的区别，这就要求企业根据不同地域的消费差别，提供不同的产品和服务。衡量人口地理分布的常用指标是人口密度，一般来说，人口密度越大，顾客越集中，营销成本相对较低；相反，营销成本就高。

在市场经济条件下，出现了地区间人口的大量流动，对营销者来说，这意味着一个流动的大市场。而人口流动的总趋势是从农村流向城市、从城市流向郊区、从非发达地区流向发达地区。这些趋势对企业的营销产生了重要的影响：城市人口的增加使城市市场成为各个企业营销的必争之地；城市人口向郊区流动使企业销售网络布局向郊区发展；流动人口衣食住行等需求也带来许多营销机会。

4. 人口性别

人口的性别构成与市场需求密切相关。男性和女性在生理、心理和社会角色上的差异决定了他们不同的消费需求，而且两者的购买习惯和行为方式也不同。由于女性具有喜欢打扮、操持家务、抚育孩子等特点，她们更喜欢购买服装、化妆品、家庭日用品及儿童用品等。男性则是烟酒、汽车等商品的购买主力。

5. 家庭规模

家庭是社会的细胞，也是某些商品的基本消费单位，如住房、成套家具、厨房用品等商品的消费就和家庭数量密切相关。进入 20 世纪 90 年代中期，世界普遍呈现家庭规模缩小的趋势。家庭规模小型化，一方面导致家庭总户数的增加，进而引起对电视、冰箱、空调、家具等家庭用品的需求大幅度增加；另一方面则意味着家庭结构的简单化，这要求营销人员注意这一变化趋势，开发和提供适合小型化家庭需要的商品和劳务，更好地为市场服务。

二、经济环境

经济因素是影响企业营销活动的主要环境因素，它包括收入因素、消费结构、产业结构、经济增长率、货币供应量、银行利率、政府支出等因素，其中收入因素、消费结构对营销活动影响较直接。

1. 收入因素

收入因素是构成市场的重要因素，甚至是更为重要的因素。因为市场容量的大小，归根到底取决于消费者的购买力大小，一个消费者的需要能否得到满足，以及怎样得到满足，主要取决于他收入的多少。从市场营销的角度计算消费者收入，通常从以下五个方面进行分析：

（1）国民生产总值。它是衡量一个国家经济实力与购买力的重要指标。从国民生产总值的增长幅度，可以了解一个国家经济发展的状况和速度。国民生产总值增长越快，对商品的需求和购买力就越大；反之，就越小。

（2）人均国民收入。这是用国民收入总量除以总人口的比值。这个指标大体反映了一个国家人民生活水平的高低，也在一定程度上决定着商品需求的构成。一般来说，人均收入增长，对商品的需求和购买力就大，反之就小。

(3) 个人收入。是指城乡居民从各种来源所得到的收入。消费者收入包括消费者个人工资、红利、租金、退休金、馈赠等收入。各地区居民收入总额，可用以衡量当地消费市场的容量；人均收入多少，反映了购买力水平的高低。我国统计部门每年采用抽样调查的方法，取得城镇居民家庭平均每人全部年收入，农村居民家庭平均每人全年总收入和纯收入等数据。

(4) 个人可支配收入。这是在个人收入中扣除税款和非税性负担后所得的余额，它是个人收入中可以用于消费支出或储蓄的部分，它构成实际的购买力。

(5) 个人可任意支配收入。这是在个人可支配收入中减去用于维持个人与家庭生存不可缺少的费用（如房租、水电、食物、衣着等项开支）后剩余的部分。这部分收入是消费需求变化中最活跃的因素，也是企业开展营销活动时所要考虑的主要对象。因为这部分收入主要用于满足人们基本生活需要之外的开支，一般用于购买高档耐用消费品、旅游、储蓄等，它是影响非生活必需品和服务销售的主要因素。

2. 消费者支出

对消费者支出变化的分析，主要分析消费者的消费结构。消费结构是指在各类消费对象在总消费中所占的比例。对此，人们常用恩格尔系数来反映一个国家/地区人们生活及消费水平的高低，即生存资料（食物）支出占总支出的比重。

$$\text{恩格尔系数}=\frac{\text{食物支出总额}}{\text{家庭或个人消费支出总额}}\times 100\%$$

一般而言，收入水平越低，在总收入中用于生存资料的消费支出越高，消费水平越低；相反，收入水平越高，在总收入中用于生存资料的消费支出就越低，就代表着有更多的收入用于享受和发展需要，消费水平越高。根据联合国公布的数字，如果恩格尔系数在59%以上，则属于贫困型消费结构；51%—59%之间，属于温饱型消费结构；在41%—50%之间，属于小康型消费结构；在21%—40%之间，属于富裕型消费结构；小于20%为极富裕型消费结构。

3. 储蓄和信贷

消费除受收入及支出结构影响外，还受储蓄状况和信贷条件的影响。当收入一定时，储蓄数额增加意味着消费支出的减少；反之，储蓄减少，消费支出增加。储蓄作为潜在的购买力，对未来市场将产生重大影响，一定比例的储蓄是保证未来购买能力的有效手段，但如果储蓄比例过高，会对现实需求和消费产生负面影响，直接导致消费不足和萎缩。

消费信贷是消费者凭借个人信用提前取得商品使用权，然后按期归还贷款的消费方式。它实际上是消费者提前支付未来收入，提前消费。消费信贷作为一种新的消费方式，已经成为影响消费者购买力和支出的重要因素。在发达国家，信用消费已经很普遍，美国几乎每个家庭都有信用消费的记录，信用消费占整个消费的比重达 1/3 以上，而在住房、汽车等耐用消费品中要占一半。我国信用消费起步较晚，还处于发展的初期，仅限于住房、汽车等少数商品，这在一定程度上影响了购买能力的提高。

4. 经济增长率

经济增长率是一个国家在一定时期用社会产品、产值和劳务总量增长来表示的增长速度。一个国家、一个地区的经济增长率对企业营销活动将产生很大影响。如某地区在一定时期经济增长率较高，可以反映该地区经济收入水平的变化及消费需求的变化。企业分析和研究经济增长率，就可以确定企业营销的方向和目标。

三、政治法律环境

政治法律环境主要指营销活动面临的政治形势与法规情况。政治法律环境对企业营销活动的影响体现在以下三个方面：

第一，企业所在国家和地区的政治形势如何对营销活动的结局起着决定性的作用。总的来说，动荡的政治局面，频繁更替的政权，必将会危害企业营销活动长期、稳定的发展。

第二，政府的大政方针也左右着企业营销活动发展的方向与规模。这在政府对经济活动控制很强时尤为明显。在国家进行意识形态改造、政治与经济体制改革、进入或退出国际经济贸易组织等方面有重大举措时，由于人们的思想观念、经济生活受到了一定程度的冲击，营销活动的对象、规模也需要随之加以调整。

第三，国家有关法律法规对企业营销的具体活动起着保障与约束作用。国家政府往往通过制定相应的法律、法规来达到以下目的：①保证企业间公平竞争，消除不公平竞争和垄断行为，如《中华人民共和国反不正当竞争法》《广告法》的有关规定。②保护消费者合法权益免受不法商业行为的危害，如《消费者权益保护法》《产品质量法》等的有关规定。③维护国家和社会长远的、整体的利益。国家通过立法在宏观上协调社会各方的利益，使社会经济总体发展方向和速度符合政府的意图，使国民生活水平与生活环境质量得到保证。这方面的法律规定如专利保护、价格管理、专卖制度、海关税收制度、环境保护、能源使用等方面的有关规定。

四、自然环境

企业营销的自然环境，是指影响企业生产和经营的物质因素。任何企业的生产经营都离不开自然环境，企业的生产需要原材料、能源和水等自然资源，企业的经营活动也对自然环境施加影响。自然环境的发展变化会给企业带来一些威胁，有时也会带来市场机会。所以，企业营销活动不可忽视自然环境的影响，要注意分析自然环境的动向。

1. 气候因素

气候是指一个地区经过长时期的观察所得到的一个区域的气象形象。在不同的气候条件下，人们对于产品的需求是大不相同的。如对保暖用品的需求，北方和南方是有很大差距的。

小贴士

一家美国大型食品加工公司在墨西哥某河流的三角洲地区建立了一家菠萝罐头厂，但在生产中却遇到了麻烦。该公司在河流的上游地区建立了菠萝种植园，计划使用驳船将成熟的菠萝顺流运到罐头厂，然后，将菠萝罐头直接装上货运海轮，运到世界各地市场。然而，在菠萝成熟时却遇到了麻烦：菠萝成熟季节恰逢汛期，河流过急，无法将驳船逆流而上拖往种植园，使得用驳船装运菠萝的计划随之搁浅。由于没有其他可供选择的运输办法，公司无奈只好关闭了工厂。那些新设备只能以原价5%的价格出售给墨西哥的一家企业，而这家墨西哥企业则立刻将工厂迁走。对气候和航运条件的疏忽是导致公司倒闭的直接原因。

西门子公司的做法则是另一方面的典型。针对欧洲大陆气候的差异，西门子公司对出口到不同地区洗衣机的转速作了调整。由于德国和斯堪的纳维亚阴晴不定，所以在该地区销售的洗衣机的转速最低不低于1000 转每分钟，最高不超过1600转每分钟。保证从洗衣机里拿出的衣物必须比别处干，因为用户无法拿到室外去晾晒。相反，在意大利和西班牙，由于阳光充足，洗衣机转速达到500转每分钟就足够了。

2. 地理因素

地理环境的不同，消费者的需求也是不一样的。如在平原地区，人们对自行车的需求量是很大的，但是在山区，摩托车占有更广阔的市场。

3. 资源因素

（1）环境污染严重

在工业化和城市化的发展进程中，环境污染也日趋严重，在许多地区已经严重影响到人民的身体健康、生态平衡和社会经济的长远发展，环境保护已成为世界范围内最为重要的社会经济问题之一。随着治理环境污染呼声的高涨和政府干预的加强，企业必须采取措施控制污染，治理污染。要有效处理废气、废水、废渣等有害环境的物质，一方面需要大量资金的投入，另一方面，也给研究和开发控制和减少污染的设备、不污染环境的报纸等材料的行业、企业及其产品带来了生机。

（2）资源短缺严重

自然环境诸因素中，凡是人类已经或可能依一定的有用性将其投入生产过程的就是自然资源。由于人口的迅速增长，加上对资源的过度开发，供应严重不足，出现了全球性的资源退化和资源危机。政府对资源管理的力度不断增强，这对许多企业的发展来说无疑是一种压力，然而又迫使人们研究如何合理开发和有效利用资源，以及寻找资源代用品这一系列的问题，又给许多企业带来了发展机会。

小贴士

谁来供应中国市场

国际资源品市场价格的中国因素确实越来越引人关注。原因很简单，中国是超级大买家。以目前频频占据国内外经济报章头条的铁矿石谈判为例，中国作为世界第一大铁矿石进口国和消费国，2005年中国消费成品铁矿石约5亿吨，其中进口2.75亿吨，这一进口量占世界海运贸易量的43%，世界海运贸易量的增量几乎全部被中国吸收。在原材料方面，2005年中国共消费钢材4亿吨，增长20.1%；氧化铝1561万吨，增长21.7%；水泥

10.5亿吨，增长9%。中国对资源和生产资料的消费暴涨打破了国际市场的平衡。能源和生产资料的国际市场价格中的中国权重越来越大，但价格形成机制中，中国话事权的权重却没有相应的增加。相反，国际炒家在国际期货市场兴风作浪，逼空中国，将贵贱金属和石油等期货价格不断推高；资源品供应商甚至废金属贸易商也都在趁火打劫，对着中国“饥饿的胃”狠下家伙，漫天要价。

然而，必须正视的是，中国的快速发展还没有看到尽头，资源的稀缺却越来越明显。一个国家20年内在几乎所有的产品制造领域都已经或正在成为国际市场强有力的竞争者，这是这个星球上从未发生过的事情。按照2030年中国人口16亿、人均GDP5000美元和人均钢铁蓄积量7吨计算，中国的钢铁总蓄积量将超过百亿吨，每年消费的钢铁将超过3亿吨，消耗的铁矿砂将超过6亿吨，已经超过目前全球的可贸易量。比钢铁更为严重的稀缺品是石油。目前世界上的全部石油产量将在2020年达到顶峰，约50亿吨，其中可贸易量为20亿吨左右，其后即开始下滑。世界工业化国家的人均石油消费是1吨以上，即使按照这样的能源消耗比例（而事实上，目前中国单位产值的能源消耗比发展中国家高出1倍，比发达国家高3—5倍），16亿人的中国要完成工业化也需要16亿吨，这意味着占到国际石油最高可贸易量的80%——显然这是无法想象的未来。而且，2020年，并不是那么遥远的未来。

资料来源：http：//www.globalview.cn

五、科技环境

科学技术是第一生产力，日益成为经济发展和社会进步的决定因素，科学技术对企业营销的影响是多方面的。

1. 科学技术的发展加快了产品的更新换代，导致产业交替

科技革命的发展，产生了许多前所未有的新产品，如数字电视、手机、数码相机等，而且产品更新换代速度越来越快。同时，随着产品的不断创新，产业交替不断产生，即新产业的出现、传统产业的改造、落后产业的淘汰。如晶体管淘汰了真空管，汽车工业的发展影响了铁路的垄断地位，电视的普及冲击了电影业的繁荣。这给传统产业带来了巨大的威胁，但也为发展新兴产业的企业带来了新的市场机会。

2. 科技的发展为营销管理提供了先进的技术支持，也改变了零售业结构

随着计算机、传真机、网络技术的广泛应用，以信息化、办公自动化等为核心的管理变革，增强了企业的竞争能力，也为市场营销提供了先进的技术基础。信息技术提高了信息接收、分析、处理、存储能力，从而有利于营销决策。例如，超市通过计算机记录每天商品的销售情况，从中了解消费者需求，以制定市场营销策略，还可根据记录数据控制订货和仓储。科学技术影响和改变着零售业结构和消费者购物习惯。超市的产生得益于电脑结账的应用；电话、电视的普及促进了电话直销和电视直销的产生和发展；电脑和互联网的出现，使网上购物成为一种有广阔发展前景的销售方式。

3. 科技发展影响企业营销策略的制定

科技发展为消费者提供了大量的新产品，新材料、新工艺、新技术的应用使产品生命周期缩短，企业需要不断研制开发新产品；先进通讯技术、多媒体传播手段使广告更具影响力；商业中自动售货、邮购、电话订货、电视购物及网上购物等引起了分销方式的变化；科技应用使生产集约化和规模化、管理高效化，这些导致生产成本、管理费用大幅度降低，为企业制定价格策略创造了有利条件。

六、社会文化环境

社会文化是指在长期的历史发展中形成的，一个社会的民族特征、价值观念、生活方式、风俗习惯、伦理道德、教育水平、语言文字、社会结构等的总和。任何企业无一例外都处于一定的社会文化环境中，它的经营活动必然要受到各种社会文化的影响和制约。社会文化环境主要包括以下几方面：

1. 社会阶层

社会阶层指按一定社会标准将社会成员划分为若干社会等级。这里的社会标准主要是收入财产、文化教育水平、职业和社会名望等。同一社会阶层通常有相似的生活方式和购买行为。在我国目前可分为四大社会阶层，他们对商品的需求、兴趣爱好及购买行为有着区别性的特点。

任何一个社会阶层都有其购买商品的种类和档次。收入水平相对低的人群往往追求商品的实用性，购买香烟主要出于提神醒脑的功能。而高收

入、高身份的消费阶层，购买香烟产品除享受其产品的自身功能外，还需要得到品牌的社会文化效用。企业生产和营销工作的关键是要找准和经营好自己的目标市场，有的放矢地去设计产品，使自己的产品真正被目标市场的顾客所赏识、接受，使企业真正占领属于自己的市场。

2. 相关群体

一个人的购买行为要受许多群体的影响，有些影响是直接的，有些影响是间接的。首要群体是指与某人直接接触的人们，如家庭成员、亲戚朋友、工作同事、同学、邻居等。他们对消费者的购买行为影响很大。次要群体是指与某人有关的各种团体或组织，如：党派、学会、宗教组织、职业协会等。他们与消费者个体接触不太频繁，对其影响不太经常，但可以影响消费模式，如体育明星、电影明星们的消费行为对他们的崇拜者们影响很大。

对于企业来讲充分认识到相关群体对营销活动的影响和作用，不仅可以努力寻找目标市场上的相关群体，而且可以研究如何利用这些相关群体对消费者施加影响。可以考虑聘请专家、影星、歌星为企业作形象宣传，借此影响崇拜者和大众，提高企业知名度，扩大产品销售。

3. 教育水平

受教育程度的高低，直接影响到对商品的需求，也影响到企业的调研、分销等营销活动。一个国家国民素质和经济的发展，同其国民受教育的水平呈正相关关系，教育越发达，人们的科技文化素质就越高，就越能推动国民经济的发展，就越有利于企业开展营销活动。同时，中间商和销售人员受教育的程度也都直接决定了企业营销活动的成功与否。

4. 价值观

价值观是人们对事物的评价标准。由于价值观不同，人们对周围事物评价不同，从而影响消费者对产品价值的判断和接受程度，导致了消费行为的差异。

5. 消费习惯

消费习惯是人类各种习俗中重要的习俗之一，是人们历代传递下来的一种消费方式，也可以说是人们在长期的经济与社会活动中所形成的一种消费风俗习惯，它表现出独特的心理特征、道德伦理、行为方式和生活习惯。从事市场营销必须研究了解目标市场消费者的禁忌、习俗、避讳、信仰、伦理等，它也是企业进行市场营销的重要前提。

6. 审美观念

审美观念通常指人们对商品的好坏、美丑、善恶的评价。不同的国家、民族、宗教、阶层和个人，往往有不同的审美标准。人们的消费行为归根到底不外乎维护每个社会成员的身心健康和不断追求生活的日趋完善。人们在市场上挑选购买商品的过程，实际上也是一次审美活动。消费者个人的审美活动表面上看起来属于个人行为，实质上反映了一个时代、一个社会人们的审美观念和审美趋势。

7. 宗教信仰

宗教是影响人们消费行为的重要因素之一，某些国家和地区的宗教组织甚至在教徒购买决策中有决定性的影响。企业可以把影响大的宗教组织作为自己的重要公共关系对象，在营销活动中也要注意到不同的宗教信仰，以避免由于矛盾和冲突给企业营销活动带来损失。

在研究社会文化环境时，还要重视亚文化群对消费需求的影响。每一种社会文化除核心文化外都包含若干亚文化群。因此，企业市场营销人员在进行营销环境分析时应充分考虑到各亚文化群，可将其视为细分市场，满足不同消费者的需求。

第四节　市场营销环境的研究方法

一、环境威胁与市场机会

营销环境的变化不仅会给企业带来威胁，同时也给企业带来了市场机会。企业分析市场营销环境，意义在于使企业能了解所处的环境状况及预见环境的发展趋势，辨清所处环境给企业带来的各种威胁或机会，从而采取有针对性的营销策略。

1. 环境威胁

指营销环境中出现的不利于企业营销的发展趋势及因素，这些趋势会对企业形成挑战。企业若不能及时对此采取相应的策略，不利趋势将影响企业的市场地位。如：能源危机对汽车行业形成的威胁；限制性法律对烟酒业造成的威胁等；又如国家和公众对环保问题的关心，提出了很多防止企业生产造成环境污染的限制措施，这增加了某些不重视环保问题的企业生产经营活动的难度，给这些企业带来了挑战。

2. 市场机会

指营销环境变化中出现的有利于企业发展的趋势或对企业经营赋予吸引力的领域，这些趋势将促进企业活动，使企业拥有竞争优势。有些机会犹如“昙花一现”，可谓机不可失，时不再来。如：全民健身运动创造的体育用品销售机会；我国法定长假的实施为商业、旅游业、汽车行业等创造的商机。又如环保问题虽然给某些企业带来了威胁，但是，对其他一些生产环保材料、提供环保技术的企业，又成为其发展的机会。

市场营销环境中的机会和威胁是相对的，不是绝对的。对某个企业来说，环境的变化到底会带来威胁，还是带来机会，还要看企业自身的条件。如果对于环境变化带来的机会，企业自身具有抓住该机会的能力，那么环境机会才会转变为企业机会。也就是说，对企业来说，环境中的机会很多，但并不一定是企业自己的机会，如果稍有怠慢，就会给对手创造机会。因此，企业必须对环境中的机会和威胁进行全面分析、评价，做正确的判断，及时采取策略抓住机会。

二、环境威胁与市场机会的分析与对策

在分析环境威胁与市场机会时，通常运用“环境威胁矩阵图”和“市场机会矩阵图”

1. 环境威胁分析

营销者对环境威胁的分析主要结合两方面来考虑：一是环境威胁对企业的影响程度，即环境威胁的潜在严重性；二是环境威胁出现的概率大小，即环境威胁出现的可能性。将以上两个方面结合，就形成了环境威胁矩阵图，如图 3－6 所示。

图 3－6 的 4 个象限中，象限 1 是企业必须高度重视的，因为其危害程度高，出现的概率大，是企业必须严密监视和预测其变化发展趋势，并及时制定措施应对的环境因素；象限 2 和象限 3 也是企业应当密切关注其发展趋势的环境因素。因为象限 2 上的因素虽然出现概率低，一旦出现却会给企业营销带来极大的危害，象限 3 上的因素虽然对企业影响不大，但出现的概率却很大，因此也应当给予关注，随时准备应有的应对措施；象限 4

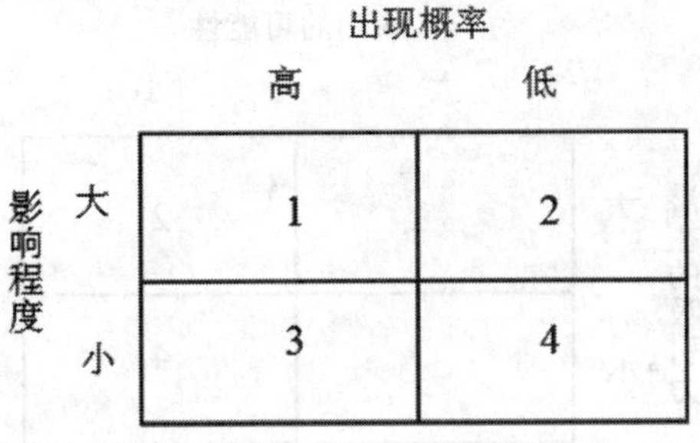

图 3－6　环境威胁分析矩阵图

上的因素影响程度及出现概率均低，对其只需进行必要的追踪观察以监测其是否有向其他象限因素变化发展的可能。

营销者对环境威胁的分析，目的在于采取对策，避免不利环境因素带来的危害。企业对环境的威胁，一般采取三种不同的对策：

（1）反抗策略，即企业利用各种不同手段，限制不利环境对企业的威胁作用，或者促使不利环境向有利方面转化。

（2）减轻策略，即调整市场策略来适应或改善环境，以减轻环境威胁的影响程度。

（3）转移策略，即对于长远的、无法对抗和减轻的威胁，采取转移到其他的效益较高的经营领域或干脆停止经营的方式。

2. 市场机会分析

有效地捕捉和利用市场机会，是企业营销成功和发展的前提。只要企业能够密切关注营销环境变化带来的市场机会，适时地做出恰当的评价，并结合企业自身的资源和能力，及时将市场机会转化为企业机会，就能够开拓市场、扩大销售，提高企业的市场占有率。

分析评价市场机会主要考虑两个方面：一是市场机会的潜在吸引力大小，即市场机会带来的潜在利益的大小；二是市场机会带来的成功可能性的大小，如图 3－7 所示。

图 3－7 中的 4 个象限中，第 1 象限是企业特别应当重视的市场条件，因为其潜在吸引力与成功可能性都较大，是企业应当把握并全力发展的机会；第 2、第 3 象限同样也是企业不可忽视的市场条件，第 2 象限上的机会虽然成功可能性较低，一旦把握住却可以为企业带来巨大的潜在利益，第 3 象限上的机会虽然潜在利益不大，但出现的概率却很大，因此需要企业的

潜在的吸引力 \ 成功的可能性	大	小
大	1	2
小	3	4

图 3-7　市场机会分析矩阵图

充分关注，并制定相应的营销措施与对策；第 4 象限上的市场条件，潜在吸引力与成功可能性都较低，对企业来说，主要是密切观察其发展变化，积极改善自身条件，审慎地开展营销活动。

3. 综合环境分析

在企业实际面临的客观环境中，单纯的威胁环境与机会环境是极少见的。一般情况下，营销环境都是机会与威胁并存，利益与风险并存的综合环境。

综合上述两个分析矩阵，不同水平的环境威胁、市场机会与企业共同作用，又可产生四种情况，形成图 3-8 所示的环境分析综合评价图。

机会水平 \ 威胁水平	低	高
高	(1)理想环境	(2)冒险环境
低	(3)成熟环境	(4)困难环境

图 3-8　环境分析综合评价图

如图中所示，企业面临着四种综合环境：

(1) 理想环境，即高机会、低威胁环境。这个环境是企业难得的好环境。企业应当及时抓住机遇，开拓市场。

(2) 冒险环境，即高机会、高威胁环境。这种环境既存在较大利益，同时还面临着较大的风险，企业必须加强调查研究，进行全面的环境分析，审慎决策，降低风险，争取利益。

（3）成熟环境，即低机会、低威胁环境。这是一种较为平稳的环境。企业一方面要按常规经营、规范管理。正常运营以取得平均利润；另一方面要积蓄力量，为进入理想环境或冒险环境做准备。

（4）困难环境，即低机会、高威胁环境。困难环境里风险大于机会，企业处境困难。必须设法扭转局面，果断决策，改变环境或转移目标市场，重新定位以求发展。

面临不同的威胁与机会环境，企业营销部门要制定恰当的营销对策，慎重行事。因为，有需要未必有市场，有市场未必有顾客，或者虽然有顾客，但目前又未必是一个好市场，种种机会也许是个陷阱，而看上去是陷阱的也许是个好机会。缺乏科学预测及经验的营销者，对某些领域表面上的机会可能会做出错误的判断，造成不可挽回的损失。所以，对市场机会，还必须进行深入分析市场机会的性质，以便寻找对自身发展最有利的市场机会。

4. 市场机会的分类

市场机会从性质上分，可以分为四种：

（1）环境市场机会与企业市场机会

市场机会实质上看是"未满足的需求"。伴随着需求的变化与产品生命周期的演变，会有新的市场机会不断涌现。但市场机会对不同企业而言并非都是最佳机会。一般地，理想环境和成熟环境才是企业的最好机会。

（2）行业市场机会与边缘市场机会

企业通常都有其特定的经营领域，出现在企业经营领域内的市场机会，称之为行业市场机会；出现于不同行业之间的交叉及结合部的市场机会则称之为边缘市场机会。一般讲，边缘市场机会环境的进入难度大于行业市场机会环境，但行业与行业间的边缘地带通常会存在市场空隙，企业可以在这些市场空隙里发挥自己的优势以求得发展。

（3）目前市场机会与未来市场机会

从环境变化的动态性分析，企业既要注意目前环境变化中的市场机会，也要关注未来、预测未来可能出现的需求及消费倾向，以及时把握未来的市场机会。

（4）全面市场机会与局部市场机会

市场从其范围来看，有全面的、大范围的市场和局部的和小服务的市场之分。全面的市场机会是在大范围市场上出现的机会（如：国际市场、全国性市场等）；局部的市场机会则是指在局部市场上出现的尚未满足的需求。

全面市场机会对各个企业都具有普遍意义，因其反映了环境变化的一种普遍趋势；局部市场机会则对有意进入某个特定市场的企业有意义，因为这意味着该市场的变化有区别于其他市场的趋势。

小贴士

SWOT 分析表

优势： 有力的战略 有利的金融环境 有利的品牌形象和美誉度 市场领导地位 专利技术 成本优势 强势的广告 优秀的产品质量和客户服务 卓越的产品创新能力 ……	**劣势：** 没有明确的战略导向 不良负债 高于竞争对手的成本与陈旧的设备 没有掌握关键技术 狭窄的产品组合 欠缺市场规划能力 产品缺乏竞争优势 ……
机会： 拥有独特的客户群体 新的销售区域的扩张 产品组合的扩张 分享竞争对手的市场资源 政策性优惠 ……	**威胁：** 强势竞争对手的进入 替代品的威胁 市场增长的迟缓 贸易政策向不利的方向转换 消费者购买需求的下降 人口与环境的变化 ……

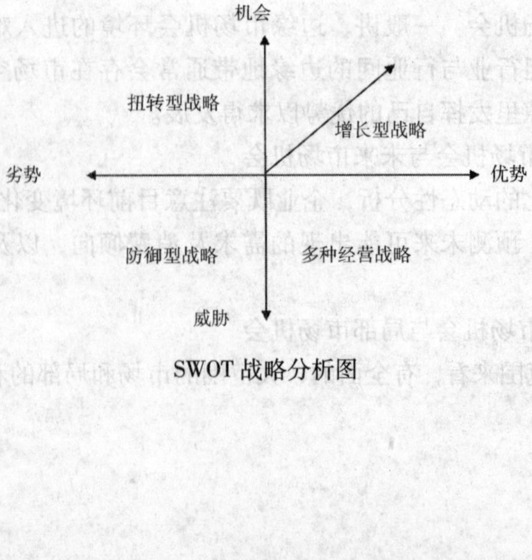

SWOT 战略分析图

本章小结

市场营销环境是影响企业营销活动的首要因素，企业必须适应内外环境的各种要求，才能得以生存和发展。市场营销环境由微观环境和宏观环境构成。微观环境因素包括企业、供应者、营销中介、顾客、竞争者和公众；宏观环境因素包括人口环境、经济环境、自然环境、技术环境、政治法律环境和社会文化环境等。企业应当对环境威胁和市场机会加以评估，采取相应的对策，以利于企业的发展。要正确评价营销环境中存在的机会和威胁，使企业能够将环境机会转变为企业机会，则必须以科学的方法进行监测和评价。

思考题

1. 如何定义企业的市场营销环境？它由哪两部分因素组成？研究企业的市场营销环境有何意义？

2. 试定义微观环境和宏观环境，并说明其分别由哪些因素构成。

3. 供应商、竞争者以及消费者对企业营销活动有何影响？

4. 为什么人口是营销人员最感兴趣的环境因素？

5. 影响企业营销活动的经济因素有哪些？其如何影响企业活动？

6. 社会文化因素是如何影响企业的营销活动的？

7. 试比较环境机会与企业机会。如何将环境机会转变为企业机会？

第四章 消费者市场研究

【学习目标】

1. 掌握消费者市场的定义和购买对象；理解消费者市场的购买特点；了解我国消费者市场发展的新特点；

2. 理解消费者购买的动机；掌握影响消费者购买的主要因素；

3. 理解消费者的购买行为模式；理解消费者购买行为的类型；

4. 掌握消费者购买决策的参与者；掌握消费者购买决策的过程。

【重点难点】

1. 影响消费者购买行为的因素；

2. 消费者购买行为的分类及其特征；

3. 消费者购买决策的过程。

职业引导案例

目前，国内进口车或合资车大致可分为日系、美系、欧系和韩系。比如日系车比较常见的有马自达、日产、丰田、本田和凌志等；欧系车常见的有大众、宝马、奔驰、雪铁龙和菲亚特等。两者在外观和内部构造上都有一定区别：日系车的发动机多采用“小马拉大车”的形式，比较省油，这和它的整体设计有关。日系车设计力求物尽其用，没有多余的累赘，由此车身重量较轻，耗油自然要少。欧洲人个头比较大，而且他们比亚洲人更重视舒适实用，欧系车一般车内空间大，车身较重；他们崇尚张扬个性，偏爱动力功能好，因而多采取“大马拉小车”的驱动形式，发动机功率大，油耗相应也大。消费者购车心态大致分为三类：

一见钟情派

有些消费者买车就像找女朋友，看重所谓“第一眼感觉”。一款车或者是其外观，或者是其整体风格能够引起他的认同和舒适感，再加上足够的品牌质量系数，“移情别恋”的可能性就很小了。在长沙一中学就职的晏先生不久前买了一辆别克凯越。他对笔者说，他比较喜欢美系车随意简洁的外形设计，而凯越这一车型就很对他的胃口，第一眼看到就比较喜欢，而别克又是个不错的品牌，他毫不犹豫就买了下来。

慎重比较派

就消费者目前的购买力而言，添置一辆新车对大多数人来说毕竟不是小事，很多消费者买车除了自己在汽车市场转悠一段时间外，还得拉上七大姑八大姨去给自己出谋划策。李先生是省直单位公务员，计划买车已经有一段时间了，但目前尚未实施。说到买什么车，他有些无所适从地表示，从经济的角度考虑，日系、韩系车比较省油，但欧系、美系车的使用寿命又要长一些，真不知道怎么选择。刘先生现在开的是一辆一年前买的风神，他说当时也考虑了许久，最后综合各种情况觉得买车已是不易，油费是一笔不小的开销，所以还是选择了省油的车型。

理性分析派

有些消费者对车的了解比较深入，他们也就完全有资本站在专业角度对目前的车市进行一番分析再下定论。张先生可谓是“汽车发烧友”，对各种车的性能以及车市动向了如指掌。他认为，买车不仅要看车的情况，还要看本地的路况更适合什么车。日系车比较划算，但实际上湖南的路况并不好，日系车“小马拉大车”式的发动机不太适合，这样更易产生磨损，从而缩短车的实际使用寿命。

资料来源：http：//news. xinhuanet. com

市场营销学的研究对象是与市场相关联的企业经营活动过程，其立足点、着眼点是企业，是从卖主角度研究市场经营问题。因此，企业要认真研究营销活动的微观环境和宏观环境。但从另一方面来看看，顾客是企业产品或服务的购买者。没有顾客，企业也就失去了市场。因此，企业还要进一步研究各类市场的特点及消费者的购买行为模式，以便企业能准确地把握市场，更有针对性地满足市场需求，提高营销活动的有效性。依据顾客购买产品或服务的目的不同，可将顾客区分为个人消费者和组织团体用户。前者构成个人消费者市场，后者构成组织团体市场。组织团体市场中又可区分出生产者市场、中间商市场、政府市场和其他机构市场。从本章开始我们将分别对消费者市场和组织市场及其购买行为展开分析。

市场是企业营销活动的出发点和归宿点，对于生产经营消费品的企业而言，只有深入了解消费者的特点，准确把握影响消费者购买行为的特点，才能有针对性地制定产品、价格、渠道和促销策略，提高市场营销的效率，在充分满足消费者需求的前提下实现企业的发展目标。

第一节 消费者市场的定义和特点

一、消费者市场的定义

个人消费者市场是由那些购买商品和服务以满足自身及家庭生活需要的人们组成。消费者市场是一切市场的基础，是最终起决定作用的市场。

据国家统计局公布的数据显示，2011 年我国城镇居民人均可支配收入为 21810 元，比上年增长 14.1%，扣除价格因素的影响，城镇居民人均可支配收入实际增长 8.4%。其中，上海、北京、浙江、天津、广东、江苏、福建和山东这 8 省市人均可支配收入超过了全国平均水平。例如，上海城镇居民人均可支配收入最高，达 36230 元；北京居其次，为 32903 元；浙江排第三，为 30971 元，这 3 省市人均可支配收入均突破了 3 万元大关。而 2011 年我国社会社会消费品零售总额 181，226 亿元，同比名义增长 17.1%，扣除价格因素的影响，实际增长 11.6%。这表明随着我国居民人均可支配收入的增加，我国消费者市场的吸引力正日益增强。

二、消费者市场的购买行为特点

消费是社会生产的最终目的，马克思在《资本论》中详细的论述了社会再生产四大环节的运动过程，即生产—分配—交换—消费。在这个过程中，生产还处于支配地位，起主导作用，但是生产的最终目的却是消费。研究消费者市场就是研究消费者的购买行为。消费者是生活消费品的主要购买者，是社会产品的最终消费者。不同消费者之间的需要和爱好存在着明显的区别，消费者市场因此呈现出复杂、多样化的特征：

1. 消费者市场需求具有无限扩展的特性

由于人的需求具有无限扩展的特性，随着社会经济的发展和消费者收入水平的提高，消费者对商品和服务的需求也表现出无限扩展的特点。随着科学技术的进步和人们生活水平的提高，越来越多的高档消费品、奢侈消费品开始进入消费领域，消费者的一种需求得到满足，另一种新的需求就会衍生，如此循环往复，因此企业要不断地开发新的产品，开拓新的市场，不断满足消费者的需求。

2. 消费者市场具有广泛性和多层次性

消费者通过购买各种商品和服务满足自身生存和发展的需要，因此，消费品市场具有广泛的特性，所有的自然人都是消费品市场的购买主体。同时由于消费者的地域、民族、收入水平、需求动机以及需求强度等各有不同，因此消费者的需求同时还具有多层次性。

美国著名的社会心理学家马斯洛将人的需要划分为5个层次，如图4－1所示，这五种需求按照高低层级分布，形成金字塔结构。

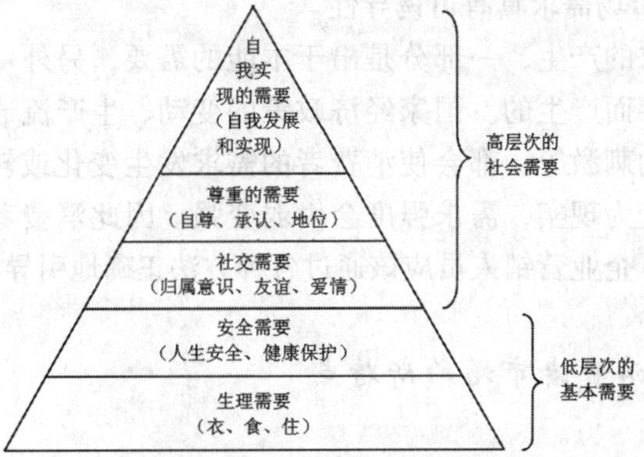

图4－1　马斯洛需要层次理论

（1）生理需要：是人类基本的需要，位于金字塔的底部，主要包括衣、食、住、行及延续种族的需要等。

（2）安全需要：是生理需要的延续和保障，包括生命、财产的安全以及职业、劳动、环境及心理安全等。

（3）社交需要：即归属和爱的需要，包括社会交往，从属于某一个组织或群体，并在其中发挥作用，得到认可的需要；以及与同伴之间保持友谊以及融洽关系的需要；希望得到亲情、友情、爱情的需要等。

（4）尊重需要：即自尊以及被他人尊重的需要，包括自尊心、自信心、受到他人尊重和信赖等的需要。

（5）自我实现的需要：是人生的最高目标，位于金字塔的顶端，是指实现个人理想、抱负、发挥个人聪明才智的需要。

3. 消费者市场具有购买频率高、重复购买的特性

消费者市场的购买行为往往以个人或家庭为单位，加之消费品本身的特点与家庭收入的制约，消费者每次购买的消费品以能够满足阶段性需要为限，往往购买的数量较少，因此具有重复购买、购买频率较高的特点。

4. 消费者市场的需求具有复杂多变的特性

消费者市场的购买者数量众多，需求差异性大，受各种因素的影响，消费者对不同商品或同类商品的不同品种、性能、价格等方面会产生多样化的需求。随着生产的发展、消费水平的提高，消费者的需求总量、需求结构和需求层次上也在不断的发展变化，企业要根据自身的条件精准的选择目标市场，更好的满足消费者需求。

5. 消费者市场需求具有可诱导性

消费者需求的产生，一部分是出于本能的需要，另外一大部分是受外界的刺激和诱导而产生的。国家经济政策的变动、生产流通部门的营销活动、广告宣传的刺激等，都会使消费者的需求发生变化或转移：消费者的需求会从潜在变为现实，需求强度会由弱变强。因此消费者的需求是可以诱导和调节的，企业营销人员应该通过各种方法正确地引导消费。

三、我国消费者市场的新特点

除了上述分析的消费者市场的特点之外，随着市场经济的发展，我国的消费者市场近年来还呈现出一些新特点，主要有以下几个方面：

1. 食品消费比例稳步下降

随着我国经济的稳步增长，居民的温饱问题得到基本解决，消费者开始把消费支出转向其他方面，食品消费比例呈现稳步下降的趋势。而且，人们的食品消费结构也发生了较大变化。其一，消费者对食品更加讲究营养、保健、科学，追求感官、感觉多种功能，用于保健饮品的费用有所增加。其二，消费者开始喜欢优质、简易、方便、营养的食品。其三，野外餐饮、举家餐馆消费成为一种饮食消费时尚。例如，我国餐饮市场的规模和档次不断提升，初步形成了投资主体多元化、经营业态多样化、经营方式连锁化、品牌建设特色化、从传统产业向现代产业转型的发展新格局。2011 年餐饮业零售额达到 20543 亿元人民币，比上一年增长 16.9%，对社

会消费品零售总额增长贡献率达11.2%。

2. 居民对高档耐用消费品的消费倾向明显加强

随着我国居民人均收入的增加，居民的生活水平显著提高，城市居民家庭耐用品消费需求已从“普及型”过渡到“享受型”。中高档耐用消费品大量进入千家万户，并不断由低级向高级发展。以2011年河南省三门峡市的耐用消费品为例进行分析，首先，河南省三门峡市城镇居民家庭每百户拥有彩色电视机133台、洗衣机102台、电冰箱94.7台，分别比2010年增加7.3%、2.7%和3.8%；其次，三门峡市城镇居民家庭每百户拥有空调121.9台、电脑78台，与2010年相比分别增加17.7%和20%；再次，三门峡市城镇居民家庭每百户拥有汽车16.1辆，比2010年增长1.9倍其中。彩色电视机由原来的小屏幕逐步更新为大屏幕多功能、数字高清平板液晶（等离子）彩色电视机；洗衣机已由原来的双缸半自动洗衣机逐步发展为全自动、滚筒式智能洗衣机；电冰箱也由原来的功能单一小容量逐步转向大容量环保节能电冰箱。

3. 服装消费支出比重呈上升趋势

对服装的消费支出比例稳步上升，主要表现出以下特点：中老年青睐中高档服装，年轻一代不断追逐时装化和个性化。服装消费趋势总体趋向休闲化、多样化、个性化、时装化和品牌化。从市场实际消费情况看，一些纯毛、纯棉、纯丝、麻等针织品因其吸湿、透气性能好而十分走俏。在色彩方面，人们更注重纯色、浅色及各种柔和的中间色调。选购衣着也从过去的讲求朴素、大方、实惠而转向追求自然、舒适和浪漫。在需求档次方面，居民需求档次划分日益清晰，由以中低档需求为主转向以中档需求为主，高档需求也占据一定份额，部分消费者的需求档次明显提高，消费差距继续拉大。

4. 交通、通讯、医疗及养老保险等消费增加

首先，随着我国居民生活水平的提高，城镇居民用于交通和通讯的费用支出比例快速增加。例如，2012年前三季度，安徽城镇居民交通、通讯人均支出为1354.48元，同比增长26.8%。其中，交通人均支出755.55元，增长45.9%；通讯人均支出598.92元，增长17.9%。在交通支出中，城镇居民购置交通工具支出增长较快，同比增长超1倍，车用燃料支出增长了32.5%。在通讯支出中，城镇居民购置通讯工具支出增长了36.1%。其次，城镇居民用于医疗和养老保险的费用支出比例增加也比较迅速。

2012 年，全国城镇基本养老保险、城镇基本医疗保险、失业保险、工伤保险、生育保险的参保人数分别达到 3.04 亿人、5.36 亿人、1.50 亿人、1.90 亿人和 1.54 亿人，比 2007 年分别增长 50.9%、140.2%、30.7%、56.0% 和 98.6%。

5. 文化、教育支出费用增长迅速

随着我国计划生育政策的实施，我国城镇家庭普遍为独生子女，因此对于子女的教育就格外重视，望子成龙，望女成凤成为城市居民家庭的希望和未来。家庭教育支出的比例日益增加，例如，2012 年 1－6 月，天津托幼、家教、课外培训等拉动了教育投资增长，相关费用也快速上升，居民人均教育费用支出 312 元，同比增长 36%。另一方面，城镇居民的社会文化娱乐活动的支出呈上升趋势。2012 年 1—5 月，北京市城镇居民人均文化娱乐服务支出同比增长 24.5%。其中，人均团体旅游花费支出同比增长 24.6%，观看电影、演出、摄影等人均其他文娱活动支出同比增长 31.5%。

6. 精神文化消费需求的强度和比重越来越大

居民消费从过去单一的衣食住行用等方面的物质消费逐步转向服务、精神文化类消费，并且在范围、质量、层次上达到了一定的高度。例如服务领域的旅游、娱乐、健身、美容方面的消费正在逐年增加。生日鲜花、礼仪电报、休闲外出旅游甚至出国旅游等逐渐成为一种时尚。例如，2012 年 1－5 月北京市旅游休闲娱乐的收入达到 230.7 亿元。

四、消费者市场的购买对象

消费者在市场上购买的商品种类繁多，不同产品之间的性质和用途也不尽相同，按照不同的标准，可以将其进行不同的分类。

1. 按照消费者购买行为的差异划分

按照消费者购买行为的差异划分可以将消费品分成便利品、选购品、特殊品和非渴求品等四类：

(1) 便利品（又称日用品）

便利品又叫日用品，是指消费者日常生活所需、需重复购买的商品，诸如食品、生活日用品等。消费者在购买这类商品时，一般不愿花很多的时间比较价格和质量，而且愿意接受其替代品。

便利品又可分为普通日用品、冲动品和应急品等三类：第一类，普通日用品，是一些价值较低，经常使用、经常购买的物品，如肥皂、牙膏、干电池和报纸等。消费者对这类产品相当熟悉，购买前不需做多少计划，购买时不需花费较大精力和时间进行比较和选择。第二类，冲动品，是消费者事先没有计划购买，而是在接受到刺激时临时决定购买的商品，如某些富有强感官刺激性的糖果、玩具、杂志和风味食品等。研究表明，收入水平的提高会增加消费者特别是年轻消费者的冲动性购买。第三类，应急品，是消费者在急需情况下才购买的商品。一般说来，这种急需来得突然，并且必须给予满足。

(2) 选购品

选购品是指价格较高，消费者购买时愿花较多时间对许多种商品进行比较之后才决定购买的商品，如服装、家电和家具等。选购品一般经久耐用，购买的频率较低，消费者在购买前，对这类商品了解不多，因而在决定购买前总是要对同一类型的产品从价格、款式和质量等方面进行比较。

(3) 特殊品

特殊品是指消费者对其有特殊偏好并愿意花较多时间去购买的商品，如钢琴、轿车和住房等。这类商品的价格大多比较昂贵，但是消费者可以通过这些商品获得特殊的利益，消费者在购买前会对这些商品有一定的认识，偏爱特定的品牌和商标，且不愿接受其替代品。

(4) 非渴求品

非渴求品与特殊品相反，经常受到大多数人的冷遇，人们很少问津。这类商品，或者是消费者不知道它们的存在，或者是虽知道它们但不考虑购买它们。前一种非渴求品，经过厂家的努力，有可能转化成为特殊品。

2. 根据商品是否耐用划分

根据消费商品是否耐用可以将商品分为耐用品和非耐用品。

(1) 耐用品

耐用品通常可连续使用多年，寿命长，其有形损耗或基本功能丧失较慢。这类产品一般来说比较经济耐用，对于一些追求实用的家庭来说，如果不是因为其功能实在太不符合自己的要求的话，不会轻易就换掉。

(2) 非耐用品

非耐用品通常只能使用一次或几次，寿命短，有形损耗或基本功能丧失较快。例如袋装食盐、瓶装啤酒等。由于这类产品有形损耗或基本功能丧失较快，使用者必须到零售商店经常购买。

3. 根据满足人类需求的层次划分

根据满足人类需求的层次划分，可将购买消费对象分为生存品、享受品和发展品：

（1）生存品

生存品包括维持消费者生命所必需的食物、饮料，保持消费者正常体温所必需的衣物，以及供消费者休息以使体力、脑力得到恢复所必需的住房，等等。

（2）享受品

享受品包括高级食品、饮料、耐用品，例如营养性食品、滋补性药品、高档服装、高级住宅及其他高档生活设施、公认的奢侈品等。还包括工作之余获得娱乐、旅游、观看艺术表演和体育比赛、欣赏戏剧和音乐所必需具备的设施、条件和服务。

（3）发展品

发展品包括接受教育和专门技能训练，从事科技、文体、社会交往和卫生保健等活动所需要的物质产品、精神产品、设施、条件和服务。

消费品的划分是一个相对的过程，只有很少的商品可能完全符合其中的某一类别。例如在一定背景下为享受品的东西，在另一背景下可能是生存品或发展品。又如玩具，对有些购买者（例如临时决定看望某个有儿童家庭的造访者）可能是应急品，对有些购买者（例如计划看望某个有儿童家庭的造访者）可能是选购品，对有些购买者（例如选定某日看望某个特别喜欢某一品牌的有儿童家庭的造访者）可能是特殊品。了解消费品分类的相对性，企业的营销活动才能更有针对性的设计营销策略，以满足消费者的不同需求。

第二节　影响消费者购买的主要因素

一、消费者购买行为的动机

消费者的购买行为是由其购买动机引起的。消费者的购买动机，是指消费者为了满足自身的某种需要而产生的购买商品的一种欲望、冲动和驱使。购买动机在一定程度上支配着消费者的购买行为。消费者购买动机的产生以消费者的需要为基础。消费者的购买动机是多种多样的，按照引起动机需要的差别，消费者购买动机可以划分为两种基本类型：生理动机和心理动机。

1. 消费者的生理动机

生理动机又叫本能动机，是由消费者生理需要引起的购买动机。包括：

（1）生存动机。是消费者为满足维持生命的基本需要而产生的购买动机；

（2）安全动机，是消费者因保护生命安全的需要而产生的购买动机，如为治病而购买药品，为防止意外损伤而购买生命保险等；

（3）繁衍动机，是消费者为组织家庭、繁衍后代和抚育子女而产生的购买动机。

2. 消费者的心理动机

心理动机是由消费者的心理需要而引起的购买动机。包括：

（1）个人心理动机。个人心理动机是指由消费者个人心理需要而引起的购买动机。包括情感动机、理智动机和惠顾动机。

①情感动机

情感动机由情绪动机和情感动机组成。其中，情绪动机是指由人的喜、怒、哀、乐、欲等情绪所引起的购买动机。由情绪动机引起的购买行为具有冲动性和不稳定的特点，例如女性消费者喜欢购买打折的商品。情感动机是指由人的道德感、认同感和美感等人类的高级情感所引起的动机。情感动机引起的购买行为具有较强的社会性和稳定性的特点。

②理智动机

理智动机是指建立在人们对商品的客观认识基础上的，经过分析、比较之后产生的动机。这类动机产生的购买行为具有客观性和周密性的特点。如消费者在购买耐用品时，往往对商品的品质、可靠性和价格等方面进行比较分析，然后作出购买决策，这就是由理智动机引起的。

③惠顾动机

惠顾动机是指基于人们的感情和理智的购买经验，对特定的商店、厂牌、商品等产生了特殊的信任和偏爱，使消费者重复地、习惯地前往购买的一种行为动机。顾客的惠顾动机对于零售商店来说具有特别重要的意义，其经营目的之一就是要利用一定的手段使顾客产生惠顾动机。例如，许多消费者喜欢购买老字号的商品，是因为这类商品或者历史悠久、信誉良好，这就是由惠顾动机引起的购买行为。

(2) 社会心理动机

社会心理动机是指由社会因素引起的消费者心理动机。任何消费者都生活在一定的社会环境中，因此，风俗习惯、社会文化、社会群体和经济收入等，都会影响消费者的购买心理，并使消费者产生多种社会心理动机。消费者的社会心理动机可分为求实动机、求廉动机、求名动机、求新动机、求美动机、求安动机、求同动机和好癖动机等。

①求实动机

求实动机是指在购买过程中，注重商品的实际使用价值的心理动机。这类动机产生的主要原因是消费者的收入不高；消费观念比较保守或是比较注重传统习惯。

②求廉动机

求廉动机是一种以追求物美价廉为主要目的的购买心理动机。产生求廉动机的原因是消费者的收入较低；收入较高的消费者在购买某种高档商品时也可能产生求廉的心理动机。

③求名动机

这是一种以追求名牌或通过购买商品彰显自己身份地位为目的的购买心理动机。产生这类购买动机的原因主要是收入较高和社会地位较高的消费者可以通过对名牌商品和名牌服务的消费来表现自己优越的身份与地位。

④求新动机

求新动机是注重商品的新颖与时髦的心理动机。产生这类心理动机的原因是消费者喜欢追求新奇和时尚；消费者对流行的知识性和趣味性的新产品比较感兴趣等。

⑤求美动机

求美动机是一种注重商品外在的美观的购买动机。这类购买心理动机主要是追求商品的造型、包装、装潢和式样等外在方面的美观。

⑥求安动机

求安动机是一种追求商品的安全卫生、强调健康消费的购买动机。随着社会经济的进步，消费者生活水平的提高，消费者在实际购买过程中越来越表现出对安全消费、健康消费的诉求。

⑦求同动机

求同动机是指消费者为了和相关群体保持一致而产生的一种攀比性动机

⑧好癖动机

好癖动机是指消费者为了满足个人一些特殊的偏好或嗜好而产生的一种习惯性购买动机。

二、影响消费者购买的主要因素

为了研究消费者的购买行为，专家根据人们的心理及行为的模式建立了一个“刺激——行为”模式来说明外界营销环境刺激与消费者反映之间的关系，如图4－2所示。

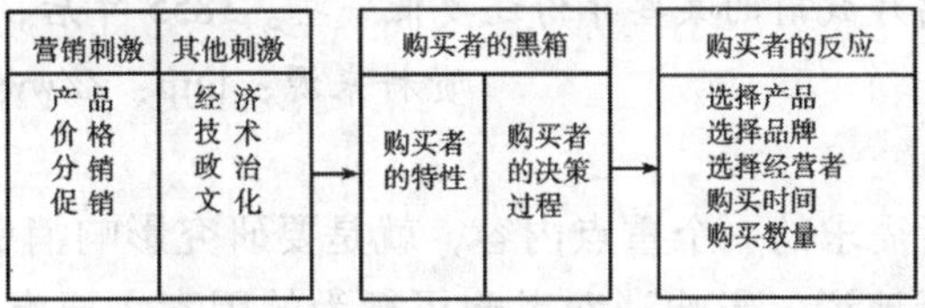

图4－2　消费者刺激——行为模式

这里，消费者被看成是一只黑箱，是一个不可捉摸的神秘过程。客观的刺激，经过黑箱（心理活动过程）产生反应，引起行为。这些刺激包括左边的宏观环境因素和营销因素，通过作用于消费者心理（黑箱），然后产生购买反应，即购买决策。

消费者的购买行为受其内在需要和欲望的驱动，但又受到主观和客观各种因素的影响。因此，消费者购买行为的产生过程，实际上是一个主观、客观因素对消费者的刺激与反应过程。

小贴士

第一次鸦战争时期一系列不平等条约的签订，中国被迫向西方资本主义世界敞开了大门。一些殖民者为能打开中国这个巨大的市场高兴得不得了。1847年，有的资本家认为：“只消中国人每人每年需用一顶睡帽，不必更多，那英格兰现有的工厂就已经供给不上了”。1852年3月，英国驻广州全权代办米歇尔在一份报告书中兴高采烈地写道：英国资产阶级“一想到和三万万或四万万人开放贸易，大家好像全都发了疯似的……濮鼎查告诉他们，说是他已为他们的生意打开了一个新世界。这个世界是这样的广阔，‘全部工厂的出产也不够供给他一省的衣料的’”。（严中平：《英国资产阶级编织利益集团与两次鸦片战争史料》）。

事情的发展，并不像这些人想象的那么乐观。事实上，就在上述那些言论发出之前的1846年，西方输入到中国的商品数量已经开始大幅度地滑坡。正如马克思所分析的：“人们过高地估计了天朝老百姓的需求和购买力。在以小农经济和家庭手工业为核心的当前中国社会经济制度下，谈不上什么大宗进口外国货”。（马克思：《英中条约》）1837—1839年，英国输华货物总值平均一年不到一百万镑，而到1845年即增加到二百三十九万镑。而到了1846年，则降到了一百七十九万镑。到了1854年更降至一百万镑，甚至比鸦片战前的某些年份还要低一些。1855年后，才又有所上升。

资料来源：http：//www. worlduc. com/

研究消费者需求的一个重点内容，就是要研究影响消费者购买行为的各种因素。概括地说，影响消费者购买行为的因素主要有以下几个方面，如图4－3所示：

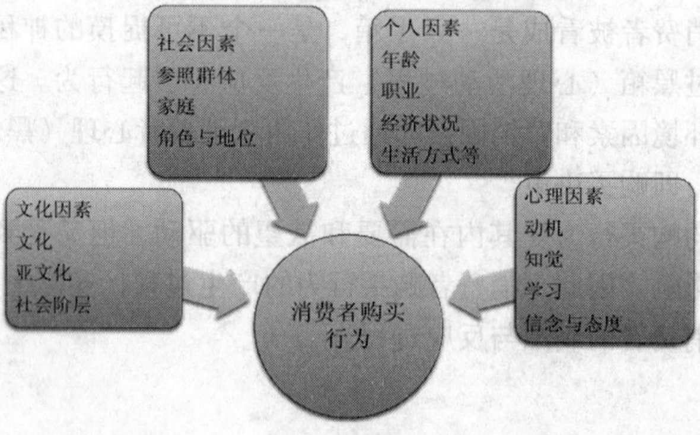

图4－3 影响消费者购买行为的因素

1. 社会文化因素

(1) 文化因素

文化是人类欲望和行为最基本的决定因素，不仅表现着人类智慧发展的历程和人类文明的标志，而且直接影响着人们的欲望和行为。影响消费者购买行为的文化因素是指所形成的共同的价值观、信仰、道德和风俗习惯，而不同的价值观、道德观、信仰和风俗习惯是影响人们消费行为的深层原因。

每一种文化都包含着能为其成员提供更为具体的认同感和社会化较小的亚文化群体。所谓亚文化群是指处于某种整体文化中的某一层次的文化群落。从市场营销学的角度看，主要是通过亚文化群来确定文化因素对消费者购买行为的影响。不同地理区域、不同的民族、宗教以及种族团体都有其各自生活方式特征的不同亚文化，因此，亚文化群一般可分为：

①民族亚文化群。一个国家往往存在着不同的民族，每个民族都在漫长的历史发展过程中形成了独特的风俗习惯和文化传统。我国是个多民族的国家，56 个民族都有自己独特的风俗习惯和文化传统。

②宗教亚文化群。一个国家的人民往往有着不同的宗教信仰，每种宗教都有着自己的教规和戒律，我国是个多民族、多教派融合的国家，道教、佛教、伊斯兰教和基督教等在我国都有广泛的信众。

③种族亚文化群。一个国家可能有不同的种族，不同的种族有着不同的生活习惯、文化传统和特点。以“羽西”化妆品为例。羽西女士常年生活在国外，她发现国际著名品牌的化妆品往往是专门针对白种人的皮肤特性研制的，并不适合自己，从而萌发出研制一种适合黄种人皮肤特点的化妆品的想法，于是，就有了“羽西”系列化妆品。

④地理亚文化群。由于受地理自然环境的影响，世界上处于不同地理位置的各个国家，同一国家内处于不同地理位置内的人们都有着不同的生活方式和生活习惯。例如，我国南方人喜欢吃米、北方人喜欢吃面；四川人的口味嗜“麻辣”、江浙一带口味嗜“甜”。

小贴士

网易财经 2010 年 3 月 7 日讯 在相继推出粥、油条和烧饼之后，洋快餐巨头肯德基的中国本土化之路越走越快。今日，网易财经获悉，肯德基在上海 8 家餐厅率先推出两款米饭类产品，如果销售情况理想，肯德基或将在全国开卖米饭。

据了解，肯德基在上海美罗、港汇、田林等 8 家餐厅首先开卖的米饭品种为“培根蘑菇鸡肉饭”和“巧手麻婆鸡肉饭”两款。相比较而言，前一种产品多少有些西餐的味道，而后一种产品则接近四川风味，可以说在迎合中国人的饮食习惯上做足了功夫。

而从售价上来看，两种产品均为18元，与一份汉堡套餐的售价接近。与一些西式餐厅里均价在20－30元以上的同类产品相比，其售价相对便宜不少，可以说更接近一些中式快餐的定价水平。

据肯德基品牌负责人介绍，肯德基叫卖米饭，彰显了其“立足中国，融入生活”的一贯策略，将本土化与创新研发相结合，将中式传统融入西式快餐；另一方面，也在全方位发展产品体系上再进一步，为消费者提供更多的产品选择。

另据了解，此次上海8家餐厅试水，只是第一步。如果销售情况理想，肯德基或将在全国开卖米饭。

http：//money.163.com/

(2) 社会阶层

社会阶层是指由于收入水平、教育程度等方面的差异，在社会生活中会形成兴趣爱好、生活需求、价值取向相似或相近的群体或集团，他们在一定的社会经济结构中处于相同的经济地位。不同社会阶层的人，在购买行为和购买种类上具有明显的差异性。社会阶层有四个特点：

第一，同一社会阶层内的人，其行为要比来自不同社会阶层的人的行为更加相似。

第二，人们以自己所处的社会阶层来判断各自在社会中占有的高低地位。

第三，某人所处的社会阶层并非由一个变量决定，而是受到职业、所得、财富、教育和价值观等多种变量的制约。

第四，个人能够在一生中改变自己所处的阶层，既可以向高阶层迈进，也可以跌至低阶层。

一般而言，我们划分消费者的社会阶层主要考虑他的职业、收入来源、居住地区、财产状况及其受教育程度等五项指标。现代社会中，人们所处的社会阶层不同使得他们的生活方式、消费特征和价值观念都产生很大的差别，这些差别必然影响其购买行为。例如，处在高阶层的人士，由于经济宽裕，生活悠闲，他们是各种高档商品、娱乐设施的主要购买者。而处于低阶层的人们，由于生活节奏紧张，收入来源少，因而成为各种普通商品的主要购买者。

（3）相关群体

一个人的行为受到许多群体的强烈影响。一个人的相关群体是指那些直接（面对面）或间接影响于人的看法和行为的群体。凡对一个人有着直接影响的群体称为成员群体，这些都是个人所属并且相互影响的群体。按照对消费者影响程度分类，相关群体可分为主要群体、次要群体和渴望群体。主要群体是指那些与消费者关系密切经常发生相互作用的相关群体，如家庭成员、亲朋好友、邻居和同事等。这类群体对消费者的影响最大。次要群体是指关系一般、日常接触较少的相关群体，如专业协会、临时性的社会团体等，这类群体对消费者的影响程度次于主要群体。渴望群体是指与消费者没有直接联系，但影响力却很大的相关群体，如影视明星、体育明星、文艺明星和政府要员等，这类群体的影响面比较广。

相关群体对消费者购买行为的影响，表现在三个方面：一是示范性，即相关群体为消费者提供了多种可供选择的消费行为或生活方式的模式；二是仿效性，即相关群体能引起人们的仿效欲望，影响人们的商品选择；三是一致性，即相关群体影响人们对某种商品品种、花色和规格的选择，促使人们的行为趋于一致化，从而有助于某个消费时尚的形成。

（4）家庭

家庭是社会的细胞，也是社会基本的消费单位，家庭成员对消费者的购买行为起着直接和潜意识的影响。对消费者购买行为的影响，在不同类型的家庭中其影响是有区别的。有人把家庭分为四种类型，即丈夫决定型、妻子决定型、共同决定型、各自做主型。另外，在不同商品的购买中，家庭成员的影响亦有区别，例如，美国研究发现，“何时购买汽车”的决策，主要受丈夫影响的占68%，受妻子影响的占3%，共同决定的占29%。因此，汽车公司在设计产品和拟订促销方案时，必须考虑各决策者、参与者的影响及其大小。

家庭生命周期是指把家庭生活的全过程，按年龄、婚姻、子女等状况划分为几个阶段，处在不同阶段的家庭其商品的需求重点及购买行为都有很大差异。美国市场研究人员对不同生命周期的消费者的消费和购买需求进行了研究，将人的生命周期分成了九个阶段，根据不同阶段的收入差异，处于每一个阶段上的家庭和个人都会有相应的商品消费需求。如表4－1所示：

表 4-1 家庭生命周期及其购买行为

家庭生命周期	购买和行为方式
单身阶段：年轻、不住家里	状态：几乎没有经济负担，新观念的带头人，娱乐导向
	购买：一般的厨房用品、家具、娱乐、度假
新婚阶段：年轻、无子女	状态：经济状况较好、购买能力强，耐用品购买力高
	购买：汽车、冰箱、电炉、家具、耐用家具、度假
满巢Ⅰ期：子女小于6岁	状态：家庭用品采购高峰、流动资产少、有部分储蓄、喜欢尝试新产品
	购买：洗衣机、婴儿食品、幼儿教育
满巢Ⅱ期：子女年龄6—22岁左右	状态：经济状况较好、对广告不敏感
	购买：各种食品、清洁用品、教育支出
满巢Ⅲ期：年长的夫妇和尚未独立的子女同住	状态：经济状况较好，子女也有工作，耐用品购买力强
	购买：耐用品、家具、汽车、旅游、保健
空巢Ⅰ期：年长的夫妇、无子女同住	状态：经济较为富裕、有储蓄、旅游、娱乐、自我教育
	购买：度假、奢侈品、家庭装修用品
空巢Ⅱ期：年长的夫妇、无子女同住，已退休	状态：收入锐减，赋闲在家
	购买：有助于健康、消化的医用产品和互利、保健的产品
鳏寡阶段：尚在工作	状态：收入可观
	购买：注重健康、养生
鳏寡阶段：退休	状态：身体年迈，收入锐减
	购买：医疗用品、安全保障、情感需求

家庭生命周期的差异对消费者的购买行为有着深远影响。不同周期的家庭对商品需求的主要方向不同。如处于满巢Ⅱ期的家庭，对于教育的需求较为明显，用于教育支出的比重也较大；而在空巢期之后的各个阶段，消费者对于医药用品及保健品较多的购买需求。

2. 个人因素

消费者的购买决策也受到个人特征的影响，特别是受其年龄所处的生命周期阶段、职业、经济环境、生活方式、个性以及自我观念的影响。这里重点分析年龄与生命周期对购买和消费的影响。

（1）年龄。消费者处于不同的年龄阶段，对产品的需求与偏好是不同的。人的一生中随着年龄的变化，对衣着、食品和娱乐等爱好也是不断发展变化的。例如消费者对于食品的需求，在婴幼儿时期、青少年和老年等各个阶段就有较大的不同。

(2) 经济状况

经济状况指消费者的经济条件、储蓄、资产和借贷的能力。经济状况直接决定着消费者的购买力状况，决定着能否发生购买行为以及何种规模的购买行为，决定着购买商品的品种和档次。通常情况下，消费者的购买行为是理智的，并恪守“最大边际效用”的原则，即消费者总是根据自己的有限收入和信息，去购买对自己最有价值的东西。从经济因素来分析消费者的购买行为，有两点值得注意：第一，产品的价格与性能之间的比值是决定是否购买的支配因素；第二，遵循“边际效用递减规律”，即商品的效用是随着消费者拥有数量的增加而减少。例如，对一个缺少衬衣的人来说，第一件衬衣无疑最有价值。有了三五件之后，需求就不那么迫切了。

(3) 个性

个性是指一个人在个体生活过程中所形成的、对现实世界所产生的较为稳定的态度以及与之相适应的习惯性行为的心理特征。个性是人们在一定的家庭环境和社会环境中长期生活而逐渐形成的，它具有相对的稳定性。个性包括个体倾向性、个体心理特征和“自我”三个方面。个体倾向性包括需要、兴趣、理想和信念等；个体心理特征包括气质、性格等；“自我”是指个人对自己的个体倾向性和个体心理特征的认识和评价。而消费者的个性差异主要是由个体倾向性和个体心理特征决定的，个性的统一与协调则依赖于“自我”。消费者的个性特征有若干种类型，如猜疑、保守、创新、独立、沉默寡言、活泼开朗、现实和爱幻想等等。一个人的个性影响着消费需求和对市场营销因素的反应。例如，个性开朗活泼的消费者喜欢色彩亮丽的服装，而具有创新特性的消费者比较容易接受新技术和新产品。因此，针对目标顾客群体的个性特征开展营销活动，有利于提高营销活动的效率。

(4) 生活方式

生活方式是指一个人在生活中表现出来的活动、兴趣和看法的模式。拥有不同生活方式的消费者对产品和品牌有着不同的认知和需求。营销人员应设法从多种角度区分不同生活方式的群体，并准确了解目标消费群体的生活方式，如节俭者、奢华者、守旧者、革新者、高成就者和环保者等，才能在设计产品和广告时应有明确的针对性。

3. 心理因素

影响消费者购买行为的心理因素，除了由需要引起动机这个重要的因素外，还有感觉和知觉、学习、态度。

当潜在消费者产生了购买动机以后，他们的行动还要取决于对刺激物的感觉，一切产品及其促销活动只有通过人的感觉，才能影响消费者的购买行为。从市场营销学的角度来看，消费者的感觉如何，并不是完全由外界的刺激物所决定，它还要受到消费者的文化、社会和心理等主观因素的影响，因此，企业为了促使潜在消费者做出购买决策，有必要采取多种方式刺激需求，给消费者留下深刻的印象，以期创造潜在需求。

(1) 感觉和知觉

感觉指消费者通过眼、耳、口、鼻和身等接受外界色、形和味等刺激或环境所形成的心理上的反应，是个体对于社会和物质环境的最简单、最初的理解。

感觉有四个特征：感觉的选择性；感觉的有组织性；感觉受外在刺激的影响；感觉受个人因素的影响。营销人员要掌握以上特点，充分利用企业的营销策略，使本企业的产品或服务被更多的消费者感受到、理解正确。

知觉是指个人选择、组织并解释投入的信息，以便创造一个有意义的个人世界图像的过程。知觉不但取决于刺激物的特征，而且还依赖于刺激物同周围环境的关系以及个人所处的状况。知觉与感觉一样，都是对作用于感觉器官的刺激物的直接反应，但是又有十分明显的区别。首先，感觉和知觉的作用不同，消费者可以通过感觉知道商品的属性，通过知觉可以对商品有一个完整的印象，以便理解事物的意义和本质。其次，知觉不仅受到感觉系统生理因素的影响，还依赖于个人过去的知识和经验，受人的各种心理特点，如兴趣、需要、动机和情绪等制约。最后，知觉过程是一个复杂的机能系统，需要各种感觉系统的联合活动，且知觉高于感觉。

消费者的知觉是一个有选择的心理过程。

①选择性注意——人们感觉到的刺激，只有少数引起注意、形成知觉，多数会被有选择地忽略。一般来说，以下情况容易引起注意并形成知觉：与最近的需要有关的事物；正在等待的信息；大于正常、出乎预料的变动。如某顾客拟买洗衣机，所以他只注意看洗衣机而不注重别的商品。因此，对某种商品的广告宣传，有些消费者会有印象，有些消费者不会有什么印象。

②选择性曲解——人们对注意到的事物，往往喜欢按自己的经历、偏

好、当时的情绪和情境等因素作出解释。这种解释可能与企业的想法、意图一致，也可能相差很大。

③选择性记忆———人们容易忘掉大多数信息，却总是能记住与自己态度、信念一致的东西。企业的信息是否能存留于顾客记忆中，对其购买决策影响甚大。

(2) 学习

当消费者产生某种购买动机时，这种购买动机可能会在多次购买行为中重复发生作用，也可能在一次购买行为后就消失，没有产生重复购买行为。消费者的购买动机为什么会重复或消失？心理学家研究后认为这是与“后天经验”有关，即可用“学习模式”（如图 4－4 所示）来解释这种现象：消费者的购买行为和动机不是天生的，而是受后天经验的影响形成的。

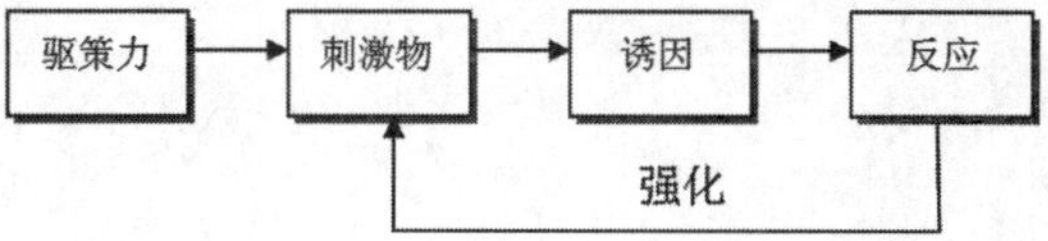

图 4－4　人类学习行为模式

①驱使力。指存在于人体内驱使人们产生行动的内在刺激力，即内在需要。心理学家把驱使力分为原始驱使力和学习驱使力两种。原始驱使力指先天形成的内在刺激力，如饥、渴和逃避痛苦等；学习驱使力指后天形成的内在刺激力，如恐惧、骄傲、贪婪等。成人会担心财产安全、交通安全，希望工作取得成就等，都是从后天环境中学习得来的。

②刺激物。指可以满足内在驱使力的物品。比如，人们感到饥饿时，饮料和食物就是刺激物。如果内在驱使力得不到满足，就会处于“紧张情绪”中，只有相应刺激物可使之恢复平静。当驱使力发生作用并寻找相应刺激物时，就会成为动机。

③诱因。指刺激物所具有的能吸引消费者购买的因素。所有营销因素均可成为诱因，如刺激物的品种、性能、质量、商标、包装、服务、价格、销售渠道、人员推销、展销和广告等。

④反应。指驱使力对具有一定诱因的刺激物所发生的反射行为。比如，是否购买某商品以及如何购买等。

⑤增强或减弱。指驱使力对具有相同诱因的刺激物发生反应后的效果。若效果良好，则反应增强，以后对具有相同诱因的刺激物就会发生相同的

反应；若效果不佳，则反应被削弱，以后对具有相同诱因的刺激物不会发生反应。

(3) 信念与态度

这里所说的“信念与态度”是指一个人对某种事物或观念长期持有的好与坏的认识评价、情感感受和行动倾向。态度导致人们对某一事物产生或好或坏、或亲近或疏远的感情。信念和态度使人对相似的事物产生相对一致的行为，因为人们通常不会时刻对所接触的事物做出新的评价，而是按照已有态度对事物做出反应。人们的信念和态度往往具有一定的稳定性，要改变通常是很困难的。

第三节 消费者的购买行为

一、消费者购买行为模式

所谓消费者购买行为，是指消费者为满足自身生活消费需要，在一定的购买动机驱使下，所进行的购买消费品或消费服务的活动过程。消费者购买行为是消费者心理活动的外在表现，是消费活动中的重要环节，因此研究消费者购买行为具有重要的意义。市场营销学家经过长期的调查研究后，将消费者的购买行为归为 7 个问题，由于这 7 个问题的英文都是以“O”开头，因此又称做“7OS”研究法。营销人员在制定针对消费者市场的营销组合之前，必须先研究消费者购买行为。

消费者市场由谁构成？(Who)		购买者（Occupants）
消费者市场购买什么？(What)		购买对象（Objects）
消费者市场为何购买？(Why)		购买目的（Objectives）
消费者市场的购买活动有谁参与（Who）		购买组织（Organizations）
消费者市场怎样购买（How）		购买方式（Operations）
消费者市场何时购买（When）		购买时间（Occasions）
消费者市场何地购买（Where）		购买地点（Outlets）

小贴士

谁是决策者

一家电脑用纸生产企业，多年来一直通过推销员对各单位的电脑部门经理做工作，向他们宣传企业的产品质量及服务品质。但是，产品销售始终没有很大起色。后来，经过市场调查发现：在电脑用纸的购买过程中，真正做购买决策的不是电脑部门的经理，而是采购部门的经理。事实上，采购部门经理在最后核准时通常会起很大作用。电脑部门经理依据工作的需要，提出所需纸张的规格要求，并将该项要求反馈至采购部门，而采购部门出于采购预算的考虑，总在满足规格要求的前提下，选择报价较低的纸张供应商。因此，该企业设计了一份详细的产品报价单，并附有同类产品的比较价格。将报价单呈送给采购部门经理后，反应十分好，结果，该企业的产品销售额在短期内获得大幅提升。

（资料来源　菲利普·科特勒、加里·阿姆斯特朗：《营销学导论》，俞利军译，华夏出版社、Prentice Hall 出版公司 1998 年版）

二、购买行为的类型

消费者购买决策随其购买商品的复杂性和购买情况的不同而有所区别。一些消费者的购买过程很简单，另一些则比较复杂。因此，要对消费者购买行为进行分类，西方学者亚索（assael）以购买者在购买时介入的程度和产品品牌差异的程度两个标准将消费者购买行为划分为四种类型。

1. 消费者的介入程度

消费者的介入程度主要包含两层含义：首先是指消费者购买的谨慎程度以及在购买过程中花费的时间和精力的多少。通常消费者购买耐用消费品还是更加谨慎，花费的时间和精力较多，这表示消费者的介入程度较高；反之消费者在购买具有一定经验的产品和服务时，消费者的介入程度则较低。其次，消费者的介入程度还指参与消费者购买过程的人数的多寡。消费者市场中的购买行为一部分是由消费者个人完成的，但是还有一部分商品的购买过程则是由多个人员参与，他们承担了发起者、影响者、决定者和购买者以及使用者的角色，这些角色往往是由家庭成员或亲朋好友等人承担。发起者，是指提出购买商品的人；影响者是指对购买决定具有某种影响的人；决定者是指做出购买决策的人；购买者是指进行实际购买的人；

使用者是指最终消费或使用商品的人。

2. 品牌差异程度

品牌差异程度是指所购商品的不同品牌之间的差别程度，品牌差异程度小的商品多是指商品具有一定的相似性或同质性；品牌差异程度大的商品往往在花色、品种、型号等方面具有较大的异质性。根据品牌差异的程度和消费者介入的程度不同，可以将消费者分为四种类型，如图 4－5 所示：

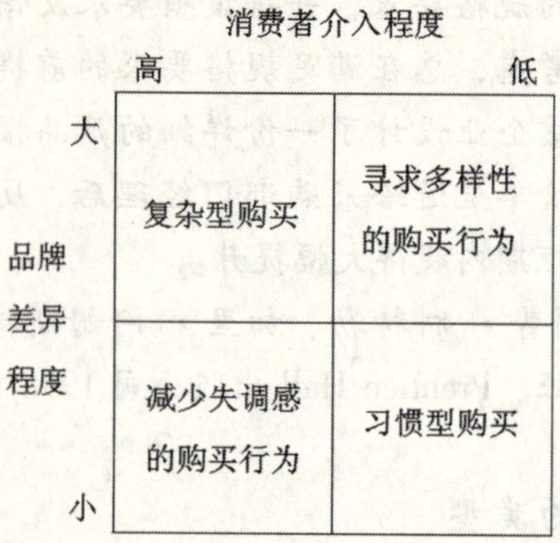

图 4－5　消费者购买行为分类

(1) 复杂型购买。如果消费者属于高度购买介入者，并且了解现有各品牌之间存在显著的差异，则消费者会产生复杂的购买行为。如果购买属于昂贵的、不常购买的、冒风险的和高度自我表现的产品，则消费者属于高度介入购买。通常，这种情况是消费者对此类产品知道不多且要了解的地方又很多。

(2) 减少失调感的购买行为。有时消费者高度介入某项购买，但他看不出各品牌有何差异。这种高度介入的原因在于该项购买是昂贵的、不经常的和冒风险的。在这种情况下，购买者将四处察看以了解何处可以买到该商品，但由于品牌差异不明显，消费者一般不会对品牌商品的信息进行评价，而主要关心价格优惠、购买时间和购买地点等，因此购买决策比较迅速。相对于复杂型购买，消费者购买后容易出现因发现产品缺陷或其他更优的品牌而产生的心理失衡现象。为了追求心理平衡，消费者往往注意搜集对已购品牌有利的信息，争取他人支持，证明自己的购买决策是正确的。

（3）寻求多样性的购买行为。有些购买情况的特征是消费者低度介入但有着显著的品牌差异，此时消费者会经常转换品牌，然后在消费时加以评估。

（4）习惯型购买。许多产品是在消费者低度介入和品牌没有什么差异的情况下购买的，消费者很少介入这类产品，他们往往依据经验或习惯购买某种商品。如果他们一直在寻找某一品牌，这是出于习惯，并没有强烈的品牌忠诚感。消费者对大多数价低且经常购买的产品，其介入度较低。

第四节 消费者购买决策过程

一、消费者购买决策过程的参与者

消费者的购买行为受到其动机的支配，因此，不同的消费者的购买过程有其特殊性，也有其共性，营销工作人员可以对消费者购买过程的共性进行研究，才能更有针对性地开展营销活动，满足消费者需求，扩大销量。消费者在购买活动中可能扮演下列五种角色中的一种或几种：

1. 发起者，即第一个提议或想到应购买某种商品的人。
2. 影响者，即有意或无意地影响最后购买决策的人。
3. 决定者，即最终决定整个购买意向的人，比如买不买、买什么、买多少、怎么买等等。
4. 购买者，即实际执行购买决策和购买行为的人，如带上钱去商店选购。
5. 使用者，即商品买回来后实际使用的人。

当个体消费者购买商品时，一人可以承担这五种角色，但是当消费者以家庭为单位购买时，就由不同的成员承担这五种角色。在以上五种角色中，营销人员最关心的是“决定者是谁”，因为决定者掌握着最终的购买决定。一般的商品和服务很容易辨认购买决定者，如男性一般是烟酒的购买决定者，女性一般是化妆品的购买决定者，高档耐用消费品的购买决定者往往由多人协商作出。辨认实际购买者也很重要，因为购买者往往有权参与购买决策，企业应据此开展商品陈列和广告宣传活动。而针对发起者和使用者进行宣传，也可起到促使决策者注意并购买该商品的作用。

二、消费者购买决策过程

消费者完整的购买决策过程是以购买为中心，包括购前和购后一系列活动在内的复杂的行为过程。即将消费者购买决策过程分为认知需求、收集信息、判断选择、购买决策和购后使用评价等五个阶段。如图 4－6 所示：

图 4－6　消费者购买决策过程

1. 认知需求

当消费者感受到了匮乏状态，并且准备购买商品满足这种匮乏状态时，消费者的购买行为过程就开始了。消费者的需求由内在刺激引起和由外在刺激引起。内在刺激是指由消费者生理需要所引起的刺激，如饥、渴等等。外在刺激是指由商品（如食物的香味、衣服的款式）、广告和别人的劝说等市场营销活动所引起的刺激。市场营销的任务之一就是要帮助消费者认知自己的消费需求之所在，即通过各种手段引起消费者的需求。同时，企业还应对市场需求进行分析研究，以便针对市场上不同形态的需求，采取相应的营销对策。

2. 收集信息

收集信息是指消费者认知了需求以后，收集能够满足这种需求的相关商品资料的行为过程。第一步是收集同需求相关的一般信息；第二步是收集同需求相关联的具体信息。如欲购买电视机者会先收集有关电视机的一般信息，然后再收集电视机的各种具体信息，如牌号、价格、性能、规格和款式等。

购买者得到信息的主要来源是：

（1）个人经验。主要是消费者本人根据以前的购买使用经验所获得的知觉。

（2）相关群体。如家庭成员、亲戚、朋友、邻居、同事等。

（3）商业来源。主要是企业提供的各种信息，如广告、推销员介绍、商品说明书、商品展示会等。

（4）公共来源。指社会公众传播的信息，如报纸等新闻媒体、政府公报、消费者协会传播的各种信息。

一般而言，消费者首先经由商业来源获得的信息最多，其次为公众来源和相关群体，最后是个人经验。但是从消费者对信息的信任程度来看，首先个人经验和相关群体最高，其次是公共来源，最后是商业来源。

3. 评估选择

消费者在收集各种信息后就会结合一定的方法对同类产品的不同品牌进行对比分析并做出选择。一般而言，消费者的评价行为涉及三个方面：

（1）分析产品属性。指产品所具有的能够满足消费者需要的特征，或者产品具有哪些消费者感兴趣的属性。产品在消费者心目中表现为一系列基本属性的集合。例如牙膏的主要属性为防蛀、洁齿、味道好、香型、颜色、品牌等。在价格不变的条件下，一种产品有越多的属性评价较高将越能吸引顾客购买，但是会增加企业的成本。营销人员应了解消费者主要对哪些属性感兴趣，以确定本企业产品应具备的属性。

（2）品牌信念。指消费者对某品牌优劣程度的总的看法。每个品牌都有一些属性，消费者对每一属性实际达到了何种标准给予评价，就构成消费者对该品牌优劣程度的总的看法，即他对该品牌的信念。

（3）效用要求。指消费者对该品牌某一属性的效用功能应当达到何种水准的要求。或者说，该品牌某一属性的效用功能必须达到何种水准他才会接受。不同的消费者对产品属性的效用要求往往不一样。

4. 购买决策

消费者经过对商品的评估后会产生一种购买意向，但是不一定导致实际购买行动。从购买意向到实际购买还有一些因素介入其中：

（1）他人态度。在消费者的购买意向实施过程中，如果他人的意见不一致，他人态度的影响力取决于三个因素：他人否定态度的强度，否定态度越强烈，影响力越大；他人与消费者的关系，关系越密切，影响力越大；他人的权威性，他人对此类产品的专业水准越高，影响力越大。

（2）意外因素。消费者的购买意向是以一些预期条件为基础做出的，如果这些预期条件受到一些意外因素的影响而发生变化，购买意向就可能改变。

（3）购买风险。消费者改变、推迟或取消购买决策在很大程度上受到所感到的购买风险的影响，如买后产品会大幅降价、花费很多钱买的产品不满意等。费用较高的购买一般带有较大的风险，在消费者无法确定其购买的回报时，他便感到了购买的风险。消费者所感到的风险程度是随所付费用的多少、属性不确定的程度及消费者的自信程度而变化的。消费者为了回避购买风险通常采取的方法有：回避决策；扩大信息的收集渠道；选择名牌或购买有担保的产品。市场营销人员必须了解引起消费者风险感觉的因素，为他们提供信息及支持，以减少消费者的风险感。

顾客一旦决定实现购买意向，必须做出以下决策：产品种类决策，即在资金有限的情况下，优先购买哪一类产品；产品属性决策，即该产品应具备哪些属性；产品品牌决策，即在诸多同类产品中选择哪一品牌；时间决策，即在什么时间买；经销商决策，即到哪一家商店购买；数量决策，即买多少；付款方式，即一次付款、分期付款还是银行按揭，现金购买还是其他方式等。

5. 购后感受及评价

这是购买决策过程的最后一个阶段，它是指消费者在购买和使用商品后，对商品的各方面进行感受和评价的过程。在这个过程中，消费者会对所购买的商品产生不同程度的满意或是不满意，评价的结果如何将对树立商品的信誉和促成下次购买具有十分重要的作用。因此，市场营销学认为，消费者支付货款实际购买了商品，这并不是营销过程的最终结束，而是下一个营销过程的开始：如果消费者对产品满意，很可能会再次购买该产品。不仅如此，满意的消费者还会向其他人宣传他所满意的品牌，即通常所说的“口碑”。如果消费者不满意，那么他就会去设法降低不平衡感，因为人们总是努力在其意见、知识和价值观之间建立内在的和谐、一致。不平衡的消费者可能通过放弃或退货的方式来降低不平衡感，也可能通过寻求能证实产品价值高的信息（或是回避能证实产品价值低的信息）来降低不平衡感。此时，消费者处理其不满意的方式如图 4－7 所示：

无论发生哪种情况都会给卖主带来一定的损失。市场营销人员应该主动地采取一些方法来降低消费者的不满意感。

消费者购买后对产品的使用与处理。消费者购买产品后，不论其感觉是满意还是不满意，最后都会具体落实到对产品如何使用或处理这样具体的问题上来。

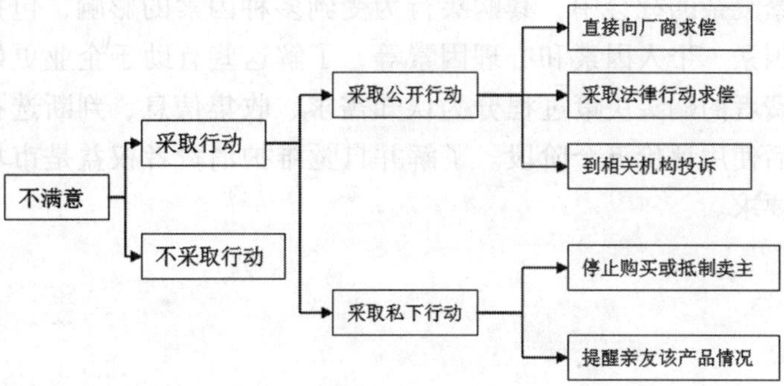

图 4－7　消费者处理不满时所采取的方式

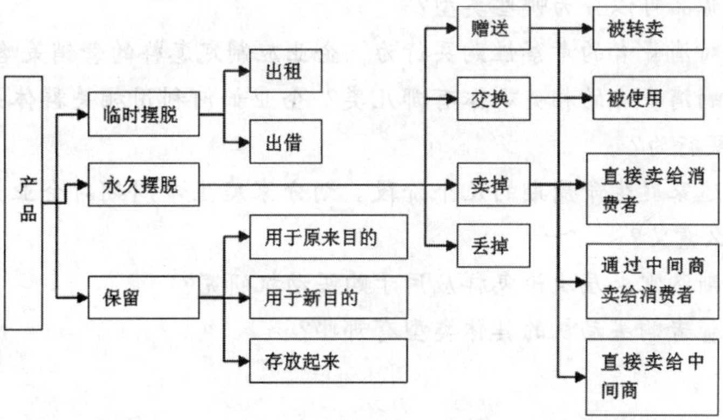

图 4－8　消费者使用和处理产品的方式

市场营销人员要十分注意研究消费者如何使用或处理所购产品的问题，以便从中发现可能存在的问题或新的市场机会。

本章小结

市场是企业营销活动的出发点和归宿点，深刻认识消费者市场的特点，准确把握影响消费者购买行为的因素，有助于企业有效地开展市场营销活动。消费者市场由个人和家庭构成，具有其鲜明的特点。

消费者购买不同类型的商品时会表现出不同的购买心理和购买行为。各类消费者的购买行为都可从七个方面进行分析，即 7OS 研究法。消费者生活在纷繁复杂的社会中，其购买行为受到多种因素的影响，包括文化因素、社会因素、个人因素和心理因素等，了解这些有助于企业更好地赢得顾客。消费者的购买决策过程分为认知需求、收集信息、判断选择、购买决策和购后使用评价五个阶段。了解并自觉维护消费者权益是市场营销观念的基本要求。

思考题

1. 消费者市场有哪些特点？

2. 近几年我国的消费者市场发生的新变化有哪些？

3. 消费品可以分为哪些类型？

4. 针对消费者的考察性购买行为，企业应制定怎样的营销策略？

5. 影响消费者的相关群体有哪几类？企业如何利用相关群体来影响消费者的购买行为？

6. 简述家庭生命周期的几个阶段。划分家庭生命周期对企业开展营销活动有什么意义？

7. 马斯洛需求层次论怎样应用于购买动机研究？

8. 消费者购买动机的具体类型有哪些？

第五章 组织市场研究

【学习目标】

1. 了解组织市场的含义；理解组织市场的构成和特点；

2. 理解产业市场的含义；理解产业市场的购买类型和购买决策过程；

3. 理解中间商市场的含义及其特点；了解中间商市场的购买行为类型和购买过程的参与者；理解中间商市场的购买决策过程；

4. 理解政府市场和非赢利市场的含义；了解其购买行为。

【重点难点】

1. 组织市场的构成；

2. 产业市场的购买决策过程；

3. 中间商市场购买决策过程及其参与者；

4. 政府市场购买决策过程。

职业引导案例

印度的机床行业

印度的机床行业是由国营和私营企业组成的，生产诸如磨砂机、钻床、冲床、车床等金属加工和切削设备。过去它的产品质量虽好，出口量却很小，主要销往一些第三世界国家。在国际市场上，由于发达国家对印度的偏见，它的产品不怎么受欢迎。现在印度已成为世界上最大的机床生产国之一。

印度被认为是一个经济只能维持生存的落后国家。在外国人的印象中，它依然是一个有着僧侣、玩蛇者和牛群自由悠游的国家。人们也许会用这种形象想象其机床工业，潜在的买主们很难相信印度能够制造复杂的重型机床。

这些持怀疑态度的买主主要集中在汽车、装卸（叉车和挖掘机等）和机械设备三个主要行业，他们需要大量金属加工和切削设备。他们对机床有三个基本要求。

(1) 维修要少。他们负担不起过多的停工时间。

(2) 多用途。他们希望机床能干多种工作。

(3) 价格便宜。他们需要减少固定资产投资。

尽管价格是重要的因素，但它只被排在第三位。而价格恰恰是印度机床的竞争优势所在。制造非数字化的简单机床只需要普通技术和并不复杂的技能。在印度，制造这种机床所需要的半熟练工人的工资是很低的，而机床制造又正好是劳动密集型行业。因此印度机床的价格比其他国家的产品要便宜30% -40%。同时，它们能满足国际上的技术标准。然而这种机床还是卖不出去，因为用户对印度印象不佳。他们认为，价格低意味着劣等产品。

在劳动密集型行业中具有竞争优势的其他第三世界国家也面临着类似的问题。与印度一样，韩国、巴西、西班牙也生产高质低价的机床。但是，这些国家给人们的印象产生了不良影响，使他们的产品在国际市场上未能得到应有的公正评价，尽管机床制造并不需要尖端技术。实际上，世界机床出口的主要市场是由拥有大量半熟练工人的波兰和捷克斯洛伐克占据的。

看来，刺激最终用户直接购买是不可能的了。在这种情况下，印度的机床生产厂商不得不采取其他战略。他们决定借经销商的信誉来使产品得到人们的承认，而不是花费巨额金钱去努力改变人们对其国家的印象。在每个国家里，都有一些信誉良好的机床经销商，他们拥有完善的销售机构、良好的维修信誉以及有力的融资办法。于是销售工作就成了向经销商推销机床。

如前所述，印度机床的优势在于其低廉的价格。而经销商的买卖是左手买进、右手卖出。他们具有商人的眼光，因此，最感兴趣的是利润率和销售额；当然质量也很重要，因为他们要维护自己的声誉。为了使经销商相信产品能够满足必要的标准，可以做一次产品质量检验，实际上，产品也确实能满足标准。此外，由于经销商对印度机床本身还存在某种怀疑态度，至少是不肯马上作出决定。因此向他们宣传印度这个国家（而不仅是印度的机床）的实际情况是很有必要的。为此，一个由15 -20位经销商组成的代表团应邀访问了印度。他们看到了现代化的、高效率的工厂，高水平的管理以及灿烂的印度文化。他们改变了自己的看法。

与经销商合作是一个综合性计划的第一步。与此有关的第二步是邀请正式的贸易代表团。这一次邀请了来自一些工业发达国家的潜在买主同一些经销商一起访问印度，以使他们也能了解印度的实际情况。邀请的目的是使经销商和潜在的买主产生经销和购买印度机床的欲望，使顾客确信机床的高质量，从而进一步促进销售。

印度的制造厂商又在美国和欧洲的一些主要城市投资建立产品展览厅，还积极参加了一些工业贸易博览会，以进一步宣传其产品，并获得信誉。

由于亲眼看到了实际情况，最终用户容易接受他们所信任的经销商的建议，而经销商能够、也确实把产品“推”向了用户。由于经销商有信誉，机床也因而有了信誉。现在，印度的机床工业正在世界市场上健康成长着，特别是，它正在向发达的欧洲国家销售大量的机床。产品本身无需修改，而只是改变市场营销方式，主要是建立一个新的分销系统。这样，通过转向中间商，印度的机床变成了畅销产品。

资料来源：http：//www. hainnu. edu. cn/

市场营销的对象，不仅包括消费者市场的消费者，还包括生产企业、商业企业、政府机构等各种组织机构。组织机构所形成的对企业产品和劳务需求的总和就构成了组织市场，主要包括产业市场、中间商市场、政府市场和非赢利组织市场。

第一节　组织市场概述

一、组织市场的构成

根据消费者购买的目的或用途的不同，可以将市场分为消费者市场和组织市场，组织市场就是指工商企业为从事生产、销售等业务活动以及政府部门和非赢利组织为履行职责而购买商品或服务所构成的市场。组织市场的购买目的是为了生产、销售、维持组织运作或履行组织职能。

1. 生产者市场

生产者市场也称产业市场或企业市场，是由那些购买产品或服务用于制造其他产品或服务，然后销售或租赁给他人以获取利润的单位和个人组成。组成生产者市场的主要产业有：工业、农业、林业、渔业、采矿业、建筑业、运输业、通讯业、公共事业、银行业、金融业、保险业和服务业等。

2. 中间商市场

中间商市场也称转卖者市场，是由那些购买产品用于转售或租赁给他人以获取利润的单位和个人组成，包括批发商、零售商和代理商。

3. 非赢利组织市场

非赢利组织泛指所有不以赢利为目的、不从事赢利性活动的组织。我国通常把非赢利组织称为"机关团体、事业单位"。非赢利组织市场指为了维持正常运作和履行职能而购买产品或服务的各类非赢利组织所构成的市场，包括学校、医院、疗养院、监狱等机构。

4. 政府市场

政府市场由为了执行政府职能而购买或租用产品的各级政府和下属各部门构成。各国政府通过税收、财政预算掌握了相当部分的国民收入，形成了潜力极大的政府采购市场，成为非赢利组织市场的主要组成部分，具有独特性，故单独进行分析。

二、组织市场的特点

1. 买主较少，但每次购买的金额和数量较大

从事生产的企业和个人，分属于若干不同行业，但是与消费者市场相比，组织市场的买主的数目显然少得多，但他们的购买规模和每笔购买的数量又比一般消费者大上许多倍。

2. 购买者的地理位置相对集中

组织市场的购买者往往集中在某些区域，特别是产业市场，由于行业分布的地域性导致组织市场的区域性购买业务的比例相对较高。

3. 购买目的是为了维持组织运行或履行组织职能

组织市场的消费者购买商品不是为了进行消费，而是为了通过加工、流通等环节获利，或者维持组织的运营。因此在商品质量基本相同的情况下，节省成本或中间环节费用就成为组织者购买的主要考虑因素，以保证组织最大限度的获利或节省运营费用。

4. 组织市场的需求属于派生需求

组织市场的需求属于一种派生需求，也称之为衍生需求。组织市场的

需求是由消费者需求派生而来，即组织市场的顾客购买商品或服务是为了给自己的服务对象提供其所需的商品或服务，组织市场的需求是随消费品需求的变化而变化的。

5. 组织市场的需求弹性小

组织市场对产品和服务的需求量受价格变动的影响不大，即需求弹性较小。组织市场的生产能力或者消耗能力在一段时间内具有相对的稳定性，组织市场的购买者不会因为商品或服务的价格下降就加大购买量，也不会因为商品或服务的价格上涨就减少购买，这主要是由于组织市场的购买需求是由消费者需求决定的，只要消费者需求没有发生改变，组织市场的需求就会维持既定的水平。

6. 组织市场的采购属于专业采购，参与者众多，有一定的采购流程

首先，组织市场的采购人员大多数具有专业的知识或者受过专业的培训，清楚地了解产品的相关信息和技术要求，供应商应该根据这一特点，向组织市场的购买者提供详细的资料和技术咨询。其次，组织市场中参与购买的人员数量较多。大多数的组织设有专门的采购部门，此外，企业的相关人员也会直接或间接的参与购买决策，每个人的意见对购买决策都会产生不同程度的影响。最后，由于组织市场的购买决策较为复杂，涉及的金额和数量巨大，因此购买过程更加的正式化，拥有完整的采购流程。

第二节　产业市场及其购买行为

一、产业市场的含义

1. 产业市场的含义及特点

产业市场，又称生产者市场，是指购买商品或服务，并将其用于生产其他商品或服务，通过出售、出租以获取利润的一切组织和个人。产业市场是由包括农业、林业、制造业、建筑业、通讯业、金融业、保险、服务业等产业组成的市场。由于生产的购买目的是为了满足消费者的需求，因此，生产者市场的购买行为与消费者市场的购买行为有着明显的区别。

(1) 市场的购买主体不同

首先，产业市场的购买主体多为企业或组织，不同于消费者市场的个人或家庭。虽然产业市场的购买行为有时也表现为个人行为，但是此时的个人是企业或组织的代表；其次，产业市场的购买是属于专家型购买，即购买者对产品或服务非常了解，具有一定的专业知识，这与消费者市场的非专家型购买有明显的区别；再次，产业市场购买的商品专用性强，采购过程比较复杂，参与购买的人员众多，决策程序相对规范，这与消费者市场也存在明显的差别；最后，产业市场的购买者相对较少，地理位置较为集中，这主要是取决于行业发展的区域化和集中化，这与消费者市场的分散型购买也是明显的不同的。

(2) 市场购买方式不同

首先，产业市场的购买频次较低，但是购买数量较大，这主要取决于企业的生产采购周期和企业的生产规模；其次，产业市场的购买属于直接购买，产业市场的购买者往往直接向供应商订货，很少或不经过中间商环节，特别是对价格比较昂贵或精密的仪器设备、复杂的技术项目等更是采用直接购买的方式；最后，产业市场往往实行互惠购买，即双方互为买者与卖者，在交易过程中互相采购彼此的产品，以此获取采购优惠和较为长期的合作关系。

(3) 市场需求状况不同

一方面，产业市场的需求是派生需求，即产业市场的需求主要取决于消费者市场，因此产业市场的需求弹性较小，受价格变化的影响不大，相反地，产业市场的需求主要受自身生产发展的制约；另一方面，产业市场的需求波动较大，这主要是受消费者市场的影响，消费者市场需求增长能够导致产业市场的需求得更高的增长，即“加速原理”。

2. 产业市场的购买动机

(1) 获利动机

产业市场的购买目的主要是通过生产或再生产来获取利润，因此，生产企业为了获取高额利润，往往需要降低成本，在生产质量和数量符合要求的前提下，尽量购买价格低的产品及服务，反之，在价格相同的情况下，愿意购买质量和服务较好的企业的产品或服务。

(2) 求质动机

企业生产销售的商品或服务，既要符合国家、行业等对产品质量的要求，又要能够满足消费者的需求。企业生产销售优质的产品可以提高其在市场上的竞争力，因此购买优质的生产原料投入生产，生产优质产品就成为一部分企业采购原材料的主要动机

（3）适应法律和社会环境的要求

随着社会经济、文化的发展和进步以及可持续发展的提出，企业在采购生产原料的过程中，主动尊重社会认知，符合法律规范，迎合环境发展的需要，就成为产业市场的另外一种采购动机。

3. 影响生产者购买行为的主要因素

同消费者一样，生产者在购买过程中也会受到很多因素的影响，如图5－1所示：

环境因素	组织因素	人际因素	个人因素	
经济前景				
需求水平	目标			
资金成本	政策	地位		
技术创新	程序	职权	年龄	
政治与法律	组织机构	志趣	收入	购买者
市场竞争	制度	说服力	教育、性格	

图5－1　影响生产者购买行为主要因素

（1）环境因素

目前和预期的经济环境，如需求水平、经济前景、价格或资金成本等因素对产业购买者的影响很大。例如，经济衰退时，产业购买者减少他们的设备、厂房等方面的投资，紧缩生产，削减存货。在这样的环境下，产业营销人员在刺激购买方面难有作为，但如果政府计划与减免投资税则会有所帮助。其他不可控制的因素，诸如政治法律环境、科学技术环境等均会对产业市场的购买行为有重要的影响。

（2）组织因素

产业购买企业内部有关因素，即企业经营目标、采购政策、制度、程序及采购的组织结构等因素对购买行为有很大影响。比如，以追求总成本降低为目标的采购企业，会对符合本企业要求的尽可能低价的产品感兴趣；以追求市场领先为目标的采购企业，会对技术先进、优质、高效运行的产品更感兴趣。同时，有的采购企业建立采购激励制度，奖励工作业绩突出

的采购人员，将导致采购人员为争取最佳成绩而向供应商施加压力。有的公司实行集中统一的采购制度，将原各事业部分散进行的采购工作集中起来，由公司采购中心统一进行，以利于找到更好的供应渠道，确保产品质量！降低采购成本。供应商必须了解与研究购买者内部这些组织因素的改变！有针对性做好营销工作，不断拓展销售市场。

(3) 人际因素

产业购买企业内部参与购买决策的各个角色，即使用者、影响者、采购者、决策者和信息控制者的个人职务、地位、态度及相互关系对购买行为有很大影响。供应商必须了解采购人员在购买决策中扮演的角色及其相互关系，利用人际因素中的各种关系及核心人物的权力、职务与地位，促进产品销售，确保交易成功。

(4) 个人因素

产业购买企业内部参与购买决策的有关人员的个人年龄、文化层次、个性偏好、风险意识等因素对购买行为的影响也不可忽视。不同的购买者会展示不同的购买风格与个性特征，受过良好教育的购买者，追求理智型的购买行为，个性强硬的购买者，总是同供应商反复较量，不愿作出让步；一般个性的购买者，总是喜欢从那些使他们感到“亲近”的公司采购，他们倾向于从对他们表示尊敬和关心，并为他们提供优质服务的供应商那里采购。供应商应深入了解与分析采购人员不同的个性特征，并努力使自己的产品与服务来适应各种不同的需要，促成产品交易，拓展产业市场。

二、产业市场的购买行为

1. 生产者的购买行为类型

产业市场的购买行为的复杂程度和采购决策项目的多少，取决于采购业务的类型。产业用户的采购业务大致可分为三种类型：直接的重购、修订后的重购和新购。

(1) 直接的重购（Straight Rebuy）

用户按既定方案不作任何修订直接进行的采购业务。这是一种重复性的采购活动，供应商、购买对象、购买方式等都不变，按一定程序办理即可，基本上不需要作新的决策。在这种情况下原有的供应商应当努力使产品和服务保持一定的水平，并尽量简化买卖手续，节省购买者的时间，争取稳定供应关系。新的供应商竞争机会较少，可从零星小量交易开始，逐步扩大，以争得一席之地。

（2）修订后的重购（Modified Rebuy）

指产业用户为更好地完成采购任务，修订采购方案，改变产品的规格、型号、价格等条件；或寻求更合适的供应商。在这种情况下，采购活动比较复杂，参与采购决策的人数也较多，原来的供应商为了不失去这个客户，必须尽力改进供应工作，新的供应商则会有较多的竞争机会。

（3）新购（New Task）

指产业用户第一次采购某种产品或劳务，这是最复杂的采购。新购的金额和风险愈大，则参与决策的人愈多，所需了解的信息也愈多。这种情况对供应商是最好的竞争机会，可派出专业推销人员携带样品或样本上门推销，尽量提供充足的信息，帮助用户解决疑问，减少顾虑，促成交易。许多公司设立专门机构负责对新客户的营销，以求建立长期的供应关系。新购的决策必须包括以下全部内容：①产品规格；②价格幅度；③交货条件和交货时间；④服务条款；⑤付款方式；⑥定购数量；⑦可考虑的供应商名单；⑧选定的供应商。

系统购买和销售（Systems Buying and Selling）是另一种买卖方式。它起源于政府购买大型武器或通讯设备。政府不愿分别采购各个部分再将它们装配起来，而希望供应商提供完整的成套设备及其所必要的各项服务，即系统销售，俗称“一揽子”交易。这种方式也适用于产业市场大规模工作项目的交易，如大水坝、钢铁厂、农业灌溉系统、输油管线和公用设施等。

2. 产业市场购买行为的参与者

在产业用户采购组织中，参与采购决策过程的所有成员称为“采购中心”，他们有共同的采购目标并分担决策的风险。这些参与者担任的角色包括以下五种：

（1）使用者。所要采购物品的实际使用者，通常采购某种物品的要求是他们首先提出来的，他们在规格型号的决定上有很大作用。

（2）影响者。企业内外直接或间接影响采购决策的人，其中技术人员是特别重要的影响者。

（3）采购者。具体执行采购任务的人员，他们负责选择供应商并与之谈判签约。在比较重要的采购工作中，通常有企业的高层管理人员参加。

（4）决策者。企业里有权决定采购项目和供应商的人。在日常的采购中，采购者就是决策者；在复杂的采购中，决策者通常是企业的主管。

（5）控制者。指可控制信息流的人员，他们控制外界与采购有关的信息流入企业。例如，采购代理往往有权阻止供应商的推销人员与使用者或决策者见面；其他的控制者还有技术人员，甚至秘书人员。

采购中心的规模大小和成员的多少，随采购物品的不同而定，采购电脑肯定比采购账本需要更多的参与者。产业市场的营销者必须了解：谁参与主要决策？他们对哪些决策有影响？他们影响的相对程度如何？决策参与者们的评价标准是什么？摸清采购者的这些情况，然后才能有针对性地采取促销措施，特别是对大客户应作为重点推销对象，大力开展调研和促销工作。

当然，采购组织的大小，亦随企业的规模而有所不同，有的企业仅一人或数人负责采购。有的则设有专门的采购部门，并设一个专司采购的副总裁。采购人员的权限也各有不同，有些企业把选择供应商和产品规格的权限完全授予采购人员，有些公司的采购人员只管选择供应商，还有些则只是奉命下定单。通常采购人员对小产品有决定权，大产品则只能执行决策机构的决定。

3. 产业市场的采购决策过程

对产业市场的购买者如何作出他们的采购决策问题，有些营销专家认为，也如同消费者的购买决策过程一样，可分为五个步骤；然而另有些学者认为产业用户的采购过程分为八个阶段，但并非每次采购都经过这八个阶段，而要依采购业务的不同类型而定。表5－1说明了各个阶段在不同情况下是否必要。

表5－1　产业用户采购过程的阶段

购买类型 购买阶段	新购	修订后的重购	直接的重购
（1）提出需要	是	可能	否
（2）确定需要	是	可能	否
（3）说明需求	是	是	是
（4）物色供应商	是	可能	否
（5）征求建议	是	可能	否
（6）选择供应商	是	可能	否
（7）发出正式订单	是	可能	否
（8）评估履约情况	是	是	是

(1) 提出需要

采购工作开始于企业内部有人提出对某种产品或劳务的需要时。提出需要可能足由于内部或外部的刺激。内部刺激如决定生产某种新产品；需要新的设备及原材料；设备发生故障，需要更新设备或零部件；发现过去采购的原材料有问题，需要更换供应商，或寻找更好的货源。外部刺激如展销会、广告或供应商推销人员的访问等，促使采购人员提出采购意见。因此，产业用品营销者应当主动推销，经常开展广告宣传，派人访问用户，发掘潜在需求。

(2) 确定需要

认识到市场需要之后，就要把所需要的产品种类与数量，从总体上确定下来。复杂的采购任务，采购人员同企业内部的有关人员共同研究确定；简单的采购任务则由采购人员直接决定。

(3) 说明需求

总体需要确定后，接下来还要对所需产品的规格型号等技术指标作详细的说明。这要由专业人员运用价值分析。价值分析（Value Analysis）是一种降低成本的分析方法，是美国通用电器公司于20世纪40年代后期率先实行的。价值分析就是分析产品成本与功能之间的比例关系，目的是在保证不降低产品功能（使用价值）的前提下尽量减少成本，以取得更大的经济效益。通常在产品中占总量20%的零部件，其价值却占总成本的80%。对这些零部件进行分析，用改换廉价零部件或修改设计而不损害产品功能的办法，发掘降低成本的潜力。经过价值分析后，应写出详细的书面材料，说明技术要求、作为采购人员进行采购的依据。

(4) 物色供应商

采购人员常利用工商名录或其他资料查询供应商，有时也通过其他企业了解供应商的信誉。供货企业应多方设法提高自己的知名度，以便于买方查找。

(5) 征求建议

找到备选的供应商后，应尽快请他们寄来产品说明书、价目表等有关信息资料，特别是较复杂和贵重的项目，必须要求详细的资料。因此，卖方要善于编写产品目录、说明书、价目表等资料，在这些资料中应对产品详加介绍，并包含促销的内容。

(6) 选择供应商

采购者在收到各个供应商的有关资料之后，要通过比较作出选择，选择供应商时一般所应考虑的主要因素是：

①交货能力

②产品质量、品种、规格

③产品价格

④企业信誉和历来表现

⑤维修服务能力

⑥技术能力和生产设备

⑦付款结算方式

⑧企业财务状况

⑨对顾客的态度

⑩企业地理位置

用户通常是根据以上各项标准选出最佳的供应商。在大多数情况下，产业用户不愿依靠单一的供应商，以防陷于被动。通常是确定一个主要供应商，其供应量约占总需要量的60%，而另外的40%则分散给其他供应商，以促使供应商之间展开竞争，改善供应工作。

(7) 发出正式订单

用户选定供应商之后，就会发出正式定货单，写明所需产品的规格、数量、要求交货的时间、保修条件等项目。西方产业用户对信誉可靠的保修产品，往往愿订立"一揽子合同（Blanket Contracts）"，因为这可避免按期重复签约的麻烦。这种合同要求供应商必须按规定随时向买方供货，等于买方把存货放在供应商手中，因此这种合同又叫做"无库存采购计划"。当需要采购时，买方的电脑会自动打出订单发给供应商。这种方式使供应商的产品销路较有保障，可削弱竞争的压力。

(8) 评估履约情况

用户购进产品后，其采购部门就会主动与使用部门联系，了解所购进产品的使用情况，询问使用者的满意程度，并考察各个供应商履约情况，以决定今后对各供应商的态度。因此，供应商应认真履行合同，尽量提高买方的满意程度。

第三节　中间商市场及其购买行为

一、中间商市场的含义及其特点

1. 中间商市场的含义

中间商是生产者和消费者之间的桥梁和媒介，帮助完成商品或服务从生产者到消费者的转移。中间商市场也称为转卖者市场，是由那些将购买到的产品转卖或租赁给他人，以获取利益的组合和个人，通常包括批发商、零售商以及代理商等。

2. 中间商市场的特点

首先，从地理分布上来看，中间商市场比产业市场分散，但又比消费者市场集中；其次，中间商市场经营的商品种类繁杂，凡是消费者日常生活所需的各种商品，绝大多数是通过中间商到达消费者手中的；再次，中间商对产品的购入价格比较敏感，而且采购具有一定的时间性；然后，中间商通常会选择销售或租赁与自身形象或定位一致的生产企业的产品或服务；最后，中间商在销售商品的过程中需要生产企业的协助，例如，中间商在所售商品的广告宣传、技术服务、维修服务以及退换货服务等方面往往需要厂家提供帮助和支持。

中间商是消费者的采购代理人，因此，中间商的采购主要受到最终消费者的影响。中间商市场的经营决策的重点主要包括经营的产品结构是否合理、经营地点是否方便消费者购买以及是否具有有别于竞争对手的经营特色等。

3. 影响中间商市场购买行为的主要因素

中间商市场的购买行为同产业市场一样，也受到环境因素、组织因素、人际因素与个人因素的影响，如图 5－1 所示。此外在采购者的个人风格对购买行为也具有不可忽视的影响。

小贴士

根据采购者的个人风格的不同，可以将采购者划分为 7 种类型：

(1) 忠诚型购买者。这类购买者年复一年地从某一供应商处进行采购。这种忠诚的采购，有利于帮助卖者巩固销售渠道，获得稳定的销售收入与利益。之所以会产生忠诚购买，首先，一种原因是由于卖方利益驱动，维持原供应商，可得到实惠；其次，另一种原因则是因为卖方产品质量与服务是其他供应商无法代替的；再次，也有可能是由于卖方感情投资驱动，长期合作，感情深重，并有过在困难时期互相帮助的经历，因此不愿更换供应商；最后，一种可能是受购买者个性因素影响，他们喜欢与自己熟悉的卖主购买自己熟悉的产品。供应商应该认真分析忠诚购买行为的原因，采取切实有效的措施，维护忠诚于自己的顾客。

(2) 随机型购买者。这一类购买者由于受利益驱动，或是缺乏购买经验与购买心理不够稳定，喜欢不断变换与随机尝试选择供应商。他们对任何供应商都没有长期合作的关系与感情基础，也不认为某一供应商的产品与交易条件明显优于他人。对于这类购买者，供应商应在保证产品质量的前提下，提供理想的交易条件，同时增进交流，帮助解决业务或个人的有关困难，使之感到己方的产品与交易条件明显优于他人，成为己方的忠实购买者。

(3) 最佳交易型购买者。这类购买者选择一定时间、地点的最佳供应商提供的最佳交易条件下进行采购。他们在与某一供应商保持业务关系的同时，还会不断地收集其他供应商的信息，并不断进行分析对比，一旦发现某一供应商具有更优质的产品与更佳的交易条件，就立刻转去购买。他们一般不会成为某一供应商的长期顾客，除非某一供应商始终保持产品的竞争优势和其他供应商无法比拟的最佳交易条件。面对这类购买者，企业只有改进技术与管理，提高劳动生产率，降低个别成本与价格，保持竞争优势，并提供优质服务，才能维持这类理智型的老顾客。

(4) 创造型购买者。这类购买者会经常就他们所需产品、价格、服务及交易办法向供应商提出条件，或创造性的想法与建议。他们有思想、爱动脑、喜欢创新，常常在执行决策部门制定的采购方案时，最大限度地运用自己的权限，按照自己的想法去做。对于交易中的矛盾分歧能提出多个解决方案以使双方接受，如果实在无法调和，才更换供应商。对于这类采购者，供应商应给予充分的尊重与配合，尽最大努力采纳他们的正确意见与想法，使他们成为本公司的忠实购买者。

(5) 广告型的购买者。这类购买者追求卖方的广告支持，或卖方同意就买方为产品所作的广告支付一部分广告费用，他们将此作为重要的交易条件，这种要求符合买卖双方的利益，供应商应给予充分重视，加强广告宣传，提供广告精品，或采用协作性广告，给予必要的合理的广告开支，以满足购买者的需要。

(6) 斤斤计较型购买者。这类购买者对每次交易都斤斤计较，他们希望供应商每笔交易都能作出特别的让步，都能以最低的价格为他们提供产品与服务。他们在谈判中，反复讨价还价，一些蝇头小利都不放过。供应商与这类购买者打交道是不容易的，让步太多则无利可图，让步太少或适度让步则交易难以成功。对于这类购买者，供应商在双方交往与谈判中要有耐心与策略，以大量事实与数据说明自己已经作出了最大让步，并通过对比分析，使购买者明确他所获得的实际利益，争取达成交易。

(7) 挑剔型购买者。这类购买者每次购买的总量不大，但品种繁多，他们重视不同品种的搭配，力图实现最佳产品组合，从而挑选那些结构最好的商品。供应商与他们交易会增加许多工作量，如算账、开单、包装与送货等，面对这类购买者，供应商不能有丝毫的厌烦感，而要提供细致周到的优质服务，争取交易成功。

二、中间商市场的购买行为类型

1. 直接重购

直接重购是中间商市场中最简单的购买类型，指中间商根据过去的购买经验、订货目录和交易条件继续向原先的供应商购买产品。中间商会对以往的供应商进行评估，选择感到满意的作为直接重购的供应商，在商品库存低于规定水平时就按照常规续购。

2. 修正再购买

修正再购买是指中间商为了更好地完成销售及采购任务，改变原先所购产品的品种、价格、其他交易条件或供应商以后再行购买。中间商会与原先的供应商协商新的供货协议甚至更换供应商。

3. 新产品购买

新产品购买是指中间商在采购以前从未经营过的新产品时作出的购买决策。通常中间商在新产品采购的过程中会先考虑“买”与“不买”，然后再考虑“向谁购买”。中间商会通过对该产品的进价、售价、市场需求和市场风险等因素进行分析后作出决定。

4. 特殊产品购买

中间商为了用自创的品牌销售产品，会寻找一些生产厂家为自己制造定牌产品，然后将这些特殊产品放在店中出售，国内外许多大型零售商场和超市都有自己的品牌。

除此之外，中间商在采购的过程中还会受到卖主和交易条件的影响。例如，中间商对需要购买的商品已经确定，同时还要结合考虑供应商的情况后做出购买决定。此外，中间商在采购过程中总是会试图从供应商那里获得较为有利的交易条件，例如，更具有吸引力的价格、更优惠的供货条件以及优质的售后服务等。

三、中间商市场购买过程的参与者

中间商市场购买过程参与者的多少主要取决于中间商的规模和类型。首先，从中间商的规模来看，小型的零售店，往往由店主亲自完成商品的选择和采购工作；大型的超市或连锁零售机构，则有专门的采购部门来完成采购工作，对于一些较为重要采购则会有多部门人员参与采购过程。其次，从中间商的类型分析，不同类型的中间商，其采购方式也存在一定的差异，即便是相同类型的中间商的采购方式也存在一定的差别，但是这其中也存在着一定的共性，例如以连锁超市为例，参与购买的人员主要有：

1. 各分类商品经理

他们是连锁超级市场公司的专职采购人员，分别负责各类商品的采购任务，收集同类产品不同品牌的信息，选择适当的品种和品牌。有些分类商品经理被赋予较大的权力，可以自行决定接受或拒绝某种新产品或新品牌。有些商品经理权力较小，只是负责对商品进行审查和甄别，然后向公司的采购委员会提出接受或拒绝的建议。

2. 采购委员会

通常由公司总部的各部门经理和各分类商品经理组成，负责审查商品经理提出的建议，做出购买决策。由于各分类商品经理控制信息并提出建议，事实上起着决定性的作用。采购委员会只是起着平衡各方意见的作用，在新产品评估和购买决策方面产生重要影响，并代替各分类商品经理向供应商提出拒绝购买的理由，充当二者之间的调解人。

3. 分店经理

他们是连锁超市下属各分店的负责人，掌握着分店一级的采购权。在美国，连锁超市各个分店的货源有2/3是由分店经理自行决定购买的。即使某种产品被连锁公司总部的采购委员会接受，也不一定被各个分店所接受。

四、中间商市场的购买决策过程

如同生产者用户一样，中间商完整的购买过程也分为八个阶段，即认识需求、概略需求说明、产品规格说明、物色供应商、征求供应建议书、确定供应商、签订合约和绩效评价。直接重购和修正再购买可能会跳过某些阶段，新产品购买则会完整地经历各个阶段。

1. 提出需要

指中间商认识到自己的需要，明确所要解决的问题。认识需求可以由内在刺激或外在刺激引起：（1）内在刺激。如中间商通过销售业绩分析，认为目前经营的商品品种陈旧，不适应市场需求潮流，从而主动寻求购进新商品。（2）外在刺激。中间商的采购人员通过供应商的广告、产品展销会或卖方推销人员的介绍等途径，了解到有更加适销对路的新产品，从而产生购买需求。

2. 确定需要

指中间商根据企业的产品组合策略确定购进产品的种类、品牌、规格和数量等。中间商的产品组合策略主要有四种：

（1）独家产品编配。即所销售的不同花色、品种和规格等的同类产品都是同一品牌或由同一厂家生产。如某空调专卖店只售格力空调。

（2）深度产品编配。即所销售的不同花色、品种和规格等的同类产品是由不同品牌或不同厂家的产品搭配而成的。如某空调专卖店经营格力、海尔、美的等多种品牌的空调。

（3）广度产品编配。即经营某一行业的多系列、多品种产品。如某家用电器商店经营电视机、电冰箱、洗衣机、微波炉、DVD 等产品。

（4）混合产品编配。即跨行业经营多种互不相关的产品，如某百货公司经营家用电器、食品、服装、鞋帽和床上用品等。

3. 说明需要

指说明拟购产品的品种、性能、特征、数量和相关服务等。中间商会派专人从事这项工作，并写出详细的采购说明书，作为采购人员的采购依据。中间商为了减少风险，对产品交货时间的要求极其严格。或要求立即供货以赶上时尚潮流或“五一”、“十一”、“中秋节”等消费旺季；或把购进时间拖一拖以看清消费动向。中间商决定购买数量的主要依据是销售现状、未来的需求变动、现有的存货水平和成本/效益的比较。供应商应了解中间商的意图，以采取相应的营销策略。

4. 物色供应商

中间商的采购人员会按照采购说明书的要求，通过多种途径寻找最佳供应商。如果是新产品购买或所需品种复杂，为此花费的时间将更长。

5. 征求建议

中间商会邀请合格的供应商提交供应建议书，筛选后留下少数选择对象。

6. 确定供应商

指中间商的采购部门和决策部门对供应建议书加以分析评价，确定拟购产品的供应商。中间商的购买多属专家购买、理性购买，希望从供应商那里得到最大限度的优惠条件。选择供应商主要考虑的因素是：有强烈的合作欲望和良好的合作态度；产品质量可靠，适销对路，与本店的经营风格一致；价格合理，折扣大，允许推迟付款；减少中间商的进货成本，补偿因商品滞销、跌价而产生的损失；交货及时；给予广告支持或广告津贴；提供完善的售后服务，有专门的维修点，允许退换货，遇到顾客投诉或产品质量问题等纠纷时无条件承担责任等。

7. 签订合约

中间商根据采购说明书和有关交易条件等内容与供应商签订订单。同生产者用户一样，中间商也倾向于签订长期有效的合同，以保证货源稳定，减少库存成本。

8. 评估履约情况

指中间商对各个供应商的绩效、信誉、合作诚意等方面进行评价，以决定下一步是否继续合作。

第四节　政府市场、非赢利市场及其购买行为

一、政府市场及其购买行为

1. 政府市场的含义

政府市场是指为了执行政府职能而购买或租赁产品、项目和服务的各级政府及其下属各部门所组成的市场。

政府市场的采购资金来自于各国政府的税收、财政预算等，政府市场的潜力巨大，具有以下特点：

（1）政府市场主体的特殊性

政府市场主体，也称采购主体，是指依靠国家财政资金运转的政府机关、事业单位和社会团体、公共机构等部门，而非个人和盈利性的企业。

（2）政府采购资金来源的公共性

政府采购资金来源于政府财政拨款和需要由财政偿还的公共借款，这些资金的最终来源为纳税人的税收和政府公共服务收费，在财政支出中具体表现为采购支出，即财政支出减去转移支出的余额。这种资金来源的公共性，既不同于个人消费品采购资金来源的私有性，也不同于企业采购资金来源于企业集体的性质。

（3）政府采购的行政性、社会性与广泛性

政府采购体现政府的意志与职能。它本身是一种行政办公与国家宏观调控及维护国家安全的一种运作过程。无论在国内还是国外，其采购行为都具有较强的行政色彩。同时，政府是财富的最大拥有者和分配者，始终是各国国内市场的最大用户。政府需求量大，其采购对象从汽车、办公用品到武器等无所不包，涉及货物、工程与服务等各个领域，具有明显的广泛性与社会性。

（4）政府采购的非赢利性

政府采购的目的不是为了赢利，而是为了执行政府职能，向社会提供公共产品，维护国家安全和社会公众利益。具体的购买目的包括：加强国防与军事力量；维持政府机构的正常运转；政府参与市场调节，稳定物价

与市场；政府扶贫，调节收入分配，缩小地区差距与居民收入差距。政府对外国的商业性、政治性或人道性援助等。这些都明显具有非赢利性特点。

(5) 政府采购的公开性、竞争性与公平性

所谓公开性，是指政府采购的有关法律和程序是公开的，采购过程也完全是在公开的情况下进行的，一切采购活动都要作出公开的记录，所有的采购信息都是公开的，没有秘密可言。所谓竞争性，是指政府采购目标的经济效益性，是通过促进供应商、承包商或服务提供者之间最大程度的竞争来实现。所谓公平性，是指所有参加竞争的投标商机会均等，并受到同等待遇。它包括所有符合条件的供应商、承包商、服务提供者都有权参与投标竞争，资格预审和投标评价对所有投标人都使用同一标准，采购机构向所有投标人提供的信息都应一致，不应对国内或国外投标商歧视等，应一律平等对待。

2. 政府市场的购买目的

政府采购的目的不像工商企业那样是为了赢利，也不像消费者那样是为了满足生活需要，而是为了维护国家安全和社会公众的利益。具体的购买目的有：

(1) 经济性目的

政府市场的采购政策、目的与商业市场的原则及目的是相同的，世界各国的政府采购都将经济性作为第一目标。政府采购的经济性目的是指在质量符合要求的前提下，以有利的价格等交易条件采购货物、服务以及工程。例如，世界贸易组织的《政府采购协议》将经济性作为采购目标，通过引入竞争提升政府采购的经济性和效率性。经济性是为了确保采购资金的合理使用，这是基于政府采购资金的公共性，采购部门必须谨慎的、合理地使用公共资金。此外，在追求政府采购的经济目的的同时，还要以有效性为条件，有效性是指采购物资须具有良好的质量、功能与效率，并且要在合同规定的时间范围内完成采购任务，以满足政府各部门运行的需要。

(2) 廉洁性目的

首先，政府采购使用的是公共资金，且通常采购金额巨大，容易滋生腐败，破坏政府部门的公信力，因此将政府采购的廉洁性作为采购的目标，有助于提高公众对采购部门以及政府的信任程度，促进投标机构积极参与政府采购活动，鼓励竞争，实现政府采购的经济性和有效性，确保政府采购环节的廉洁性；其次，应该加强政府采购过程的公开性和公平性，将政

府采购置于公众监督之下；最后，要增强政府采购环节中的惩罚力度，严厉打击欺诈和行贿受贿行为。

（3）实现特定的社会经济目的

在政府采购环节，各个国家或地区的政府可以根据自身发展的需要，利用政府采购环节实现促进本国或本地区具体的社会及经济发展的目标。例如，推动国民经济发展、鼓励发展本国经济、鼓励发展地区经济、鼓励民族工业的发展，增强、促进技术转让和推广，优化本国进出口产品结构、保护环境、促进就业、调节贸易平衡等，因此，政府采购往往会给予本国或本地区的投标商一定的政策优惠，或者明确鼓励优先购买本国的产品或服务。

3. 政府市场购买过程的参与者与影响因素

（1）政府市场购买过程的参与者

通常一个国家的各级政府都设有专门的政府采购组织，主要分为两大类：

行政部门的采购组织。行政部门是指一个国家的各级政府组织。例如，我国的行政管理部门包括：国务院各部、委、局；省、直辖市、自治区所属各厅、局；市、县所属各科、局等。这些结构通常都设有专门的政府采购组织或部门，通过财政拨款的方式，采购各级政府机构运行所需的产品、服务以及工程。

军事部门的购买组织。军事部门采购的军需品包括军事装备（武器）和一般军需品（生活消费品）。各国的军队都设有国防部和后勤部（局），国防部主要负责采购军事装备，后勤部（局）主要负责采购一般军需品。例如，在我国，国防部负责重要军事装备的采购和分配，解放军总后勤部负责采购和分配一般军需品。此外，各大军区、各兵种也设立后勤部（局）负责采购军需品。

（2）影响政府市场购买行为的主要因素

影响政府市场购买的因素与影响生产者市场和中间是市场的因素一样，也包括环境因素、组织因素、人际因素和个人因素，但是也有一定的不同。

①社会公众监督的影响。为了实现政府采购的经济性和廉洁性的目标，政府采购受到社会各界的监督度，主要包括：

国家权力机关。国家权力机关包括国会、议会或者人民代表大会、政治协商会议。一个国家的重要的政府预算必须要提交国家权力机关审议通过，经费使用情况也受到监督。

资金管理及审计部门。很多国家成立专门的资金管理和审计部门，审核政府的各项支出、努力提高公共资金的使用效率。

社会中介组织。包括政府采购的招投标机构、会计师事务所、律师、审计师事务所、公证机构、计量和质检机构以及资产评估机构等组织。这些中介组织在履行各自的机构职能、开展业务的同时，通过自身公平、公正的行为对政府行为实施监督。社会中介组织在财政监督中有着不可替代的作用，是政府采购监督队伍中重要的一员。例如，招投标代理机构，可以在代理政府部门的招投标采购的过程中，通过严格执行招投标的程序实现监督政府采购的职能。

传播媒介。随着社会的发展，政府运行的开放性以及透明度日益增强，各种传播媒体都在密切关注政府经费的使用情况，对于不合理的采购、采购过程中的腐败行为予以及时的披露，可以起到有效的舆论内监督的作用。媒体的监督，可以分为日常监督与专项监督两种。

②受国内外政治形势的影响。政府采购受国内外政治形势的影响较大，特别是在民用支出和军用支出的比例上。如果国内外政治局势较为动荡，国家安全受到威胁的国家或者出于某种原因发动战争的的国家，其军备开支和军需品的需求就会增加，政府采购中用于军事项目的开支占比随之提高。相反地，在和平时期，各个国家以提高自己的综合国力为中心，政府用于经济建设和社会基础设施建设和福利建设等的民用项目开支就占较大比重。

4. 政府市场的购买决策过程

政府市场的购买决策过程，又称政府采购的基本流程，是指政府采购工作的程序，是政府实施购买的行动规范。以我国为例，政府采购的基本流程一般包括以下五步：

(1) 填报政府采购申请表

各个采购单位根据已经批准的政府采购计划，设计编制政府采购申请表，按照采购计划所确定的项目、资金预算进行填报。填报内容包括性能、规格、技术参数、用途、采购时间、采购预算以及售后服务等，使组织实施政府采购，制定采购方案的依据。

（2）制定政府采购的实施方案

为了保证政府采购的有效性，采购部门在收到采购申报表后，应该根据采购的具体情况，制定一套完整、全面的政府采购实施方案，主要内容包括：

①说明政府采购的依据。采购部门应各根据采购单位填报的采购申请表内容和现行的政府采购的法律、法规及政策相对照，提出实施采购方案的政策依据。

②提出采购要求。采购部门应该明确采购要求，包括时间、产品、效率等，采购要求要与政府采购的目的相一致。

③选择采购方式。这是政府采购的重要内容，采购方式决定着政府采购工作的效率以及政府采购的目的是否能够实现。政府采购的方式包括公开招标、两阶段招标、选择性招标、询价采购和单一来源采购等方式。

④确定采购的程序与组成人员。首先，政府采购的程序可以分为准备、实施与履行合同等三个阶段。具体的采购方式不同，采购程序也有所不同。其次，采购部门应该根据不同的采购方式确定相应的采购人员，采购组成员应该包括各级政府采购主体的代表、经济、法律、技术等方面专家。最后，采购组成员之间详细分工，明确责任。

⑤制定政府采购规则。为了防止政府采购过程中出现营私舞弊而制定包括采购组织、采购单位以及供应商共同遵守的行为规范或准则。

⑥预算采购费用。政府采购预算原则上是一年度预算为基础来制定每次采购的费用预算，通常是不能突破年度预算的采购经费的。

（3）发布采购信息

政府采购实施方案获得通过后，就应该落实发布政府采购信息，这是采购工作中重要的步骤，是指通过新闻媒体或其他途径向供应商发出广泛通告，一般包括采购公告或总公告和投标邀请函两部分。采购公告或总公告包括采购项目的名称及概况、参与政府采购的时间、项目要求、获取招标文件与资料的方式等，通常可以在当地电视台、报纸或相关网站上发布。投标邀请函，主要包括招标文件编号、采购实体的名称地址、采购项目的名称、性质、数量、交货地点与实践要求、获取招标文件的要求及办法、招标程序及评标标准；费用收取及支付方式以及提交投标文件的方式、地点和截止日期等，招标邀请函可以通过新闻媒体发布，也可以由采购组织委托社会中介机构直接寄给有资格的供应商。

（4）选择供应商

采购组织受到供应商投标文件后，经过开标、竞标、评标来选择供应商。

（5）正式订货

政府采购组织根据有关采购文件，与已选择的供应商签订购买合同。合同签署后即进入履行合同阶段，即购买阶段。合同履行的好坏是采购成败的关键，必须加强合同管理。

（6）绩效评价

政府采购组织检查合同履行情况，并征询使用者意见，检查与评价供应商的供货性，用以决定是否维持、修正或中止供货关系。

二、非赢利市场及其购买行为

非赢利市场指为了维持正常运作和履行职能而购买产品或服务的各类非赢利组织所构成的市场，包括学校、医院、疗养院和监狱等机构。

1. 非赢利市场的分类

按照不同的职能，非赢利市场可以分为三类：

（1）履行国家职能的非赢利组织。指服务于国家和社会，以实现社会整体利益为目标的有关组织，包括各级政府部门和下属各部门、保卫国家安全的军队、保障社会公共安全的警察和消防部队、管制和改造罪犯的监狱等。

（2）促进群众交流的非赢利组织。指促进某群体内成员之间的交流，沟通思想和情感，宣传普及某种知识和观念，推动某项事业的发展，维护群体利益的各种组织，包括各种职业团体、业余团体、宗教组织、业学会和行业协会等。

（3）提供社会服务的非赢利组织。指为某些公众的特定需要提供服务的非赢利组织，包括学校、医院、红十字会、卫生保健组织、新闻机构、图书馆、博物馆、文艺团体、基金会、福利和慈善机构等。

2. 非赢利市场的购买特点

作为非赢利市场，其最大的特点就是：非赢利市场所购买的商品既不用于自身消费，也不用于再生产，而是提供给非赢利市场的服务对象。例如，医院采购并提供医疗器械和药品是非为满足就医者的需求，就医者应按照医嘱接受相关医药产品及服务。又如，学生在学校学习，学校向学生提供教科书等。因此，非赢利市场在采购商品时，应以服务对象的基本需求为标准，满足服务对象的要求。

(1) 采购经费有限

由于非赢利组织的运行经费有限，而且部分非赢利组织的运营经费来源于各级政府部门的拨款或预算，因此用于采购的经费总额也受到一定的限制，不能随意突破。例如，我国实行9年义务教育，因此小学和初中阶段的教育为义务教育，学校经费主要来自于财政拨款，其他阶段的教育收费也主要由各地发改委制定，不能随意调整，因此学校的采购经费主要取决于财政拨款或所收学费。

(2) 采购价格低廉

鉴于非赢利组织的性质和经费的来源，大多数非赢利组织的经费并不宽裕，采购经费有限，所需商品往往数量巨大。因此，对商品价格有较高的要求，需要采购质量符合要求，但价格相对低廉的商品，用较少的钱办较多的事。

(3) 保证质量

非赢利组织购买商品不是为了转售，也不是使成本最小化，而是维持组织的运行和履行组织的职能。因此，所购商品的质量和性能必须保证实现这一目的。比如，学校把劣质的“黑心棉被”提供给学生，会危害学生的健康，从而严重损害学校的声誉，采购人员必须购买价格低廉且质量符合要求的棉被。

(4) 采购程序复杂

由非赢利组织的采购主要是为了维持组织运营和职能的履行，特别是履行国家职能的非赢利组织和提供社会服务的非赢利组织，它们所采购的商品主要是为了满足政府职能部门或社会公众的需要。为了保证采购的过程公开、公正、公平，非赢利组织购买过程有众多的参与者，程序也较为复杂。例如，慈善组织的采购程序就比较复杂，要经过许多部门签字盖章，受许多规章制度约束，准备大量文件，填写大量表格。

(5) 受到控制

为了保证非赢利组织的经费使用符合相关要求，使有限的资金发挥更大的效用，非赢利组织采购过程较为严格，非营利组织采购人员也受到较多的控制，只能按照规定的条件购买，缺乏自主性。

3. 非赢利市场的购买方式

(1) 公开招标选购

公开招标选购是指非赢利组织的采购部门通过传播媒体发布广告或发出信函，说明拟购商品的名称、规格、数量和有关要求，邀请供应商在规定的期限内投标。有意争取这笔业务的企业要在规定的时间内填写标书，密封后送交非赢利组织的采购部门。招标单位在规定的日期开标，选择报价最低且其他方面符合要求的供应商作为中标单位。采用这种方法，非赢利组织处于主动地位，供应商之间却会产生激烈竞争。供应商在投标时应注意以下问题：①自己产品的品种、规格是否符合招标单位的要求。非标准化产品的规格不统一，往往成为投标的障碍。②能否满足招标单位的特殊要求，许多非赢利组织在招标中经常附带提出一些特殊要求，比如提供较长时间的维修服务，承担维修费用等。③中标欲望的强弱。如果企业的市场机会很少，迫切地需要赢得这笔生意以维持经营，就要降低标价；如果还有其他更好的机会，只是来尝试一下，则可以提高标价。

(2) 议价合约选购

议价合约选购是指非赢利组织的采购部门同时和若干供应商就某一采购项目的价格和有关交易条件展开谈判，最后与符合要求的供应商签订合同，达成交易。这种方式适合用于复杂的工程项目，因为它们涉及重大的研究开发费用和风险。

(3) 日常性采购

日常性采购指非赢利组织为了维持日常办公和组织运行的需要而进行采购。这类采购金额较少，一般是即期付款，即期交货，如购买办公桌椅、纸张文具、小型办公设备等。

本章小结

组织市场是以某种组织为购买单位的购买者所构成的市场，其购买目的是为了生产、销售、维持组织运作或履行组织职能。包括生产者市场、中间商市场、政府市场和非赢利组织市场。组织市场具有购买者相对较少但购买数量大，供需双方关系密切，属专业购买、购买程序正式，参与并影响购买决策者多等特点。在组织市场中，生产者市场的购买行为有典型意义，它与消费者市场的购买行为既有相似性，又有较大的差异性，尤其表现在市场结构、购买对象、购买特点与购买决策过程等方面。中间商处于生产者和消费者之间，专门帮助商品流通，供应商应当把中间商视为顾客的采购代理人而不是自己的销售代理人，帮助他们为顾客做好服务。非赢利组织市场指为了维持正常运作和履行职能而购买产品或服务的各类非赢利组织所构成的市场，包括学校、医院、疗养院、监狱等机构。各国政府通过税收、财政预算掌握了相当部分的国民收入，形成了潜力极大的政府采购市场。

思考题

1. 试述组织市场的构成。
2. 与消费者市场相比，组织市场有哪些特点？
3. 生产者用户的购买类型包括哪几种？
4. 试述生产者用户完整的购买过程。
5. 试述影响生产者用户购买行为的因素，如何应用该理论开展有效的营销活动？
6. 中间商购买过程的参与者有哪些？
7. 中间商的购买类型不同，其购买决策过程有何差异？
8. 非赢利组织有哪些类型？
9. 非赢利组织的购买特点有哪些？
10. 试分析影响政府购买行为的主要因素。

第六章 市场营销信息系统

【学习目标】

1. 掌握市场营销信息的含义；理解市场信息的作用；了解市场营销信息的分类；

2. 掌握市场营销信息系统的含义；理解营销信息系统的构成；

3. 掌握市场营销调研的含义、特点及作用；掌握市场营销调研的内容和程序；理解市场营销调研的类型和营销调研的方法；

4. 理解市场预测的含义和内容；了解市场预测的步骤和预测方法。

【重点难点】

1. 市场信息的含义；

2. 市场营销信息系统的含义和作用；

3. 市场调研的含义、作用和程序。

职业引导案例

湖南九芝堂股份有限公司是国家重点中药企业，深交所上市公司。创建于1650年，是中国著名老字号。多年来，公司的经济效益取得了显著的增长，连续多年被评为“全国医药工业企业经济效益百强”和“湖南省工业企业经济效益百强”，综合经济实力在湖南省医药行业排名第一，并已跻身于全国中药行业十强之列。

一、系统情况

九芝堂营销管理信息系统囊括了业务管理、仓库管理、账务管理、客户管理、领导查询、费用管理、计划管理和系统管理等八大子系统，基本涵盖了营销业务领域的方方面面。实现了以事务为基础，以客户为中心，确保账账相符，账实一致的营销管理指导思想。

业务管理：以对发货单、发票、结算单、往来凭证的流水线式管理为基础，以客户、产品、仓库、业务员、销售机构和销售区域六大要素的组合报表为延伸，以应收账款管理为核心是三者的有机构成；

仓库管理：仓库管理的基本事务是各仓库的单据管理，同时通过发货、收料与业务方面紧密相联，通过入库、领料、残损与账务联成一体；

账务管理：账务管理是业务和仓库管理流程的审结者，它调入业务和仓库基本数据来产生产成品账，销售账和销售利润账，还要通过与业务方面的对账来发现和规范业务管理；

客户管理：客户管理在建立全面标准化的客户档案的基础上，保证了客户作为最重要业务资源的有效性、可管理性、可指导和制约业务的特性；

领导查询：领导查询可以调取领导最为关心的营销信息对比和排比表，实时清晰地了解业务进展情况；

费用管理：费用管理按照品牌、业务员和科目将各项费用细分，同时也与业务的实际发生情况进行了挂钩；

计划管理：计划管理则从计划和综合报表（台账等）两个角度，在综合采集业务数据的基础上自动生成；

系统管理：系统管理有两大特色，一是在于按岗定职责，二是在于可以从数据安全的角度将整套营销系统透明一致地开放给业务员、分（子）公司经理等具有不同数据访问权限的人员使用。

二、系统业务、技术特色

营销管理信息系统的特点之一在于它充分体现了8/2定律，通过周密细致的客户分析可以使业务会计将注意力集中在20%能带来80%效益的客户上，从而对业务进行指导和监督、审核。特点之二在于通过实时的库存管理，可以有效地对库存进行控制，从而减少库存损失，减少不合理的库存占用资金，盘活和提高资金的周转率。特点之三在于进销存财的一体化，数据的透明性和一致性将确保各部门对账的顺畅，减少错误和磨擦正确性，提高工作效率。特点之四在于通过数据的安全性控制可以将过于集中的营销管理职能适当的分离出去，从而减少内勤部工作压力，提高内勤部的综合战斗力。特点之五在于通过各类报表有效的发挥营销中心的指导和监督、审核职能，将一些更严格的管理规则应用到业务实践中去，通过管理产生效益。例如，通过应收账款和结算账款分析来控制对客户发货和开票工作等。

纵观国内医药行业，公司的营销模式是先进而成功的，所以基于这套营销模式的营销管理系统也承继了此特性：严格的客户管理机制，严密的安全体系结构，方便快捷的操作方式，丰富实用的统计报表，进、销、存、财一体化的流程控制。

三、应用情况实例

1. 工作效率对比：系统在发货单、发票、结算单等单据登账时速度比原系统提高 30 多倍（原系统单据登账时，每笔单据登账时间是 1 分种，而新系统是 1 秒多钟），系统在查询、数据分析时的速度远比原系统高，配合多达 400 多个实用报表的使用，因此营销中心在每月结算时所用的时间比原来减少了一倍多（数据量比原先多三之一情况下）。

2. 安全、稳定对比分析：系统由于在系统设计、数据库方面的先天优势，绝对不会在进行单据处理、登账时丢失数据，而原系统则不能保证数据的稳定性，经常发生莫名其妙丢失数据的情况。从一年多的应用情况来看，新系统没有发生一例此情况（从理论上来说，也不可能）。同时，系统安全特性（按岗定职责、数据权限可分配性）使整个系统在安全方面有了很大的提高。

3. 数据对账分析：业务系统中增加了关账功能，账务系统中增加了客户对账、产品对账功能，它能使业务、财务、仓库迅速、准确对账，将财务部对账的时间减少一半。

4. 业务监督、审核对比分析：系统中有客户管理和对客户的应收账款、结算的分析处理功能，在系统中能通过对客户、业务员应收账款指标的设定，能使业务管理部门大大提高对业务员、客户的业务监督、审核的职能，如：营销部门在使用此系统后，使原先 3671 个客户集中到 865 个客户进行管理，充分的体现了经营的“28”原则，减少了此方面所带来的呆账、烂账等问题。

5. 实时的仓库管理：在仓库管理中，系统采用了电话拨号的方式，当仓库每进出一批货物时，都及时通过电话拨号与总部进行通信，数据交流、处理业务，使仓库库存能及时、真实的反映，使营销管理人员能有效对库存进行控制。

为了在瞬息万变的市场上求生存、求发展，寻找新的市场机会，避开风险，企业必须具有较强的应变能力，能够及时做出正确的决策。然而，正确的决策来自全面、可靠的市场营销信息。企业必须重视对市场营销信息的搜集、处理及分析，为企业决策提供依据。

第一节　市场营销信息

一、市场营销信息的含义

市场营销信息是一种特定信息，是企业所处的宏观环境和微观环境的各种要素的特征及发展变化的客观反映，是反映市场各种要素的实际状况、特性、相关关系的资料、数据和情报等的统称。

市场信息是商品经济的产物，商品经济发展越快，市场信息就越重要。在市场上，凡是与企业营销活动相关的都是企业需要收集的市场信息，具体包括商品供求信息、商品价格信息、市场竞争状况、市场发展趋势、行业技术水平及发展趋势、新产品开发信息、消费者需求及其变化趋势以及政治经济文化等方面的信息。市场营销信息具有以下的特征：时效性、分散性、大量性、可压缩性、可存贮性和系统性。其中最为突出的特征是时效性，一条市场营销信息可以价值千金，错过了时机则是一文不值。

小贴士

日本人收集和传递信息的速度之快，的确令人赞叹不已，例如：5—60 秒，可获得世界各地金融市场行情；1—3 分钟，可查询日本与世界各地进出口贸易的商品品种、规格等资料；3—5 分钟，可查询、调用国内 1 万个重点公司企业当年或调用政府制定的各种法律、法规记录；5 分钟，即可利用数量经济模型和计算机模型，画出国际、国内经济因素变化可能给宏观经济带来影响的变动图和曲线，并随时可获得当天全国各地汽车销售、生鲜食品、房地产、股票交易等的市场动态信息。

1993 年 3 月，扎伊尔发生了军事叛乱，日本三菱公司的商务人员迅速通知总部：叛军正在向赞比亚铜矿方向移动，据此，估计国际市场的铜价会受到影响，三菱公司马上在伦敦金属交易所以每吨 860 英镑的价格收购铜。不久，铜价猛涨，三菱公司转眼之间赚了一大笔。

二、市场营销信息的特征

一方面，市场营销工作人员在工作中会接触到大量的市场信息，营销工作人员的一个重要工作内容就是把市场信息转化为企业资源，能够为企业营销决策提供有效的依据；另一方面，作为营销工作人员还必须了解市场信息本身的特征，才能更好的把握市场信息的规律，做好市场信息的管理工作。市场营销信息的主要特征包括：

1. 系统性

市场营销信息不是零星的、个别的信息集合，而是若干具有特定内容的同质信息在一定时间和空间范围内形成的系统集合。企业必须持续地、广泛地、大量地收集、整理相关市场信息，分析信息之间的内在联系，才能够为市场营销活动和企业经营决策提供真正能够反映营销动态的信息。

2. 有效性

获取市场营销信息的直接目的和首要目的是为了满足市场营销活动的需要，而企业从市场营销环境中获取的信息往往是大量的、杂乱无章的，并不是所有的市场营销信息都可以帮助企业决策，只有有效的市场营销信息才能够帮助企业在从事营销活动时制订有效决策、实施方案和实施措施，从而实现企业的营销目标。

3. 社会性

市场营销信息是在产品交换的过程中人与人之间传递的各类社会化的信息，反应的是人类社会的市场经济活动，是信息传递的双方能够共享的数据、文字、符号的集合。在市场经济条件下，市场营销活动的参与者既是信息的发布者，同时又是营销信息的接受者，同时市场营销信息已经渗透到了经济生活的各个方面。

三、市场营销信息的作用

市场营销信息是营销活动的起点。市场营销活动就是在充分了解消费者及竞争环境的基础上，在产品的开发、价格、销售以及推广等方面开展有效的活动，满足消费者需求，而企业开展一系列营销活动的基础就是市场营销信息。在市场经济条件，一个企业的正常营销活动如图 6－1 所示。

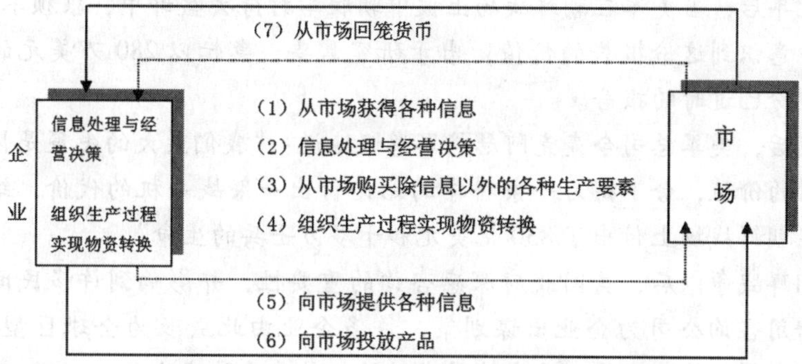

图6-1　在市场经济条件下企业的经营活动过程

从图中可以看到，在市场经济条件下，一个企业的全部营销活动，可以概括为这样七个环节：第一，从市场获得各种信息，为企业的经营决策提供科学依据；第二，分析市场营销信息，做出各种营销决策（包括战略决策和各种营销策略）；第三，从市场购买除信息以外的各种生产要素（包括设备、原材料和劳动力等）；第四，组织生产过程，实现物资转换；第五，向市场提供各种信息（包括各种销售促销活动）；第六，向市场投放产品（即选择各种销售渠道），把产品运送到最终客户手中；第七，从市场回笼货币，为下一个生产过程提供资金。如此周而复始。这个过程可以概括为实物运动（实物流）和信息运动（信息流）的统一，并且是从信息流开始，由信息流引导实物流。

当企业营销活动从一个地区的营销发展到全国的营销乃至国际的营销，从满足顾客的需要发展到满足顾客的欲望，企业之间从价格竞争发展到非价格竞争，市场营销信息就显得尤为重要。

小贴士

舍不得500万元，损失830亿元

1950年美国政府正在考虑是否出兵朝鲜之际，美国知名的民间战略咨询机构兰德公司调集内部和外部的各类专家，通过对美、朝、中三方的历史、文化、民族特性、实力对比等方面的研究分析，得出一份长达600页的调研报告，核心结论是："如果美国出兵朝鲜，中国一定会参战，战争的结局将以美国的全面失败而告终"。并向美国政府开价500万美元出售。美国政府未予理会。

几年后，当美军在朝鲜战场上被中朝联军打得丢盔卸甲，狼狈不堪时，政府才意识到这份报告的价值，出于研究需要，急忙以280万美元的价格买下这份已过时的报告。

战后，美军总司令麦克阿瑟将军感慨地说："我们最大的失策是怀疑咨询公司的价值，舍不得为一条科学的结论付出一架战斗机的代价，结果是我们在朝鲜战场上付出了830亿美元和十多万士兵的生命"。

朝鲜战争以后，美国政府深感咨询的重要性，并影响到许多民间公司争相聘用咨询公司为企业出谋划策，许多企业由此成长为全球巨型企业。咨询业也得以快速发展，已成为最成功的、最重要的产业之一。

四、市场营销信息的分类

1. 内部信息

内部信息是指通过企业内部管理的各项经济指标反映市场情况的信息，包括：

(1) 生产成果信息，包括产量、销量、产品质量、品种等。产量指标是反应生产劳动成果的数量性标志；质量指标是反应产品本身物理、化学性能及生产过程工作质量的标志；品种指标是反应企业是否能够满足社会需要、需求的扩大以及新品种所取得的效果的指标。

(2) 物质资源利用信息，是指原材料、燃料、动力等资源在生产过程中消耗情况的信息。包括材料储备、材料消耗、材料利用率等指标。

(3) 劳动资源信息，是指企业利用劳动资源情况的信息。劳动力是物质财富的创造者，是生产力水平的决定因素，企业必须合理使用人力，以尽可能少的劳动消耗生产尽可能多的、好的产品。劳动资源信息包括职工人数、工资总额、工时利用、劳动生产率等指标。

(4) 设备信息，是指反映设备利用、设备发挥效能等情况的信息。通过设备信息可以了解设备的产出率的情况，以便实现减少折旧费、降低产品成本、为企业增加利润的目的。

(5) 财务信息，包括资金、成本以及利润三个指标。财务状况的好坏，直接影响企业的经济效益，是企业营销互动必不可少的重要参考数据。

内部信息的内容十分广泛，通过分析内部信息可以帮助企业明确自身的优势和存在的问题，预期与成果之间的关系，因此企业应该特别重视企业内部各种资料、数据的积累与管理，为企业营销决策提供依据。

2. 外部信息

外部信息是指来自于企业外部的能够反映客观环境变化的各种与营销有关的信息，包括：

（1）政府方针、政策、法律、法规等相关文件。政策的变化往往会对企业的市场营销活动产生至关重要的影响，必须引起企业的重视。同时，各级政府和主管部门所颁发的经济统计资料和调查报告，对于企业把握过去与当前情况以及发展趋势，也有着重要的意义。

（2）市场竞争情况。市场经济的不断发展，企业之间的竞争也会日益激烈，“知己知彼，百战百胜”将成为企业开展市场营销活动重要指导思想。企业要加速自身的发展，并在市场竞争中立于不败之地，就必须将获取市场营销信息作为首要的工作，要尽可能全面的了解竞争对手的经营规模（包括设备先进程度、生产规模、劳动效率等）、产品特点（包括外观、内质以及相应的价格水平等）、应变能力（包括生产多档产品、适应市场需求等）、技术设备（包括技术队伍、新产品开发、试验室建设等）等方面的信息。只有掌握了竞争对手的情况，企业才能明确自身在营销活动中的相对地位和自身存在的利弊。

（3）市场需求状况。市场营销活动的根本目的就是为了满足社会不断增长的物质与文化生活的需要。因此，市场需求状况信息是企业必须要掌握的重要信息，包括消费者需要什么，消费者在何时需要以及消费者愿意按何种条件接受营销企业的产品或服务等。

（4）科技发展水平。科学技术的不断发展，给人们的生活带来了巨大的改变，使得一些落后的产品及行业逐渐被淘汰，也使得大量新兴产品和新兴行业的不断产生。因此，企业必须及时掌握有关的科技信息，例如，同行之间对同类产品更新换代的过程（包括全新产品、重大改进等），以及国内外科技的最新成就包括产品合理结构、质量及功能提高、新材料、新工艺、新技术的应用等）。要不断改进现有产品和开发新产品，才能跟上科技发展的步伐。

（5）关系企业的情况。企业的生存发展离不开与之有关的关系企业的生存发展状况。企业要及时了解关系企业生产经营动态、新能源的利用、新材料及其待用材料的利用等信息，为企业开展市场营销活动提供重要的依据。

此外，市场营销外部信息还包括自然资源条件与利用、气候变化与水旱灾情、国际形势的重大变化等。外部信息的内容繁多，企业应该有持续地、有针对性地获取企业外部的营销信息。获取外部信息的途径包括报刊杂志、文纸报表、兄弟协作单位、专业机构以及企业内的业务人员等。

市场营销信息是企业的一项重要资源，与人、财、物等企业资源一样，可以转化为财富。离开了市场营销信息，企业就会失去许多重要的市场机会，或者无法做出各种正确的营销决策，从而使企业的生产和营销产生盲目性，乃至给企业和国家造成极大的损失。

小贴士

福特汽车公司开办了一个市场调研所，对自己的车型设计进行检测。该所邀请客户在预定的路线上驾驶新汽车的原型，同时，派一位经过训练的调查人员坐在驾驶人员的旁边，记录驾驶人员对汽车的全部反应。驾驶结束以后，给每一位参与者一份长达六页的调查问卷，询问参与者对汽车每一部分优缺点的评价。通过参与者提供的信息，福特汽车公司了解了消费者对新车型的反应，然后作适当的改进，使之更受目标消费者的欢迎。例如，改进1996Probe的车尾灯以增强安全性的方案就是通过市场调研所获得的。

第二节　市场营销信息系统

一、市场营销信息系统的含义

市场营销信息系统是一个由人员、机器设备和计算机程序所组成的相互作用的复合系统，它连续有序地收集、挑选、分析、评估和分配恰当的、及时的和准确的市场营销信息，为企业营销管理人员制定、改进、执行和控制营销计划提供依据。

二、市场营销信息系统的构成

市场营销信息系统包括四个主要的子系统：内部报告系统、营销情报系统、营销调研系统以及营销分析系统，如图6－2所示。各种市场营销信息通过营销环境进入市场营销信息系统，系统就会把信息进行分析、处理，传递给营销工作者或管理人员，营销工作者或管理人员就会根据这些资料制定各种计划、方案，这些计划、方案又会形成市场营销信心通过沟通回到营销环境中。

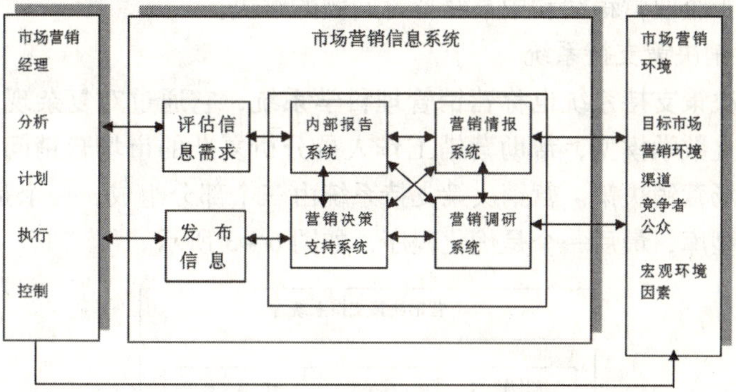

图6－2　市场营销信息系统

1. 内部报告系统

内部报告系统亦称内部会计系统或订货处理系统。它是企业营销工作人员经常要使用的最基本的信息系统。内部报告系统的主要功能是向营销工作人员及时提供有关订货数量、销售额、产品成本、存货水平、现金余额、应收账款、应付账款等各种反映企业经营状况的信息。通过对这些信息的分析，营销工作人员能够从中发现市场机会、找出存在的问题，同时可以比较现状与预期目标之间的差异。其中订货—发货—开出收款账单这一循环是内部报告系统的核心，销售报告是营销工作人员最迫切需要的信息。

2. 营销情报系统

营销情报系统是指市场营销工作人员用以获得日常的有关企业外部营销环境发展情况、趋势等有关信息的程序。它的任务是利用各种方法收集、获取和提供企业营销环境最新发展的信息。营销情报系统与内部报告系统的主要区别在于后者为营销工作人员提供事件发生以后的结果数据，而前者为营销工作人员提供正在发生和变化中的数据。营销情报的质量和数量决定着企业营销决策的灵活性和科学性，进而影响着企业的竞争力。

3. 营销调研系统

市场营销调研系统的任务就是系统地、客观地识别、收集、分析和传递有关市场营销活动等各方面的信息，提出与企业所面临的特定的营销问题的研究报告，以帮助营销管理者制定有效的营销决策。营销调研系统不同于内部报告系统和营销信息系统，内部报告系统和营销信息系统的功能都是收集、传递和报告有关日常的和经常性的情报信息，而营销调研系统主要侧重于企业营销活动中某些特定问题的解决。

4. 营销决策支持系统

营销决策支持系统也称营销管理科学系统，它通过对复杂现象的统计分析、建立数学模型，帮助营销工作人员分析复杂的市场营销问题，作出最佳的市场营销决策。营销决策支持系统由三个部分组成，一个是统计库，一个是模型库，最后一个是优化程序，如图 6－3 所示。

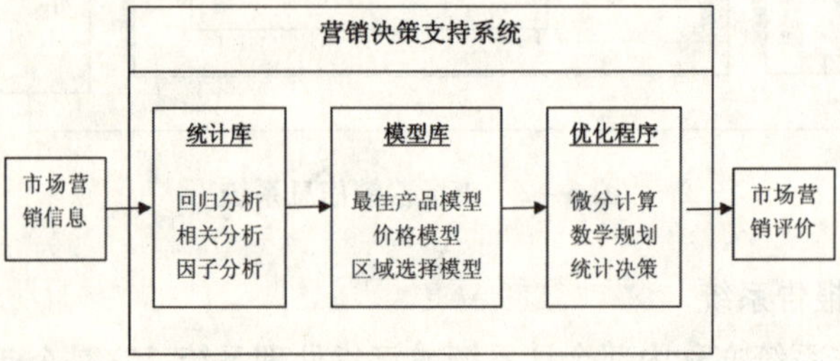

图 6－3　市场营销决策支持系统

其中统计库的功能是采用各种统计分析技术从大量数据中提取有意义的信息。模型库包含了由管理科学家建立的解决各种营销决策问题的数学模型，如新产品销售预测模型、广告预算模型、厂址选择模型、竞争策略模型、产品定价模型以及最佳营销组合模型等。

三、现代市场营销信息系统

现代市场营销信息系统是指以电脑为中心的营销信息系统，主要包括两个部分：信息管理子系统和数据库文件，如图 6－4 所示。

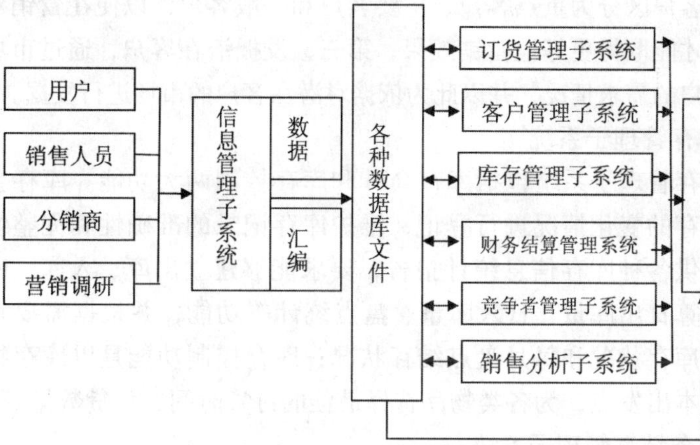

图 6－4　现代市场营销信息系统

1. 信息管理子系统

信息管理子系统是现代市场营销信息系统的数据采集和管理中心，它对各种数据资料（主要包括来自于用户、销售人员、分销商和市场调研的资料）进行编辑、修改、分类等处理。企业在营销活动中所需要的全部原始数据都可在此子系统输入，并可根据要求随时查询调用，需要时以报表形式在打印机上输出。

2. 数据库文件

数据库文件是将信息资料按照不同的侧重点对信息管理子系统中的各项资料进行汇编，将信息分类储存，主要包括：订货管理、销售分析、库存管理、财务结算管理、客户管理、竞争对手管理六个组成部分。

（1）订货管理子系统

订货管理子系统主要针对企业订货方面的问题进行管理。首先，当客户产生订货需求时，企业可以根据自身的生产、库存情况以及客户的订货要求，决定是否接受订货；其次，将订货量汇总并交由生产部门安排生产；最后，对客户的订货情况进行统计和录入，形成数据库文件，以方便控制执行。

（2）客户管理子系统

客户管理子系统的工作内容主要包括：第一，建立客户档案，形成用户文件；第二，分析客户情况，主要分析客户的购买能力和可靠程度，并以此作为依据将客户区分为重点客户、主要客户和一般客户，以便在营销对策上有所区别，才能取得更好地营销效果；第三，发掘潜在客户，通过市场调研发现潜在客户的需求情况，并以此为依据对潜在客户的市场进行发掘。

（3）库存管理子系统

企业库存管理子系统包括库存会计和库存控制两大功能。库存会计功能就是对库存的变化情况进行登记，维护库存记录的准确性和完整性，向管理人员提供各种库存信息统计报告，要求能够建立出库、入库、库存账目，具有计算日出库量、日入库量、盘点统计等功能，并根据需要查询各种产品现有库存状况和每月盘点结存状况；库存控制功能是以库存物品不缺不压为基本出发点，为各类物品选择最佳的订货时间、订货数量等。

（4）财务结算管理子系统

财务结算管理子系统是企业财务管理系统的一部分，主要处理与销售和市场有关的财务账目，例如，对订货合同即开票数量进行结算、对企业的销售逐个进行核算等。

（5）竞争者管理子系统

竞争者管理子系统是企业为竞争对手建立的档案，企业要完成对竞争对手的有关信息进行收集、编辑、整理和查询工作，随时能够对竞争状况进行分析，及时向相关管理人员提供竞争者规模、技术、生产能力、销售等方面的情况，为管理人员制订相应的竞争策略提供依据。此外，竞争者管理子系统还要对竞争对手进行评价，准确识别主要竞争对手和一般竞争对手，才能制订出更有针对性的竞争策略。

（6）销售分析子系统

这个系统是对其他已经形成的数据库文件中的数据进行有效的分析，以便管理者能够更直观地了解到本企业的基本情况，也可根据有关模型进行市场预测工作。销售分析子系统既可以进行市场需求分析，比较各地区对产品的需求情况；还可对市场需求量、产品销售量等指标的未来发展趋势进行预测。

第三节 市场营销调研

市场营销调研（Marketing Research），就是运用科学的方法，有目的、有计划、系统地收集、整理和分析研究有关市场营销方面的信息，并提出调研报告，以便帮助管理者了解营销环境，发现问题及机会，作为市场预测和营销决策的依据。

一、市场营销调研的作用和特点

1. 市场营销调研的作用

（1）有利于制定科学的营销规划。通过市场营销调研，系统地分析市场、了解市场，才能根据市场需求及其变化、市场规模和竞争格局、消费者意见与购买行为、营销环境的基本特征，科学地制定和调整企业营销规划。

（2）有利于优化市场营销组合。企业可以根据营销调研的结果，分析研究产品的生命周期，开发新产品，制定产品生命周期各阶段的营销策略组合。产品方面，企业可以根据消费者对现有产品的接受程度、对产品及包装的偏好，改进现有产品，开发新用途，研究新产品创意、开发和设计；价格方面，企业可以测量消费者对产品价格变动的反应，分析竞争者的价格策略，确定合适的定价；分销渠道方面，企业可以通过减少不必要的中间环节，节约储运费用，降低销售成本，提高竞争力；促销方面，企业可以综合运用各种营销手段，加强促销活动、广告宣传和售后服务，增进产品知名度和顾客满意度。

（3）有利于开拓新的市场。通过市场营销调研，企业可发现消费者尚未满足的需求，测量市场上现有产品及营销策略满足消费需求的程度，从而不断开拓新的市场。此外，营销环境的变化，往往会影响和改变消费者的购买动机和购买行为，给企业带来新的机会和挑战，企业可据以确定和调整发展方向。

小贴士

宝洁公司的市场调查

宝洁公司早在1925年便成立了市场调查部门，投入大量的时间与金钱，取得有关消费者需求的资料。

1. 组织成员。1934年宝洁的市场调查部门已有34名市场调查员；而市场调查的基础，就在于实地的现场问卷调查。市场调查部经理史梅塞在

20年代末期即开始储备市场调查员，除了是清一色具有大专学历的年轻女性外，尚需至辛辛那提受训4个月后，再分派工作；随后，她们以小组为单位，搭乘火车或汽车展开挨家挨户的市场调查实务工作（男性则多需两年实习时间。）

唐玲是优秀的领导人才。史梅塞遂指派她招训员工。尔后担任经理职务的薛普德强调："我们招训大专毕业女性，因为她们深思熟虑，足堪大任，且能单独旅行。当然机智也是考虑条件之一。"

在史梅赛及唐玲研究出的市场调查技巧中，要求市场调查员熟记所有的指示、问题和答案。眼前没有任何笔记本、笔或问卷，因为这些东西都有碍自然的对话及公开坦诚的态度。访谈结束后，市调员便立即躲进汽车，记下顾客的反应，如此便完成一次访问。

60年代中期，由于挨家挨户拜访的成本越来越高，而宝洁也装置了一套长途电话系统，市调部门便开始减少市调员，并训练年轻女性以电话访问，以降低成本。

2. 遍及全球的市场调查部门。在史梅赛的领导下，柯普开始到国外分公司招募人员成立市场调查部。这是一件艰巨的工作。经历11年，到1961年，柯普才完成了在26个国家招聘调查人员的工作。在柯普众多的故事中，最让人津津乐道的，便是他如何于50年代在委内瑞拉首都加拉加斯，指挥一个挨家挨户的收音机听众调查。这个构想是以最快的速度，沿街观察每一户人家所收听的电台。宝洁如何只用15分钟的时间有效观察这么多户人家呢？据了解，它雇用了一些斗牛士，这些人有足够的速度与体力，能在预定的时间内绕完整个街道。有趣的是，这种方法居然奏效了。经由这种方式，宝洁的市场调查部能够比电台本身还了解听众群的规模，并以此研究结果向电台讨价还价，以购得最佳的广告时段。而这种广告媒体及听众方面着手的工作方针，使宝洁市调部在计划媒体策略时，扮演了举足轻重的角色。

3. 有效整理庞大资料的组织。宝洁市调部门组织的严谨，表现它能有效地整合各种资料来源，供决策层参考。

消费者研究小组是依各事业部门而分工的，包括纸类制品、食品、个人卫生保健用品、饮料等，小组成员的大部分工作，在于协助品牌经理执行消费者习性研究调查。

大部分使用单一来源市场测试工具（例如：行为扫描）的公司，都只从供应商那里取得总结报告。但宝洁却把整个原始资料库拿回来分析，供此教育员工。

2. 市场营销调研的特点

（1）目的性

市场营销调研是针对市场开展的一系列信息搜集、整理和分析的工作，它具有明确的目的性。目的性既是市场营销调研活动开展的前提，也是衡量市场营销调研活动是否达到预期目标的有效依据。

（2）系统性

市场营销调研具有规范的操作程序，是一项系统工程。调研人员应全面系统收集有关市场信息的活动，要求做到对影响市场运行的各种经济、社会、政治、文化等因素进行理论与实践分析相结合、分门别类研究与综合分析相结合、定性分析与定量分析相结合、现状分析与趋势分析相结合的系统性综合研究。

（3）真实性

市场营销调研的真实性，具体体现在两个方面：首先，调查资料数据必须真实地来源于客观实际，而非主观臆造。任何有意提供虚假信息的行为，从性质上说不属于市场调研行为。其次，调查结果应该具有时效性，即调研所得结论能够反映市场运行的现实状况。市场营销调研的时效性应表现为及时了解和掌握市场上任何有用的信息资料，及时分析，及时反馈，为有关部门和企业的活动提供决策建议或依据。否则，不仅会增加费用开支，而且会使有关部门和企业的决策滞后，导致决策失败。

二、市场营销调研的类型及内容

1. 市场营销调研类型

根据调研的性质和目的的不同可以将市场营销调研分为探测性调研、描述性调研、因果性调研和预测性调研四种：

（1）探测性调研

探测性调研是指企业由于对所发生的问题缺少认识和了解，为了弄清问题的性质、范围、原因而进行的初始调研，其目的是为了发现问题，为调研工作指明方向。这类调研往往是通过查阅和依据现有的历史资料和类似案例，或是通过向熟悉调查对象的有关业务人员、专家进行请教，或是召开有关消费者代表的座谈会的形式进行。

（2）描述性调研

描述性调研是指在市场调研中如实反映、收集和记录有关市场资料的一种调研方式，是市场研究的重要部分。开展描述性调研是为了了解和掌握市场的诸多因素之间的关系，从中找出“关联因素”。描述性研究的主要任务是说明市场状况“是什么”。描述性研究所取得的市场信息资料十分重要，是进行市场预测与市场分析的依据。

（3）因果性调研

因果性调研是在描述性调研的基础上进一步分析问题产生的原因，并收集有关的数据资料，运用统计分析、逻辑推理等方法，揭示问题产生的原因的调研，即回答了“为什么”。

（4）预测性市场调研

预测性调研是企业通过收集、分析研究过去和现在的各种市场信息，运用科学的方法和手段预测未来一段时间内市场变化趋势的调研活动。预测性调研往往是在因果性调研的基础上进行的，目的在于把握市场机会，制订有效的营销计划。

小贴士

吉列公司的“荒唐”举动

1974 年，以生产安全剃须刀而著称于世的美国吉列公司做出了一个“荒唐”的举动——推出面向女性的雏菊牌专用“刮毛刀”，结果一炮打响，畅销全美国。销售额已达 20 亿美元的吉列公司又发了一笔横财。是偶然？是巧合？还是瞎猫碰上了死耗子？都不是。吉列公司雏菊牌刮毛刀的成功完全是建立在精心周密的市场调查研究基础之上的。

原来，1973 年，吉列公司在市场调查中发现，美国 8360 万 30 岁以上的妇女中，大约有 6490 万人为了保持自身美好的形象。要定期刮除腿毛和腋毛，这与她们的着装趋向于较多的“暴露”有很大关系。除此以外，调查者还得到下这样的统计资料，即在这些妇女中，除了大约 4000 多万人使用电动剃须刀和脱毛剂外，有 2000 多万人主要是通过购买各种男用剃须刀来美化自身形象的，一年的费用高达 7500 万美元。这是一笔很大的开销，丝毫不亚于她们在其他化妆品上的支出。比如，美国妇女每年花在眉笔和眼影剂上的钱仅有6300万美元，染发剂5900万美元，染眉剂5500万美元，与剃须刀的费用相比都少得多。无疑，这是一个极富诱惑力的潜在市场，谁能抢先发现它，开发它，谁将大发其财。

根据上述调查，吉列公司极快地设计出女性专用的“雏菊牌”刮毛刀，在产品设计和广告宣传上非常注重女性特点。例如，刀架不采用男用剃须刀通常使用的黑色和白色，而是选用色彩绚丽的彩色塑料以增添美感。把柄上还压印了一朵雏菊图案，更是平添了几分情趣，把柄上由直线型改为弧型，以便于女性使用。广告宣传上则是着力强调安全，不伤金臂玉腿。这也是在调查中广泛征求了女性意见后而做出的决策。总之，吉列公司决定生产女性刮毛刀绝非心血来潮、异想天开，而是基于周密的市场调查研究后作出的积极而又慎重的结论。产品色泽式样、促销策略及广告宣传的重心也并非凭主观想象，同样来源于实地调查研究，切实把握住了消费者的需求倾向。

2. 市场营销调研的内容

（1）宏观市场营销调研

宏观市场营销调研是从整个经济社会的角度，对于社会总需求与供给的现状及其平衡关系的调研。具体调研内容包括：

①社会购买力调研。社会购买力是指在一定时期内，市场上用于购买商品或服务的货币支付能力。社会购买力包括三个部分：即居民购买力、社会集团购买力和生产资料购买力。其中，居民购买力尤其是居民用于购买生活消费品的货币支付能力（即居民消费购买力）是调查的重点。居民购买力的计算公式如下：

居民购买力＝居民货币收入总额－居民非商品性支出±居民储蓄存款增减额±居民手存现金增减额

②社会购买力投向调研。主要是对社会商品零售额情况的调查，并分析其构成。这类调查还可以采用统计调查的方式，从买方角度分析购买力投向的变动。影响购买力投向变化的因素主要包括：消费品购买力水平及变动速度、消费构成变化、商品价格变动、消费心理变化和社会集团购买力控制程度变动等。

小贴士

美国雪佛龙公司的专家剖析调查

美国学佛龙公司为了使产品开发更贴近消费者，20世纪80年代前期，曾投入大量资金，聘请美国利亚桑那大学人类学系的威廉·雷兹教授对垃圾进行研究。威廉·雷兹教授在雪佛龙公司的资助下，对亚里桑那州土珊市的垃圾进行了较长时间的分析研究。教授和他的助手在每次垃圾收集日的垃圾堆中，挑选数袋，然后把垃圾的内容依照其产品的名称、重量、数量、包装形式等进行分类。如此反复进行了将近一年的研究分析。雷兹教授说："垃圾袋决不会说谎和弄虚作假，什么样的人就丢什么样的垃圾。查看人们所丢弃的垃圾，是一种更有效的行销研究方法。"他通过对土珊市垃圾的研究，获得了有关当地食品消费情况的信息，作出了如下结论：(1) 劳动者阶层所喝的啤酒比高收入阶层多，并分析出所喝啤酒中各牌子的比率；(2) 中等阶层人士比其他阶层人士消费的食物更多，因为双职工都要上班而太匆忙了，以致没有时间处理剩余的食物，依照垃圾的分类数量计算，所消费的食物中，有15%是还可以吃的好食品；(3) 通过垃圾内容的分析，了解到人们消耗各种食物的情况，得知减肥清凉饮料与压榨的桔子汁属高层人士的良好消费品。公司根据雷兹教授提供的第一手资料进行决策，组织投入生产和推销，果然获得成功。

③消费者人口状况调查。调查的主要内容包括：人口总量、人口地理分布状况、家庭总数和家庭平均人数、民族构成、年龄构成、性别构成、职业构成和教育程度等。以上三项可以看作是对构成市场要素之一的消费系统总体状况及变动因素的调查。

④商品供给情况调研。调查内容包括：国内工农业生产部门的总供给量、进口商品量、国家储备拨付量、物资回收量和期初结余量等。

⑤企业商品供应能力情况调研。商品供应能力调研是指对工商企业的商品生产能力和商品流转能力的调查，主要内容包括：企业现有商品生产能力和结构、企业经营设施、设备的状况、科技成果转化速度、企业资金总量、企业盈利和效益情况、企业技术水平和职工素质、交通运输能力、生产力布局等。

(2) 微观（企业）市场营销调研

微观市场营销调研则是从微观经济主体（企业）的角度出发对市场要

素进行调查分析，它是现代市场调研的主体内容。通过微观市场营销调研，可以帮助企业了解：现有顾客由哪些人或组织构成？潜在顾客由哪些人或组织构成？这些顾客需要购买哪些产品或服务？为什么购买？何时何地以及如何购买？因此，市场营销调研的内容十分广泛，涉及市场营销活动的各个方面，主要包括：

①市场需求调研。主要内容包括：对现实消费者需求情况的调研：需求什么、需求多少和需求时间等；消费者对企业产品满意度调研；消费者对企业产品信赖程度的调研；影响消费者需求的各种因素变化情况的调研；对消费者购买动机和购买行为的调研对潜在消费者需求情况的调研。

②产品调研。企业要想生存和发展，就必须生产出满足消费者需求的产品，因此产品是企业生存的物质基础，如何做到满足消费者需求，使产品调研的主要依据。产品调研主要包括：

产品设计调研：功能设计、使用用途设计、使用方便性和操作安全的考虑、产品的品牌和商标的设计、产品外观设计以及产品包装设计；

产品系列设计和产品组合设计；

产品生命周期调研；

产品改进（改良）调研；

新产品开发调研；

售后服务调研。

③价格的调研。价格的制定直接影响着企业产品或服务的销售情况，同时也对企业的获利情况有着重要的影响。因此，开展价格调研对于企业制定的正确的价格策略有着重要的作用。价格调研主要包括：

市场供求状况及其变化趋势的调研；

影响价格变化的各种因素的调研；

产品需求价格弹性调研；

替代品价格调研；

新产品定价策略调研；

目标市场对价格水平的反应情况的调研；

④促销调研。促销调研的主要内容主要包括针对各种促销策略的调研，其中以广告调研和人员推销调研为主。主要内容包括：

广告的调研：广告媒体、广告效果、广告时间、广告预算等的调研；

人员推销的调研：销售力量大小、销售人员素质、销售人员分派是否合理、销售人员报酬、有效的人员促销策略的调研；

营业推广调研；

公共关系与企业形象调研。

⑤分销渠道调研。分销渠道是生产者和消费者之间的连接纽带和桥梁，在产品储运、提高销售效率、缩短交货周期和降低销售成本等方面都有着重要的作用，因此分销渠道调研也是市场营销调研的一项重要内容。其主要内容包括：

中间商调研：包括批发商、零售商、代理商和经销商；

仓库选址调研；

运输方式调研；

低成本交货方式调研。

⑥竞争调研。认真研究市场竞争动向，对于企业制订有针对性的营销战略有着至关重要的意义。竞争调研主要包括：

竞争对手的数量（包括国内外）及其分布、市场营销能力调研；

竞争产品的特性、市场占有率、覆盖率的调研；

竞争对手的优势与劣势、长处与短处调研；

竞争对手的市场营销组合策略调研；

竞争对手的实力、市场营销战略及其实际效果的调研；

竞争发展趋势调研。

三、市场营销调研的程序

根据市场调研活动中各项工作的自然顺序和逻辑关系，市场营销调研工作的程序主要分为四个步骤，如图 6－5 所示。

图 6－5　市场营销调研程序

小贴士

调研工作流程图

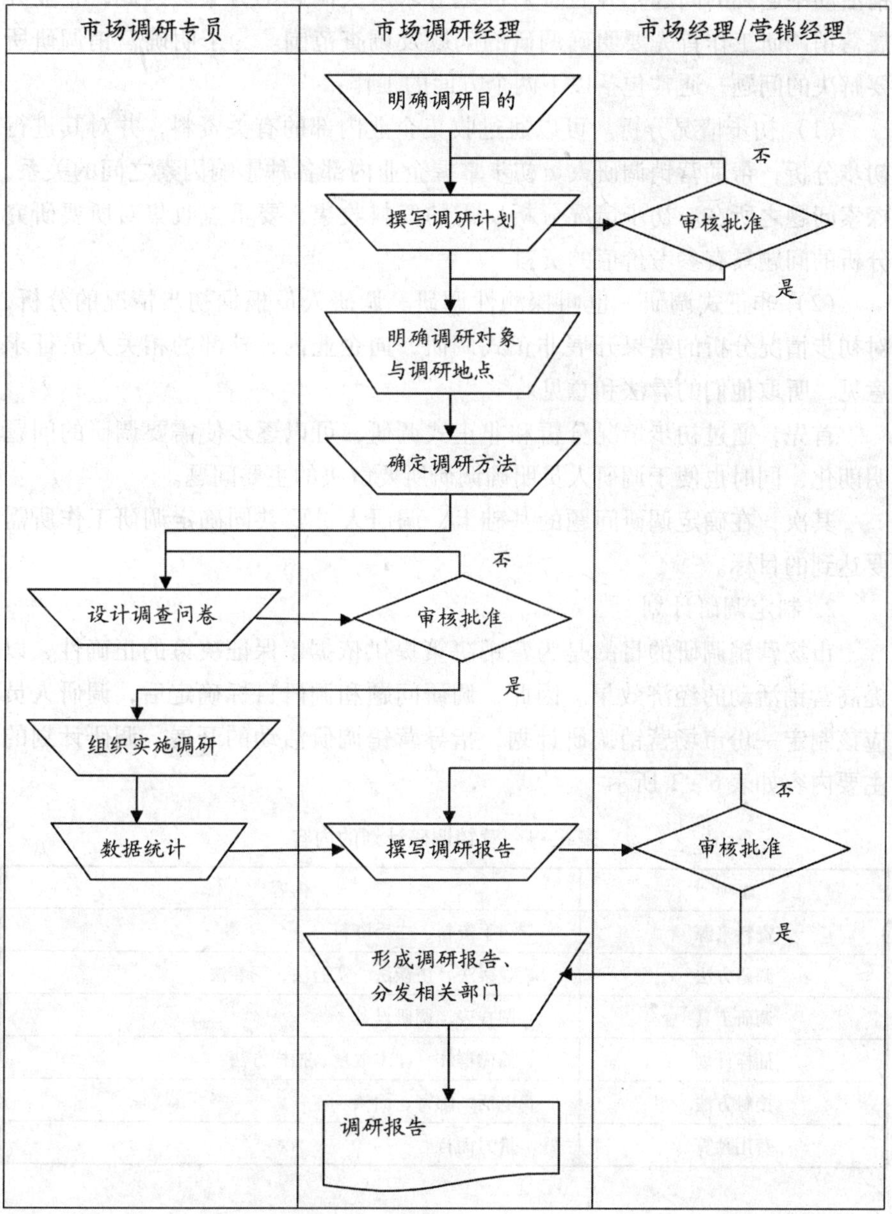
市场调研专员
市场调研经理
市场经理/营销经理
明确调研目的
撰写调研计划
审核批准
否
是
明确调研对象与调研地点
确定调研方法
否
设计调查问卷
审核批准
是
组织实施调研
数据统计
否
撰写调研报告
审核批准
是
形成调研报告、分发相关部门
调研报告

1. 确定问题和调研目标

市场营销调研的目的就是通过收集、整理和分析资料，解决企业在营销活动中遇到的问题，并且针对问题寻求解决问题的方案。因此，企业开展营销调研工作首先要明确调研的问题及调查范围。为了明确营销调研所要解决的问题，通常包括以下两个方面的工作：

（1）初步情况分析。可以通过收集企业内部的有关资料，并对其进行初步分析，帮助营销调研人员初步掌握企业内部各种影响因素之间的关系，探索问题之所在。初步情况分析所需的资料收集，要重点收集对所要研究分析的问题具有参考价值的资料。

（2）非正式调研：也叫探测性调研。调研人员根据初步情况的分析，对初步情况分析的结果开展非正式调研，向企业内、外部的相关人员征求意见，听取他们的看法和意见。

首先，通过初步情况分析和非正式调研，可以逐步使需要调研的问题明朗化，同时也便于调研人员明确调研所要解决的主要问题。

其次，在确定调研问题的基础上，调研人员要共同确定调研工作所需要达到的目标。

2. 制定调研计划

市场营销调研的目的是为营销决策提供依据，保证决策的正确性，以提高营销活动的经济效果。因此，调研问题和调研目标确定后，调研人员应该制定一份市场营销调研计划，指导营销调研活动的开展。调研计划的主要内容如表 6－1 所示：

表 6－1　营销调研计划的内容

事项	内容
资料来源	一手资料、二手资料
调研方法	观察法、访谈法、实验法、问卷法
调研工具	调查表、调研设备
抽样计划	抽样群体、样本数量、抽样方法
接触方法	电话、邮寄、面谈
费用预算	量力而行

小贴士

市场营销调研方案

1. 调研前期准备

（1）调研问卷：准备相应数量的合格调查问卷；

（2）调研区域的基础资料：包括调研区域的商业中心分布、行业基本信息等；

（3）调研礼品：有条件的企业可以为调研对象准备小礼品，对调研对象表示感谢，礼品应该能够体现企业品牌或文化；

（4）调研证明材料：工作证件或调研介绍信等；

（5）调研人员培训：介绍调研基本流程、调研注意事项、提问技巧等。

2. 调研时间表

时间	调研工作进度	责任人	主管领导
×月×日	准备调研问卷	调研项目负责人	市场经理
×月×日	准备调研区域信息	调研专员	调研项目负责人
×月×日	准备调研证明信	调研专员协调发放	调研项目负责人
×月×日	招募调研人员	调研专员	调研项目负责人
×月×日	培训调研人员	调研专员	调研项目负责人
×月×日	开始市场调研	调研人员、调研专员	调研项目负责人

3. 调研过程管理与结果分析

（1）分配调研小组，每个调研小组配备一名调研专员担任督导；

（2）调研督导在调研过程中负责检查调研人员对调查样本的设计是否合理，解决调研人员的疑问，检查调查问卷的真实性，并抽查调研问卷的质量；

（3）统计合格调研问卷，汇总调研信息，形成初步统计分析报告；

（4）撰写调研报告，交市场经理批准。

3. 实施调研计划

按照调研活动的逻辑顺序，营销调研计划制订以后，下一步就是实施调研计划，包括收集、处理和分析信息。调研计划的实施可以由本企业的调查人员执行，也可以委托调研公司代为执行。实施调研计划的主要工作内容包括：

（1）收集资料。在市场营销调研的过程中，一方面，数据的收集过程需要护费大量的经费，另一方面，收集到数据的质量决定着调研活动结果和质量，因此，调研数据的收集必须加强指导和监督，以保证调研活动的质量。

（2）整理分析资料。通过收集得到的资料，通常都比较繁杂、不能系统的说明问题，因此，必须对收集到的资料进行严格的筛选，去粗取精，去伪存真，以确保资料的准确性、真实性和实用性。整理分析资料的主要工作包括以下几个方面：

①剔除错误资料。对收集到的资料进行筛查，对样本选取错误、计算错误等原因造成的错误资料进行剔除，并且视情况决定是否需要进一步补充有关资料。

②分类编号。对收集到的资料进行适当的分类编号，便于归档和统计。

③统计计算。根据收集到的资料，完成绘制统计表、统计图，计算百分比和平均值的工作。

小贴士

市场营销调研实施细则

1. 调研准备

（1）调研人员必须了解调研问题的内容、顺序及提问目的；

（2）调研人员必须了解调研对象的构成、特点以及与之沟通的方式；

（3）调研人员必须了解调研地区的市场状况、产品发展和竞争动态；

（4）准备调研印刷品，如调研问卷等。

2. 调研技巧

（1）如何接近调研对象的方法，以尊重、自信的态度获得调研对象的好感，争取调研对象的配合；

（2）调研人员掌握引导调研进度的技巧，放松调研对象的情绪；

（3）切忌以调查人员自己的喜好引导调研对象；

（4）引导调研对象明确回答问题；

（5）调研人员需要具备一定的理解能力和判断能力，具有较丰富的调研知识。

3. 调研记录

(1) 调研人员如实记录调研对象的意思;

(2) 调研记录具有一定的完整性;

(3) 调研记录要进行保密处理;

(4) 调研记录需要整理存档，作为撰写调研报告的依据。

4. 常规的调研指标

(1) 市场状况;

(2) 销售纪录;

(3) 消费者/客户调查;

(4) 产品与包装调查;

(5) 商标、广告与公关活动调查;

(6) 消费者对广告的认知度和美誉度;

(7) 批发/经销市场调查;

(8) 零售市场调查。

4. 提出调研结果

提出调研结果，是指根据对数据的整理分析，对调研结果进行准确的解释并提出调研结论。调研计划执行完毕之后，调研人员应该向营销管理者提交调研结果，结果应简明、扼要的说明调研需要解决的问题，并提出相应的论据。

营销调研最终必须形成书面报告，并把调研结果送交有关人员和部门。调研报告书的类型通常有两种：

(1) 专门性报告书纲要

这类调查报告技术性比较强，报告的内容要尽可能详细，包括研究结果纲要、研究目的、研究方法、资料分析、结论、建议与附录（附表、统计公式、测量方法说明等）。

(2) 一般性报告书纲要

这类调查报告主要供给业务主管使用，他们比较关注的是研究发展和结果，所以报告要求生动和重点突出，包括研究发现与结果、行动建设、研究目的、研究方法、研究结果和附录。

小贴士

市场调查报告的结构：

前言

(1) 标题页（含标题扉页）

(2) 目录

(3) 图标目录

(4) 摘要

正文

(1) 引言

(2) 研究目的

(3) 调研方法

调研设计

资料采集方法

抽样方法

实地工作

分析

(4) 结果与局限性

(5) 结论和建议

附录

四、市场营销调研的方法

市场营销调研的方法有间接资料调研方法和直接资料调研方法，间接资料调研方法主要是指通过内部资料和外部资料收集来了解有关市场信息，把握市场机会的方法，这种方法相对简单。在本节内容里主要介绍直接资料调研方法。

直接资料是指通过实地调研收集资料，也称第一手资料的调研方法。实地调研的方法有多种，归纳起来，可分为以下三类：

1. 访问法

访问法是指通过询问的方式向被调查者了解市场资料的一种方法。访问既可在备有正式问卷的情况下，也可在没问卷的情况下进行。

（1）面谈调查

调查人员直接访问被调查对象，向被调查对象访问有关的问题，以获取信息资料的调查方法就是面谈调查。通常，调查人员根据事先设计的问卷或调查提纲上对调查对象进行调查；有时，亦可采用自由交谈的方式进行。使用面谈法进行调研，可以一个人面谈，也可以几个人集体面谈，分别称之为个人访问和集体访问。

采用这种方法，调查人员能直接与被调查对象见面，听取其意见，观察其反应，因此，这种方法的灵活性较大，没有什么固定的格式，可以一般地谈，也可深入详细地谈，所涉及的问题范围可以很广，也可以较窄。同时，这种方式的问卷或调查表回收率较高且质量易于控制，但缺点是调查成本比较高，调查结果受调查人员业务水平和被调查者回答问题真实与否的影响很大。

（2）邮寄调查

邮寄调查是将事先设计好的问卷或调查表，通过邮件的形式寄给被调查对象，由他们填好以后按规定的时间邮寄回来。使用邮寄调查法的最大优点是选择调查范围不受任何的限制，即可以在很广的范围选取样本；被调查者有比较充裕的时间来考虑答复的问题，使问题回答得更为准确；不受调查人员在现场的影响，得到的信息资料较为客观、真实。其缺点是邮件回收率很低，各地区寄回来的比例也不一样。因此，影响调查的代表性。也就是说，我们无法判断寄回来信件的人与不寄回来信件的人态度到底有什么区别。如果简单地用邮寄回来信件人的意见，代表全体被调查者的意见，那就会冒很大风险。

（3）电话调查

电话调查是由调查人员根据抽样的要求以及预先拟定的内容，通过电话访问的形式向被调查对象访问而获取信息资料的方法。电话访问法的优点在于：可以短时期内调查较多的对象，成本也比较低，并能以统一的格式进行访问，所得信息资料便于统计处理。其缺点是：调查范围受到限制，目前我国有些地区电话的普及率不高；不易得到被调查者的合作，不能访问较复杂的问题，调查难以深入。

（4）留置调查

留置调查就是由调查人员将事先设计好的问卷或调查表当面交给被调查对象，并说明回答问题的要求，留给被调查对象自行填写，然后，由调查人员在规定的时间收回。这种访问的方式，其优缺点介于面谈法和邮寄访问法之间，其优点是，调查问卷回收率高，被调查者可以当面了解填写问卷的要求，避免由于误解调查内容而产生的误差。同时，采用留置调查法，被调查者的意见可以不受调查人员意见的影响，填写问卷的时间较充裕，便于思考回忆。其主要缺点是，调查地域范围有限，调查费用较高，也不利于对调查人员的活动进行有效的监督。

小贴士

（1）市场调查问卷的基本结构：

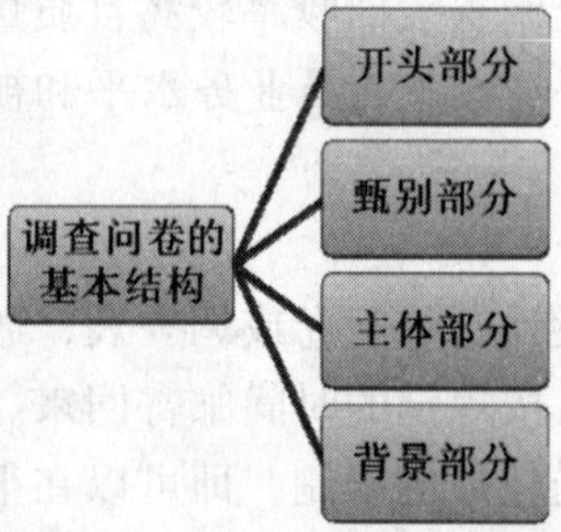

图6－6　调查问卷的基本结构

（2）设计调查问卷的过程

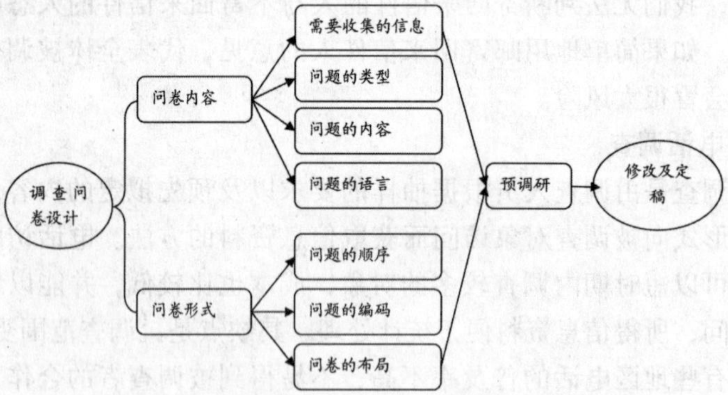

图6－7　调查问卷设计的过程

2. 观察法

(1) 观察法的类型

观察法，是指通过跟踪、记录被调查对象的行为特征来取得第一手资料的调查方法。在观察过程中，可以通过耳听、眼看或借助于摄影设备和仪器等手段来获得某些主要信息。观察法通常有以下几种具体的形式。

①实验观察和非实验观察。从调查人员是否对观察实行控制来划分，观察可分为实验观察和非实验观察。实验观察是在人为设计的环境中进行的观察。非实验观察是在自然状况下进行观察，所有参与的人和物都不受控制，跟往常一样，例如，调查人员在自然状况下观察商场售货员接待顾客、提供服务的过程。

②结构观察和无结构观察。根据调查人员观察方式的不同，可分为结构观察和无结构观察。结构观察是在事先根据调查的目的，对观察的内容、步骤做出规定，以此来实施观察。无结构观察通常只规定调查的目的和任务，调查人员可以按照调查目的和任务的要求确定观察的内容。采用结构观察方法，事先列出观察的内容，调查结果容易统计分析，但由于调查人员的意见有时会不知不觉的参与进去，从而不可避免地对调查结果产生影响。无结构观察一般常用在调查人员对调查对象缺乏足够了解的情况，实施观察时较为灵活，可作为进行更深一步调查的基础。

③直接观察和间接观察。从调查人员对所调查情景的介入程度划分，可分为直接观察和间接观察。直接观察是调查人员直接加入到调查的情景之中进行观察。采用直接观察，调查人员可以根据调查目的的要求，对需要了解的现象进行直接观察，观察结果准确性较高。间接观察是调查人员不直接介入所调查的情况，通过观察与调查对象直接关联的事物来推断调查对象的情况。如通过观察对象的广告形式、内容、重复频率等来了解调查对象的竞争策略和产品优势。

④公开观察和非公开观察。从调查人员在观察过程中是否公开身份划分，可分为公开观察和非公开观察。公开观察，在被调查者知道调查人员身份的情况下，目标要求明确，可以有针对性地为调查人员提供所需的资料。但采用公开观察，被观察者意识到自己受人观察，可能表现得不自然，或者有意识地改变自己的惯常态度和做法，这种不真实的表现往往导致观察结果失真。为了减少公开观察的偏差，调查人员可以进行非公开观察，即调查人员在观察过程不要暴露自己的身份，使被观察者不受干扰的情况

下真实地表现自己，这样观察的结果会更加真实可靠。

小贴士

一次，一个美国家庭住进了一位日本客人。奇怪的是，这位日本人每天都在做笔记，记录美国人居家生活的各种细节，包括吃什么食物，看什么电视节目等。一个月后，日本人走了。不久丰田公司推出了针对当今美国家庭需求而设计的物美价廉的旅行车。如美国男士喜欢喝玻璃瓶装饮料而非纸盒装的饮料，日本设计师就专门在车内设计了能冷藏并能安全防止玻璃瓶破碎的柜子。直到此时，丰田公司才在报纸上刊登了他们对美国家庭的研究报告，同时向收留日本人的家庭表示感谢。

⑤人工观察和仪器观察。根据观察中记录的主体划分，可分为人工观察与仪器观察。人工观察是由调查人员直接在观察现场记录有关内容，由调查人员根据实际情况对观察到的现象做出合理的推断。但是，人工观察容易受调查人员自身人为因素的影响，如主观偏差、情绪反应等都会影响到调查的结果。仪器观察是随科学技术的进步，一些先进的设备、手段，如录音、摄像等进入调查领域而出现的一种新的观察方法。如通过在商场的不同部位安装摄像系统，可以较好地记录售货人员和顾客的行为表现，借助仪器设备进行现场观察记录效率较高，也比较客观。但仪器观察所记录的内容还需要调查人员作进一步的分析，这就要求调查人员应具有丰富的分析经验和较高的专业技术水平。

（2）观察法的应用

实践中，观察法运用得比较广泛，经常用来判断以下情况。

①商品购买者特征的研究。主要了解各种商品的购买者的年龄、性别、外在形象和人数等。这种研究可以为市场细分、广告目标的确定提供依据。

②家庭商品储存调查。通过观察消费者家庭中储存的商品品牌和数量等情况，可以了解消费者对不同品牌商品的喜好程度。

③商店的人流量调查。可以了解不同时间和位置的人流分布情况，为企业调整劳动组织、合理安排营业时间和开展有针对性服务提供依据。

④营业现场布局调查。通过观察营业现场商品陈列、货位分布、橱窗布置、现场广告和顾客留言等内容，可以了解判断企业的管理水平，及时提出相应修改意见。

⑤营业人员服务水平调查。通过观察售货员接待顾客的服务方式、接待频率和成交率等，可以掌握吸引顾客的最佳服务方式。

除此之外，还可以运用观察法观察了解城市的人口流量、车辆流量，为预测地区市场发展提供依据。同时，还可以运用观察法监督、检查市场活动。

3. 实验法

实验法是指在市场调查中，通过实验对比来取得市场情况第一手资料的调查方法。它是由市场调查人员在给定的条件下，对市场经济活动的某些内容及其变化加以实际验证，以此衡量其影响效果的方法。

采用实验法进行市场调查，可以控制地分析、观察某些市场现象的因果关系及其相互影响程度。另外，通过实验取得的数据比较客观，具有一定可信度。但是，实践中影响经济现象的因素很多，可能由于不可控制的实验因素，在一定程度上影响实验效果。而且由于实验法只适用于对当前市场现象的影响分析，对历史情况和未来变化则影响较小，这就使实验法的应用受到一定的局限。尽管如此，在实践中实验调查法的应用范围还是比较广泛的。一般来讲，改变商品品质、交换商品包装、调整商品价格、推出新产品、变动广告形式内容、变动商品陈列等，都可以采用实验法调查测试其效果。

小贴士

某位咖啡店老板发觉不同颜色可以使人产生不同的感觉，于是做了一个实验。他请来20位实验者，请他们喝4杯浓度完全相同的咖啡，但这4个装咖啡的杯子的颜色是不同的。然后，咖啡店老板问实验者哪种颜色的杯子装着的咖啡浓度最好？多数人的回答是：青色杯子的咖啡淡，味酸；红色杯子的咖啡浓，味美；黄色杯子的咖啡浓度正好，但是味淡；咖啡色杯子的太浓，味苦。于是，老板的咖啡店改用红色的杯子。

第四节　市场预测

科学的营销决策，不仅要以市场调查为出发点，而且要以市场预测为依据。市场预测是在市场调查的基础上，运用科学的方法对市场未来发展趋势做出估计和推断，为企业制定正确的市场营销决策提供依据。

一、市场预测的内容

市场预测的内容按照预测的层次可以分成以下三个方面。

1. 环境预测

环境预测也称为宏观预测或经济预测，它是通过对各种环境因素如国家财政开支、进出口贸易、通货膨胀、失业状况、企业投资及消费者支出等因素的分析，对国民总产值和有关的总量指标的预测。环境预测是市场潜量与企业潜量预测、市场预测和企业预测的基础。

2. 市场潜量与企业潜量预测

市场潜量预测和企业潜量是市场需求预测的重要内容。市场潜量是从行业的角度考虑某一产品的市场需求的极限值，企业潜量则是从企业角度考虑某一产品在市场上所占的最大的市场份额。市场潜量和企业潜量的预测是企业制定营销决策的前提，也是进行市场预测和企业销售预测的基础。

3. 市场预测与企业预测

市场预测是在一定营销环境下和一定营销力量下，某产品的市场需求水平的估计，企业预测是在一定的环境下和一定的营销方案下，企业预期的销售水平。

二、市场预测的步骤

市场预测要遵循一定的程序和步骤：

第一步：确定预测目标。市场预测首先要确定预测目标，明确目标之后，才能根据预测的目标去收集资料、选择预测的方法。

第二步：收集市场资料。按照预测目标的要求确定要收集的资料，这是市场预测的一个重要的阶段。

第三步：选择预测方法。预测的方法很多，各种方法都有其优点和缺点，有各自的适用场合，因此必须在预测开始时，根据预测的目标和目的，根据企业的人力、财力以及企业可以获得的资料，确定预测的方法。

第四步：进行预测。此阶段就是按照选定的预测方法，利用已经获得的资料进行预测，计算预测结果。

第五步：预测结果评价。预测结果得到以后，还要通过对预测数字与实际数字的差距分析比较以及对预测模型进行理论分析，对预测结果的准确和可靠程度给出评价。

第六步：预测结果报告。预测结果的报告从结果的表述形式上看，可以分成点值预测和区间预测。点值预测的结果形式上就是一个数值，例如，某行业市场潜量预计达到 9 个亿，某企业产品销售预测值 8000 万元，都属于点值预测。区间预测不是给出预测对象的一个具体的数值，而是给出预测值的一个可能的区间范围和预测结果的可靠程度。例如 95% 的置信度下，某企业产品销售额的预测值在 4000 万元至 5000 万元之间。

三、市场需求预测的方法

1. 定性预测方法

定性预测方法是预测人员根据掌握的调查资料和自身的经验、判断能力对预测对象未来的发展变化情况进行预测和推测。

（1）集合意见法

集合意见法是将有关生产、销售、咨询等单位和个人集中在一起共同讨论市场的发展变化，进行综合判断提出预测方案的一种方法。

例如，某零售企业为确定明年化妆品的销售预测值，要求商品零售部门、公共宣传部门、商店管理部门及财会控制部门作出对年度销售预测，各部门的预测数额如表 6－2 所示。

表 6－2　各部门的预测数据表

预测部门	估计项目	销售量最高值	销售量最可能值	销售量最低值	期望值合计
商品零售	销售量 概率 预测期望值	1200 0.25 300	850 0.50 425	600 0.25 150	875
公共宣传	销售量 概率 预测期望值	1300 0.30 390	900 0.50 450	700 0.20 140	980
商店管理	销售量 概率 预测期望值	1100 0.20 220	750 0.60 450	500 0.20 100	770
财会控制	销售量 概率 预测期望值	1200 0.30 360	800 0.50 400	600 0.20 120	880

根据表 6－1 的数据，假定商品零售部门的重要性较大，权数定为 2，其他部门的权数均为 1，采用加权平均法计算的预测值为：

$$\frac{875\times2+980\times1+770\times1+880\times1}{2+1+1+1}=876\text{（万元）}$$

（2）专家意见法

企业利用经销商、分销商、供应商以及其他一些专家的意见进行预测。利用专家意见有多种方式。例如组织一个专家小组进行某项预测，这些专家提出各自的估计，然后交换意见，最后经过综合，提出小组的预测。

目前，应用较普遍的是德尔菲法，它是由美国兰德公司率先提出并推广使用的一种方法。它有以下三个明显的特点：一是匿名，不公开预测专家的姓名与职务；二是采用函询的方式，专家们不必集中到一起讨论，通过函件往来发表自己意见和了解别人的意见；三是反馈，将各位专家的意见加以集中整理后，反馈给各位专家，让专家们参照别人的意见不断修正自己的判断，经过数次反馈后，再次收集专家们的意见，进行统计分析，计算综合预测值，一般以平均数或中位数来表示专家们意见的倾向性。

（3）市场试销法

市场试销法是指通过向某一特定的地区或对象，采用试销手段向该实验市场投放新产品或改进的老产品，在新的分销途径中取得销售情况的资料，用其进行销售的预测。其预测模型：$Yt=Q\times N\times D\%$

式中：Yt——下期的预测销售量；

Q——每单位用户平均消费量；

N——总用户数；

D%——重复购买的比重。

如果购买者对购买并没有认真细致的计划，或其意向变化不定，或专家的意见不十分可靠的情况下，需要利用市场试销法。

2. 定量预测方法

定量预测法，也称数学分析法，是在占有各项有关资料的基础上，根据预测的目标、要求，选择合适的数学模型进行预测，然后，根据企业内部和外部的变化情况，加以分析，以取得所需要的预测值的方法。

（1）时间序列分析法

时间序列预测法是将过去的历史资料和数据，按时间顺序排列起来的一组数字序列。这种方法有一个基本的假设，即事物过去和现在的发展变化趋向会继续延续到未来，它撇开对事物发展变化的因果关系的具体分析，直接从时间序列的统计数据中找出反映事物发展的演变模式，并据此外推预测目标的未来发展趋势，得到定量数据。经常使用的时间序列分析法有简单平均法、加权平均法、指数平均法和季节指数法等。

①简单平均法。简单平均法是用前 t 期的时间序列数据的平均值作为第 t+1 期的预测值。在时间序列数据没有明显的增长趋势或周期变动规律的场合，采用简单平均法是合适的。其基本的预测方法是：

假设某种经济变量的一组时间序列观察值　X_1，X_2，$X_3\cdots$，X_t

其预测方程为：$Y_{t+1}=\sum_{i=1}^{t}X_i/t$

式中：y_{t+1}为该经济变量的第 t+1 期预测值。

例如，A 电视机生产企业在过去 6 年的销售额如表 6－2 所示，试预测下一年度的销售额。

表 6－3　A 电视机生产企业的历史销售额

年度	1	2	3	4	5	6
销售额（万元）	21.0	19.5	20.0	19.7	20.1	20.3

Y_{t+1} =（21.0+19.5+20.0+19.7+20.1+20.3）/6=20.1（万元）

②移动平均法。移动平均法就是以第 t 期的步长为 N 的移动平均值 Mt 作为第 t+1 期的预测值。相对简单平均法来说，移动平均法采用的时间序列数据可以少一些，或者说，移动平均法只是重视近期观察数据反映的市场需求变动趋势，忽视较早时间序列反映的变动趋势。

设给定时间序列观察值为 X_1，X_2，$X_3\cdots$，X_t

设步长为 N，则第 t 期的移动平均值

$$m_t=\frac{X_t+X_{t-1}+\ldots X_{t-n+1}}{N}$$

预测方程：$Y_{t+1}=M_t$

某生产企业 1999—2004 年的年销售额如表 6－3 所示，试预测 2005 年的销售额。

预测步骤如下：

第一步，选择跨越期 n。n 的大小直接关系到对原时间序列资料的修匀程度。如果 n（跨越期）越大，则修匀程度越好，即曲线越平滑；n 越小，则反应越灵敏。另外，要想选择到较理想的 n 值，就要通过不同的 n 值进行比较，选用平均绝对误差或均方差较小的 n 值进行预测。还需注意一点，如果时间序列资料按年编制，n 的值可适当选小一点；如果按季、月等编制，n 的跨度可选大一点。

表 6－4　企业的年销售额数据

年份	1996	1997	1998	1999	2000	2001	2002	2003	2004
实际销售额	25.6	22.8	22.9	24.7	25	23.9	24.3	25.1	24.5
预测值（N＝3）				23.8	23.5	24.2	24.5	24.4	24.4
预测值（N＝4）						24.2	23.9	24.2	24.6

第二步，计算移动平均值。当 n＝3 时，

$$m_3^{(1)} = \frac{25.6 + 22.8 + 22.9}{3} = 23.8$$

$$m_4^{(1)} = \frac{22.8 + 22.9 + 24.7}{3} = 23.5$$

$$m_5^{(1)} = \frac{22.9 + 24.7 + 25.0}{3} = 24.2$$

$$m_6^{(1)} = \frac{24.7 + 25.0 + 23.9}{3} = 24.5$$

$$m_7^{(1)} = \frac{25.0 + + 23.9 + 24.3}{3} = 24.4$$

$$m_8^{(1)} = \frac{23.9 + 24.3 + 25.1}{3} = 24.4$$

同理，当 n＝5 时，

$$m_5^{(1)} = \frac{25.6 + 22.8 + 22.9 + 24.7 + 25.0}{5} = 24.2$$

$$m_6^{(1)} = \frac{22.8 + 22.9 + 24.7 + 25.0 + 23.9}{5} = 23.9$$

$$m_7^{(1)} = \frac{22.9 + 24.7 + 25.0 + 23.9 + 24.3}{5} = 24.2$$

$$m_8^{(1)} = \frac{24.7 + 25.0 + 23.9 + 24.3 + 25.1}{5} = 24.6$$

将上述计表结果填入表 6－4 第 3、4 行中。可知 2005 年的销售额为：

当 n = 3 时，

$$m_9^{(1)} = \frac{24.3 + 25.1 + 24.5}{3} = 24.6$$

当 n = 5 时，

$$m_9^{(1)} = \frac{25.0 + 23.9 + 24.3 + 25.1 + 24.5}{5} = 24.6$$

（2）统计需求分析法

时间序列预测法把过去和未来的销售都看成是一个时间函数，并与任何的实际需求因素无关。但是，任何产品的销售都受到许多因素的影响。统计需求分析法是为揭示影响销售的最重要的实际因素和研究它们相互影响而设计的一套统计方法。最常见的分析因素有价格、收入、人口和推销。

统计需求分析在于把销售作为因变 Q 和试图把销售作为一些需求自变量 X_1，X_2，X_3……，X_N 的函数来说明。

$$Q = f(X_1, X_2, X_3 \cdots\cdots, X_N)$$

应用多元回归分析方法，可以用不同的方程方式统计出合适的数据，以寻找出最佳的预测因素和最合适的方程式。

例如，某日用电器公司为预测某地区的销售量，通过市场调查和分析判断，该地区日用电器需求量与该地区居民年人均收入和新增就业人数有着密切联系，它们之间的关系可用如下方程表示：

$$Q = 53.886 + 4.822X_1 + 1.013X_2$$

式中：Q——日用电器的年销售额（亿元）

X_1——居民年人均收入（千元）

X_2——新增就业人数（十万）

设该地区今年的居民年人均收入为 15000 元，新增就业人数为 40 万人，代入上式可预测出该地区用电器的需求量为：

$$Q = 53.886 + 4.822 \times 15 + 1.013 \times 4 = 130.268 \text{（亿元）}$$

经调查表明，该地区今年的日用电器的实际需求量为 126.5 亿元，预测结果与它相差不大，说明这个方程是很有效的。企业只要预测该地区明年的居民年人均收入与新增就业人数，就可以运用上式预测明年的需求量。

但是，企业在应用这种方法时，应注意可能会削弱统计需求方程有效性或用途的五个问题：观察值太少，自变量之间的相关关系太多，违背正态分布的假设，自变量与因变量之间的关系不清，未考虑到新的变量的出现。

本章小结

为了在竞争激烈的市场环境中求得生存与发展，企业必须重视对市场营销信息的搜集、处理及分析，建立起有效的市场营销信息系统，才能具备有较强的应变能力，能够及时做出正确的决策。市场营销信息系统由内部报告系统、营销情报系统、营销调研系统和营销决策支持系统组成。

现代市场调研具有目的性、系统性和真实性的特点。市场调查内容包括了宏观市场调研与微观市场调研。一般来说，市场调研活动确定问题和调研目标、制定调研计划、实施调研计划和提出调研结果等 4 个步骤构成。市场调研方法访问法、观察法和实验法等。

市场预测主要包括环境预测、市场需求预测以及企业销售水平预测等内容。企业进行市场需求预测时，可以采用定性预测方法或定量预测方法，也可以两种方法的综合使用。

思考题

1. 市场信息的概念及其特征是什么？
2. 市场信息的作用是什么？
3. 市场营销系统的概念、构成是什么？
4. 市场营销调研的概念、类型是什么？
5. 市场营销调研的程序、方法是什么？
6. 市场预测的概念和内容是什么？
7. 常用的市场预测方法有哪些？

模块二 寻找市场机会——技能训练

项目一 市场营销环境分析

项目目标

【知识目标】

了解市场营销环境的概念及特征；

理解市场营销环境分析的重要作用与内容；

掌握 SWOT 分析法。

【技能目标】

全面分析市场环境的能力；

进行 SWOT 分析的能力；

撰写市场分析报告的能力。

【实训目标】

具备结合具体企业进行市场分析的能力；

结合企业优、劣势辨析市场机会与威胁，具备运用 SWOT 分析具体问题的技能。

项目实施

【技能训练】

1－1 营销游戏——找变化

（1）寻找适当的同学结成伙伴；

（2）与伙伴背对背，用 3 分钟的时间，在身上做出 3 处变化；

（3）面对面，彼此寻找对方的变化；

（4）再次背对背，用 3 分钟的时间，在身上做出 10 处变化；

（5）面对面，彼此寻找对方的变化。

1－2 汽车企业市场营销环境分析

训练目标：

了解营销环境的含义、特点；

理解企业与营销环境之间的关系。

训练背景：

由于空气污染日益严重，我国大多数地区空气中的PM2.5含量居高不下，导致各地频现大雾、雾霾天气，人们的日常生活、工作以及出行受到严重影响，许多人出行都戴上了防尘口罩，或者尽量减少出门。雾霾天气的出现不但给人们的生活带来了极大的不便，而且也影响着企业的生产活动。针对频繁出现的污染，汽车企业将如何应对？

训练内容：

根据2012年下半年各地频繁出现大雾、雾霾等严重污染的天气，对汽车生产及销售企业的营销环境的变化进行分析，重点分析汽车企业的经营活动与营销环境之间的关系。

训练要求：

以小组为单位，分组收集、整理资料，讨论气候条件的变化对汽车企业的影响，汽车企业如何应对日益恶劣的气候条件，充分发挥主观能动性，适应环境的改变，谋求企业发展。

1-3　环境变化对企业的影响

训练目标：

了解环境变化对企业营销活动的影响。

训练内容：

一个国家或一个地区的收入水平发生了变化，会对以下这些产品的生产企业产生怎样的影响？

（1）玉米油；（2）轮胎；（3）巧克力；（4）天然气。

并给出应对消费者顾虑的有效措施 。

训练要求：

以小组为单位进行讨论，并就讨论结果形成书面报告。

1-4　分析纳爱斯集团的竞争对手

训练目标：

掌握微观环境因素。

训练内容：

随着中国市场的开放，大量的国际洗化企业进入中国市场，形成了激烈的市场竞争格局。作为我国洗涤日化企业的佼佼者，纳爱斯集团已经有50多年的发展历史了。请选择某一产品线，帮助纳爱斯集团进行一次详细的市场竞争者分析。

训练要求：

（1）以小组为单位，分组搜集资料，进行讨论；

（2）可以选择纳爱斯集团旗下的某一产品线进行分析；

（3）对其竞争对手、竞争者类型以及竞争态势等进行详细的分析，并提出纳爱斯可以采取的战略与策略，形成书面报告。

1-5　校园超市 SWOT 分析

训练目标：

（1）提高学生认识营销环境、分析营销环境的能力；

（2）锻炼学生 SWOT 分析能力，辨别市场机会和威胁以及制定相应对策的能力。

训练内容：

以校园内的某一个超市为目标，对校园超市的营销环境进行认识、分析，并根据环境采取相应的对策。

训练要求：

（1）对校园超市的营销环境进行 SWOT 分析，研究机会和威胁的水平；

（2）根据校园超市面临的机会和威胁进行分析，提出对策；

（3）形成营销环境分析报告。

项目总结

【知识回顾】

市场营销环境是影响、制约企业营销活动的各项因素的总合。市场营销环境包括宏观环境和微观环境两大类。宏观环境因素包括：政治与法律环境、经济环境、人口环境、社会文化环境、自然环境以及技术环境；微观环境因素包括：企业内部环境、供应商、营销中介、顾客、竞争者和社会公众。

【技能训练重点】

市场营销环境分析；

SWOT 分析法。

项目二　消费者行为分析

项目目标

【知识目标】

（1）理解消费者的购买行为模式；

（2）理解消费者购买行为的主要影响因素；

（3）理解消费者购买决策过程。

【技能目标】

（1）具备对消费者行为进行分析的能力；

（2）撰写消费者行为分析报告。

【实训目标】

（1）通过对消费者行为模式和购买动机的学习，使学生在掌握消费者分析相关知识的基础上，具备实施各项营销活动的基本技能；

（2）通过对消费者购买决策过程的学习，使学生在掌握消费者购买决策分析相关知识的基础上，具备制定营销活动方案的技能；

（3）通过对影响消费者购买行为因素的学习，具备撰写消费者分析报告的技能。

项目实施

【技能训练】

2-1　情景模拟——正确理解消费者的需求

训练目标：

（1）帮助学生识别消费者异议；

（2）帮助学生正确辨别消费者购买动机；

（3）帮助学生理解企业经营活动与消费者需求的关系。

训练内容：

根据情景模拟中的不同的商品、销售场景进行商品销售练习：

（1）在珠宝玉器商店销售翡翠挂件；

（2）在专卖店销售高档自行车；

（3）通过网络销售名贵手表；

（4）上门推销保健品。

训练要求：

（1）以小组为单位，由小组成员扮演销售人员及消费者，对销售过程进行模拟演练；

（2）小组成员以讨论的方式，对模拟销售过程进行设计：模拟销售人员提前对销售商品的详细信息进行完善，模拟消费者设定购买目的；

（3）对各种不同的销售场景进行模拟练习。

2-2　辨别消费者购买行为类型

训练目标：

（1）了解消费者购买行为类型；

（2）掌握企业营销活动于消费者购买行为类型的关系。

训练内容：

随着可持续发展的需要，节能型家电成为市场新宠，各个家电企业纷纷推出各种节能型产品。假设某消费者需要从市场中购买一台新型节能型空调，作为空调企业，怎样才能成功地将新型节能空调成功的销售给消费者？

训练要求：

（1）以小组为单位完成技能训练；

（2）了解并判断消费者购买空调是的行为类型，为企业销售空调提出相应的对策。

2-3　家庭旅游市场的消费者购买行为模式

训练目标：

掌握消费者购买行为模式。

训练背景：

随着人们收入水平的提高，家庭旅游成为旅游新趋势之一。目前我国推出的旅游产品大多都是针对普通消费者的大众型产品，与国外旅游业相比，我国的家庭旅游市场还尚未开发完善，家庭旅游市场大有可为！

训练内容：

假设你是中国青年旅行社的产品销售经理，请针对家庭旅游市场渐热的市场趋势，设计一款针对中学生家庭的家庭旅游产品。

训练要求：

（1）以小组为单位，对我国家庭旅游市场需求进行调研，了解我国目前家庭旅游市场的概况；

（2）通过讨论确定中学生家庭的购买行为模式，并针对性地提出相应的旅游产品；

（3）通过 PPT 展示小组所设计的家庭旅游产品，包括目标家庭的特征、购买行为模式、旅游产品的路线、特点等。

2-4　了解消费者购买决策过程

训练目标：

（1）了解消费者购买决策过程；

（2）掌握企业营销活动于消费者决策过程的关系。

训练内容：

随着暑假的到来，各地数码产品市场也开始进入热销阶段，联想集团预计针对北京市场设计一系列营销策略推广其平板电脑，以增加销量。

训练要求：

（1）以小组为单位，分析购买电脑产品时消费者购买决策过程；

（2）结合消费者购买决策过程的特点，设计营销推广策略；

（3）每组推选一名代表，阐述本组营销推广策略。

项目总结

【知识回顾】

消费者市场分析是市场营销管理的核心，是一切营销活动开展的起点。根据购买行为的复杂程度和商品的差异性，可以将消费者的购买行为划分为：复杂型购买行为、减少失调感的购买行为、寻求多样性的购买行为、习惯型购买行为。

影响消费者购买行为的主要因素包括文化因素、社会因素、个人因素和心理因素等。消费者购买决策过程分为认知需求、收集信息、判断选择、购买决策和购后使用评价等五个阶段。

【技能训练重点】

（1）消费者购买行为类型；

（2）消费者购买行为模式；

（3）消费者购买决策过程；

（4）影响消费者购买行为的主要因素。

项目三　市场营销调研

项目目标

【知识目标】

（1）了解市场调研的含义；

（2）理解市场调研的作用和分类；

（3）掌握市场调研的方法。

【技能目标】

（1）具备市场调研规划的能力；

(2) 具备运用不同调研方法进行调研的能力。

【实训目标】

(1) 具备制定调研方案的能力;

(2) 熟练运用调查问卷的方法进行调研的能力;

(3) 具备撰写调研报告的能力。

项目实施

【技能训练】

3-1 案头调研

训练目标:

熟练掌握案头调研的方法和技巧。

训练内容:

请搜集2011年和2012年我国家电产品出口的相关数据,说明数据来源,并对两年的数据进行对比分析。

训练要求:

以小组为单位完成案头调研,形成书面调研结果。

3-2 关于大学生"微信"使用情况的调查问卷设计

训练目标:

(1) 熟练掌握调查问卷设计的方法和技巧;

(2) 熟悉调查问卷设计过程中需要注意的问题和设计原则;

(3) 掌握整理、分析调研数据的方法和技巧。

训练内容:

随着"微信"使用者的增加,在校大学生中也有大量的使用者,请你设计一份"关于在校大学生使用'微信'情况的调查问卷",旨在通过市场调查了解目前在校大学生群体使用"微信"的基本情况。

训练要求:

(1) 以小组为单位完成问卷的设计;

(2) 调查问卷的设计应该突出反映"微信"使用的基本情况;

(3) 在问卷中使用多种提问方式;

(4) 小范围内完成调研工作,并将对调查问卷进行整理分析,形成书面调研结果。

3-3 学校食堂满意度调查方案设计

训练目标：

（1）掌握市场调研方案涉及的方法和技巧；

（2）培养学生全局思维能力和组织策划能力；

（3）掌握问卷调查的技巧；

（4）具备调查报告撰写的能力。

训练内容：

假设你所在的高校食堂正在策划一场旨在“提高消费者满意度”的活动，这项活动的开展首先需要通过调查问卷的设计了解该食堂目前的消费者满意度的基本情况，并据此提出相应的活动建议。

训练要求：

（1）以小组为单位完成此次市场调研活动方案的设计和实施；

（2）设计了解消费者满意度的相关调研方案，包括调研目的、调研内容、调研方法、调研组织、调研的实施以及调研结果等内容；

（3）设计相关的调查问卷，问题种类多样，问卷内容应该包括：

大学生对目前食堂提供的菜品的口味、价格、种类、菜量以及卫生等方面的满意度；

大学生对菜品的口味、价格、种类和菜量等方面的偏好；

大学生对食堂经营的建议；

大学生的个人信息等；

（4）根据调研方案，实施调研；

（5）对调研数据进行分析整理，撰写调研报告，为食堂提高消费者满意度提出活动建议。

3-4 情景模拟——神秘顾客法

训练目标：

掌握观察法的技巧。

训练内容：

分别选择一家西式快餐和中式快餐门店，用神秘顾客法进行一次观察法调研，观察内容涉及中、西快餐在点餐速度、上餐速度、餐品质量、服务态度、餐厅卫生、卫生间及其设施、儿童娱乐场所和音乐等方面。

训练要求：

（1）以小组为单位完成神秘顾客法调研；

（2）设计一份神秘顾客调查表，按照观察内容逐一填写；

（3）对中、西快餐的调查表进行对比，提交调研报告。

项目总结

【知识回顾】

市场营销调研是运用科学的方法和手段，系统地、有目的地搜集、分析和研究与市场有关的各种信息，提出分析结论和建议，并以此作为分析市场和制定营销决策的重要依据。市场调研可以帮助营销工作者了解营销活动的得失，识别市场机会，为企业经营提供相关信息。

【技能训练重点】

（1）市场调研的步骤；

（2）市场调研方法的选择；

（3）设计调查问卷；

（4）市场调研的实施。

第三篇

确定营销战略

第七章 目标市场营销战略

【学习目标】

1. 了解市场细分的产生；掌握市场细分的含义、作用和细分标准；理解市场细分的要求；掌握市场细分的方法和程序；

2. 掌握目标市场选择的含义；理解目标市场选择的依据；理解企业选择目标市场的模式；掌握目标市场选择策略；

3. 掌握市场定位的含义；理解市场定位的作用和依据；掌握市场定位的策略。

【重点难点】

1. 市场细分的作用和标准；

2. 目标市场选择策略及企业选择目标市场的模式；

3. 市场定位策略及步骤。

职业引导案例

“万豪”市场细分永不停息

万豪酒店（Marriott）是与希尔顿、香格里拉等齐名的酒店巨子之一，总部位于美国。现在，其业务已经遍及世界各地。就酒店业而言，不同的企业在品牌及市场细分上各有特色：希尔顿、香格里拉等这样单一品牌公司，通常将内部质量和服务标准延伸到许多细分市场上；而“万豪”则偏向于使用多品牌策略来满足不同细分市场的需求，人们（尤其是美国人）熟知的“万豪”旗下的品牌有“庭院旅馆（Courtyard Inn）”、“波特曼·丽嘉（Ritz Carlton）”等。

万豪酒店概况

在美国，许多市场营销专业的学生最熟悉的市场细分案例之一就是“万豪酒店”。这家著名的酒店针对不同的细分市场成功推出了一系列品牌：Fairfield（公平）、Courtyard（庭院）、Marriott（万豪）以及 Marriott Marquis（万豪伯爵）等等。在早期，Fairfield（公平）是服务于销售人员的，Courtyard（庭院）是服务于销售经理的，Marriott（万豪）是为业务经理准备的，Marriott Marquis（万豪伯爵）则是为公司高级经理人员提供的。后来，万豪酒店对市场进行了进一步的细分，推出了更多的旅馆品牌。在高端市场上，Ritz－Carlton（波特曼·丽嘉）酒店为高档次的顾客提供服务方面赢得了很高的赞誉并备受赞赏；Renaissance（新生）作为间接商务和休闲品牌与Marriott（万豪）在价格上基本相同，但它面对的是不同消费心态的顾客群体——Marriott吸引的是已经成家立业的人士，而“新生”的目标顾客则是那些职业年轻人；在低端酒店市场上，万豪酒店由Fairfield Inn衍生出Fairfield Suite（公平套房），从而丰富了自己的产品线；位于高端和低端之间的酒店品牌是TownePlace Suites（城镇套房）、Courtyard（庭院）和Residence Inn（居民客栈）等，它们分别代表着不同的价格水准，并在各自的娱乐和风格上有效进行了区分。之后，“万豪”又推出了Springfield Suites（弹性套房）——比Fairfield Inn（公平客栈）的档次稍高一点，主要面对一晚75至95美元的顾客市场。为了获取较高的价格和收益，酒店使Fairfield Suite（公平套房）品牌逐步向Springfield（弹性套房）品牌转化。经过多年的发展和演化，万豪酒店现在一共管理着8个品牌。

万豪酒店的品牌战略

通过市场细分来发现市场空白是“万豪”的一贯做法，正是这些市场空白成了万豪酒店成长的动力和源泉。万豪一旦发现有某个价格点的市场还没有被占领，或者现有价位的某些顾客还没有被很好地服务，她就会马上填补这个“空白”。位于亚特兰大市的Ritz Carlton（波特曼·丽嘉酒店，现在已经被引入上海等国内城市）经营得非常好而且发展得很快，现在，该酒店甚至根本不用提自己是Marriott（万豪）麾下的品牌。

“万豪”采用的多品牌战略是基于这样一个理念——公司的信心建立在对目标顾客需求的了解之上，并有能力创造一种产品或服务来满足这种需求。顾客的信心并不是建立在“万豪”这个名字或者其服务质量上，其信心基础是“旅馆是为满足顾客的需求而设计的”。例如，顾客想找一个可以承受得起的旅馆住上3、4个星期，“城镇套房”可能就是其最好的选择，他（或她）并不需要为“万豪”额外的品质付费，他可能并不需要这样的品质，而且这种品质对他而言可能也没有任何价值。

万豪酒店创新之道

当市场调查显示旅馆市场上有足够的、尚未填补的“需求空白”或没有被充分满足的顾客需求时，“万豪”就会有针对这些新的需求推出新产品或服务。这意味着公司需要连续地进行顾客需求调研。通过分析可以发现，“万豪”的核心能力在于她的顾客调查和顾客知识，“万豪”将这一切都应用到了从“公平旅馆”到“丽嘉”所有的旅馆品牌上。从某种意义上说，“万豪”的专长并不是旅馆管理，而是对顾客知识的获取、处理和管理。

“万豪”一直致力于寻找其不同品牌间的空白地带。如果调查显示某细分市场上有足够的目标顾客需要一些新的产品或服务特色，那么“万豪”就会将产品或服务进行提升以满足顾客新的需求；如果调查表明在某一细分目标顾客群中，许多人对一系列不同的特性有需求，“万豪”将会把这些人作为一个新的“顾客群”并开发出一个新的品牌。

万豪公司宣布开发“弹性套房”这一品牌的做法是一个很好的案例。当时，“万豪”将“弹性套房”的价格定在75－95美元之间，并计划到1999年3月1日时建成14家，在随后的两年内再增加55家。“弹性套房（Springfield Suites）”源自“公平套房（Fairfield Suites）”，而“公平套房”原来是“公平旅馆（Fairfield Inns）”的一部分。“公平（Fairfield）”始创于1997年，当时，华尔街日报是这样描绘“公平套房”的：宽敞但缺乏装饰，厕所没有门，客厅里铺的是油毡，它的定价是75美元。实际上，对于价格敏感的人来讲，这些套房是“公平旅馆”中比较宽敞的样本房。现在的问题是：“公平套房”的顾客可能不喜欢油毡，并愿意为“装饰得好一点”的房间多花一点钱。于是，“万豪”通过增加烫衣板和其他令人愉快的东西等来改变“公平套房”的形象，并通过铺设地毯、加装壁炉和早点房来改善客厅条件。通过这些方面的提升，万豪酒店吸引到了一批新的目标顾客——注重价值的购买者。但后来，“万豪”发现对“公平套房”所做的提升并不总是有效——价格敏感型顾客不想要，而注重价值的顾客对其又不屑一顾。于是，“万豪”考虑将“公平套房”转换成“弹性套房”，并重新细分了其顾客市场。通过测算，“万豪”得到了这样的数据：相对于价格敏感型顾客为“公平套房”所带来的收入，那些注重价值的顾客可以为“弹性套房”至少增加5美元的收入。

市场是由诸多购买者构成的一个庞大而复杂的整体，购买者在地理位置、收入水平、消费心理和消费观念等方面都存在很大的差异，因此，对同类产品的消费需求也就千差万别。试图使用单一产品吸引所有消费者的营销行为已经不再适用了。企业只有在做好市场营销调研的基础上，对消费者进行分类，然后根据自己的优势和市场机会选择某一类消费者作为自己的目标市场，并且制订相应的市场营销策略来满足目标市场消费者的需求，并且可以利用市场定位策略确定本企业的产品在消费者心目中的位置，才能够在日益激烈的市场竞争中觅得一席之地。目标市场营销战略主要包括三个环节：市场细分（Market Segmentation）、目标市场选择（Market Targeting）和市场定位（Market Positioning）。

第一节 市场细分

所谓市场细分，就是根据顾客之间需求的差异性，把一个产品市场划分为若干个顾客群体，每一个由需求特点相似的顾客组成的群体构成一个细分市场。

一、市场细分的产生

市场细分的概念是20世纪50年代中期由美国市场营销专家温德尔·史密斯在总结了企业市场营销实践经验的基础上提出来的，是第二次世界大战后企业营销战略思想的一个重要发展。

20世纪以来，西方经济发达国家的企业在进入市场的途径和市场营销方式上发生了很大的变化，大体经过了三个发展阶段。

1. 大量营销阶段（Mass Marketing）

19世纪末2世纪初，生产观念开始盛行，企业发展的核心是提高劳动生产率，扩大企业规模，因此这一阶段的营销方式为大量营销，即大批量生产品种规格单一的产品，并且通过大众化的营销渠道进行销售。在当时的市场环境和生产力条件下，大量营销可以帮助企业降低成本和价格，吸引消费者，进而获取丰厚的利润，所以企业没有必要进行市场需求方面的研究，也不重视市场需求。

2. 产品差异化营销阶段（Product Differentiated Marketing）

自20世纪20年代之后，随着产量的增加，同行业的产品大体相同，因此增加了企业间的竞争，产品销售困难、价格下跌以及利润降低，对企业构成了很大的威胁。于是企业开始在外观、质量及性能等方面生产与竞争产品不同的产品，即产品观念逐渐取代了生产观念，营销方式开始向产品差异化转变，企业千方百计使自己的产品与竞争者的产品保持一定的差异性，以此来吸引顾客，争取在市场竞争中取得主动权。但是，此阶段的企业仅仅是从自身条件出发追求产品的差异性，并不是从消费者需求的角度出发，因此缺乏明确的目标顾客，具有很大主观性和盲目性

3. 目标市场营销阶段（Target Marketing）

第二次世界大战后，随着经济的发展，西方经济发达国家的市场形态发生了很大的变化，一方面，买方市场逐渐占据了主导地位，生产与消费的矛盾日益尖锐，以产品差异化为中心的营销方式不能解决企业面临的市场问题；另一方面，随着消费者收入水平和生活水平的提高，消费需求呈现多样化和变化快的特征。在这种形势下，企业开始再次转变自己的营销观念和营销方式：以市场需求为核心的目标营销方式，即企业在研究市场和市场细分的基础上，结合自身的资源和优势，选择其中能够为之提供产品的且具有吸引力的细分市场为目标市场，并有针对性地开展营销活动。至此，市场细分产生。

市场细分理论的产生，使得传统的营销观念发生了根本的改变，被西方理论界称之为“市场营销革命”。

二、市场细分的作用和要求

1. 市场细分的作用

（1）有利于企业发现新的市场机会

在买方市场条件下，企业营销决策的起点在于发现有吸引力的市场环境机会，这种环境机会能否发展成为市场机会，取决于两点：一是与企业战略目标是否一致；二是利用这种环境机会能否比竞争者具有优势并获取显著收益。显然，这些必须以市场细分为起点。通过市场细分，企业可以发现哪些需求已经得到满足，哪些需求没有得到满足，哪些需求只被满足了一部分，存在着潜在需求。同时，通过市场细分，企业还可以发现哪些产品的市场竞争比较激烈，哪些产品的竞争比较少，哪些产品急需开发。

小贴士

日本精工表业通过市场细分，在美国市场迅速明确了市场机会，确定了自己的目标市场，迅速打入美国的手表市场。通过调查，日本精工表业发现，美国消费者对手表的需求可以分为三类：23%的消费者对手表的要求是能计时且价格低廉；46%的消费者要求手表计时基本准确、耐用且价格适中；31%的消费者追求手表的象征性价值，要求手表名贵、计时精确。而美国和瑞士的手表企业往往比较注重满足第三类消费者的需求，第一和第二类消费者的需求得不到充分的满足，于是日本精工表业以款式新颖、价格低廉、方便的免费保修服务迅速进入第一类市场，消费者在折扣商店、药店以及超市都可以买到日本精工生产的手表，很快便在美国市场上获得了较大的市场占有率。

对于中小企业而言，市场细分显得比较重要：中小企业资源能力有限，技术水平相对较低，缺乏竞争能力，可以根据自身的经营优势，通过市场细分，选择一些大企业不愿顾及、相对市场需求量较小的细分市场，集中力量满足该特定市场的需求，在整体竞争激烈的市场条件下，在某一局部市场取得较好的经济效益，求得生存和发展。

(2) 有利于企业提高竞争能力和应变能力

通过市场细分，企业可以更清楚地了解竞争对手的优势和弱点，进而可以避实就虚、扬长避短地选择目标市场，进行市场定位，增强自己的竞争能力；企业进行市场细分，是面向特定的消费者群有针对性地开展营销活动，市场信息反馈较快，有利于根据市场需求及竞争等方面情况的变化及时地调整自己的营销对策，提高企业应变能力。

(3) 有利于合理利用企业资源，提高经济效益

在激烈的市场竞争中，若单纯以价格为竞争的手段，这对企业极为不利，如果企业通过市场细分选择有利的市场机会为目标市场，向市场提供别人没有或不愿、不能提供的产品，就能创造出一个局部的卖方市场，从而避免单纯用价格进行竞争所带来的不利影响；通过市场细分，选择少数最好的市场部分为自己的目标市场，企业可以集中人力、物力、财力等资源生产经营适销对路的产品，从而避免分散使用力量，提高经营效率和经济效益。

(4) 有利于掌握市场变化，满足不同层次消费者的需求

通过市场细分，企业可以有针对性地了解市场需求及其变化，随时掌握市场的变化情况，这样企业才能正对消费者的需求生产产品，并且有针对性地开发新产品，满足消费者不断变化的新需求。

小贴士

日本泡泡糖市场年销售总额为740亿日元，其中大部分为“劳特”所垄断，但江崎糖业公司并未退缩，而是周密研究和分析市场，终于发现了“劳特”的四点缺陷：一是“劳特”的重点放在儿童市场，忽视了成人市场；二是“劳特”只生产单一的条状泡泡糖，式样陈旧；三是“劳特”主要生产果味泡泡糖，忽视了消费者需求的多样性；四是“劳特”单价为110日元，消费者购买时需多掏10日元的硬币，往往感到不便。针对这些不足，江崎糖业公司以成人泡泡糖市场为重点，将其细分为司机用泡泡糖、交际用泡泡糖、体育用泡泡糖和轻松性泡泡糖四大功能性泡泡糖市场，并精心设计了产品的包装，单价定为50日元和100日元两种，避免了找零钱的麻烦。功能性泡泡糖问世后，像飓风一样席卷全日本。江崎糖业公司不仅挤进了由“劳特”独占鳌头的泡泡糖市场，而且市场占有率猛升至25%，当年销售额达175亿日元。

2. 细分市场的要求

(1) 差异性：指在某种产品的整体市场中，确实存在着购买与消费上的明显差异，可以成为细分依据。

(2) 可衡量性：是指细分市场的规模、购买力是可以测量的。有些细分变量令人捉摸不定，难以衡量和测算，不能作为细分的依据。

(3) 可进入性：指企业能够有效进入该细分市场并为之服务的程度。市场细分部分必须使企业有可能进入并占有一定的份额，否则就没有现实意义。

(4) 可盈利性：指细分市场的容量能保证企业获得足够的盈利。市场容量太小、销量有限，则不足以成为细分依据。

(5) 稳定性：市场细分所划分的子市场必须具有相对稳定性。如果市场细分的变化频率太快，一方面，企业的营销策略还没有取得相应的效果，目标市场就已经发生了改变，不利于营销战略的一致性和稳定性；另一方

面，不利于消费者对企业和产品产生一贯性的认知，不利于建立良好的企业形象。

3. 市场细分的层次

（1）市场小细分层

市场小细分是由一个市场内规模较大的易于区别的群体构成。例如，可以将汽车市场划分出4个范围较广的消息分层：追求运输功能的购买者、追求代步工具的购买者、追求豪华气派的购买者和追求安全的购车者。通常情况下，一个小细分市场的顾客通常被认为具有相似的欲望和需要，但是，这种需要和欲望并不是完全相同的。例如，追求豪华气派的购车者希望在卖方提供的基本功能外增加更多的产品特点和利益，而追求代步工具的购车者则可能放弃在他们看来并不十分需要的东西。

由于市场小细分的规模较大，通常会吸引众多竞争者为之提供产品和服务。为确保竞争的胜利，一些明智的厂商层正在迅速地将服务对象转向比小细分更小的层次——补缺市场。

（2）补缺市场层

随着卖方不断引进更为精确的特征来划分市场，市场小细分趋向于被分解为一组补缺市场。补缺市场层是一个规模较为狭窄的确定群体，一般是一个需要得到很好服务的小型市场。市场营销者通常有两种方法识别出补缺市场，一种方法是通过将一个市场小细分划分成若干亚小细分来识别；另一种方法是通过确定一个具有若干鲜明性状、可能寻求具体的利益组合的群体来识别。例如白酒企业可以将整个市场划分为不喝酒者和喝酒者两个小细分市场，然后还可以将喝酒者这个小细分市场中划分出轻度饮酒者、中度饮酒者和重度饮酒者三类补缺市场。

因为补缺市场规模相对较小，只能吸引一个或很少几个竞争厂家为之提供产品和服务。富有吸引力的补缺市场的特征是：①补缺市场上的顾客具有一组独特的完整的需要；②顾客对于最能满足其需要的厂商会支付高价；③补缺者拥有以超常方式为补缺市场服务所要求的技能；④补缺者通过专门化能实现一定的经济效益；⑤补缺市场不可能吸引太多的竞争者；⑥补缺市场具有足够的规模、利润和增长潜力。

（3）地方市场层

随着市场细分的深入，一部分的营销工作者和理论学者认为，地区市场的人口统计和生活方式存在明显的地区差异，市场营销应该根据这些差异，有针对性地划分市场，开展营销活动。因此，市场营销日益带有地区性营销和地方性营销的特点，营销方案针对地方顾客群体的需要和欲望的不同而有所不同。例如，某银行可以根据下属各支行所处的街道或社区的人口统计、经济收入水平等制定不同的银行服务。

(4) 一人小细分层

每个人构成一个小市场，一人市场的出现是市场细分的终极结果或极限水平，是完全细分的表现。

三、市场细分的标准

市场细分的关键是能够准确而有效地区分不同特征的消费者群体，因此市场细分标准的选择，就非常重要。市场细分标准的去顶是以消费者需求的差异性为基础的，因此，没有一种绝对的或固定不变的细分标准用来区分消费群体，各行各业都可以根据自已的消费者的需求差异性以及其他变化的环境因素，来确定自身的细分标准，寻求最佳的营销机会。在消费品市场中，用来细分市场的变量主要包括地理细分、人口细分、心理细分以及行为细分等4个方面，如表7－1所示：

表7－1　消费者市场细分的一般标准

细分标准	变量
地理因素	国家、区域、地形、气候、城镇、交通等
人口因素	年龄、性别、职业、宗教、民族、种族、社会阶层等
心理因素	购买动机、生活方式、个性、态度、习惯等
行为因素	购买时机、购买频率、使用频率、追求利益、品牌忠诚度等

1. 地理细分

地理细分是指按照消费者所在的地理位置和自然环境来细分消费者市场，包括国家、地区、省市、城市、农村等。地理细分的方法比较传统，而且由于地理位置和自然环境具有相对的稳定性，因此，长期生活在某一个地区的消费者，受当地地理环境、气候条件、社会风俗、传统习惯等的长期影响，其需求具有一定的相似性。而生活在不同区域的消费者之间的需求就存在着较大的差异。例如，美国东部的消费者喜欢口味比较清淡的咖啡，而西部的消费者爱喝味道醇厚的咖啡。

地理细分的标准往往都是静态的因素，因此比较容易辨别，而且也较利于营销工作人员研究分析不同地区消费者需求的特点、需求总量及其发展变化趋势，为企业开拓市场明确方向。但是，需要说明的是，即使是居住在同一个国家、地区或城市下的消费者，由于个体差异，也会导致需求差别较大，因此除了地理因素外，还要进一步按照其他的标准细分市场。

2. 人口细分

人口细分是指按照各种人口统计变量，包括年龄、性别、职业、婚姻、教育程度、收入、家庭规模、家庭生命周期、种族、民族、国际、宗教以及社会等级等因素细分消费者市场。人口细分是区分消费者群体最常用的标准，因为消费者的需求特征会随着人口因素的变化而变化。

(1) 年龄和生命周期。消费者的需求和购买能力随着年龄的变化而变化，不同年龄的消费者也会呈现出不同的需求特征。例如，日本资生堂按照年龄层次，把化妆品的消费对象分为五个年龄段，分别是：15—17 岁、18—24 岁、25—34 岁、35—54 岁、55 岁及以上，从而开发出适合各年龄段消费者需要的化妆品。

(2) 性别。性别的差异使得男性消费者和女性消费者对产品和服务的需求表现出较大的差别，因此，越来越多的企业开始关注不同性别之间的消费者需求的差异，并且有针对性的实施营销战略。例如，联合利华推出的“清扬”洗发产品就按照性别对市场进行了细分；又如，纳爱斯针对成年人的牙膏产品也是按照性别对市场进行了细分。

(3) 收入。收入水平决定着消费者的购买能力，并且直接影响消费者的需求量及需求特征。例如，高收入者购买高档商品，低收入者更多的购买物美价廉的商品。例如，按照收入水平决定的购买力，可以将轿车分为经济性轿车、中档轿车和豪华轿车等。

(4) 职业和教育程度。职业与教育程度是互相关联的两个因素，消费者的职业和受教育程度不同，能够形成不同的细分市场。

(5) 社会阶层。社会阶层是一种相对稳定和有序的分类，通常是由职业、收入、教育程度和价值观等多种因素共同作用的结果。每一个社会阶层内部的成员具有相似的价值观、行为取向和兴趣爱好，因此，他们的需求特征具有一定的同质性和稳定性。

3. 心理细分

心理细分，就是按照消费者的心理特性来细分市场，具体的细分变量包括生活方式、性格特征、价值取向以及购买动机等。通过心理细分，企业可以更好地了解消费者购买商品的心理原因，便于企业从消费者的消费动机入手，更好地把握消费者需求，占领市场。

(1) 生活方式

生活方式是指一个人或集团对消费、工作和娱乐的特定的习惯和倾向性方式。人们的生活方式可以分为“传统型”、“新潮型”、“活泼型”和“社交型”等多种生活方式。人们追求的生活方式不同，因而对产品的需求也不同。把追求某种生活方式的消费者群作为企业的经营目标市场，专项设计符合于这些消费者需求的产品，对提高企业经济效益极为重要。

(2) 个性

个性是指一个人比较稳定的心理倾向和心理特征，不同的个性特征会导致一个人对所处的环境做出相应的反应。

营销人员正越来越多地利用心理因素变数来细分市场。例如，香港托比时新连锁店根据生活方式将顾客划分为深思熟虑型、追随潮流型和随意型，并设立了相应的分店为之服务。例如，北京有很多餐馆将当年的“知青”作为目标顾客，在店内悬挂毛主席语录、画像、军用水壶、军绿挎包，甚至搭台唱“样板戏”，使人们进入餐馆就好像回到了那个特殊的年代，勾起“知青”内心深处的回忆。

4. 行为细分

行为细分是指按照消费者的购买行为划分市场。购买行为包括购买时机、购买方式、追求利益、使用者状况、品牌忠诚度等因素。行为细分能够更直接更准确地反映消费者的需求差异，是市场细分的重要依据。

(1) 购买时机。根据消费者购买和使用产品的不同时机，将他们划分成不同的群体，企业可以根据消费者的购买时机不同，把握特定时机下的市场需求，用于扩大或减少产品的市场需求量。例如，旅游公司往往会在“十一”和春节期间的长假推出大量的旅游线路，投入优质资源为旅游高峰期的游客服务，另一方面也会相应提高收费标准，充分利用“黄金周”赚取收益。

(2) 追求利益。根据消费者购买和适用商品时期望得到的主要利益的不同，可以将消费者细分为不同的消费群体。企业要善于根据消费者追求的利益的不同，在市场细分的基础上，有针对性地开展营销活动，更好地满足其利益需求。

（3）使用者状况。根据顾客是否使用过或使用程度的不同，可以将市场细分为从未使用者、曾经使用者、潜在使用者、首次使用者和经常使用者。企业可以据此采取有针对性的营销策略。通常情况下，有较高市场占有率的大企业往往重视将潜在使用者转变为现实的使用者，较小的企业则注重于保持现有使用者，并设法吸引市场领先者的现有客户。

（4）使用频率。根据消费者对特定产品的使用次数多少和数量大小，可以将市场细分为大量使用者、中度使用者和少量使用者市场，这种细分方法又叫使用率细分。大量使用者的人数可能并不多，但他们重复购买率高，因此，所消费商品占全部消费量中很大的比重。例如，美国一家公司研究发现，美国啤酒销量的87%是50%的老顾客消费掉的，而另外一半的顾客仅消耗了总量的13%，所以，啤酒公司宁愿吸引重度饮用啤酒者，而放弃轻度饮用者，从而把重度饮用啤酒者作为目标市场。

（5）品牌忠诚程度。消费者的忠诚程度，包括对企业的忠诚度和对品牌的忠诚度。企业的忠诚度表现为顾客对企业所生产的产品和服务的信任。这种信任是顾客在长期消费实践中逐渐形成的。品牌的忠诚程度，是从顾客感受到的产品质量和对功能价值期望的满意度表现出来的，它可以通过设计顾客满意度指数进行测评。根据顾客对品牌的忠诚程度，可以把购买者分为四种：

①坚定忠诚者，他们在较长时期内始终购买一种品牌；

②中度忠诚者，他们经常在2~3种品牌间进行选择购买；

③转移型忠诚者，这些购买者经常从偏爱一种品牌转换到偏爱另一种品牌；

④多变化者，他们对任何一种品牌都不忠诚。

四、市场细分的方法和程序

1. 市场细分的一般方法

依据影响需求因素的多少不同，市场细分有三种方法，即完全细分法、单一因素细分法和多因素细分法。

（1）单一因素细分法。单一因素细分法就是根据消费需求的某一特征或某一标准进行市场细分的方法。对通用性比较强，选择性不大的产品，往往可按其中一个影响购买者需求最强的细分因素（或标准）进行细分，如可按收入不同划分，或按不同年龄划分等。

（2）多因素细分法。也叫系列细分法，即按两个或两个以上的因素，由粗到细逐步地进行系列划分市场的方法。大多数产品的销售都受多种因素的影响，如不同年龄范围的消费者，因生理或心理的原因对许多消费品都有不同的需求；同一年龄范围的消费者，也会因性别、居住地区、受教育的程度不同，以及其他许多情况的差别，而表现出多种多样、互不相同的消费需求和欲望。因此，大多数产品都需要按照两个或两个以上的因素进行细分。按照多因素细分的方法对市场进行细分，可以更精确的划分目标市场，但是如果企业利用所有可能的因素组合来细分市场，那么，每个消费者就有可能成为一个市场，这不利于企业规模发展和经济效益的取得。因此，采用多因素细分法的企业还要兼顾考虑有效细分市场的要求，选择适当、适量的细分因素组合。

（3）完全细分法。是根据消费者个体需求的综合特征，对市场进行的彻底细分。按照完全细分法细分的市场，很可能每个消费者都会成为一个子市场。这在一定程度上与现代市场营销中的“定制营销”理念相迎合。所谓定制营销，是指企业在大规模生产的基础上，将每一位顾客都视为一个单独的细分市场，并根据个人的特定需求来进行市场营销组合，以满足每位顾客的特定需求的一种营销方式。现代的定制营销与以往的手工定做不同，它是在简单的大规模生产不能满足消费者多样化、个性化需求的情况下由消费者主动提出来的，其最突出的特点是根据顾客的特殊要求来进行产品生产。例如，海尔在国内率先推出的“定制冰箱"，就是根据消费者需要的冰箱由消费者自己来设计，企业则根据消费者提出的设计要求来定做一种特制冰箱。这种冰箱对厂家来说，就是把“我生产你购买”转变成“你设计我生产”。虽然两者都是生产冰箱，但后者则强化了对顾客的服务理念。

2. 市场细分的程序

市场细分的过程，一般分为七个步骤，如图 7-1 所示：

（1）选择应研究的产品市场范围。这是市场细分的基础。为此，企业必须开展深入细致的调查研究，分析市场消费者需求的动向，作出相应决策。企业在选择市场范围时，应注意这一范围不宜过大，也不应过于狭窄，

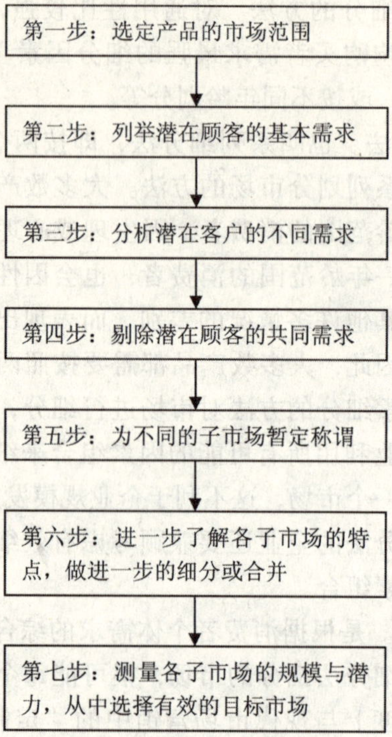

图 7－1　市场细分的步骤

企业应考虑到自己所具有的资源和能力。

(2) 根据市场细分的标准和方法，列出所选择市场范围内所有潜在消费者的全部需求，这是确定市场细分的依据。为此，企业应对市场上刚开始出现的或将要出现的消费需求，尽可能全面而详细的罗列归类，以便针对消费者需求的差异性，决定实行何种细分市场的变数组合，为市场细分提供可靠的依据。

(3) 分析可能存在的细分市场，并进行初步细分。企业通过分析不同的消费者的需求，找出各类消费者的典型及其需求的具体内容，并找出消费者需求类型的地区分布、人口特征以及购买行为等方面的情况，加上营销决策者的经营经验，作出估计和判断，进行正式市场细分。

(4) 确定在细分市场时所应考虑的因素，并对初步细分的市场加以筛选。企业应分析哪些需求因素是重要的，并将其与企业的实际条件进行比较。然后，删除那些对各个细分市场无关紧要的因素，以及企业无条件开拓的市场。最后，筛选出最能发挥企业优势的消费市场。

（5）为消费市场定名。企业应根据各个细分市场消费者的主要特征，用形象化的方法，为各个可能存在的细分市场确定名称。

（6）分析市场营销机会。在细分市场过程中，分析市场营销机会，主要是分析总的市场和每个子市场的竞争情况，以及确定对总的市场或每一个子市场的营销组合方案，并根据市场研究和需求潜力的估计，确定总的或每一个子市场的营销收入和费用情况，以估计潜在利润量，作为最后选定目标市场和制定营销策略的经济分析依据。

（7）提出市场营销策略。一个企业要根据市场细分结果来决定市场营销策略。这里，要区分两种情况：如果分析细分市场后，发现市场情况不理想，企业可能放弃这一市场；如果市场营销机会多，需求和潜在利润量满意，企业可依据细分结果提出不同的目标市场营销策略。

第二节　目标市场选择策略

一、选择目标市场的依据

目标市场（Target market），是企业准备进入并为之提供服务的市场。目标市场选择（Market Targeting），就是企业考虑决定进入哪一个或哪几个市场并为之提供服务的过程。

评估和选择细分市场是选择目标市场的两个环节，企业在选择目标市场之前，需要对细分市场进行评估，将细分市场的吸引力与本企业的目标和资源相结合，考虑选择一个或几个细分市场作为目标市场。企业在选择目标市场时的主要依据包括：

1. 细分市场具有一定的规模和发展潜力

企业选择并进入一个子市场并为之提供产品和服务的目的就是获取一定的利润，因此，在选择子市场时，企业应考虑潜在的细分市场是否具有适度规模和发展特征。“适度规模”是一个相对概念，是指如果市场规模过于狭小或者趋于萎缩状态，企业进入后就难以获得发展，这时，就应该慎重考虑，不宜轻易进入。当然，市场的规模也并不是唯一的指标，如果市场的成长性较强，即具有较大的发展潜力，企业进入后有可能获得较大的市场份额，则也可考虑进入。

2. 细分市场具有一定购买力

购买力是企业进入细分市场后获取利润的重要保障，因此是企业选择目标市场的重要条件之一。因为如果细分市场仅仅存在潜在需求，消费者没有足够的购买力，买不起商品，也就不能构成企业的现实市场。

3. 细分市场的竞争情况

在市场经济中，竞争是无处不在的。当企业选择并进入细分市场时，还要考虑细分市场的竞争情况，如果细分市场竞争激烈，就会增加企业实现营销目标的难度，甚至难以实现预定的目标。因此企业要尽可能的选择竞争较小的、竞争对手较弱的细分市场作为目标市场。

4. 符合企业的目标和能力

企业在选择目标市场时，不仅要考虑目标市场的规模和吸引力，还应该考虑企业自身发展目标和资源条件，从而决定企业是否有能力进入细分市场。一些细分市场具有较大的吸引力，但是与企业的发展目标不匹配，或者企业的资源有限，无法更好地满足细分市场消费者的需求，则这样的细分市场不宜进入。

二、企业选择目标市场的模式

企业在对不同的细分市场评估后，就需要进行目标市场的选择，目标市场选择的步骤如图 7－2 所示：

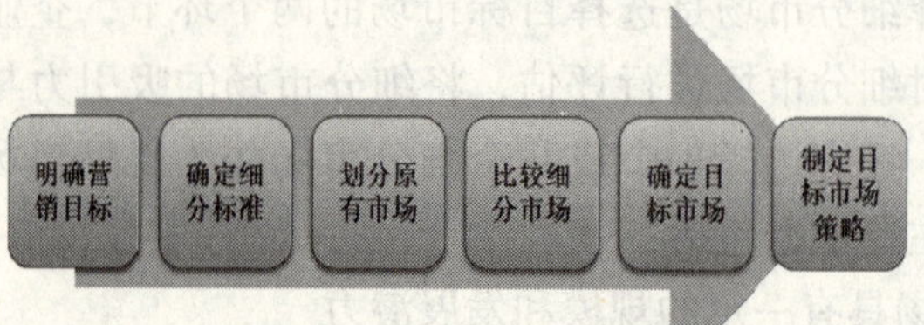

图 7－2　目标市场选择过程

企业在确定目标市场的过程中，要对选择哪些子市场做出决策。企业选择目标市场的模式有 5 种，如图 7－3 所示：

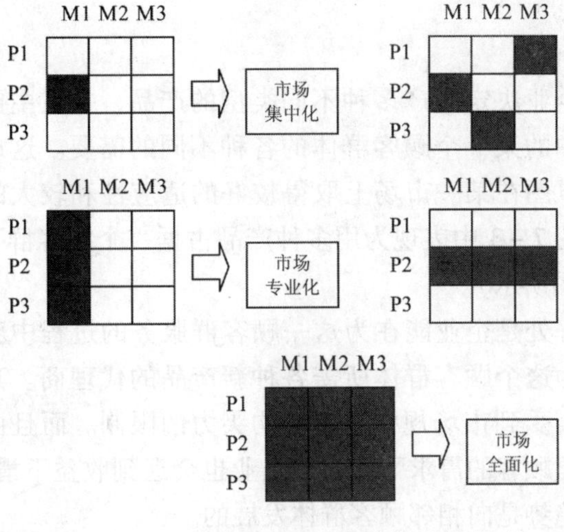

图 7-3　目标市场选择模式

1. 市场集中化

市场集中化是指企业决定只生产一种类型的标准化产品，并且主要用于满足该产品整体市场中的某一个顾客群体一种特定的需要。较小的企业通常采用这种策略。在图 7-3 中表现为占据其中的一个方格（如市场集中化图所示）。

选择市场集中化模式一般基于以下考虑：企业具备在该细分市场从事专业化经营取胜的优势条件；限于资金能力，只能经营一个细分市场；该细分市场中几乎没有竞争对手；准备以此为出发点，取得成功后向更多的细分市场扩展。采用这种模式，一方面企业能更好地了解细分市场的需要，在该细分中建立巩固的地位，获得很高的投资收益；另一方面，这一模式的风险也较大。

2. 选择专业化

选择专业化是指企业生产或销售集中产品，同时进入几种不同的细分市场，满足不同消费者群的需要。这一般是生产经营能力较强的企业在几个细分市场均有较大吸引力时所采取的决策。在图 7-3 中表现为占据几个相邻或不相邻的方格（如选择专业化图所示）。

这种模式是一种典型的多元化格局，有分散风险、在多个细分市场赢利的好处。即使某个细分市场赢利不佳，仍可在其他细分市场取得赢利，为国内外的许多企业集团公司采用。采用选择专门化模式的企业应具有较强的资源和营销实力。

3. 市场专业化

市场专业化是指企业决定生产多种不同类型的产品，并且主要用于满足某一产品整体市场中的某一个顾客群体的各种不同的需要。这通常是经营能力较强的企业，试图在某一市场上取得较好的适应性和较大的优势地位而采取的做法。在图7-3中表现为用多种产品占据一个顾客群下的多个方格（如市场专业化图所示）。

采用这种模式的好处是企业能在为这一顾客群服务的过程中获得良好的声誉，并有可能成为这个顾客群体所需各种新产品的代理商。其局限性是，企业的经营效益会受到市场规模、市场购买力的限制。而且由于集中于某一类顾客，当这类顾客的需求下降时，企业也会遇到收益下滑的风险。所以这种模式的发展趋势是向相邻顾客群体发展的。

4. 产品专业化

产品专业化是指企业决定生产一种类型的系列产品，并将其供应给某一产品整体市场的各个顾客群，满足其对一种类型产品的各不相同的需要。产品专业化通常是市场集中化的延续。在图7-3中表现为用一种产品占据多个方格（如产品专业化图所示）。

采用这一模式的优点是企业专注于在某一种或一类产品上取得突破，有利于形成和发展生产和技术上的优势，在该产品领域树立很高的声誉。其局限性是当该领域被一种全新的技术或产品所取代时，产品销量有大幅下降的危险。

5. 市场全面化

市场全面化是指企业决定全方位地进入某一产品整体市场的各个细分市场，并有针对性地向各个不同的顾客群提供不同类型的系列产品，以满足整体市场中各种各样的需要。这主要是大企业为在整体市场上取得领导地位而采取的做法，它往往是市场化、专业化或产品专业化的延续。在图7-3中表现为用多个产品占据全部的方格（如市场全面化图所示）。这种模式在实践中，只有少数实力雄厚的大公司能近似地采用这种模式。

企业在选择目标市场时，企业往往会选择先进入最具吸引力的且有条件进入的细分市场，然后再在机会和条件成熟时会再次有针对性地选择其他细分市场进入，逐步扩大目标市场的范围。

小贴士

选择目标市场的工作流程：

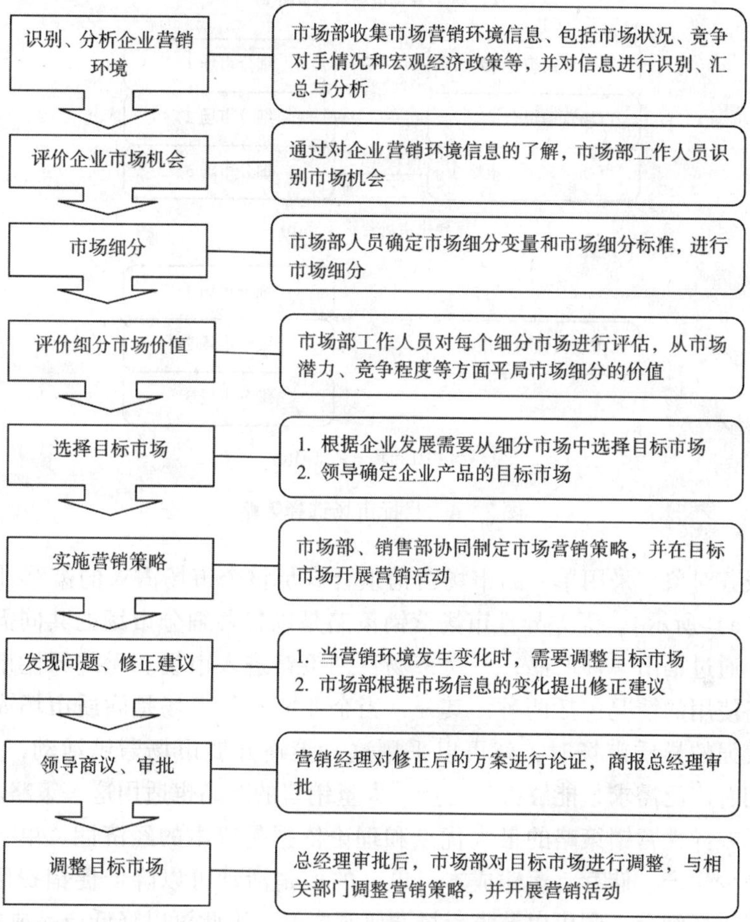

三、目标市场选择策略

企业选择的目标市场不同，相应的市场营销策略也不相同，通常情况下，企业的目标市场选择的策略有三种：无差异性市场营销策略、差异性市场营销策略和集中性市场营销策略，如图 7－4 所示。

1. 无差异性市场营销策略

无差异性市场营销策略又叫整体化市场营销策略，是指企业以市场整

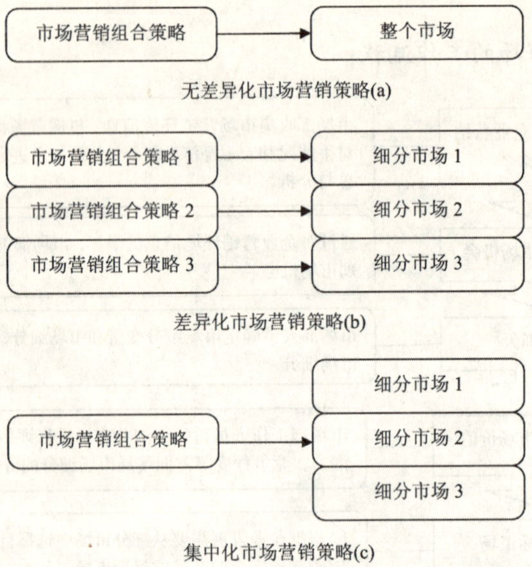

图 7－4　目标市场选择策略

体为服务对象，采用单一的市场营销组合满足整个市场需求的策略［如图 7－4（a）所示］。无差异性市场营销策略是以各种细分市场的共同需要为前提，通过推出一种产品，一套市场营销策略进入市场。无差异性市场营销策略使用的情况包括两种：其一，当企业面对的市场是同质市场或是同质性较强的异质市场时，就可以采用这一策略开展市场营销活动；其二，那些拥有广泛需求，能够大量生产、大量销售的产品也适用这一策略。

无差异性营销策略的最大优点和理论依据是成本的经济性。单一品种可以减少生产、储存、运输成本，单一的促销活动可以降低促销费用，无需进行市场细分，则可以节省市场调研开支等，因此可以降低产品成本。

采用无差异性市场营销策略的缺点是：细分市场的需求得不到满足。在市场竞争激烈的情况下，企业不能获得较多的利润，只适用于顾客需求大致相同的少数产品，而对大多数产品来说是不适用的。同时，无差异性营销策略易于使其他竞争者加入而引起激烈的竞争，降低企业的市场占有率，减少利润。

2. 差异性市场营销战略

差异性市场营销策略是指企业把整体市场划分为若干细分市场，并针对不同细分市场的需求特征，分别设计不同的产品和运用不同的营销组合，分别满足不同的细分市场上消费者需求所采取的营销策略［如图 7-4（b）所示］。差异性市场营销策略是以细分市场为前提的，通过市场细分，可以将市场划分为若干个具有相同需求的子市场，差异性市场营销策略才能更好的满足不同消费者群体的需求。除此之外，差异性营销策略的基础还包括随着科学技术的发展，现代企业营销能力增强，有条件采用这一策略；市场竞争激烈，新形势迫使企业采用这一策略，以利于在竞争激烈的市场中处于有利地位。

差异性市场营销策略的优点：第一，企业能根据各个细分市场的特点，更好地适应和满足各种不同消费者的需求，从而扩大企业销售量；第二，通过差异化的市场营销组合，同时在几个细分市场上占优势，有利于提高市场占有率，提高企业的声誉；第三，企业将经营目标分散于不同的细分市场上，可以降低风险。

企业是否采取差异化营销策略主要取决于企业的资源情况，只有具备了一定的人力、财力和物力的企业，才能够通过差异化市场营销策略获得利益 。因为差异性市场营销策略会增加企业的各种成本，例如，生产成本、管理成本和促销成本等。首先，从生产成本的角度来看，企业生产经营多种产品的成本必然比单一产品成本高；其次，从管理成本的角度看，差异化营销策略需要企业针对不同细分市场分别进行营销研究、预测和销售分析，加上营销渠道和促销等方面的管理，这就必然会增加管理费用。又由于多种产品的库存管理成本总高于单一产品，它需要多种仓储设施及记录和稽核，所以库存成本会提高。在此，从促销成本的角度来看，要针对各细分市场分别使用不同的广告媒体和广告设计，使用多种推销人员和营业推广的方式，因而也就增加了促销费用。因此，企业是否适合采用差异化市场营销策略，要综合考虑，不仅要看它能否提高产品的销售量，还要考虑它给企业带来的利润是否大于其营销费用支出。

3. 集中性市场营销策略

集中性营销策略是指企业在市场细分的基础上，选择一个或少数几个细分市场作为目标市场，实行高度专业化的生产和销售，集中满足一个或少数几个细分市场消费者需求所采取的营销策略［如图 7-4（c）所示］。这一战略所追求的不是在整体市场上分散地占有较小份额，而是力图在较小的细分市场上占有较大的市场份额。集中性市场营销策略比较容易帮助企业在特定市场上取得有利地位，还可以节省市场营销费用，提高产品与企业知名度，并可能迅速扩大市场获得较高的经济效益。

集中性市场营销战略的优点：首先，由于企业集中力量于一个细分市场或其中几个更小的市场部分上，因而便于深入了解目标市场的需求情况，有针对性地开展营销工作，有利于迅速占领市场并取得优势，提高自己在目标市场上的知名度，从而增加企业营业收入和利润；其次，集中性市场营销策略生产经营的产品针对性强，容易形成产品与经营特色；最后，由于企业的目标市场范围较小，集中使用力量，实行了生产和营销等方面的专业化，因而可以有效地减少投资和占压资金，降低生产成本和经营费用，加快资金周转，提高投资收益率，取得较好的经营效益。这种战略主要适用于小企业。小企业受到资源力量的限制，无法在同一产品的整体市场或多个细分市场上与大企业抗衡，但在大企业未予注意或不愿顾及的某个细分市场上全力以赴，可以大大提高成功的机会。寻找市场缝隙，实行集中性营销，为自己创造成长的小气候，可以说是小企业变劣势为优势的一种明智选择。

集中性市场营销战略的缺点：由于集中性市场营销策略选定的目标市场范围窄小，业务单一，实行这种战略的企业要承担较大的潜在风险。当市场需求发生较大的变化或遇到强有力的竞争对手侵入时，企业往往会因回旋余地小而陷入困境。因此，采用这种战略的企业必须密切注意目标市场的需求动向及其他营销环境因素的变化，制定适当的应急措施；自身力量一旦有了增强，就要寻找机会，适当地扩大目标市场的范围或实行多角化经营。

表7-2　目标市场选择策略的内容、优缺点及适用情况

目标市场选择策略	内容	优缺点	适用
无差异市场营销策略	针对整体市场推出一种产品，运用一种营销组合策略，试图吸引更多的消费者	优点：规模效益	同质性商品，规模效益明显的商品
		缺点：营销策略针对性不强，不能充分满足需求，竞争优势不明显	
差异性市场营销策略	针对不同的细分市场，生产不同的产品，制订不同的营销组合策略，分别满足各个子市场的需求	优点：可以满足不同的需求，分散经营风险，提高市场占有率，增强企业竞争力	实力雄厚的企业
		缺点：成本高，难以形成核心产品	

续表

目标市场选择策略	内容	优缺点	适用
集中性市场营销策略	以一个或少数几个细分市场作为目标市场，为其提供产品及营销组合策略	优点：集中优势资源，专门化生产经营，降低生产成本 缺点：市场风险较大	资源有限的中小企业，初次进入的新市场

四、影响企业目标市场营销策略选择的因素

以上三种目标市场选择策略各有利弊，企业在选择目标市场营销策略时，应该综合考虑企业、产品、市场和竞争等多种因素。

1. 企业资源或实力

企业资源或实力是指企业生产能力、技术能力、销售能力和资金条件等。当企业产品属于异质市场时，如果企业规模大，企业管理的软硬件水平较高，资金条件好，生产能力，技术、销售能力较强，可选择差异性市场营销策略；若企业资源有限，实力不足，则宜采取集中性市场营销策略。

2. 产品的同质性

产品的同质性是指产品在性能、特点等方面的相似性程度。相似程度高，则同质性强，如：水力、电力等，宜采用无差异性市场营销策略。相似程度低，则同质性低，消费者可选择性就强，如服装、饮食部门，可根据企业资源状况采用差异性或集中性市场营销策略。

3. 市场同质性

市场同质性是指各细分市场顾客需求、购买行为等方面的相似程度。当市场同质性很高时，可采用无差异性市场营销策略，也可采用集中性市场营销策略，以便集中力量吸引某一特定市场。

4. 产品所处生命周期的不同阶段

如果产品是处于投入期或成长前期的新产品，竞争者较少，品种较单一，企业有可能迅速扩大市场，宜采用无差异性市场营销策略，以便探测市场需求和潜在需求。当产品进入成长后期或成熟期时，市场竞争加剧，则宜采用差异性市场营销策略或集中性市场营销策略，借以保持原有市场，扩大销售。当产品进入衰退期时，则一般采用集中性市场营销策略，集中力量于最有利的细分市场上，以延长产品生命周期。

5. 竞争者的数量和目标市场营销策略

一方面，如果企业产品在市场上的竞争者很少，并且企业相对于竞争者居于明显的优势地位，消费者或用户的选择性很低，企业可以选择采用无差异性市场营销策略，相反，则应选择采取差异性或集中性市场营销策略。

另一方面，从竞争者的目标市场营销选择策略来看，企业的目标市场选择策略应该与竞争对手有所区别，如果竞争对手采取无差异性市场营销策略，企业就应该采取差异性或集中性市场营销策略；如果竞争者采取差异性市场营销策略，企业则应该采取集中性市场营销策略或者是更深入的差异性市场营销策略。

第三节　市场定位

一、市场定位的含义和作用

市场定位这一概念是由美国的两位广告经理艾·里斯（Ai Ries）和杰·特劳（Jack Trout）于1972年提出的，近年来得到了广泛的重视和发展。

市场定位（ Market position），就是指企业根据目标市场上同类产品竞争状况，针对顾客对该类产品某些特征或属性的重视程度，为本企业产品塑造强有力的、与众不同的鲜明个性，并将其形象生动地传递给顾客，获得消费者认同的过程。市场定位的本质是通过定位，使本企业的产品与其他企业的产品明显区分开来，并使顾客明显感觉和认识到这种差别，从而在顾客心目中占有特殊的位置。

小贴士

香港银行的不同定位

在香港，金融业之兴旺发达，用“银行多于米铺”这句话来形容毫不夸张。在这一弹丸之地，数千家各类银行散落在各个角落，竞争达到白热化程度。为了在这一狭小而竞争过度的市场空间中立足脚跟，并把自己手中的蛋糕愈做愈大，各银行使出浑身解数，走出了一条细分市场，利用定位策略突出各自优势之路，使得香港的金融业呈现出一派百家争鸣、百花齐放的繁荣景象。

汇丰银行：早期定位于分行最多，实力最强，是全香港最大的银行。这是一种以自我为中心，实力展示式的定位。20世纪90年代以来，为拉近与顾客的感情距离，汇丰银行改变了原有的定位策略。新的定位立足于“患难与共，伴同成长”，旨在与顾客建立同舟共济、共谋发展的亲密朋友关系。

恒生银行：定位于充满人情味的、服务态度最佳的银行。这一定位通过走感情路线赢得顾客的心。突出服务这一卖点，也使其有别于其他银行。

渣打银行：定位于历史悠久的、安全可靠的英资银行。这一定位树立了渣打银行可信赖的“老大哥”形象，传达了让顾客放心的信息。

中国银行：定位于有强大后盾的中资银行。直接针对有民族情结，信赖中资银行的目标顾客群。同时暗示它能提供更多更新的服务。

廖创兴银行：定位为助你创业兴家的银行。旨在以中小工商业者为目标对象，为他们排忧解难，助其赢得事业的成功。香港中小工商业者是一个很有潜力的市场。廖创兴敏锐地洞察到这一点，并切合他们想出人头地、大展宏图的心理，将本银行定位在专为这一目标顾客群服务，给予他们在其他大银行和专业银行所不能得到的支持和帮助，从而牢牢地占有了这一市场。

资料来源：王海斌《市场营销管理》，2004年

市场定位的概念提出后，受到企业界的广泛重视，很多企业开始应用市场定位，参与市场竞争，其主要作用表现在：

（1）市场定位有利于企业建立产品的市场特色，是参与市场竞争的有力武器。随着市场经济的发展，许多产品都存在严重的供大于求的市场现象，因此出现了众多的生产企业互相争夺有限的消费者，市场竞争日益激烈，为了让自己的产品在消费者心目中留下深刻的印象，防止被其他企业的产品所取代，企业必须为自己的产品选择一定的特色，树立特定的市场形象。

（2）市场定位是企业制定市场营销组合策略的基础。企业在选择了目标市场营销策略后，首先应该明确市场定位，即明确产品的特色，然后根据市场定位确定市场营销组合策略，即如何在产品的生产、价格的制定和营销渠道的选择等方面突出产品的市场定位，并制定相应的促销策略将市场定位有效的传递给消费者。由此可见，市场定位在企业的营销工作中具有非常重要的战略意义。

小贴士

万宝路的成功之路

随着全球性戒烟运动的风起云涌，制烟业似乎已走入死胡同，但世界上最大的烟草公司——美国的菲利普·莫里斯公司却凭其主流品牌“万宝路”使得公司销售额连年上升。该公司借世人熟知的西部牛仔悠然吸着“万宝路”香烟的形象，将一种“自我选择，自愿吸烟”的感觉传播至世界的每个角落。市场定位的成功造就了这一世界上最为成功和持久的品牌。万宝路（Marlboro）这一名称是“Man Always Remember Lovely BecameOf Romantic Only”的缩写，意为“男人总是忘不了女人的爱”。万宝路最初的市场定位，就如同其广告所述“像五月天气一样温和”，是一种女性香烟。美国20世纪20年代被称做是“迷惘时代”，年轻人都沉浸在享乐之中，万宝路的诞生就是为了迎合女性烟民的需要，甚至烟嘴都染成红色。但从1924年问世到50年代，万宝路始终默默无闻。事实上，正是女性香烟这一定位导致如此后果。女性由于爱美之心，抽烟较男性要有更多的节制，这就很难形成稳定的消费群体。

1954年，菲利普公司抱着心存不甘的心情，决定对产品重新定位——定位于男性香烟。正如当时万宝路的广告代理人所说：“让我们忘掉那个脂粉香艳的女子香烟，重新创造一个富有男子汉气概的举世闻名的万宝路香烟。”随着这一产品定位的传播，仅在一年间内，销量提高了三倍，一跃成为全美第十大香烟品牌；1968年，其市场占有率位居全美第二位。浑身散发着粗犷豪气的美国牛仔洗尽了原品牌中的脂粉味，将男性香烟的定位赋予“绝不矫饰的正直的男子汉气魄”。富有戏剧性的定位转变，为万宝路创造了近五十亿美元的品牌资产。

（资料来源　隆瑞：《哈佛商学院MBA案例全书》，经济日报出版社1998年版）

二、市场定位的依据和步骤

1. 市场定位的依据

比较常见的市场定位的依据包括：

（1）根据竞争定位：指的是根据市场竞争的情况，将与竞争有关的属性或利益作为市场定位的依据，通过突出企业的竞争优势，如售后服务的方便快捷，从而在消费者心中树立自己独特的形象。

（2）根据属性定位：是指根据产品本身的属性，如产品功能、原料、产地等确定是产品的市场定位。根据产品属性定位更容易突出产品本身的特征，迎合消费者的需求，往往容易产生良好的效果。

（3）根据利益定位：根据消费者购买产品时所追求的利益进行定位，包括消费者购买产品可以获得的附加利益。

小贴士

耐克的利益定位

功能性利益：能够提供表现力，提供舒适而且技术含量高的运动鞋；

情感性利益：运动表现杰出的快感、参与感、活跃感和健康感；因欣赏职业运动员和大学生运动员脚穿“你的品牌”参加运动而产生的欣慰感，如果他们赢了，你觉得自己也赢了；

自我表现利益：使用体育明星推荐的品牌，展现渴望竞争和获胜的心理状态。

（4）根据产品的用途定位：根据产品的使用用途进行定位。同时也适用于为已有产品寻找新的用途。

（5）根据产品的价格、质量定位：对于那些对产品价格和质量都很关心的消费者，根据价格和质量定位是一种比较好的方法。

（6）根据产品档次定位：根据企业生产产品的档次，可以将产品分为高、中、低档，通过强调产品档次来进行定位。

2. 市场定位的步骤

市场定位包括三个步骤：识别竞争优势，选择正确的竞争优势，向目标市场准确传达市场定位。

（1）识别竞争优势

识别竞争优势就是通过对竞争对手的分析和研究，可以发现企业自身存在的优势或特色。企业赢得和保持市场的关键是比竞争对手更好的理解消费者的需要和购买过程，并向消费者提供更高的让渡价值，以低廉的价格销售和竞争对手质量相同的商品或者以相同的价格销售比竞争对手更高质量的产品。企业获取竞争优势可以有两种方法：低成本和差别化，其中差别化主要来自于：

①产品差别化。企业使自己的产品区别于其他竞争对手的产品。这主要是从产品的物质属性方面看，包括高质量的硬件设施等。

②服务差别化。除了靠实际产品区别外，企业还可以使其与产品有关的服务不同于竞争对手。

③人员差别化。企业可通过雇用和训练比竞争对手更优质的人员取得很强的竞争优势。这就要求企业要精心挑选工作人员，通过培训和竞争选拔出比竞争者更为优秀的工作人员，这些人员能够更准确地理解消费者的意图并对消费者的要求和问题做出敏锐迅速的反应，及时有效地满足消费者的需求。

④形象差别化。即使竞争性产品及服务看上去都一样，顾客对企业及品牌形象也仍然存在着认知上的差别。企业可以通过品牌标志、象征图案、广告等多种途径来塑造其特有的形象，以便使自己区别于竞争者。同时在表达上还应使所传递的信息简洁而有特色，意在表达企业的主要利益和定位，更有效地吸引住目标消费者，激发顾客的注意与兴趣，并求得顾客的认同。

（2）选择正确的竞争优势

企业通过与竞争者在产品功能、成本、促销和服务等方面进行对比分析后，可以更好地了解自己的长处和短处，扬长避短，确定竞争优势，形成定位策略。通过对比，企业可能会发现，自己拥有多种潜在的竞争优势，此时，企业必须准确地选择其中一个或几个竞争优势作为市场定位的基础。

在选择竞争优势时，企业需要避免主要的四种错误的定位。第一种是定位过低，购买者对产品只有一个模糊的印象，使顾客没有真正感受到企业的产品有何特别之处。第二种是定位过高，传递给购买者的公司形象太窄。第三种是定位混乱，使得目标顾客对产品、品牌或公司的印象模糊不清。这种混乱或者是由于主题太多所致，或可能是产品定位变换太频繁的原因。第四种是令人怀疑的定位，即企业向目标顾客进行企业产品特色、价格或功能等方面的宣传时，由于过分夸大，或言过其实，结果使顾客产生不信任感。

（3）向目标市场准确传达选定的市场定位

一旦确定了市场定位，企业就应该采取切实的行动，将市场定位准确、有效的传达给目标消费者。企业可以通过广告等宣传手段应积极主动地与目标市场沟通，引起顾客的注意、激发其兴趣，使消费者对企业的市场定位产生认同、喜欢和偏爱。同时，通过不断的沟通，向目标市场传递正确的信息，以巩固和矫正市场形象。

小贴士

市场定位工作的具体流程：

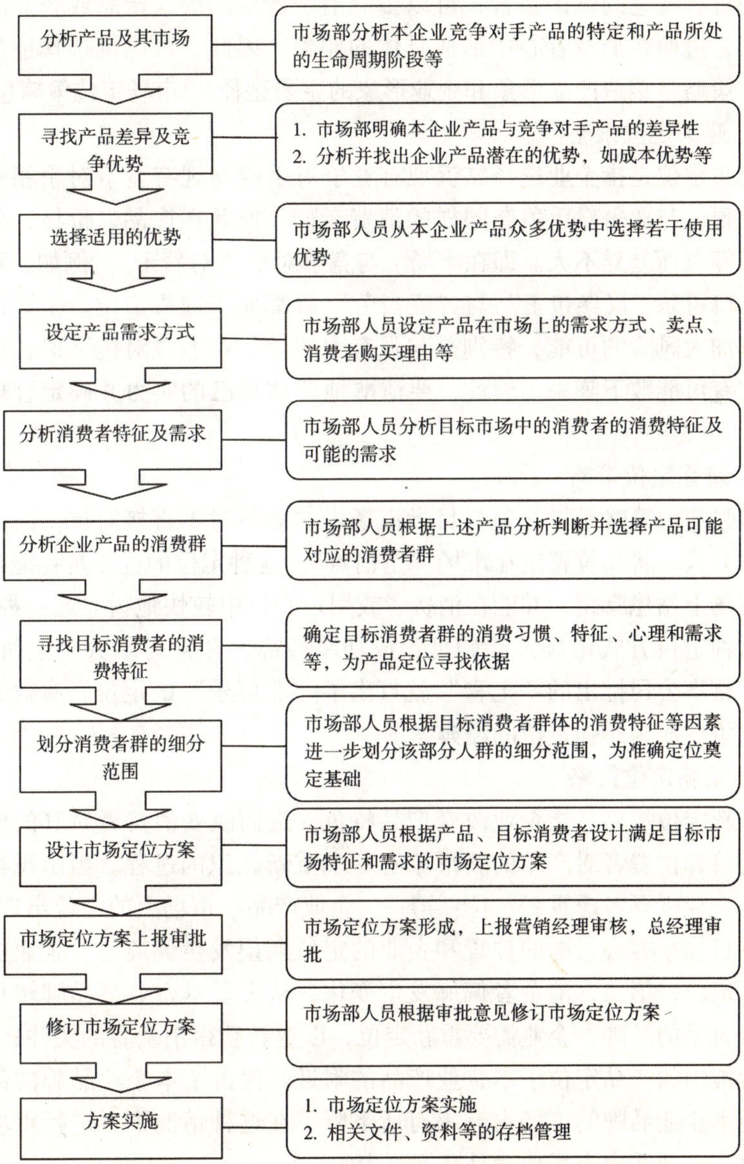

三、市场定位策略

市场定位的好处在于，它能帮助企业明确市场营销组合。针对市场定位，制订有特色的营销组合，可以影响消费者对品牌、产品或企业的认识和感知，进而在消费者心中形成具体的印象。因此，可以说选择适当的市场定位策略是塑造产品形象和企业形象的主要途径 。市场定位策略包括：

1. 迎头定位策略

迎头定位是指企业选择靠近现有竞争对手或与现有竞争对手相重合的市场位置，与竞争对手争夺同样的消费者群，彼此在产品、价格、分销以及促销等方面差异不大。即在市场上与竞争对手"对着干"。例如，百事可乐与可口可乐"汉堡包王"与"麦当劳"等都属于迎头定位。采用迎头定位具有加大风险的可能，特别是与强有力的竞争对手"对抗"时，稍有不慎，就有可能败下阵来。因此，要清醒地评估自己的实力并确定合理可行的目标。

2. 避强定位策略

避强定位策略是指避免与目标市场中的竞争对手直接对抗，因而采取迂回的方式，将其位置定在市场"空白点"。这种定位的优点是：能够迅速地在市场上站稳脚跟，并能在消费者或用户心目中较快地树立起一种形象。由于这种定位方式市场风险较低，成功率较高，常常为多数企业所采用。例如，百事公司推出的"七喜"就打出了"非可乐"的定位，有效的避开市场竞争，成为避强定位的经典案例。

3. 重新定位策略

重新定位策略是指企业改变产品特色，进而改变消费者对其的原有音响，使目标消费者对产品的新形象有一个重新认识的过程。当出现如下情况时，企业需要考虑重新定位：第一，企业产品在市场上的定位出现偏差，产品在目标顾客心目中的位置和企业的定位期望发生偏离时，企业往往需要重新定位；第二，消费者偏好发生变化，从喜爱本企业某品牌转移到喜爱竞争对手的品牌，企业需要重新定位，以重新获得消费者的关注；第三，竞争者推出的产品定位于本企业产品的附近，侵占了本企业品牌的部分市场，使本企业品牌的市场占有率有所下降。在这种情况下，进行市场重新定位对于企业适应市场环境是必不可少的。

小贴士

市场重新定位的工作流程：

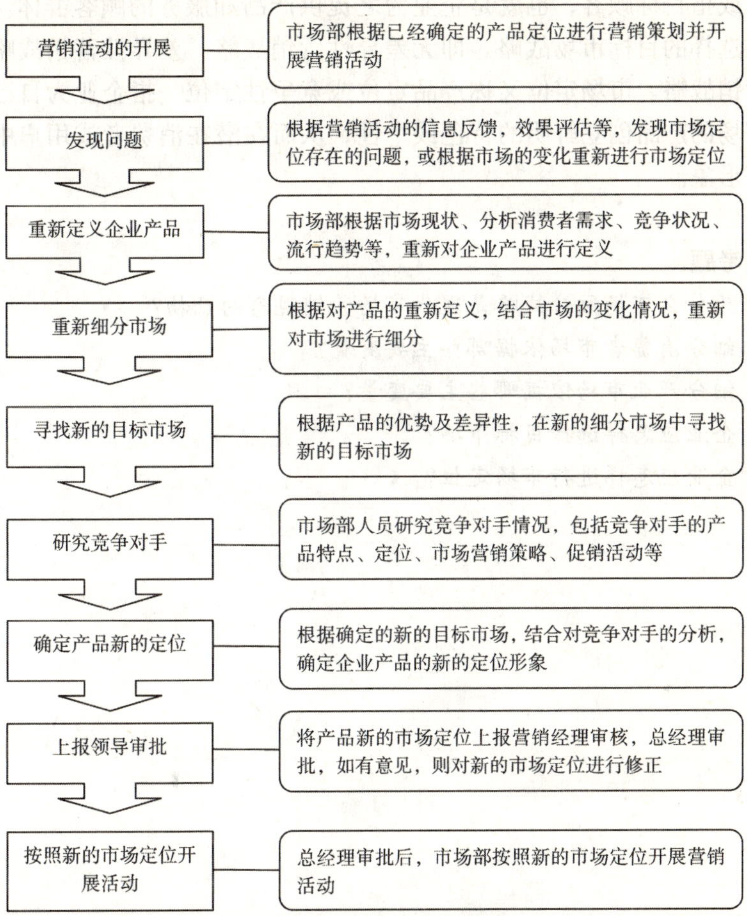

本章小结

本章主要内容是讨论目标市场营销战略，它包括：市场细分、目标市场选择和市场定位。市场细分是指营销者依据消费者的需要、偏好、购买行为和购买习惯等方面的差异性，将某一产品的整体市场划分为若干个具有不同需求倾向的消费者群的市场分类过程。其中，每一个从整体市场中划分出来的消费者群就是一个细分市场（也称为子市场、亚市场、分市场或市场部分)。

目标市场是企业营销活动所要满足的市场需求，是企业决定要进入的市场；或指目标顾客，也就是企业为之提供产品和服务的顾客群体。有三种可供选择的目标市场战略，即无差异性营销战略、差异性营销战略和集中性营销战略。市场定位又称产品定位或竞争性定位，指企业为自己进入目标市场的产品创立鲜明的特色或个性，从而在潜在消费者或用户中塑造出一定形象。

思考题

1. 为什么市场细分战略是现代市场营销观念的产物?
2. 细分消费者市场依据哪些主要变量?
3. 细分产业市场依据哪些主要变量?
4. 企业应怎样选择目标市场?
5. 企业应怎样进行市场定位?

第八章　竞争性市场营销战略

【学习目标】

1. 理解市场竞争的本质，了解市场竞争的分类及主要形式；

2. 掌握识别竞争对手的方法，理解竞争者的反应模式；

3. 了解企业制定竞争战略的步骤；掌握市场竞争的基本战略及企业竞争战略的选择；

4. 了解合作竞争的主要形式和优势；理解影响合作竞争成功的要素包含哪些；了解如何选择合作伙伴。

【重点难点】

1. 市场竞争的本质；

2. 如何识别竞争对手及竞争者的反应模式；

3. 市场竞争基本战略；

4. 企业竞争战略的选择。

职业引导案例

中国航企：开打差异化竞争牌

2012 年 11 月 25 日的中国民航报刊出了这样一则报道："本月底或者下月初，在国内航线上，即将出现首架全商务舱客机，由海南航空运营的 2 架空客 A330 客机，确定的首航航线为北京—深圳，每天 2 班"。而该消息发布同日，民航局官网发布公示，国内首家低成本航空公司春秋航空将从明年 1 月起开通上海—暹粒、上海—马尼拉、上海—宿务的 3 条定期国际客运航线，每周总班次达到 13 班。

伴随中国国内经济的平稳快速增长和人民生活水平的提高，特别是党的十八大报告提出，到 2020 年国内生产总值和城乡居民收入水平将较 2010 年翻一番的目标的鼓励下，国内各家航空公司在加快拓展国内外市场的同时，在民航局的引导和支持下，开始注重以差异化战略，确立自身的品牌定位。

产品差异化

秋冬时节，万木萧瑟，似乎并不适合旅行。但如果你选择乘飞机，那么这个季节出行再适合不过了。飞机能很快地将你送往温暖如春的亚热带，也可以带你到南半球领略初夏的旖旎，甚至去国外感受一下不一样的冰雪世界。更让人难以抗拒的是，因为现在是传统的销售淡季，航空公司一般都会推出各种优惠产品供旅客选择。在国内航空公司中拥有最密集国际航线网络的国航，为选择年底前往欧洲旅行的旅客，准备了走遍欧洲的第一季产品。搭乘国航航班从北京出发，前往德国的慕尼黑、杜塞尔多夫、法兰克福，最低的往返票价仅需要2980元。国航还为其准备了接驳的铁路，在其3个德国航点，可免费搭乘德国境内火车，到德国任意城市进行深度旅游。国航还为自己的其他欧洲航线，设计出时尚之都、冰雪世界和奥运百年等三大系列产品，包括巴黎、马德里、米兰、罗马、莫斯科、雅典、伦敦等欧洲主要城市全部被囊括在内，提早行动，均有机会获得最实惠的机票，北京至莫斯科单程机票最低只需1600元。

东航则依托自身在云南区域航空市场的航线网络和运力规模优势，推出“东方穿梭，玩转云南”产品。在特定时段，旅客在东航直销渠道或授权分销代理处，一次购买东航国内各通航点（云南省内站点除外）始发，经昆明至多个云南省内站点的机票，均可在原有机票价格上再享受多段递减优惠。第一段在所选定舱位价格上享受10%优惠，第二段享受15%优惠，第三段享受20%优惠，第四段享受25%优惠，第五段享受30%优惠。

南航网站在推出多款促销产品的同时，还率先推出两款春节机票产品。一款产品针对春节前后始发的48条热门航线（围绕北京、广州、深圳三座城市），并给预订者3%的票价优惠；另一款产品则在103个城市始发的850条航线上同步推进，鼓励旅客购买春节期间的机票，将异地生活的父母接到自己家里过年，并提供最低1折的票价优惠。

海航则在11月全月开展秒杀66元机票活动。每天9时30分至10时30分，14时30分至15时30分，19时30分至20时30分这3个时段，海航都会开放45个航班的90张特价机票供旅客秒杀，机票价格仅为66元。

并非赶上航班淡季，航空公司才会推出促销产品。南航在2010年即在全公司机队中新推出高端经济舱，以四舱布局挺进市场。东航则借东上整合和世博会的春风，适时推出各种预售产品，在提高航班上座率和运营收益的同时，也扩大了东航的品牌影响力。

机型差异化

吸引更多旅客选择民航出行与产品差异化仍然是靠价格这种传统手段参与市场竞争相比，机型的差异化更能体现航空公司对旅客服务的持久关注。就像高铁新进入市场时，赢得众多航空旅客尝鲜一样，新机型的引进对于提升民航，特别是航空公司品牌影响力的效果尤其明显。把服务作为提升自身品牌形象关键的国航，除了斥巨资对早前运行的宽体客机进行内部改造，以完善旅客出行体验外，还加快了对新机型的引进力度。国航在中国内地率先引进波音777－300ER全新机型。除了飞机自身的优越品质和环保性能外，国航在客舱内部设计上下了很大力气，并没有采用通用座椅布局，而是在头等舱、公务舱和经济舱都缩减了每排座椅数量，让搭乘该型飞机的旅客拥有更大的空间。

记者曾体验过该机型的公务舱座椅，不仅能完全平躺，个人电源插口和USB插口还能把自己自带的影音内容放到电视屏幕上播放。搭乘其进行超过10个小时的旅行，也不会有多少疲惫之感。就连其经济舱座椅，也采用最新人体工程学原理设计了背垫，能以适当的弧度，撑托起身体的重量。国航还开启了将新型宽体客机在国内先行运行的先河。在第二架波音777－300ER交付前，首架波音777－300ER执飞的是北京至广州、上海、深圳等国航国内精品航线。国航总裁助理张杨告诉记者，虽然他们现在也使用波音777—300ER客机执飞国内航段，但利用的是其执行国际航线的空当，目的是提高飞机的利用率。紧接国航波音777－300ER之后，南航引进的空客A380，也在国内进行了一年的运行磨合。

南航空客A380执飞的北京—上海，北京—广州航线都引起了市场的热捧，很多旅客为体验这一当今世界最大宽体客机，更改或者特别安排出行计划。甚至南航空客A380到西安咸阳国际机场为第二条跑道进行能力验证，并非执行航班任务时，也吸引了相当多当地媒体、旅客和飞行爱好者的关注。

今年10月，南航空客A380开始执飞广州—洛杉矶航线，南航为该航线推出了一系列量身定做的产品，包括为购买该航线往返公务舱的旅客，免费提供经济舱中国境内航段和美国境内航段经济舱的客票等。来自南航的最新消息是，开航以来的航线客座率保持在80%以上，其中头等舱和公务舱的客座率超过60%，经营情况超过预期。

虽然空客A330并非新飞机，全商务客机在国际市场上也并非新产品，但海航开飞的北京—深圳全商务机航线，还是开创了内地航空市场的先河。海航相关负责人介绍，他们的全商务客机头等舱有34个座位，商务舱有82个座位。商务舱的座间宽度达51英寸，座椅可调节至155度半平躺式，10.2英寸LCD屏幕和海量的影音娱乐节目选择，将为旅客营造舒适的视听体验。考虑到商务出行的需要，这一特色机型每天往返4班。海航方面透露，他们还将配合全商务飞机的引进推出多款配套产品和服务。考虑到波音787、波音747－8以及国产ARJ、新舟600等客机将陆续被国内航空公司引进，未来将有更多的国内旅客受此吸引，开启自己的空中之旅。

模式差异化

专属航空公司为你而来，不论是2010年民航局提出的民航强国战略构想的“十二五”规划，还是《国务院关于促进民航业发展的若干意见》，都将国内航空公司的差异化战略列为一项关键目标。

在民航局的政策引导下，不仅春秋航空等新兴民营航空公司找准了自己的定位，以低成本、支线经营等战略切入市场，并取得了相当不错的业绩，传统航空公司近来也开始了差异化战略的尝试。东航与澳大利亚航空公司合资设立的低成本航空公司——捷星香港即将投入运营，这是三大航首次涉足低成本航空市场。在周边主要航空公司都已拥有低成本航空子品牌的情况下，东航的破冰之举意义尤为重大。而拥有多家航空公司的海航航空，也将旗下的西部航空定位为低成本航空，将天津航空和祥鹏航空定位为支线航空和区域航空品牌，进而也确立了海南航空干线航空公司的品牌定位。

假如低成本航空模式在上述试水者身上都取得成功，国内其他航空公司必然会随之而动。市场格局的变化必然引得客源分流，对于价格敏感的旅客将主要选择低成本航空公司出行，而公商务旅客和对价格不敏感的旅客将集中到大型网络型航空公司，也必然会助力航空公司研发更具指向性的特色产品和服务，旅客也将获得更加愉悦的出行体验。

（资料来源：根据中国民航报/2012年/11月/21日/第005版改编）

市场营销，不仅提供能满足顾客需要的产品或服务，而且，还要求比竞争对手做得更好。因此，竞争是进行营销活动的前提条件。如何制定正确的竞争战略，如何战胜竞争对手来达到企业预定的营销目标，就是营销管理的最重要的内容之一。企业及其管理人员必须正确认识竞争、面对竞争，在竞争中求得生存与发展是营销管理的精髓所在。

第一节　市场竞争的本质和形式

一、市场竞争的本质

1. 市场竞争的含义

竞争（Competition）或称为市场竞争，在同一市场上如果存在两个以上的企业生产同一性的或可替代产品，就会存在竞争。在有多个厂家生产同一性产品的时候，购买者在市场上就可以有多种选择，这就迫使竞争者为了自己的生存和发展进行较量和争夺顾客，市场就进入不断“优化”的过程，这是市场经济活力的来源。

市场竞争的概念包含3层基本含义：

（1）市场竞争是指在同一目标市场范围内，能对其他企业的营销活动发生影响的一种市场行为；

（2）指这些企业的产品相互具有替代性。所谓替代性，有两种情况：一是完全替代，即各竞争对手之间的产品基本没有差异：如钢材，煤炭，民用石化燃料等；二是不完全替代，即各竞争对手的产品之间具有差异性，但在满足需要方面，具有一定的相似性，因此可以替代。不完全替代的结果是，市场对一个企业所在行业产品的需求，被另一行业提供的另一种类的产品满足，因而一个企业所在行业产品的市场总需求被抵消。

（3）市场竞争指所有参与方都在争取市场需求的变化，是朝有利于本企业的交换目标实现转化。即市场竞争指的是在同一个目标市场中，参与竞争的每一方都希望目标市场能为自己所有或所用，使本企业的产品能顺利交换出去。

2. 市场竞争的本质

竞争是市场经济中普遍存在的现象。在市场竞争的形势下，由于市场竞争的外在压力和资本逐利的内在冲动，各个企业都会从自身的利益出发，为取得较好的产销条件、获得更多的市场资源而展开激烈竞争。因此，获取市场经营的最大利益是市场竞争的本质特征。

竞争的社会经济意义在于，它可以促进社会的进步，实现企业的优胜劣汰，进而实现生产要素在全社会的优化配置。竞争作为市场经济的必然产物，它是市场经济运行的主要规律之一。这一规律在简单商品经济条件下开始发生作用，在发达市场经济条件下竞争的形式和内容都发生了某些改变，但是，竞争的本质不变，竞争规律仍然是推动经济发展的主要规律。

二、市场竞争的分类

按参与竞争的企业数量的多少对市场竞争进行分类，可以将市场竞争分为以下几种类型：

1. 完全竞争（Pure Competition）

也称自由竞争或纯粹竞争。完全竞争是指在某一个行业里，存在许多独立决策经营企业，这些企业都没有或不可能进行任何“契约性结盟”。这些企业生产同一性的产品，各企业之间的产品具有很好的替代性甚至是完全替代性。

完全竞争所指的“许多”，是指企业的数量达到其中任何一个企业的行为都不会对市场主要经济变量发生影响程度。即当某个企业减少产出量时，不会使市场感到供应量减少因而使价格升高；或者，任何一家企业提高其产品销售价格，都对顾客没有任何强制性约束力（即顾客不会不得已而接受之)。因为企业数量足够时，顾客就可以自由转向别的企业购买其所需要的产品。所以，在完全竞争行业，任何一个企业只能是价格的“接受者”而不是价格的“制定者”。

2. 不完全竞争（Imprecate Competition）

也称不充分竞争。凡是一个行业中企业的数量达不到完全竞争的“许多”时，或者是行业中企业的产品替代性非常不完全或很差，该行业就处于不完全竞争状态。不完全竞争有 2 种形态：

（1）垄断竞争（Monopolistic Competition）

垄断竞争是指在一个行业中有许多企业生产和销售有差别的产品，不同企业之间的产品可以相互替代又不能完全替代。在垄断竞争中，企业既非完全的“价格接受者”，也非完全的“价格制定者”。任何一个企业的产品，在产品同质部分是价格接受者；在产品异质部分则是价格制定者。当产品具有的异质部分，竞争者不能模仿且受消费者喜爱，就可能获取成本溢价，直到顾客认为这个产品的差异部分支付价格过高为止。和充分竞争不同的是，垄断竞争的行业需求曲线和企业的需求曲线都是向右下方倾斜的。且在垄断竞争中，行业的需求曲线一定比完全竞争行业的需求曲线更富有弹性。因产品之间很容易替代，而这种替代对购买者来说，又具有实质意义。

（2）寡头竞争 Oligopoly Competition）

如果在一个行业中，只有很少的企业供应产品，即为寡头竞争。“很少”是指在这样的行业中，任何一个企业的市场行为均会明显影响市场经济变量发生变化。如其中任何一个企业减少产品供给量，就可能造成市场供给量短缺，从而导致价格上升。比如具有资源垄断性的行业，石油行业与石油制品行业中，企业如果提高产品价格，顾客就没有可能转向其他企业寻求供应，因其他企业没有资源生产这种产品。不仅自然资源可以造成垄断，像地理位置的限制，政府禁令，资金数量，技术独占等，也是在市场中形成寡头垄断的原因。在寡头竞争行业中，企业的产品可能具有完全替代性也可能只具有部分替代性。

这种分类方法主要是理论经济学采用的，用以建立相应的经济分析模型。在市场营销管理的研究范围里，可借用来把握一个行业竞争所具有的一般特性。

三、市场竞争的主要形式

随着市场经济的不断发展，市场竞争形式也在不断发展变化，从最初以行业内价格竞争为主要形式，逐渐越来越多地转向多层次的非价格竞争。

1. 价格竞争

价格竞争是生产经营同种商品的企业为获取超额利润而进行的行业竞争。价格竞争作为市场竞争的基本形式，也可能引发企业所不愿意得到的结果，形成企业间循环降价的价格战。因为，价格竞争的主要手段就是降价，当一个企业率先降价时，必然会招致其他企业的回应，引起市场的轮番降价，这种降价的结果，必然导致同行业平均利润率的普遍下降，使同行业竞争的企业都不能从价格竞争中获得长久的好处。虽然，这种同行业的价格竞争对社会经济的发展有着积极的作用，它可以迫使企业提高劳动生产率、不断改进产品和生产经营，从而促进社会生产的发展，最终使消费者从中受益。但是，在某些情况下，恶性价格战争可能造成企业几败俱伤，甚至连正常的生产经营都难以维持。为了避免恶性竞争的价格战可能带来的负面作用，越来越多的企业寻求通过非价格竞争的手段进行市场竞争。

2. 非价格竞争

与价格竞争相比较，非价格竞争较为隐晦、间接，因而相比而言，不容易招致竞争企业的报复，能够收到更好的市场竞争效果。因此，在不忽视价格竞争的同时，许多企业将非价格竞争作为常规的竞争手段。非价格竞争的具体形式很多，只要是不属于价格竞争的竞争手段，都可以纳入非价格竞争的范畴。凡是产品质量的提高、产品特性的改进、商标的变化、包装的改善、销售渠道的调整、促销手段的强化、广告的攻势、服务的改进，都是有效的非价格竞争手段。这些非价格竞争手段施行的结果，是使消费者心目中对企业的产品产生差异。无论这种差异是真实的差异，或者仅仅是观念上的差异，只要这种差异有利于促进消费者购买该企业的产品，就达到了非价格竞争的目的。

非价格竞争一般表现为两种基本形式：一是通过产品差异化进行的竞争。这是通过改变同类产品的某些属性，形成本企业产品与竞争企业产品之间的某些差异，以差异化的产品增加市场的吸引力。比如，改变产品线的宽度和长度，以形成新的品牌，更好地满足市场需求。

二是设计和生产出与行业有密切替代型的产品。经济学家把这种密切替代品定义为具有高度需求交叉弹性的产品。因为，在这些替代品之间，客观上存在着价格与需求的互动关系。如果一种产品的价格升高便会引起对另一种替代产品的需求量增大。

非价格竞争被人们认为是企业竞争手段的进一步发展，是企业市场竞争的高级形式。严格地讲，非价格竞争是价格竞争的转化形态。一般说来，非价格竞争手段的采用必然导致企业生产经营成本的增加。例如，产品质量的改进往往是以增加生产经营的投入为代价的。根据一般的商品作价原则，高成本、高质量的产品，其价格也应当相应提高。如果通过增加成本使产品质量提高，而产品价格又维持不变以获得市场竞争优势，这实际上就成了变相的降价竞争。

第二节　市场竞争者分析

一、识别竞争者

公司的现实和潜在竞争者的范围是很广泛的，如果不能正确地识别竞争者，就会患上“竞争者近视症”。在动态的竞争环境中，目前不起眼的对手或者有进入本行业企图的大公司，说不定就是未来强劲的竞争者。所以，公司被潜在竞争者击败的可能性往往大于现实的竞争者。公司应当从行业竞争和业务范围的角度来识别竞争者。

1. 从行业结构角度识别竞争者

行业是指一组提供一种或一类相互密切替代产品的企业群。行业内生产的产品一般都具有高度的替代性的产品，而且这些相互密切替代品之间存在着需求的相关性，即一种产品的价格升高会引起对另一种产品的需求增大现象，如美国汽车价格的提高使消费者转向购买日本汽车。决定行业结构的主要因素有：销售商数量；产品差异化程度；行业进入与流动障碍；退出与收缩障碍；成本结构；纵向一体化的程度；企业化经营的程度。

(1) 竞争结构的类型

竞争结构包括完全垄断、寡头垄断、垄断竞争和完全竞争四种类型。在完全垄断条件下，由于缺乏密切替代品，垄断者为了追求最大的利润，往往会抬高价格，少做或不做广告，并提供最低程度的服务。如果行业出现了替代品或紧急竞争危机，垄断者会通过改善产品和服务来阻止竞争者的进入。当然，守法的垄断者，通常会考虑公众利益而降低产品价格并提供较多的服务。在完全寡头垄断条件下，少数几家大企业只能通过降低成本，增加服务来实现差异化。而在垄断竞争条件下，各个竞争者可以着力于其中的主要产品上寻求领先地位。其竞争的焦点在于扩大本企业品牌与竞争者品牌的差异，突出特色。在完全竞争条件下，由于各竞争者提供的产品或服务没有差别的基础，所以众多竞争者的价格将是相同的，价格的变化一般只能根据市场供求关系来确定，它们是“价格接受者”而不是“价格的决定者”。其竞争战略焦点是通过降低生产成本、分销成本来提高利润率。

（2）行业进入与流动障碍

在理想的情况下，一个企业可以自由进入具有利润吸引力的行业。它们的进入会使供给增加而最终导致行业平均利润水平下降。为了长期获取较多的利润，行业内就会阻碍某些企业的进入，为他们的进入设置障碍。这种自由进入行业的难易差别程度在各个行业区别是很大的。开设一家新餐馆或服装店比较容易，但要进入汽车或钢铁行业就相当困难。进入的主要障碍包括：资本的要求高，规模经济，专利和许可证条件，缺乏场地、原料或分销商、信誉条件等资源。某些行业障碍是行业本身所固有的，某些障碍是已进入行业的公司单独或联合设置的。即使某一企业已进入了某行业，在向更有吸引力的目标市场流动时，也会遇到流动障碍。

（3）退出与收缩障碍

当某个行业利润水平很低甚至亏损时，已进入该行业的企业可能会主动将人力、物业和财力退出，并转向更有吸引力的行业。但退出一个行业也存在种种障碍：比如对顾客、债权人或职工法律上和道义上的义务；政府的限制；由于过分专业化或设备技术陈旧引起的资本利用价值低；缺少可选择的市场机会；高度纵向一体化；感情障碍等。因此，留在行业内的某些企业，一般只求能赚回可变成本和部分或全部固定成本。即使不能退出该行业的企业，仅缩小经营规模，也会遇到收缩的障碍，收缩的主要障碍是合同的约定与某些管理的限制。因此，仍然留在行业内的企业应设法减少其退出障碍，如主动买下竞争者的资产、帮助承担顾客义务等。

（4）成本结构

各个行业从事经营活动所需成本的大小及成本结构不同。例如钢铁业所需成本大而服装业所需成本小，钢铁业需要高的制造和原材料成本，而服装厂需要分销和促销成本。从战略意义上考虑，公司应将注意力放在最大成本上，即在不影响经营业务发展的前提下减少这些成本，以通过降低成本来取得更多的竞争优势。

（5）纵向一体化

在某些行业，公司发现实行前向或后向一体化有利于取得竞争优势，如石油勘探、石油钻井、石油提炼、石油加工及石油产品的销售实行纵向一体化。纵向一体化可以降低成本并能更好地控制增值流，还能在它们所经营业务的各个细分市场中控制其价格和成本，这样做可以使那些无法实现纵向一体化的企业处于劣势地位。

（6）全球经营

某些行业的地方性很强，如影视、歌厅等服务业，某个行业则适合全球性经营，如航空业、石油业等。全球性经营必须以全球竞争为基础，要以规模经营和最先进的技术占有市场的领先地位。

2. 从市场角度识别竞争者

除了从行业角度识别竞争者外，还可以从市场角度，即把其他竞争者看做是一些力求满足相同顾客需求或服务于同一顾客群的企业。打字机制造商通常把其他打字机厂商看做竞争者，但从顾客需求观点看，顾客真正需要的是获取书写能力，这种需要可由铅笔、钢笔、计算机等予以满足。因而，铅笔制造商、钢笔制造商、电脑制造商都可能成为文字处理软件商的竞争者。可见，从市场角度看，对竞争者的识别开阔了企业的视野，扩大了实际和潜在竞争者的范围，并激励企业制订出更具竞争性的营销战略。

从市场视角识别竞争者的关键在于通过绘制产品市场竞争形势图将行业和市场分析结合起来，如图 8－1 所示。

		顾客细分		
		儿童和青少年	19—35 岁	36 岁以上
产品细分	普通牙膏	高露洁公司 宝洁公司	高露洁公司 宝洁公司	高露洁公司 宝洁公司
	氟化物牙膏	高露洁公司 宝洁公司	高露洁公司 宝洁公司	高露洁公司 宝洁公司
	胶质牙膏	高露洁公司 宝洁公司 利佛兄弟公司	高露洁公司 宝洁公司 利佛兄弟公司	高露洁公司 宝洁公司 利佛兄弟公司
	管状牙膏	比彻母公司	比彻母公司	
	吸烟者牙膏		多宝尔公司	多宝尔公司

图 8－1　牙膏的产品/市场竞争分析图

图 8－1 表明牙膏市场按产品类型和消费者年龄群分布的产品市场竞争状况。其中高露洁公司和宝洁公司占据了 9 个细分市场，利佛兄弟公司占据细分市场 3 个，比彻姆公司占据了 2 个，多宝尔公司占据了 2 个。如果比彻姆公司或多宝尔公司要进入其他市场，就要了解其他竞争者的市场份额，各细分市场的规模，竞争者的目标、战略及进入各细分市场可能的障碍。

二、判定竞争者的战略与目标

1. 判定竞争者的战略

不同的竞争群体，战略是有差别的，而同一竞争群体，通常实施相同或相似的战略。所以，企业最直接的竞争者是那些对相同目标市场推行相同战略的企业。战略群体是指在某个特定行业中推行相同战略的一组企业。一个企业必须识别与其竞争的战略群体。识别行业内战略群体不仅从质量构成与纵向一体化进行，还应从技术先进水平、地区范围、制造方法等更深层次了解每个竞争者的详细信息，具体包括：竞争者的研究与开发、制造、营销、财务与人力资源管理；产品质量、特色及产品组合；顾客服务；定价策略；分销；广告、人员推销等方面。

2. 判定竞争者的目标

竞争者的目标是由多种因素确定的，即公司的规模、历史、目前的经营管理和经济状况。了解竞争者的目标因素，目的是针对竞争者的弱点或劣势展开有效的进攻，这样就可以达到事半功倍的效果。

三、评价竞争者的实力与反应

1. 评价竞争者的优势与劣势

竞争者能否执行其战略和实现其目标，主要取决于每个竞争者的资源和能力。公司必须把握每个竞争者的优势和劣势，才能以己之长克彼之短。评估竞争者实力的方面包括：

（1）收集每个竞争者业务上的信息

主要是收集有关竞争者最近的关键数据，诸如销售量、市场份额、心理份额、情感份额、毛利、投资报酬率、现金流量、新投资以及设备能力利用等。这些信息的收集有助于更好地评估竞争者的优劣势，也可以帮助企业对在程序控制市场上向谁挑战做出决策，即根据市场收集得到的信息，确定进攻其他企业的先后次序。收集信息通常通过间接的方式来进行，也可以通过向顾客、供应商和中间商进行直接营销调研来实现。

（2）分析评价

根据已收集的信息综合分析竞争者的优势与劣势，如表 8 –1 所示。

表 8－1 竞争者优劣势分析

	顾客知晓度	产品质量	产品利用率	技术服务	推销人员
A	优	优	差	差	良
B	良	良	优	良	优
C	中	差	良	中	中

表中，优劣分四个等级，即优、良、中、差。根据四个等级评估ABC三个竞争者的优劣势，可见：A在顾客知晓度与产品质量方面是最好的，而在产品利用率与技术服务方面最差，处于劣势；B产品的顾客知晓度、产品质量及技术服务方面不如A，产品利用率与推销人员优于A；C则无明显的优势，产品质量差，其他方面均处于不利地位。

（3）寻找标杆

寻找标杆法，在国外也称之为优胜基准法，它是通过寻找出竞争者在管理和营销等方面较好的做法为标准，然后加以模仿、组合和改进，并力争超过标杆者。标杆法包括七个步骤：（1）确定标杆（或优胜基准）项目；（2）确定评估关键绩效的变量；（3）识别最佳级别的竞争者，即寻找出标杆公司；（4）衡量标杆公司的绩效；（5）衡量公司绩效；（6）制订缩小差距的计划与行动；（7）执行和监测结果。

（4）评估竞争者实力的其他追踪指标

市场份额——这是衡量竞争者在有关市场上所拥有的销售份额情况；

心理份额——这是指回答“举出这个行业中你首先想到的一家公司”这个问题时，提名竞争者的顾客在全部顾客中的比例；

情感份额——这是指在回答“举出你最喜欢购买其产品的一家公司”这一问题时，提名竞争者的顾客在全部顾客中的比例。

2. 评估竞争者的反应模式

单凭对竞争者目标和优劣的了解，还不足解释企业可能采取的行动，比如降价、加强促销或推出新产品等。况且，由于每个竞争者的经营哲学、企业文化、价值观念不同，他们对竞争者的反应模式也不同。概括起来，在竞争中大约有以下四种反应模式：

（1）从容型竞争者

从容型竞争者指某些竞争者对某一特定竞争者的行动没有迅速反应或反应不强烈。其原因有多种，或者认为其顾客忠于他们，不会转移购买；

或者他们实行短期收割榨取策略而对竞争者的主动行动反应迟钝；或者由于竞争者缺乏资金，而未能对竞争者行动做出迅速反应。因此，企业一定要清楚知道竞争者从容不迫行为的原因。

（2）选择型竞争者

选择型竞争者指竞争者只对某些类型的竞争攻击做出反应，而对其他竞争攻击无动于衷。竞争者经常对削价做出反应，而对广告费的增加可能不做出任何反应，因为他相信此因素对其威胁不大。了解主要竞争者在哪方面做出反应，可以为企业提供最为可行的攻击类型。

（3）凶狠型竞争者

凶狠型竞争者指对所有竞争者的攻击行为做出迅速而强烈的反应。这类竞争者会采取各种形式警告其他企业最好停止任何攻击。

（4）随机型竞争者

有些企业的反应模式难以捉摸，他们在特定场合可能采取也可能不采取行动，并且无法预料他们将会采取什么行动。许多小公司往往是随机型的竞争者。反应模式是竞争者之间的一种竞争态度，由于有些行业内竞争者之间的关系的特点不同，竞争者是相对和平共处，而有些行业则无休止地争斗。在通常情况下，竞争者之间生存方式和其他条件几乎相同，难以形成竞争的差异时，那么争斗就会非常激烈。比如，“日用品行业”的情况就是如此。在经营活动中，如果该行业的销售商还未寻找到使其成本或供应品差别的主要方法和途径时，一家公司率先降低价格，这种竞争的平衡将会被打破，特别是对市场供过于求的商品，降价促销具有很强的诱惑力。这就是为什么在这个行业经常爆发价格战的原因。反之，竞争者之间生存方式和其他条件差异性较大，而且某些差异化的有利条件对顾客有吸引力，许多企业便能各得其所，因此就能和平共存。

3. 影响竞争平衡的因素

竞争平衡状态指同行业竞争的激烈程度，即各企业是和平共处还是激烈争斗。如果相对和平共处，则视为竞争的相对平衡；反之视为相对不平衡。布鲁斯·亨德森认为，竞争平衡状态取决于影响因素的状况。

（1）如果竞争者的产品、经营条件几乎相同，竞争能力处于均势，竞争就是不平衡的，易于发生无休止的冲突。如果有一家公司首先降低了价格，竞争平衡就会打破，价格战就会经常地爆发。

（2）如果决定竞争胜负的关键因素只有一个，就不易实现竞争平衡。

产品成本的差异由规模效益、先进技术和其他因素造成，首先取得成本突破的公司会降价竞争，夺取其他公司的市场份额。在这些行业中，成本突破易于经常性地引发价格战。

(3) 如果决定竞争胜负的关键因素有多个，就比较容易实现竞争平衡。在这种情况下，各个竞争者都有自己的细分市场，在产品质量、性能、款式、档次和服务等方面都具有某些优势，与竞争者形成差异以吸引特定顾客，易于和平共处。

(4) 决定竞争胜负的关键因素越多，能够共存的竞争者数量就越多。决定竞争胜负的关键因素越少，共存的竞争者数目就越少。如果决定因素只有一个，能够共存的竞争者也不过两三个。

(5) 任何两个竞争者之间的市场份额之比为2:1时，可能是平衡点。任一竞争者提高或降低市场份额可能既不实际也无利益，增加促销和分销成本会得不偿失。

4. 选择要攻击和回避的竞争者

通过获取有效的竞争情报，企业将会更容易的制定竞争战略，明确在市场上与谁进行有效的竞争。企业必须了解和清晰的认识到哪个竞争者最具有威胁性，准确的选择需要进攻或回避的竞争者。

(1) 强对弱的竞争者

很多公司把进攻目标瞄准较弱的竞争者，这样可使它们获得每百分点的市场份额所付出的资源和时间较少。但在这个过程中，公司可能在提高能力方面进展很小。企业也应当同强有力的竞争者进行竞争，以赶超目前的工艺水平。再者，即使同强有力的竞争者进行竞争，也应知道它也有劣势，而企业也可证明自己是一个有价值的竞争者。

(2) 近对远的竞争者

大多数公司会与那些极度类似的竞争者竞争，因此，日产要与本田竞争而不同美洲虎竞争。与此同时，公司应当避免“摧毁”相邻的竞争者。例如，在美国70年代后期博士伦公司（Bausch and Lomb）大举进攻其他隐形眼镜生产商并取得了极大成功，然而，这却使每个弱小的竞争者都卖给了大公司。像莱弗伦公司（Relvon）、强生公司和谢林—普洛夫公司（Schering Plough），结果是自己现在面临着更大的竞争者。因此，公司损害了其邻近的对手并取得了成功，但又引来了更难对付的竞争者。

(3)“好”对“坏”的竞争者

每个行业都有“好的”与“坏的”竞争者，一个公司应当明智地去支持好的竞争者并攻击坏的竞争者。好的竞争者有一系列特征：它们遵守行业规则；它们对行业的增长潜力所提出的设想切合实际；它们制定的价格与成本相符；它们喜欢一个健全的行业；它们将自己限定在行业的某一部分或细分市场中；它们推动其他企业降低成本或提高差异化；并且它们接受正常水平的市场份额和利润。坏的竞争者违反规则：它们企图花钱购买而不是赢得市场份额；它们冒着极大风险；它们在生产能力过剩时仍继续投资；通常，它们打破了行业均衡。例如，IBM 公司发现克雷公司（Cray Research）是一个好的竞争者，因为它遵守规则，经营范围严格限定在细分市场内，并且不侵犯 IBM 公司的核心市场。但 IBM 公司发现富士通公司是一个坏的竞争者，因为该公司对价格实行补贴，产品差异性小，并攻击 IBM 公司的核心市场。这就说明“好的”竞争者应当努力形成一个只有好的竞争者组成的行业。通过谨慎的许可证贸易，有选择的报复行动和联合，它们能形成一个行业，因此竞争者并不谋求相互倾轧也不胡作非为；它们遵守规则；各自之间都存在某种程度的差异；它们力争赢得而不是购得市场份额。

明确了竞争者，企业必须结合环境与自身现状制定合适的竞争战略。

第三节　制定市场竞争战略

一、制定市场竞争战略的步骤

制定竞争战略有 6 个步骤，即分析竞争环境，确定竞争目标，确定竞争战略方案，选定竞争战术，战略总结，并通过反馈系统对整个战略制定和执行过程进行调控。

1. 市场竞争状况分析

企业在选择竞争战略之前，必须要注意了解和掌握自己所处市场环境和行业竞争态势。行业内部的竞争状况取决于五种基本的竞争实力，即现有企业间的竞争、新进入者的威胁、替代产品或服务的威胁、买方讨价还价能力和供应方讨价还价能力（如图 8 - 2 所示），这些力量彼此作用，形成了影响行业生存和发展的主要力量。

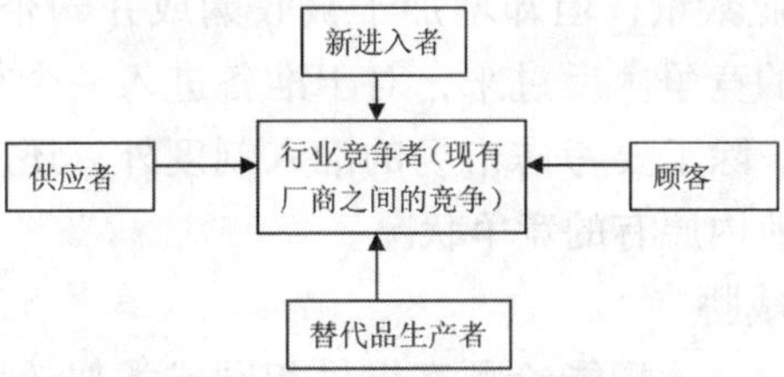

图 8 - 2　行业竞争力量示意图

（1）现有厂商的竞争

行业内所有厂商之间是既相互依存又相互竞争的关系。当行业内厂商数量较多时，不管力量是否均衡，各厂商之间的竞争会非常激烈；当行业内厂商数量很少，但规模很大时，竞争的影响力往往更大，竞争的结果甚至会导致行业结构发生变化。同行业厂商的竞争一般有以下几种情况：

①市场份额竞争

在成熟行业中，由于市场需求增长缓慢，增长率下降，厂商只能通过扩大现有市场占有率来提高规模效益。在这种情况下厂商之间的竞争往往表现为市场份额之争。

②均衡竞争

如果行业内所有厂商的竞争实力相当，没有一个厂商具有明显的优势，那么行业内的竞争态势就处于一种相对均衡状态。在这种情况下，厂商主要采用价格战、广告攻势和促销手段展开激烈竞争。但这种均衡只是暂时的，打破均衡的力量来源于新产品、新技术的开发利用。

③差别竞争

在产品同质性较强的行业中，由于不同厂商之间的产品没有明显差别，通常是通过提高顾客对品牌的熟悉度和忠诚度，降低价格，提高服务质量等手段来争夺顾客；在产品差别较大的行业里，厂商主要采取增加产品新的属性差别或其他差别的方法来争取顾客，提高产品的市场占有率。

（2）新进入者的竞争

对于一个行业所有的厂商而言，那些尚未加入该行业的厂商都可能是潜在的竞争者。受行业利润的诱惑，就必然会吸引潜在竞争对手介入这个行业，成为新的入侵者。一般情况下，新入侵者要在行业内新设一个企业，这就增加了行业内的竞争数目；如果采取收购或并购行业内的企业，这虽不增加行业内的企业数量，但却增加了被收购或并购企业的资源供应量，这也会加剧行业内的竞争。反过来，对于准备进入一个行业的新入侵者而言，在一般情况下，除了要考虑市场的准入制度外，还应当注意该市场的进入难易程度和行业内原有的竞争状况。

（3）替代品的威胁

一种产品的替代品是指能给顾客提供相同或类似效用的其他产品。不同的行业来自替代品的竞争威胁程度是不一样的。如果替代品的市场生命力已经胜过现有市场产品的生命力，这不仅会使原有企业的发展受到严重制约，而且可能导致原有企业的生存危机。电脑打字替代机械打字机后，最终使机械打字机几乎在市场上消失。如果替代品的替代功能有限，与替代品竞争的主要手段是改进完善产品的功能，提高质量，降低成本。

（4）供应方

供应方是指行业内企业生产要素的供应者，包括技术、设备、资金、原材料和劳动力等供应商。生产资源供求状况、稀缺程度和供应商行为，对行业生产者的成本有较大的影响。在行业形成之初，企业要寻找供应方；当行业进入成熟期后，产品标准化程度较高，供应方与生产者之间的供应关系较为稳定，供应价格一般随行就市。根据供求原理，当市场生产要素供不应求时，供应价格就会上涨，反之则下降。因此，当供应商占据主动时，供应价格就会提高，从而导致生产者的成本上升。从这种意义上讲，它对行业内企业形成了一定的竞争压力。

（5）买方

买方是指包括为消费而购买的需求者和为销售而购买的中间商。买方的议价能力是形成市场竞争的主要威胁。买方议价能力的高低和意愿的强弱，一方面取决于市场的成熟程度；另一方面取决于品牌的选择余地、购买数量、购买成本、产品售价、对产品质量的关心和产品的理解程度及收集处理市场信息的能力等因素。如果一个市场买方的议价能力加强，他们便会设法压低价格，对产品质量和服务提出更高的要求，并且使竞争者之间互相争斗，从而增大了企业获利的困难。

2. 确定市场竞争战略目标

竞争战略目标是企业对市场竞争所规定的一个任务体系，在服从总体营销战略目标的要求下，对营销中各个环节为取得竞争胜利或消除竞争对手的威胁制定的一系列目标。

（1）目标体系

企业的市场竞争战略目标应是营销战略目标的分目标，是以有利于实现营销战略目标为前提、用以对付竞争环境变化的一系列目标。包括总体营销战略目标、竞争战略总目标、营销组合目标以及各目标细分市场的目标等。

（2）制定市场竞争战略目标应遵循的原则

为保证竞争战略目标能够顺利完成，制定时，应遵循下列要求：

①可行性

这是对市场竞争战略目标的最基本的也是最重要的要求。如果企业提出的竞争战略目标没有实现的可能性，除非它没有被执行，否则，只会浪费企业的资源、丧失市场机会，甚至导致企业走向崩溃。

②有资源保证

实现任何竞争目标都要耗费相应资源。因此，企业所制定的市场竞争战略目标，必须要以资源保证为前提。没有资源保证的目标，也谈不上可行性。

③具有一定弹性

制定市场竞争战略目标时，应充分考虑竞争环境具有的多变性和复杂性的特点，以及在制定战略目标和战略方案时，对未来情况的估计不可能完全准确。所以，目标应规定在一定的范围内有调节的灵活性。

④易于理解

企业所制定的市场竞争战略目标，是高层营销管理决策人员所做出的决策。需要企业中各级部门、各级人员相互配合，共同实施完成。因此，市场竞争战略目标应能被各部门、各级人员很好理解，或是对他们来说，知道目标的实质性意图或方向。这样，一个目标的执行才有组织和人员保证。

3. 确定市场竞争战略方案

市场竞争战略方案，是如何执行和实现竞争战略目标方法的总称。同时，竞争战略方案的不同，企业在特定时间内的竞争行为也表现出不同特征。

一般有两类竞争战略，一类是按所涉及的营销组合因素分类的总成本领先战略、差异战略和目标集中战略；一类是根据与竞争对手的抗衡程度分类的打进、渗透、对抗和保持战略。这类战略一般按市场演进的时序变化顺序采用，即企业开始新进入一个行业，采用打进战略；之后，随行业与市场成长，采用渗透战略；行业进入成熟期后，采用对抗战略；最后，随行业衰退，采用保持战略至最后退出。

4. 确定竞争战术

战术是战略的具体化，也是战略的实施。制定市场竞争战略，企业需要根据战略方案，逐项确定市场营销组合因素所涉及的产品、价格、渠道和促销（4P’s）因素以及行动方案。企业在确定竞争战术时容易犯的错误是：只对某一方面战术给予足够重视，而疏于其他需要相应配合的战术。这不仅会导致战术的失误，严重时，会导致整个战略崩溃。

5. 战略总结

战略总结包括对一项战略活动进行评审性总结和随机访问性总结与控制调节。战略总结时，主要需要考察 3 个基本的问题并采取相应的行动：

一是现在的情况和竞争战略实施前所估计的情况是否相符合？

二是竞争对手的反应和行动是否符合预计？

三是已制订的还未执行的战略方案的部分是否应予修改和调整？

6. 反馈系统

竞争战略的反馈系统是进行竞争战略的组织调控决策系统。一般应由企业最高决策者和各分系统主要决策人员组成。通过对竞争环境分析和竞争战略执行情况检查，及时做出修订战略的决策，并将新的决策贯彻到相应的竞争战略实施过程中去。

二、市场竞争基本战略

了解企业所处的竞争环境，明确竞争者，是企业制订竞争战略和策略的客观基础。战略和策略是两个既相互联系又有区别的概念，它最初起源于军事学。从军事学的观念看，战略是涉及战争中全局性、较长时期内有计划的部署和安排。策略是根据战争形势发展而制订的行动方针和斗争的方式。从这个意义上讲，企业经营活动中可选择的基本竞争战略主要有三种战略：即全面成本领先战略、差异化战略和集中性战略。

1. 总成本领先战略

总成本领先是指企业努力减少生产及分销成本，使价格低于竞争者的产品价格，以提高市场占有率。企业通过成本领先，能够获得高于行业平均水平的利润，从而使自己在竞争中长期处于有利地位。这一战略的优点在于：

（1）在与竞争对手的斗争中，企业由于处于低成本地位上，具有进行价格战的良好条件，即使竞争对手在竞争中处于不能获得利润、只能保本的情况下，成本领先者仍然有利可图。

（2）面对强大的购买者要求降低产品价格的威胁下保卫自己。因为买主压力最低只能将价格压到第二位竞争对手可接受的水平，如第二位竞争对手接受不了退出经营，领先者就成了垄断者。

（3）能防御供应者威胁。即在应付原材料涨价上有较大的承受能力，能够在较大的边际利润范围内承受各种不稳定经济因素所带来的影响；同时由于低成本企业对原材料或零部件的需求量大，因而为获得廉价的原材料或零部件提供了可能。这样就便于和供应商建立长期稳定的协作关系，从而保障供应。

（4）因为建立低成本的因素同时也是提高规模效益的因素，所以能加高进入屏障，减弱新进入者对低成本者入侵的威胁。

（5）低成本使企业在与替代产品竞争中也处于较其他竞争者更有利的地位。在与替代品的斗争中，低成本企业可用削减价格的办法稳定现有顾客的需求，使之不被替代产品所替代。当然，如果企业要在较长时间内巩固企业现有竞争地位，还必须在产品及市场上有所创新。

成本领先战略的不足之处在于：

（1）投资较大。企业必须具备先进的生产设备，才能高效率地进行生产，以保持较高的劳动生产率。同时，在进攻型定价以及为提高市场占有率而形成的投产亏损等方面也需要进行大量的预先投资。

（2）技术变革会导致生产过程工艺和技术的突破，使企业过去大量投资和由此产生的高效率一下子丧失优势，并给竞争对手造成以更低成本进入的机会。

（3）将过多的注意力集中在生产成本上，可能导致企业忽视顾客需求特性和需求趋势的变化，忽视顾客对产品差异的兴趣。

（4）由于企业集中大量投资于现有技术及现有设备，提高了退出行业的难度，因而对新技术的采用以及技术创新反应迟钝甚至采取排斥态度。低成本战略是一种重要的竞争战略，但是，它也有一定的适用范围和条件，只有当具备以下条件时，采用成本领先战略会更有效力：

（1）市场需求具有较大的价格弹性。

（2）所处行业的企业大多生产标准化产品。

（3）实现产品差异化的途径很少。

（4）多数客户以用同样的方式使用产品。

（5）用户从一个销售商改变为另一个销售商时，不会发生转换成本，因为顾客一般都特别倾向于购买最优惠的产品。

2. 差异化战略

差异化战略是指企业努力发展差异性大的产品线和营销项目，以成为同行业中的领先者。在价格相对不高的情况下，大多数顾客均会偏好此种产品。这种战略是将企业提供的产品或劳务差异化，在行业中树立起具有独特性的东西，差异化可以在许多方面创造出来：技术特点、性能特点、名牌形象、独特的顾客服务和销售渠道等。

在营销实践中，由于各个企业受自身资源和能力的限制，往往不可能在各方面都取得差异化优势，但企业可以在某几个方面取得这种优势。如美国的卡特皮勒公司不仅以其经销网络和优良的零配件供应服务著称，而且因其优质耐用的产品而享有盛誉，顾客都愿意以更高的价格购买它的产品，企业也取得了市场领导者的地位。实行差异化战略有时会以牺牲规模经济为代价，也与争取获得更大的市场占有率相矛盾。而且，一般实行差异化战略也会导致成本的增加，因为它可能需要更多的开发研究和设计、质量更好的原材料、为顾客提供更多的服务等。只要条件允许，产品差异化是一种可行的战略。企业奉行这种战略，可以很好地防御五种竞争力量，获得竞争优势。

这种战略的优点在于：

（1）实行差异化战略是利用了顾客对其特色的偏爱和忠诚，由此可以降低对产品的价格敏感性，使企业避开价格竞争，在特定领域形成独家经营的市场，保持领先。

（2）在获得顾客信任的情况下，顾客对企业（或产品），进入者要战胜这种独特性或名牌，需要付出更大的努力和成本，从而加高进入屏障。

（3）产品差异可以产生较高的边际收益，增强企业对付供应者讨价还价的能力。

（4）由于购买者别无选择，对价格的敏感度又低，企业可以运用产品差异战略来削弱购买者的讨价还价能力。

（5）由于企业具有特色，又赢得了顾客的信任，在特定领域形成独家经营的市场，便可在与代用品的较量中，比其他同类企业处于更有利的地位。

产品差异化战略的不足之处在于：

（1）保持产品的差异化往往以高成本为代价，因为企业需要进行广泛的研究开发、产品设计、高质量原料和争取顾客支持等工作。

（2）并非所有的顾客都愿意或能够支付产品差异所形成的较高价格。同时，买主对差异化所支付的额外费用是有一定极限的，若超过这一“极限”。低成本低价格的企业与高价格差异化产品的企业相比就显示出竞争力。

（3）企业要想取得产品差异，有时要放弃获得较高市场占有率的目标，因为它的排他性与高市场占有率是矛盾的。

差异化战略适用的一般条件是：

（1）有多种使产品或服务差异化的途径被某些用户视为有价值的。

（2）消费者对产品的需求是不同的。

（3）奉行差异化战略的竞争对手不多，可以缓解市场竞争压力。

3. 集中性战略

集中性战略是指企业在市场细分的基础上，仅选择以一个或少数几个细分市场为目标市场，实行专业化生产和经营。这种战略的指导思想是集中企业的主要力量和资源为某一个或几个较小的子市场服务，而不是将力量均匀地投入整个市场。实施集中性战略的目的是通过比整个市场的竞争者更好地满足目标顾客的需求而实现差异化经营优势，或为目标顾客服务时能更好地实现低成本，或者同时取得这两种优势。集中化所获得的低成本或差异化优势，不是在整个市场上，而是在小的范围内或小的细分市场上。其优势具体表现在以下几个方面：

（1）经营目标集中，可以集中企业所有资源在某一特定战略目标之上。

（2）熟悉产品的市场、用户及同行业竞争情况，可以全面把握市场，获取竞争优势。

（3）由于生产高度专业化，在制造、科研方面可以实现规模效益。

集中性战略比较适用于中小企业，即小企业可以以小补大，以专补缺，以精取胜，在小市场做成大生意，成为“小型巨人”。例如，美国皇冠制罐公司是个规模很小，名不见经传的小型包装容器生产厂家。该公司以金属罐细分市场为重点，专门生产供啤酒、饮料和喷雾罐厂家使用的金属罐，由于公司集中企业的主要资源，全力以赴，经营非常成功，令销售额达数十亿美元的美国制罐公司刮目相看。实行集中性战略也包含着风险，主要应注意防止来自三个方面的威胁，并采取相应措施维护企业的竞争优势：

(1) 在大市场范围内进行生产经营活动的竞争者与实行集中化战略的企业之间的成本差距变大，使为较狭窄的目标市场提供服务的企业丧失成本优势或使其所具有的差异优势被抵消，从而构成对企业的威胁。这时企业要在产品及市场营销各方面保持和加大其差异性，因为产品的差异性愈大，集中性战略的维持力愈强；需求者差异性越大，集中性战略的维持力也愈强。

(2) 企业的目标市场和整体市场之间的差异在缩小。这时选用集中战略的企业要建立防止模仿的障碍，其障碍的高低取决于特定的市场细分结构。

(3) 竞争者在企业的目标市场中又发现并经营更小的细分市场，使企业的目标市场缺乏规模性。目标细分市场的规模狭窄，就会影响实施集中性战略企业的规模经营和效益，这也会造成对集中战略企业的威胁。

(4) 由于社会政治、经济、法律和文化等环境的变化，技术的突破和创新等多方面原因引起替代品出现或消费者偏好发生变化，导致市场结构性变化，此时集中战略的优势也将随之消失。

一个企业没有以三种基本战略之一作为自己的竞争战略，那么这个企业所处的地位是非常不利的，它可能失去追求低价格的大客户，也可能必须为从取得低成本优势的企业手中争夺市场而丧失利润，它在那些高利润率的业务领域中又可能无法战胜那些已实现全面差异化的企业或集中经营的企业。因此，没有明确的竞争战略的企业，必须根据企业的能力和环境条件，尽早做出根本性的战略决策。

但是，任何一种竞争战略，都存在着一定的局限性，而且企业在选择战略时，由于受自身资源和能力的限制，往往不可能在各方面都取得优势和成功，这就需要企业根据自己所处的客观环境和条件，选择切实可行的、适合本企业实际情况的竞争战略，以达到扬长避短，克敌制胜的目的，企业才能获得最佳的经济效益。

三、企业竞争战略选择

1. 市场领先者的竞争策略

市场领先者指在行业中同类产品的市场上占有最大市场份额的企业，并在新产品开发、市场价格调整、分销渠道的宽度及促销力度等方面均处于主导地位。绝大多数行业中都有一个被公认的市场领先者。比如计算机行业中的IBM公司、摄像胶片行业中的柯达公司、美国汽车行业中的通用汽车公司、商业零售业中的西尔斯等。市场领先者的行为在行业中有举足轻重的作用，它的价格变动、新产品的开发、营销渠道的设计以及促销力度，都居于主导地位。

市场领先者的垄断地位，绝大多数情况下是受法律保护的。因此，它往往会成为众矢之的，其他竞争者不断地寻找其弱点，或者向它挑战，或者模仿它，或者避免与其冲突。而市场领先者往往由于规模庞大致使其应变能力和管理效率低下。作为市场领先者，面对来自行业内的各种挑战，稍有不慎，就可能很快降至行业的第二位、第三位。例如，可口可乐公司必须对百事可乐公司常备不懈，时刻保持高度警惕。市场领先者防御竞争者的进攻，主要的策略是扩大市场总规模。扩大市场总规模的策略，是一种积极的进攻性防御，使用这种策略的目的是为了巩固和提高产品的市场占有率。寻找扩大市场需求总量的途径对市场领先者是至关重要的。其主要途径有：

（1）发现新的使用者

面对众多的市场需求者，每一种产品或服务都有一定的吸引购买的潜力。企业寻找新用户的方法，一是开拓新市场，即开辟新的细分市场，说服尚未使用该产品的顾客使用该产品，如保健食品商可以说服男女青年使用保健食品，以此来扩大其产品的用户群；二是市场渗透，即说服现有细分市场中偶尔使用本产品的顾客增加使用量，如香水制造商可以说服原不用香水的妇女使用香水；三是扩展地理区域，将其产品销售到国外或是其他地区，通过销售范围的扩大来增加销售数量，例如，四川长虹彩电公司在国内彩电市场销售困难的情况下，积极开拓东南亚市场和美国市场，使公司彩电销售量在近几年中继续保持增长势头。

(2) 开拓新用途

开拓新用途是发现并推广产品的新用途以扩大市场对产品的需求。这不仅适用于工业产品，也适用于日用消费品。其中，美国杜邦公司的尼龙就是一个成功的典型。最初，尼龙是用来制造降落伞的，然后又成为长筒袜的主要原料，再后来成为衣料，人们以为尼龙早已经到了其寿命成熟期，孰料经过杜邦公司等大跨国企业的不懈实施开拓新用途战略，尼龙进入了汽车制造业，成为轮胎、坐垫的原料。

(3) 扩大使用量

扩大使用量是促使使用者增加用量也是扩大市场需求的重要手段。增加产品使用量，最常见的方法有两种：一是促使使用者在更多场合使用该产品；二是增加使用该产品的频率。例如宝洁公司劝告用户，在使用海飞丝洗发精时，每次将使用量增加一倍，效果更佳。又如，法国的米其林轮胎公司通过媒体，刺激居住在巴黎的人们驱车到更远的法国南部度假，促使汽车拥有者行驶更多的里程，以提高轮胎的置换率。

为了巩固和扩大自己的阵地，市场领先者应随市场情况变化不断调整自己的营销组合，努力在现有市场规模下扩大自己的市场份额。其主要手段包括：

①产品创新：通过产品创新，市场领先者可以有效地扩大市场份额，保持现有的领导地位。

②质量策略：通过不断向市场提供超过平均质量水平的产品，以质量优异的品牌形象，吸引更多顾客的购买，扩大市场份额。这样做的目的或者是为了直接从高质量产品中得到超过平均投资报酬率的收入，或者是在高质量产品的市场容量过小时，维持品牌声誉或保持企业产品的市场号召力，从而能为企业的一般产品保持较大市场销售量。产品质量与质量成本往往是成正比的。因此，实施这一战略的前提条件是顾客愿意为质量较高的产品支付较高的价格，只有这样，企业才能为质量的提高而获取质量溢价效益。

③多品牌策略：这一策略是美国宝洁公司首创成功的。即企业在销路较大的产品项目中，扩大企业同种产品的品牌系列，采用多品牌营销，每一品牌针对顾客的差别进行定位，如果顾客转换品牌，也是在购买本企业的产品。例如，宝洁作为世界日化行业的巨头，仅洗发水一项，就针对不同的消费者在中国市场上推出了海飞丝、飘柔、潘婷、沙宣、伊卡璐等多

种品牌。宝洁公司不断推出新产品，其主要目的是为了抵御市场竞争的挑战，保住自己在中国市场占有率第一的地位。虽然这些后继品牌进入市场后也和宝洁的海飞丝品牌形成竞争，使该品牌在洗发水市场的占有率有所下降，但宝洁公司的市场整体占有率却因为更有效的细分而有所提升，从而使宝洁公司成功防御了来自不同竞争对手的攻击。

④大量广告策略：这是一种传统的扩大市场份额的做法。即在一定时期内，通过高强度、多频度的广告来促使消费者经常保持对自己的品牌印象，增加其对品牌熟悉的程度或产生较强的品牌偏好。

⑤有效或较强力度销售促进：通过更多销售改进工作来维持市场份额，如不断加强售后服务、提供更多质量保证、建立更多的销售和顾客服务网点。

小贴士

提起微波炉，几乎所有的中国人都会想到“格兰仕”这一品牌，因为在某种程度上，它是微波炉的代名词。巅峰时间曾占据全球微波炉70%市场份额的格兰仕，希望构筑它的微波炉“帝国之梦”。然而，任何一个想要垄断市场的企业，必定会受竞争对手的入侵和猛烈反击，格兰仕也不例外。

进入21世纪之后，当格兰仕与LG为争夺微波炉市场份额而短兵相接时，美的集团挟巨资挺进微波炉市场，与同城兄弟格兰仕进行PK，当年就从格兰仕手中抢去近10%的市场份额。格兰仕对美的集团的挑衅岂能坐视不管，在失去部分阵地之后决定予以反击。格兰仕很快宣布：以20亿元杀入空调市场，直指美的心脏。美的集团虽然不是空调业的领导者，但绝对是一个重要的参与者。格兰仕在空调市场上发力，让美的集团如芒刺在背。更可怕的是，格兰仕还高调地从美的集团的人才队伍中挖墙脚，更让美的集团寝食难安。格兰仕集团与美的集团为争夺市场份额开展了一连串的进攻与反击战，从后来的市场效果看，格兰仕空调尽管没有如预期那样在市场上热销，但美的微波炉的发展却严重受制，并且空调业务也受到威胁。

2. 市场挑战者的竞争策略

市场挑战者是市场占有率仅次于市场领先者的企业。它们拥有一定的实力，有时其竞争实力未必低于市场领先者，只不过暂时对某项业务还没有投入更多精力或还没有将其作为主要业务来发展。一般说来挑战者可在下列三种情况中进行选择。

(1) 攻击市场领导者

一般来说，攻击市场领导者的风险很大，但是潜在的收益也可能很高。为了取得进攻的胜利，挑战者需要认真调查研究顾客的需要及不满之处，以寻找市场领先企业的弱点和失误，作为自己进攻的目标。例如，美国“米勒”啤酒公司，就是瞄准了低度啤酒的消费者为开发重点，而这一市场在以前却被市场领先者忽视。又如，施乐公司通过开发出更好的复印技术，而成功取代了“3M”公司的复印机市场。

(2) 攻击与自己实力相当者

对与自己实力相当的企业，市场挑战者可选择其中经营不善、发生亏损者作为进攻对象，设法夺取它们的市场份额。

(3) 攻击区域性小型企业

对一些地方性小企业，市场挑战者可选择其中经营不善、财务困难者作为进攻对象，夺取它们的顾客，甚至将这些小企业逐出市场。

3. 市场追随者策略

市场追随者的市场份额远小于市场领先者，无论是在资金、技术和人才等方面都缺乏与之抗衡的实力。因此，市场追随者与挑战者不同，它不是向市场领先者发动进攻并图谋取而代之，而是只追随市场领先者的产品策略和营销策略，以其较低的制造成本，仿造或改良产品，自觉地维持共处局面，力争在“共处”的状态下求得尽可能多的利益。这种“自觉共处”状态在钢铁、肥料和化工等资本密集的同质产品行业中很普遍，在这些行业中，产品形象差异不大，服务质量也相仿，价格敏感性却很高，随时都有可能发生价格竞争，导致两败俱伤。因此，这些行业中的企业一般都反对攫取短期市场份额的做法，彼此自觉地不互相争夺客户，而经常仿效市场领先者，为购买者提供相似的产品，所以市场份额高度稳定。

但是，这不等于说市场追随者只是被动地单纯追随主导者，每个市场追随者都必须懂得如何保持现有顾客，并争取一定数量的新顾客；必须设法给自己的目标市场带来某些特有的利益，如地点、服务和融资等；必须尽力降低成本并保持较高的产品质量和服务质量；必须找到一条不至于引起竞争性报复的发展道路。市场追随者的策略类型有以下三种：

(1) 紧密跟随者

紧密跟随者，即复制者，是指在尽可能多的细分市场中和营销组合方面，尽可能地仿效市场领先者。这种策略的特点是“仿效”和“低调”。

追随者尽量避免与市场领先者直接冲突，不从根本上侵犯它的地位，因而不会妨碍或威胁市场领先者的既有利益。常见的做法是在产品功能上与市场领先者保持一致，而在品牌声望上与市场领先者保持一定差距。

（2）距离跟随者

距离跟随者，即模仿者，是指在目标市场、产品创新、价格水平、分销渠道、促销力度等方面都追随市场领先者，但又总是和市场领先者保持一定的距离，不使市场领先者和挑战者觉得市场追随者有侵入的态势或表示。这种策略突出的特点，是通过保持合适的距离来避免与市场领先者产生利益冲突。

（3）择优跟随者

择优跟随者，即调整者，它是在产品策略与营销组合策略的某些方面紧跟市场领先者，而在包装、广告、价格等方面又要发挥自己的独创性。所以，这种策略的特点是选择追随与创新并举。这类企业具有一定的产品创新能力，不仅能够模仿制造市场领先者的产品，而且还能对这些产品进行改进，以适合市场领先者所占市场以外的其他市场需求。这样做可使企业在整体实力不如对方的时候，避免直接冲突，悉心培养自己的市场和竞争实力，以便日后成长为市场挑战者。

（4）市场补缺者

所谓市场补缺者，是指精心服务于市场的某些细小部分，而不与主要的企业竞争，只是通过专业化经营来寻找生存和发展空间的企业。市场补缺者也称为市场利基者。在现代市场经济条件下，几乎每个行业中都有许多小企业，它们缺少竞争实力，尽量避免与大公司产生正面冲突，专心关注市场上被大企业忽略的某些更小的细分市场，拾遗补漏，谋求在一个较小领域内的较大市场份额。这样可使那些最小的企业获得发展或取得较高的投资盈利率。一般说来，中小企业可以开拓的利基市场有以下三类：

①自然利基市场

为了追求规模经济效应，很多大企业一般采用少品种、大批量的生产方式，这就自然为中小企业留下了很多大企业难于涉及的“夹缝地带”，这些“夹缝地带”即为自然利基市场。例如，目前市值超过 80 亿美元的美国生物尺度公司 1977 年创建时，着眼点就是那些大公司所忽略的人造关节市场。

②协作利基市场

对于生产复杂产品的大企业来说，不可能使每一道工序都达到规模经济性的要求。大企业为了谋取利润最大化或节省成本，避免“大而全”生产体制的弊端，总是要力求与外部企业进行协作，这种协作关系为中小企业提供了生存空间，即协作利基市场。如日本丰田公司一次发包的企业就有248家，这248家企业还要向4000多家企业二次发包，承包企业主要为大企业生产主产品所需的零部件。这些中小型企业与大企业的命运息息相关。

③专利利基市场

拥有专利发明的中小企业，可以运用知识产权来防止大企业染指自己的专利技术向自己的产品市场渗透，从而在法律制度的保护下形成有利于中小企业成长的专利利基市场。如好孩子集团公司是靠专利起家的我国目前最大的婴儿推车和儿童自行车生产企业，1989年第一辆“好孩子”专利童车诞生以来，“好孩子”便和专利结伴同行，在专利的保护下茁壮成长。

第四节　合作竞争

“合作竞争”是西方经济学家提出的一种全新的营销管理理念，即当某一企业发现市场机会后，没有能力占有竞争所需要的相应资源，设置有效的进入壁垒，以便实现从初级竞争到垄断竞争的迅速过渡，于是借助他人的力量共同开发市场，通过合作实现“战略联盟”。实质上，合作竞争是在市场竞争日益激烈和经济全球化趋势下的一种新的竞争模式。

一、合作竞争的形式与优势

1. 合作竞争的主要形式

(1) 同行业企业间的合作

同行业企业间的合作，也称为水平式联盟。其主要特点是联盟双方可能是同一个市场的合作企业，或者潜在竞争者。如20世纪70年代，欧洲四家飞机制造公司为了与雄踞世界之首的美国波音、麦道两大飞机制造公司抗衡，由原先的彼此间竞争走向联合组建欧洲空中客车公司，在德国生产机身，英国生产机翼，西班牙生产尾翼，最后在法国组装。至20世纪90

年代初期，其规模已超过美国麦道公司，成为紧随波音公司的世界第二大飞机制造商。

（2）不同行业间的合作

这种合作是由生产、流通过程不同领域的企业间为了共同利益而结成的跨行业战略联盟，它包括企业间垂直式合作和混合式合作两种基本形式。根据“价值链”理论，现代企业的价值创造过程是由一系列相互关联的增值活动组成的，各个环节的经营管理活动之间相互影响，并共同决定整个价值链的收益。价值链一般可以分为两大部分：上部是企业的辅助性增值活动，包括投资财务管理、技术开发、原材料采购等；下部是企业的基本增值活动，即一般意义上生产经营环节，如产品开发、原料供应、生产加工、成品储运、市场营销和售后服务等。

2. 合作竞争的优势

（1）有利于企业进入封闭的市场

合作竞争有利于企业打破贸易壁垒，进入复杂、多变及难以预测的国际与国内市场。随着营销实践的发展，经营者们发现，近年来，在国际和国内市场营销中，许多国家贸易保护主义的威胁及国内地方保护主义的制约，形成了许多市场壁垒，即所谓保护市场或封闭市场。市场环境因素是企业不可控制的外部因素，一般情况下，企业只能认识、利用和适应自己所处的外部环境，才能获得生存和发展。面对严重的贸易保护主义及封闭市场环境，企业必须转变观念，从已经变化的现实出发，改变营销组合策略或企业组织结构，运用一些特殊的营销技巧去积极适应和影响外部环境。企业之间合作，可以使不同国度或同一国家的不同企业以及顾客之间形成一个基本一致的利益共同体，利益的趋同性是打破封闭市场最有力的武器。

（2）有利于实现企业之间优势互补

合作竞争有利于实现企业之间优势互补，增强企业的竞争实力。任何一个企业所拥有的资源总是有限的，通过合作，合作企业之间可以在资金、技术和分销渠道等方面实现优势互补。例如，海尔集团与荷兰飞利浦、德国迈兹、日本东芝等 12 家国际大公司缔结技术联盟即属于此类。

（3）有利于共担经营风险

企业技术开发的不确定和市场的风云突变，使经营活动充满了风险。合作竞争可以分担巨额的产品开发费用，降低固定资产投资风险。随着科技的发展和企业规模的扩大，对于技术和资金密集型行业，要求投入巨额资金进行产品和技术开发，固定资产投资的规模也越来越大。据估计，开发一种新型超级芯片，不但要集中近300名富有经验的工程师进行攻关，而且需要投资数十亿美元的开发费用。技术开发的不确定性又加大了开发的风险性。企业的联盟，可以分担或降低企业风险的承受力，比较好地解决了开发与费用的矛盾。

（4）合作竞争促使新型企业的产生

网络信息时代，企业合作可以通过相互学习而适应知识经济时代要求的学习、知识型组织的产生。借助于信息网络，可以以较低的成本在全球范围内的同行业组织中精选合作伙伴，在彼此间相互信任、坦诚交流与沟通的基础上，共享资源（信息与知识），并在相互学习的过程中实现知识的获取、积累和创造，实现以学习和创新知识为中心目标的知识联盟。值得注意的是，在实践中并非所有的战略联盟都能获得圆满的成功，因为企业之间存在着技术、资源及地理方面的差异，以及各国间法律和文化的区别，由这些差异和区别而引发的矛盾有时是难以协调和融合的。

二、影响合作竞争成功的要素

合作的双方为了提高市场竞争力，获得更多的利益，从而组成某一方面的合作团队。基于这一目的的合作竞争有三个基本要素：利益、亲密关系和合作远景。

1. 利益

利益指通过合作竞争建立伙伴关系能够为合作的双方带来具体而有成效的好处，这是合作竞争战略得以实施和成功的基本前提。利益来源于合作伙伴间相互贡献能够创造出有价值的成果。成功的伙伴追求提高生产力的附加值，尤其是希望改善企业的获利能力，而这一切都以企业间的利益为纽带，所以利益是各方合作的基础和“存在的理由”。

2. 亲密关系

亲密关系是指合作双方的相互深层次的信赖以及专注于共同利益的亲密合作。成功的合作伙伴关系能够超越一般的交易关系而达到相当紧密的程度，这种紧密程度在传统的交易模式中是难以出现的。例如，IBM的供应商可以佩带IBM徽章，常驻于IBM办公，而且可以获得专利以外的工程设计资料，参与IBM公司的采购和产品设计会议等。可以说，合作亲密关系在相互信赖、信息共享和合作团队意识三个方面可以得到充分的展现。

3. 合作远景

合作远景指合作竞争的战略伙伴关系之间关于未来合作成就蓝图及其共享的理念。合作的远景是因为有诱人的目标，它可以激励伙伴各方相互合作。在确定合作远景规划时，一般应注意下列几个问题：

（1）合作远景要切实可行，即远景计划的制订要符合实际情况，并具有前瞻性；

（2）合作远景的阶段性，即长远的目标总是分步骤来实现的；

（3）远景目标以及实现远景目标的途径是动态的，这就需要根据变化的实际情况不断地调整远景规划和实现目标的途径抉择。

三、合作伙伴的选择

1. 选择合作伙伴应遵循的基本原则

选择战略合作伙伴，是建立战略联盟的关键因素。因为，合作伙伴选择的适当与否，直接关系到企业合作竞争战略目标的实现。合作伙伴选择的适当，是日后合作竞争战略进入实质性阶段的基础。合作竞争战略是一个高风险的竞争战略，慎重选择合作伙伴是降低风险的最基本途径。选择合作伙伴应遵循的基本原则是：

（1）利益的潜力

企业应当考虑在与另一企业结成伙伴关系后，能否创造出真正有价值的、在传统交易或合作关系中无法实现的利益。

（2）趋同的价值观

趋同的价值观主要看合作企业间是否对双赢达成共识，对产品和服务的品质的看法是否一致。

（3）选择合作企业时应考虑三个问题

此三个问题即合作企业对合作关系的态度是否真诚；合作企业是否着眼于未来；交易的频繁程度。

（4）伙伴关系的目标与企业自身目标的一致性

伙伴关系的目标与企业自身目标的一致性主要是要有产业及产品发展方向的一致性，以及合作企业的市场地位与自身目标的一致性。

2. 合作竞争中应注意的问题

（1）建立战略联盟，应制订明确的目标，制订一致性的战略联盟规划，并在此基础上选择合适的合作对象。一般来说，合作对象条件或实力相当，优势差异较大，企业文化冲突不明显或相容性较强，其合作的成功率就高，反之则低。

（2）选择适当的联盟形式，是实现合作目标的重要途径合作的方式很多，如供应或购买协定、市场或销售协定、提供技术服务协定、管理合同、专有技术、专利许可证和特许经营、合资企业等。从产权的属性来划分，有紧密性合作、半紧密性合作和松散性合作等。无论采用何种方式，都必须遵循产业价值链增值规律，有利于企业战略目标的实现而构建联盟机构。建立的联盟机构必须强有力且保持一定的独立性。目的在于从属关系明确，易于协调，使合作各方领导职权范围清楚，协作有序。合作各方的意见一般应通过其董事会来传达，以避免合作各方因价值取向不同而影响合作的效力。

（3）建立合作各方良好的协作关系，是保持联盟稳定性的重要因素战略联盟成功与否，在于合作伙伴之间能否实现协同以及能否建立单独无法实现的可持续竞争优势。这与婚姻类似，合作各方虽然保持各自独立性，但在联盟的所有活动中又必须相互协作，若一方过分依赖另一方，或者认为联盟只对一方有利，联盟的稳定性就会受到威胁。成功的合作是由信任、承诺、互相学习、灵活联合起来的更有力量的团体。

本章小结

本章由三个部分构成，即竞争者的分析、竞争性营销战略与策略和合作竞争。市场竞争是市场经济的本质特征。市场竞争主要有两种基本形式，即价格竞争和非价格竞争。

企业要制订有效的竞争性战略与策略，必须从行业结构及市场角度识别竞争者，了解竞争的战略、目标，优势和劣势及反应模式。企业要在对市场竞争状况分析研究的基础上，确定自己的竞争战略与策略。其一般竞争战略有：成本领先战略、差异性战略和集中性战略。要根据企业在市场中所处的地位和竞争者的目标和策略，选择有效的防守与进攻策略。可采用的策略有：市场领导者策略、市场跟随者策略和市场补缺者策略。合作竞争是在市场竞争日益激烈和经济全球化趋势下的一种新的竞争模式。合作竞争有两种基本形式，即同行业企业间的合作和不同行业间的合作。合作竞争的优势是：有利于企业进入封闭的市场，有利于实现企业之间优势互补，有利于共担风险。影响合作竞争的三个基本要素是：利益、亲密关系和合作远景。选择战略合作伙伴，是建立战略联盟的关键因素。在选择合作伙伴时必须坚持选择的基本原则。

思考题

1. 行业竞争的类型主要有哪些？
2. 阐述进入与退出行业的壁垒。
3. 企业的竞争者有哪几种？结合实例说明。
4. 如何对竞争者进行分析？
5. 对比分析市场领先者、挑战者、追随者和补缺者的竞争战略。
6. 企业的竞争定位战略有哪几种？
7. 合作竞争的基本形式有哪几种？
8. 如何正确认识合作竞争的基础和前提？

模块三　确定营销战略——技能训练

项目一　锁定目标市场

项目目标

【知识目标】

了解市场细分的含义和作用；

了解目标市场的含义；

理解市场细分的原则；

理解影响目标市场学原则的因素；

掌握市场细分的标准、方法以及步骤；

掌握目标市场选择策略。

【技能目标】

具有选择、分析市场细分标准的能力；

具有有效进行市场细分的能力；

具有选择目标市场以及制定目标市场策略的能力。

【实训目标】

具备设计市场细分表且有效细分市场的技能；

具备选择目标市场且制定目标市场策略的技能。

项目实施

【技能训练】

1-1　模拟演练——对全班同学进行市场细分

训练目标：

熟悉市场细分的依据、方法；

处理有效市场细分过程中出现的各种问题。

训练内容：

以学生经常使用的某种产品为对象，以全班同学作为整体市场，按照需求差异对市场进行细分。备选产品包括：手机、U 盘、水杯、笔和背包等，也可自行选择相关产品。

训练要求：

（1）以抽签的方式确定目标产品；

（2）以小组为单位对目标产品完成市场细分训练；

（3）小组成员应该在简单调研的基础上，了解全班同学的需求情况，并以此为基础，选择适当的细分标准，对市场进行细分，完整的描述每个细分市场的需求特点；

（4）完成书面市场细分方案，并在课堂上进行展示。

1－2　设计市场细分表

训练目标：

熟悉市场细分标准；

掌握市场细分表的设计方法。

训练内容：

以饮料为对象，对饮料市场进行细分，选择市场细分的标准，设计饮料市场细分表，并评估细分市场的吸引力。

训练要求：

（1）以小组为单位完成市场细分表的设计；

（2）首先划定整体市场的范围，确定选择市场细分标准；

（3）制作市场细分表；

（4）在市场细分表中加入对细分市场吸引力的评估；

（5）可以由教师提供市场细分表的范例。

1－3　情景模拟——某公司的目标市场选择

训练目标：

熟悉目标市场选择策略；

熟悉目标市场选择中应该考虑的因素；

掌握目标市场选择报告的撰写技巧。

训练内容：

我国目前的泡泡糖市场大部分被“大大”垄断，其他企业很难在泡泡糖市场跻身，我国目前的泡泡糖产品主要集中在儿童市场且以果味为主。假设一家新成立的食品企业计划向市场提供有针对性的功能性泡泡糖产品，请你替这家公司完成目标市场选择工作。

训练要求：

（1）以小组为单位完成目标市场选择工作；

(2) 通过市场调查了解泡泡糖市场需求情况；

(3) 确定市场细分标准，拟定市场细分表；

(4) 选择目标市场，确定目标市场营销策略；

(5) 撰写目标市场选择报告。

项目总结

【知识回顾】

市场细分就是指通过市场调研，依据消费者需要和欲望、购买行为及购买习惯等方面的差异，将某一产品的市场整体划分为若干消费者群的市场分类过程。市场细分的原则包括：可衡量性、可实现性、可盈利性和可区分性。

目标市场是指企业在市场细分的基础上，选择企业能够为其提供产品和服务的细分市场。目标市场营销策略包括无差异性市场营销策略、差异性市场营销策略以及集中性市场营销策略。企业可以根据自身资源实力、产品的同质性、市场同质性、产品所处生命周期不同阶段、竞争对手目标市场营销策略以及市场供求状况等的情况来选择目标市场策略。

【技能训练重点】

市场细分的标准；

市场细分表的设计；

目标市场选择；

目标市场营销策略；

目标市场选择报告。

项目二　明确市场定位

项目目标

【知识目标】

了解市场定位的含义、作用；

理解市场定位的原则、方法；

掌握市场定位的步骤及策略。

【技能目标】

具备产品定位或品牌定位的能力。

【实训目标】

具有制订定位策划方案的能力。

项目实施

【技能训练】

2 市场调研——洗发水的市场定位。

训练目标：

熟悉市场定位的方法；

了解市场定位于消费者认知之间的关系。

训练内容：

通过案头调研、实地调研的方式，了解洗发水的市场定位，设计调查问卷访问消费者，了解消费者对洗发水产品的认知，并进行相应的分析，撰写调研报告。

训练要求：

（1）以小组为单位完成洗发水的市场定位分析；

（2）选择市场上比较常见的洗发水产品进行定位分析；

（3）设计调研方案，通过案头调研和实地调研的方式了解洗发水的市场定位；

（4）设计调查问卷，了解消费者对洗发水产品的认知；

（5）设计洗发水的市场调查表，将产品定位与消费者认知进行对比分析；

（6）撰写洗发水产品市场定位分析报告并绘制洗发水产品定位图。

项目总结

【知识回顾】

市场定位是为企业及其产品确定一个在目标市场上所处位置的方法。市场定位的策略包括初次定位、重新定位、对峙定位以及避强定位。

【技能训练重点】

市场定位方法；

市场定位策略。

项目三　识别竞争对手

项目目标

【知识目标】

理解竞争者分析的内容；

掌握竞争者分析的步骤。

【技能目标】

具备识别和分析竞争对手的能力。

【实训目标】

具有识别竞争对手并制定竞争战略的能力。

项目实施

【技能训练】

3 分析纳爱斯集团的竞争对手。

训练目标：

掌握如何识别竞争对手，并制定相应的竞争战略。

训练内容：

随着中国市场的开放，大量的国际洗化企业进入中国市场，形成了激烈的市场竞争格局。作为我国洗涤日化企业的佼佼者，纳爱斯集团已经有50多年的发展历史了。请选择某一产品线，帮助纳爱斯集团进行一次详细的市场竞争者分析，撰写竞争者分析报告，并帮助纳爱斯明确其竞争战略。

训练要求：

（1）以小组为单位，分组搜集资料，进行讨论；

（2）可以选择纳爱斯集团旗下的某一产品线进行分析；

（3）对其竞争对手、竞争者类型以及竞争态势等进行详细的分析，并提出纳爱斯可以采取的战略与策略，形成书面报告。

项目总结

【知识回顾】

了解市场竞争，识别竞争对手，并对竞争对手进行分析，更好的协调企业与竞争者之间的关系，促进企业实现其营销目标。

【技能训练重点】

如何识别竞争对手；

竞争战略的选择。

第四篇

制订营销策略

第九章 产品策略

【学习目标】

1. 理解产品的概念；掌握整体产品的概念；

2. 掌握产品的组合及其要素的概念；掌握产品组合策略；理解产品组合的现代化和特色化；

3. 掌握产品生命周期的概念和形态；理解产品生命周期的非典型形态；掌握产品生命周期各阶段的特征和营销策略；理解掌握产品生命周期理论的意义；了解延长产品生命周期的方法；

4. 掌握新产品的概念和分类；理解企业开发新产品的必要性和原则；了解新产品开发的程序；

5. 掌握品牌的含义和作用；了解品牌设计的要求；掌握品牌策略；

6. 掌握包装的含义和作用；了解包装的设计要求；理解包装的策略。

【重点难点】

1. 整体产品概念；

2. 产品组合策略；

3. 产品生命周期各阶段特点及营销策略；

4. 品牌策略；

5. 包装策略。

职业引导案例

李白有一首当着唐明皇的面献给杨贵妃的《清平调》，把杨贵妃描绘得貌若天仙。诗中写道：

云想衣裳花想容，
春风拂槛露华浓。
若非群玉山头见，
会向瑶台月下逢。

当 REVLON 进入中国时，便把自己的名称译成了李白诗中的“露华浓”，一下子拉近了和中国消费的距离。

1932年，露华浓公司成立于纽约，创始人是查尔斯·郎佛迅、约瑟夫·郎佛迅兄弟和化学家查尔斯·郎曼。他们共同发明了一种特别的生产技术，即由颜料替代染料制成色泽艳丽的不透明指甲，并调配出前所未有的缤纷色系。这项成功的发明立即引起了巨大反响，给当时的女性带来了美丽与惊喜。1939年的某天，查尔斯·郎佛迅在一家高级餐馆用餐，无意中看到一位女士正用餐巾纸擦嘴，注意到她的指甲油与唇膏颜色反差很大，他立即有了一个念头——要生产一系列与指甲油颜色相配的唇膏。让唇膏与指甲油相匹配，这一突破性的时尚概念令露华浓在短短的几年中增长了百万美元的资产。

现在，公司每年要销售10多亿美元的化妆品、护肤品和香品。各种成功的香水产品使露华浓在40亿美元香品市场上位居第一。严格地说，露华浓的香水也只不过是经过精心调配组合的天然及化学香料而已。但是，露华浓知道出售香水远不止是出售香水本身，它出售的是芳香的气味给女性带来的魅力。它总是善于迎合女性追求时尚和新潮的消费特点。在设计每一种新香水时，它总是首先调查妇女不断变化的价值观、理想和与生活方式相适应的新香水概念。当露华浓找到一种有前途的新概念之后，就开始命名某种香味，使其与该构思相一致，香味只是最后开发的部分。尽管180美元一盎司的香水可能其生产成本只需10美元，但是对香水消费者来说，这可不仅仅是只值几美元的配料和好闻的香味。

20世纪70年代初，当时的调查表明女性比男性更具竞争力，她们在努力寻求和展示个性。针对女性的这一特点，露华浓开发了“查利”（Charlie）——首种“生活方式”香水，成千上万的妇女把查利当作勇敢的独立宣言，因此它很快成为畅销的香水。70年代末，露华浓调查发现，妇女的态度正在转变——妇女已经取得了平等，这正是查利要表明的。现在，妇女正渴望体现一种女人味。使用查利香水的女孩们已长大成人，她们现在想要令人产生幻想的香水。于是，露华浓巧妙地改变了一下查利的市场定位：该香水仍然是“独立生活方式”的宣言，但又稍稍加了一点“女人味和浪漫”的情调。露华浓研制了一种针对80年代妇女的香水——琼秀（Jontue），其市场定位以浪漫为主题。到90年代，露华浓的目标市场是“全部能做，但是又清楚地知道自己想干什么”的女性。经过不断的创新发展，目前的查利仍然是大众市场上最畅销的香水。

香水的名称常常体现着产品的特征，是品牌的有机组成部分。露华浓利用名称，如查利、鸢尾琼秀（FleurdeJontue）、西亚拉（Ciara）、坏蛋（Scoundrel）、猜（Guess）和永难忘怀（Unforgettable）等来塑造能够支持每种香水市场定位的形象。香水中有一款叫“雅奇”（Ajee），意思是“女人的力量”，专门针对美国黑人妇女市场。其他竞争者的香水名字有着迷（Obsession）、激情（Passion）、不受禁止（Uninhibited）、野心（Wild-heart）、鸦片（Opium）、快乐（Joy）、美丽（Beautiful）、白色亚麻（White-Linen）、晨露（YouthDew）、永恒（Eternity）等。这些名字都说明，香水带给人们的不仅仅是好闻的香味，还有浓厚的文化气息。

露华浓香水的包装也独具个性，充满诱惑力。因为对消费者来说，瓶子和包装盒是香水及其形象的最真实象征。香水瓶应该让人感觉舒服，容易使用，放在商店里展示时能给人以深刻印象。最重要的是，它必须支持香水的概念和形象。

因此，当每一位女性购买香水时，她买的远不止是芳香的液体。香水的名字、气味、包装、承诺，以及它的生产商和销售商，所有这些都已成为整个香水产品的一部分。所以，当露华浓出售香水的时候，它既是在出售有形的商品，也是在倡导一种时尚、一种情调、一种生活方式、一种梦想、一种希望和情感的回忆！

产品策略是市场营销组合策略之一，企业在制定营销组合策略时必须首先决定生产什么样的产品来满足顾客的需求，产品策略还会影响到营销组合中的价格、渠道和促销策略，因此可以说产品策略是营销组合策略的最重要的决策。

第一节　产品整体概念

产品是指能够提供给市场被人们使用和消费，并满足人们某种需要的有形物质或无形物质的有机体，包括物品的功能利益、质量、形状、服务、人员、组织、观念等要素及它们的整合。产品是一个包括五个层次的整体概念，如图所示9-1所示。

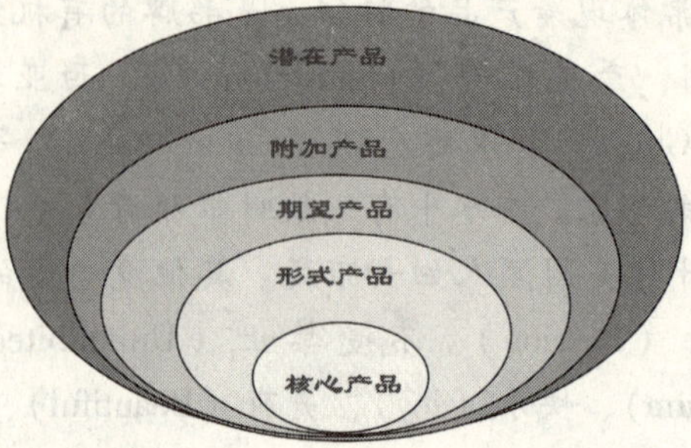

图 9－1　产品整体概念的五个层次

1. 核心产品

核心产品（core product），即顾客真正需要的基本服务或利益，回答了消费者真正需要什么的问题。例如：人们购买手表是为了购买其指示时间的功能，人们住宾馆主要是为了食宿。任何产品都必须有反映顾客核心需求的基本利益或效用。

2. 形式产品

形式产品（actual product），也称有形产品，是指提供给消费者的产品的实体和外观。是实现核心利益的基础，即产品的基本形式。包括产品的品质、式样、特征、商标及包装等。形式产品向人们展示的是核心产品的外部特征，它能满足同类消费者的不同要求。

3. 期望产品

期望产品（expected product），即购买者在购买产品时通常期望或默认得到的与产品密切相关的一组属性和条件。例如宾馆的客人期望得到清洁的床单、洗浴香波、浴巾、相对安静的环境等。

4. 附加产品

附加产品（augmented product），又称延伸产品，是指消费者在购买或使用产品时能得到的核心产品和形式产品以外的各种附加利益，包括信贷、送货、保证、安装和售后服务等。附加产品可以将公司的产品或服务与竞争者的产品或服务区别开来。

小贴士

LG，这个来自韩国的品牌，在众多候选的服务理念之中，精心调选出了“彩虹”这一名称，它体现了 LG 电子要通过自身的服务为顾客带来附加价值的愿望，同时，它还象征着与顾客沟通的桥梁。

LG“彩虹服务”在众人的期盼中，迸发出一道七彩的光环，它将亲切、迅速、准时的LG特色服务和顾客的需求结合起来，为顾客提供尽善尽美的电子产品，力求为广大消费者带来服务的新理念。

“彩虹服务”的七色喻意是：

赤—亲切热情的服务。

橙—诚心诚意，多途径顾客信息反馈系统。

黄—金牌服务，提供专业的产品故障诊断。

绿—绿色通道，提供全国零配件快递服务，确保零件的及时到达。

青—倾心奉献，新品推荐。

蓝—12小时闪电上门服务。

紫—神秘新奇，惊喜不断。

LG电子认为，以修理为内容的售后服务越少越好，说明产品质量过硬，每个企业都要争取实现零投诉；而诸如咨询、保养等服务越健全越好，说明企业制度完善。所以所谓的售后服务不如说是一种销售服务，包含有售前的咨询服务，售中教授顾客使用的服务和售后的保养服务。

在中国，为了更好的为中国的消费者服务，LG电子构筑了完善的售后服务基础设施，并制定了完善的顾客技术服务制度，分别在华北、华东、东北、华中、华西、华南、天津、苏北、安徽和山东建立了技术服务中心。

LG电子仅在华东地区就设立了五个顾客信息服务中心和100家家电特约维修服务网点，42家手机特约维修网点，通过健全的服务网络，为顾客提供快捷的售后服务，以后还要扩大顾客信息服务中心城市的范围。

LG电子中国技术服务中心是24小时全天候的接听顾客电话，365天开通咨询热线，公开服务人员的姓名，目前市内顾客服务8小时内处理并且100%维修情况的跟踪回访，并向“2小时上门服务”的目标迈进。

工作人员按约定的时间上门服务，穿着统一的LG工作服佩戴LG胸卡，递上服务名片，并出示彩虹服务准则展示牌，先了解产品的情况才开始维修。

按照行业惯例，手机维修一般都在台后呈封闭式维修，顾客对维修过程一无所知，坏什么零件，修了什么配件全凭维修人员说了算。这也是当前消费者对手机维修中打闷包操作法投诉最多的。

而在LG公司手机维修中实行与顾客面对面，让顾客参观维修的全过程。修了些什么，需要替换什么零件，消费者都能明明白白。LG对每一个提出批评和建议的消费者都相当重视，真诚听取顾客意见，接受顾客的批评，希望做到真正的零距离接触。这些都是其为顾客创造价值的具体体现。

在市场竞争日益激烈的今天，许多厂家多把服务作为竞争的筹码，有的延长产品的保修期，有的降低维修费用，有的赠送各种各样的礼品，而来自韩国的LG以其稳定的的产品质量，精湛的售后服务技术，规范而完善的保障体系，彻底免除了消费者的后顾之忧，从而赢得了消费者的青睐。

（资料来源：根据薛娜，经典品牌故事全集，北京：金城出版社，2006，改编）

5. 潜在产品

潜在产品（potential product），是指产品在将来可发展的任何扩增和转型利益，即产品的发展方向。

通过对产品整体概念的学习，可以看出这一概念突出的体现了以消费者为核心的现代市场营销观念，即产品整体概念是建立在“需求 = 产品”的基础之上的。消费者追求的是整体产品的利益，企业也必须提供其能够满足其整体利益的产品。首先，正确的、科学的理解产品的整体概念不仅可以帮助企业全面了解消费者的需求，更好的为消费者提供产品和服务；其次，有利于企业向市场提供更完整的产品和服务，增强企业的竞争力；最后，有利于企业树立良好的形象。

第二节　产品组合策略

一、产品组合及其相关概念

产品组合是指企业生产销售的全部产品线、产品项目的组合和结构。产品线则是由一组密切相关的、能够满足消费者共同需求的产品组成，这些产品功能相似，卖给同一顾客群，且以相同形式的配销通路销售，或者它们都在某一价格范围内，而组成一条产品线。产品项目是指一条产品线下的每一个产品，包括不同规格、品种、尺寸、价格和外观等。

二、产品组合的要素及其概念

1. 产品组合的宽度（width）：是指一个企业拥有多少条生产线。产品线越多，说明企业的产品组合的宽度就越宽。产品组合的宽度反应的企业服务市场的能力和分散风险的能力。

2. 产品组合的长度（length）：是指它的产品组合中的产品项目总数。以产品项目总数除以产品线数目即可得到产品线的平均长度。

3. 产品组合的深度（depth）：指产品线中的产品项目的数量。产品线中包含的产品项目愈多，产品组合深度愈深。每一条产品线中的产品项目数，可得出企业产品组合的平均深度。产品组合深度反映一个是企业在同类细分市场中，满足不同需求的程度。

4. 产品组合的关联度（consistency）是指各条产品线在最终用途、生产条件、分销渠道或者其他方面相互关联的程度。

以宝洁公司的5种消费品为例简要说明其产品组合，如表9－1所示：

表9－1　宝洁公司的产品组合

	产品组合的宽度				
	洗涤剂	牙膏	香皂	尿布	纸巾
产品线长度	象牙雪 1930 洁拂 1933 汰渍 1946 快乐 1950 奥克多 1952 达士 1954 大胆 1965 吉思 1966 黎明 1972 独立 1919	格里 1952 佳洁士 1955 登魁 1980	象牙 1879 柯柯 1885 拉瓦 1893 佳美 爵士 1952 舒肤佳 1963 海岸 1974	帮宝适 1961 露肤	查敏 1928 白云 1958 普夫 1960 旗帜 1982

由上表可以看出：

宝洁公司的产品组合长度为26，即其产品项目总数为26个；

宝洁公司的产品组合宽度为5，即其产品线为5；

宝洁公司产品组合的平均宽度为5.2；

宝洁公司产品组和的深度，洗涤剂为10、牙膏为3、香皂为7、尿布为2、纸巾为4。

企业产品组合的广度、长度、深度及其关联性受三个条件的限制：第一，受企业所拥有的资源条件的限制。一个企业所拥有的资源总是有限的，而且企业总有自己的特长和薄弱环节，因此，并不是经营任何产品都是可能的、有利的；第二，受市场需要情况的限制。企业只能拓宽或加强具有良好发展前景的产品系列；第三，受竞争条件的限制。如果新增加的产品系列将遇到强大的竞争对手，利润的不确定性很大，那么，与其加宽产品系列，不如加深原有的产品系列更为有利。因此，企业对其产品系列的广度、长度、深度和关联性的决策有多种选择。

三、产品组合策略

企业根据市场情况和经营实力对产品组合的广度、长度、深度和关联性实行不同的有机组合，称为产品组合策略。产品组合策略是市场营销策略的重要组成部分。企业可以根据市场环境和自身的资源条件选择适合的产品组合策略，常见的产品组合策略包括：

1. 扩大产品组合策略

扩大产品组合策略是指增加产品组合的宽度或深度，即增加产品线或产品项目，扩展经营范围，生产经营更多的产品以满足市场需要。通过扩大产品组合：第一，有利于与企业充分利用自身的各种资源，发挥优势，增强企业竞争能力；第二，还可以减少季节性与市场需求波动的影响，使企业经营风险分散，增强企业经营的稳定性；第三，充分利用现有商品的形象和美誉度，提高新产品的营销效率；第四，可以满足消费者多方面的需要，有利于扩大营业规模。但是，也不是所有的企业都能够采用这一策略，因为扩大产品组合要求企业增加产品线的数量或产品项目的数量，这势必会增加企业的生产和销售成本，因此，企业需要综合考虑自身的实际条件后再进行决策。

扩大产品组合的方式包括：①在维持产品原有的质量和价格的前提下，增加同一产品的款式和规格；②增加不同质量与不同价格的同类产品；③增加相互关联的产品；④增加与现有产品使用同一原材料或相同生产技术的其他产品；⑤增加可获得较高利润而与现有产品完全无关的产品。其中，扩大产品组合的第二种方式可称为产品延伸，即产品线的延伸。所谓产品延伸是指全部或部分地改变企业原有产品的市场定位，在原有产品档次的基础上，向上、向下或双向延伸。

（1）向上延伸

向上延伸指企业原来生产低档产品，后来决定增加高档产品。通过向上延伸策略，第一，企业可以获得更为丰厚的利润，提高企业的形象；第二，还可以完善企业的产品线，满足不同消费者的需求；第三，企业可以通过向上延伸攻击竞争对手。但是企业采取向上延伸，也存在着一定的风险：首先，有可能引起竞争对手的反攻；其次，消费者对企业生产的高档产品可能不接受；最后，企业需要为高档产品的生产和销售花费额外的成本，例如培训经销商和代理商等。

企业向上延伸的原因可能有：①高档产品销路较好，销售增长较快，利润率高；②高档品市场竞争较弱，企业较易进入并击败竞争对手；③企业想通过向上延伸，扩张生产线，增加企业经营品种，将企业打造成生产种类全面的企业。

当然，采取向上延伸决策时，企业也要承担一定的风险，主要有：①可能引起生产高档产品的竞争者进入低档产品市场进行反攻；②未来的顾客可能不相信企业能生产高档产品；③企业的销售代理商和经销商可能没有能力经营高档产品，企业需要培训或物色新的销售代理商和经销商。

（2）向下延伸

向下延伸是指企业原来生产高档产品，后来决定增加低档产品。向下延伸的主要目的是要充分利用已有高档产品的声誉，吸引低档产品市场中的消费者，扩大市场范围，增加企业销售额，同时还可以弥补高档市场增长缓慢的不足。但是向下延伸同样也存在一定的风险：①企业原来生产高档产品，后来增加低档产品，可能会损害企业的原有的质量形象和美誉度等；②企业原来生产高档产品，后来增加低档产品，有可能刺激低档市场的竞争对手发起反击；③由于低档产品利润空间较少，导致企业的经销商可能不愿意经营低档产品，因为其能获得的利润较少。

企业采取向下延伸的主要原因包括：①高档产品增长缓慢，为维持销售，占领和开拓市场，将产品线扩展，增加中低档产品项目；②高档产品市场竞争激烈，因此通过向下延伸的方式进行反击或开拓新的市场，减缓竞争；③企业的战略使然，企业当初进入高档产品市场就是为了建立其质量形象，然后再向下延伸；④企业增加低档产品是为了填补空隙，抑制竞争者进入中低档产品市场同企业抗衡。

(3) 双向延伸

双向延伸是指原定位于中档产品市场的企业在获得了足够的市场优势（资源和能力）时，决定向产品的上下两个方向延伸，一方面增加高档产品；另一方面增加低档产品。采取双向延伸的企业主要是为了扩大市场阵地，增强企业的竞争实力。

2. 缩减产品组合策略

缩减产品组合，是指根据市场的实际情况，取消部分产品线或产品项目的策略。通过缩减产品组合，第一，企业可以集中力量生产经营具有一定竞争优势的产品线或产品项目，实现高度专业化的生产，进而通过经营较少的产品获得较多的利润；第二，可以减少资金占用，加快资金周转；第三，扩大少数产品的生产规模，以便从事大批量生产，产生规模效益；第四，减少产品脱销断档现象，加强对消费者的销售服务；第五，使广告宣传、分配渠道等目标集中，提高效率。但采取这种策略的风险性较大，因为一旦缩减产品组合后，企业决定继续生产经营的产品在市场上失利，企业就会遭受严重的打击，甚至一蹶不振。

小贴士

沃尔沃（VOLVO）公司的产品线策略

VOLVO 卡车公司源自瑞典 VOLVO 集团公司，其缔造者是 Assar GabrieLsson。出生于1891年的 GabrieLsson 曾经是个经营禽蛋贸易的进口商，他梦想着有一天能够制造汽车并拥有一家属于自己的汽车厂。1928年，GabrieLsson 在瑞典的哥德堡创建了 VOLVO 汽车制造公司。

历史上的 VOLVO 是个产品多元化的汽车制造公司，除了出产蜚声世界的 VOLVO 轿车外，也生产卡车、客车、建筑设备用车等，甚至还生产工业用发动机和航空组件等产品。然而，进入90年代后，随着世界汽车工业发展，轿车生产越来越向诸如奔驰、福特等几个少数超大轿车生产公司集中，并逐步占领了世界轿车市场的绝大部分市场份额时，VOLVO 公司从企业未来发展战略出发，适时作出了重大的战略调整。1999年，VOLVO 公司将原来轿车的股权以520亿元人民币的价格全部出让给了美国的福特公司，以15%的股权购买了法国雷诺 MACK/VI 公司100%的股权。经过全面的战略调整和内部的整合后，VOLVO 卡车公司在1999年度就实现了年产重型卡车8.1万辆，加上与 MACK 和雷诺 VI 合作生产的卡车，仅比世界第一大卡车生产厂奔驰公司少3.7万辆。在欧洲的市场占有率达到了28%，而在美国、加拿大市场上，其占有率分别为24%和17%。在亚洲，VOLVO卡车公司除继续发展中型卡车贸易外，已开始与日本三菱公司合作生产中型卡车。在北非也拥有巨大的市场份额。1999年VOLVO卡车公司重型柴油机的产量亦有大幅度提高，达到12.4万台，位居世界第三位。资产重组使得VOLVO卡车公司成了产品更加专业化的制造厂商，并着力开拓世界卡车市场，它所出产的卡车不仅有从8吨到100吨的全部系列，而且从拖车、翻斗、油罐、平板、搅拌、垃圾到消防车各类车型一应俱全，遍布全世界的约1500个授权服务中心，保证所有的客户都能得到满意的维护与服务。72年的发展历程和企业战略的不断调整，使VOLVO卡车公司一跃成为世界第二大卡车制造跨国公司。

放弃轿车生产线后，VOLVO卡车公司控股的工厂分布于12个国家，其产品遍及世界120多个国家和地区，所生产的卡车90%以上被销往瑞典以外的地区。

缩减产品组合的方式有三种：①保持原有产品宽度或深度，即不增加产品线和产品项目，只增加产品产量，降低成本；②缩减产品线，企业根据本身特长和市场的特殊需要，只生产经营某一个或少数几个产品线；③缩减产品项目，即在一个产品线内取消一些利润较低的产品，只生产利润较高的少数产品。例如，美国西屋电器公司将其电冰箱品种由40个减少至30个，撤销了10个品种，反而增加了企业竞争力；松下公司于1988年将产品项目由5000个缩减至1200个；五十铃公司也放弃了轿车市场，而集中生产占优势地位的卡车。

四、产品组合的现代化和特色化

1. 产品组合现代化

产品组合现代化是指产品项目的更新换代能跟上时代步伐和产品的生产工艺现代化，产品能充分符合现实消费者的需求。产品组合现代化应注意以下两个方面：首先，个别产品项目的现代化应与其他产品项目的发展相协调；其次，个别产品的更新应注意最佳时机的选择：更新过早，会使其他产品项目的销售受到影响；更新过晚，有可能在市场竞争中处于劣势。

2. 产品组合特色化

产品组合特色化也即产品组合的定位，它是企业根据消费者对产品某种属性的偏好及偏好程度，选择一个或少数几个产品项目进行特别号召，从而使整个产品组合突出某一特点，给产品确定一定的市场地位，使之与竞争者的产品表现出不同的特色。由于企业在产品上市之前给它确定了一定的市场地位，只要这个“定位”是准确的，那么就能够使产品针对消费者需求有的放矢，极大地增加市场实现的机会。产品定位分为新产品定位和产品重新定位两种情况。前者是给还没有面市的新产品进行定位。新产品定位往往是先预测市场上的消费者需求，然后再针对这个需求来设计和定位新产品的特色，使之定位于市场。后者是指产品经过一段时间的销售后，市场需求发生了变化，因而需要给产品重新确定市场形象。产品的特色至少可以从两个方面来区分：首先，可以从产品实体上区分，即从产品的形状、成分、性能和构造等方面来区分，这叫做实际定位；其次，从消费者心理上来区分，如对产品的豪华、朴素、浓烈和清淡等感受来区分，这叫做心理定位。

第三节　产品生命周期

一、产品生命周期的概念及其形态

1. 产品生命周期涵义

产品生命周期是指一种产品从进入市场到最后被淘汰退出市场的过程。产品生命周期是指产品的市场寿命，而不是使用寿命。产品生命周期的长短受多种因素的影响：产品本身的特性、特点，市场竞争的激烈程度，科学技术的发展以及企业的营销策略等。完整的产品生命周期可以分为投入期、成长期、成熟期和衰退期四个阶段。

2. 产品生命周期的形态

产品生命周期是企业制定市场营销策略的依据，因此准确判断产品生命周期的各个阶段就非常重要。判断企业产品生命周期的方法通常有是资料类比法和销售额增长率判定法两种，其中比较常用的是销售额增长率判定法。

销售额增长率判定法是根据产品在一定时期内销售额增长率的数据，按照一定的标准来划分产品生命周期各个阶段。用 Δy 表示销售额增长率，用 Δx 表示时间的增长，通常有如下判定：

当新产品进入市场且 $\frac{\Delta y}{\Delta x}$ 小于 10% 时，产品处于投入期；

当 $\frac{\Delta y}{\Delta x}$ 大于 10% 时，产品处于成长期；

当 $\frac{\Delta y}{\Delta x}$ 介于 0.1%—10% 之间时，产品处于成熟期；

当 $\frac{\Delta y}{\Delta x}$ 小于 0 时，则产品处于衰退期。

因此，产品生命周期曲线表现为一条倒“U”型的曲线，如图 9 – 2 所示。

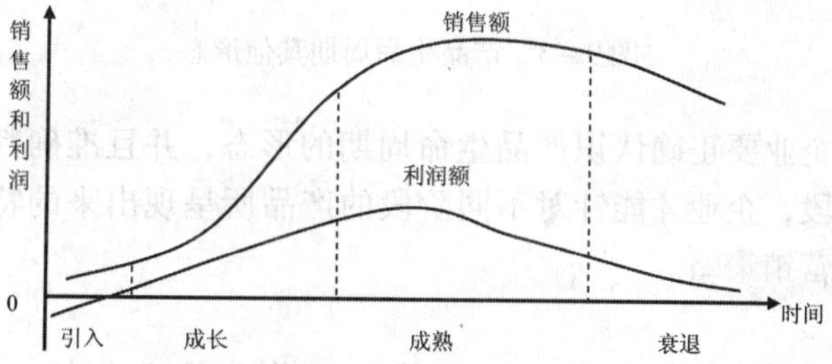

图 9 – 2　产品生命周期曲线

3. 其他产品生命周期的形态

通过对产品生命周期的分析，能够划分为四个阶段的生命周期是比较常规的产品生命周期，在现实的经济活动中，并不是所有的产品生命周期曲线都呈现常规状态，根据产品的特性或企业的营销策略的不同，产品的生命周期曲线还有可能呈现以下形态：

（1）非连续型循环

大多数时尚型产品的生命周期很短，呈非连续型循环，通常只有两个阶段，一个是快速增长阶段，另一个是显著下降阶段。这种产品在短时间内为一部分消费者狂热追求，很快到达成熟期的最高峰，然后很快便过时了，销售量下降，进入衰退期，如图 9 – 3a 所示。

(2) 循环—再循环型

这种产品在销售进入衰退期后，企业通过大力促销，或者开发配套新产品、新功能，使产品又进入新的循环，出现新生机，但第二周期的规模和持续时间一般都小于第一周期，如图 9 - 3b 所示。

(3) 扇型—多循环型

产品进入成熟期后，企业通过制定和实施正确的营销策略，使产品销量不断达到新的高潮，几乎看不出衰退期，如图 9 - 3c 所示。

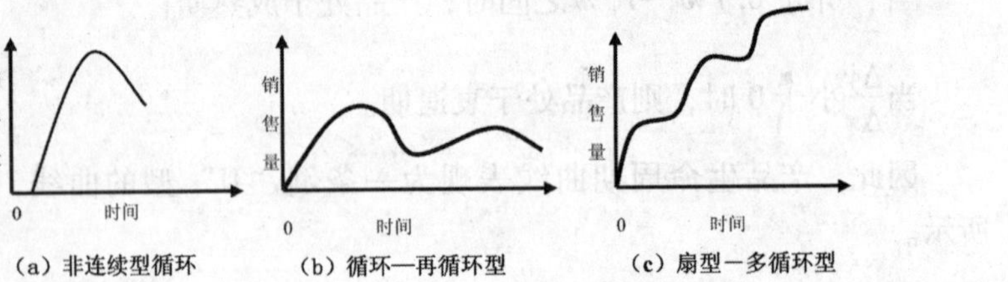

图 9 - 3　产品生命周期其他形态

因此，企业要正确认识产品生命周期的形态，并且准确判定所处的生命周期的阶段，企业才能针对不同阶段的产品所呈现出来的特点而有针对性采取市场营销策略。

二、产品生命周期各阶段的特征及营销策略分析

现代市场营销观念认为，不同的产品在不同的市场和不同的市场生命周期阶段都有各自的特点。这些不同的特点，极大地影响着企业的营销活动，企业的营销策略必须随之进行改变。根据产品的市场生命周期来制定不同的营销策略时，一般遵循下列原则：第一，在市场投入期所运用的营销策略应尽快地使自己的产品为消费者所认识和接受，尽量缩短投入期的时间，减少亏损；第二，采用一切手段保持和延长产品的市场成长期和成熟期；第三，在综合考虑的前提下，尽可能使产品以较慢的速度被淘汰。总之，要根据产品在市场所处的生命周期的特点来制定相应的策略，以使企业获得最大的利润。

1. 投入期的特点及营销策略

投入期，又称引入期，是指产品刚刚进入市场且销售增长缓慢的时期。这一阶段是产品生命周期的第一个阶段，是非常关键的一个阶段，投入期

是新产品能够在市场上站稳脚跟的关键时期。

（1）投入期的特点

①投入期的产品刚刚进入市场，消费者对产品缺乏了解，产品的销路完全没有打开，只有少数的求新型的消费者愿意购买产品，大多数消费者持观望态度，因此企业暂时无能力或不愿意扩大生产，中间商对产品的销售前景不明确。

②投入期的产品利润微薄，甚至无利可图。因为新产品的前期投入成本较高，加之销售成本较高，而销量较少，资金回收慢。

③投入期的产品进入市场后，仍存在着被淘汰的风险。并不是每一种新产品进入市场后都能走完生命周期的所有阶段，有可能在投入期就退出市场。主要原因包括：新产品市场预测失误、产品本身存在缺陷、产品进入市场的时机不当、中间商不配合以及宣传推广不力等。

（2）投入期的营销策略

投入期的新产品上市，主要应该着重于产品定价和宣传推广。产品定价关系着产品如何实现目标收益，而宣传推广则决定着企业如何将产品推向消费者。因此投入期的营销策略主要有：

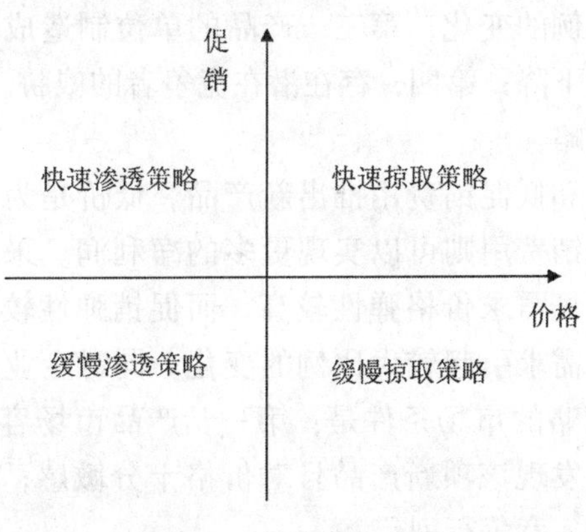

图9-4　投入期营销策略

①快速掠取策略

是指企业给新产品指定高价格和高促销费用的策略。快速掠取策略可以迅速扩大销量，获得较高的市场占有量，同时还可以快速收回成本并获取高额利润。通过制定高价格，还可以将目标市场限于具有较高购买力的消费者，可以帮助企业树立产品印象。高促销费用可以快速引起目标消费者的注意，快速占领市场。实施这一策略须具备以下条件：第一，市场上有较大的需求潜力；第二，目标顾客求新心理强，急于购买新产品并愿意为此付出高价；第三，企业面临潜在竞争者的威胁，需及早树立名牌。

②缓慢掠取策略

企业以高价格低促销费用将新产品引入市场。高价格可以帮助企业迅速获取更多的利润，低促销费用可以帮助企业节省促销成本，扩大企业的利润空间。实施此策略的条件是：第一，产品的市场规模较小，这种产品只适应有限的目标顾客，竞争威胁不大；第二，市场上大多数用户对该项产品没有过多疑虑；第三，适当的高价能为市场所接受。

③快速渗透策略

企业以低价格和高促销费用推出新产品，此时的低价也可视为某种促销手段。快速渗透策略的目的在于以最快的速度打入市场。本策略可以给企业带来最快的市场渗透率和最高的市场占有率，减少潜在竞争者，加大促销力度。实施这一策略的条件是：第一，该产品市场容量相当大，即潜在顾客较多，低价可以扩大市场面；第二，潜在消费者对产品不了解，且对价格十分敏感，商品价格需求弹性大，即价格一定比例的上升或下降可引起需求量更大比例的变化；第三，产品的单位制造成本可随生产规模和销售量的扩大迅速下降；第四，存在潜在竞争者的威胁。

④缓慢渗透策略

企业以低价格和低促销费用推出新产品。低价是为了促使市场迅速地接受新产品，低促销费用则可以实现更多的净利润。采取这一策略是因为企业相信该产品市场需求价格弹性较高，而促销弹性较低；即促销费用再低也不会对消费者需求引起较大比例的变化。同时企业寻求的是逐步打入市场。实施这一策略的市场条件是：第一，产品市场容量较大；第二，潜在顾客易于或已经发现该项新产品且对价格十分敏感；第三，有相当多的潜在竞争者准备加入竞争行列。

2. 成长期的特点及营销策略

成长期是指新产品进入市场后，迅速被市场接受且利润大量增加的时期。这一时期，由于销量增加，企业开始大批量生产产品，产品成本逐步下降，企业开始盈利，且利润逐渐增加。此时市场上的仿制品开始出现，市场竞争日益激烈 。这一时期企业可以采取的营销策略包括：

(1) 通过改进产品质量、款式，赋予产品新的特征，修正原有产品的缺陷，使产品优于竞争对手提供的同类产品；

(2) 开拓市场，选择差异性或集中性营销策略，扩大销售，提高市场占有率；

(3) 树立企业形象，注重品牌的塑造和宣传，提高品牌知名度和美誉度，培养消费者的品牌消费意识。

(4) 重新评价企业的分销渠道策略，巩固原有的分销渠道，适当扩展新的分销渠道，加强本企业的产品在分销渠道中的地位。

(5) 适时调整价格，由于生产成本的降低以及竞争日益激烈，企业可以适时调整价格策略，吸引更多的潜在购买者。

在产品市场成长阶段，企业面临高市场占有率和高利润率的抉择。一般来说，实施市场扩张策略会减少短期利润，但能够提高市场占有率。在当代市场条件下，许多厂商通常都着眼于高的市场占有率，这是因为他们认为，市场占有率扩大，产品单位营销成本必然下降，从长远观点看，能够给企业带来更多的利润。

3. 成熟期的特点及营销策略

产品经过市场迅速成长时期，销售量在高水平上稳定下来，但增长率会缓慢下来，利润开始缓慢下降，这时便进入了产品市场成熟期。进入成熟期以后，产品的销售量增长缓慢，逐步达到高峰，然后缓慢下降；产品的销售利润也从成长期的最高点开始下降；市场竞争非常激烈，各种品牌、各种款式的同类产品不断出现。此外，成熟期后就是衰退期，因此迫使企业采取各种有效的策略来维持市场占有率，延长成熟期的时间，此时的市场竞争最为激烈。

(1) 成熟期的阶段划分

①成长中的成熟期。此时，各销售渠道基本呈饱和状态，销售利润增长率开始下降，而销售增长率的下降尚不明显，这时还有少数后续的购买者继续进入市场，但绝大多数购买属于原有顾客的重复购买。

②稳定中的成熟期。此时，由于市场饱和，消费水平平衡，销售增长率一般只与购买者个数成比例，如无新购买者则增长率停滞或下降。

③衰退中的成熟期。这一阶段，销售水平显著下降，原有用户的兴趣已开始转向其他产品和替代品。销售增长率的下降，使全行业产品出现过剩，不可避免地会加剧竞争，一些缺乏竞争能力的企业将渐渐被取代，新加入的竞争者则较少。竞争者之间各有自己特定的目标顾客，市场份额变

动不大，突破较困难。为了维持已有的市场地位，企业常常采用低价格，高促销费用的策略，因而利润有可能下降；即便销售量仍在增加，利润量也不能保持增长势头。

(2) 成熟期的营销策略

①改进市场策略。即通过改变产品的用途、销售方式等方法扩大产品的目标消费者群，以增加销量的策略。具体作法有：其一，寻找新的细分市场，通过将产品引入新的细分市场，增加产品的消费者；其二，增加消费者的使用频率，进而增加产品的销量；其三，改变产品的市场定位，寻找新的购买者。

②改进产品策略，是指改变产品的主要属性，通过向消费者提供新的利益来吸引新的购买者的策略。具体的方法包括：一是提高质量，使本企业品牌的产品更可靠、更经济、更耐用和更安全等；二是增加产品特性，使本企业品牌的产品具有其他同类产品所没有的新特性；三是更新产品款式，包括采用新的造型、花色和外观设计等，增加产品的美感。

③改进营销组合策略，就是根据产品在成熟期的特点重新调整企业的营销组合策略中的非产品因素，即价格、渠道和促销策略，以延长成熟期。可采取的措施包括：降低价格、扩大销售渠道、增加销售网点、采取多样化的促销策略、采用新颖的广告宣传方式和进行新的销售因素组合等。但这种改进一般很容易被竞争者所模仿。

4. 衰退期的特点及营销策略

产品在经过了成长期和成熟期的高增长和大量销售之后，由于竞争、科技的进步和消费者偏好及其他环境因素的变化，原有产品会不可避免地进入衰退期，从而诱发出更新的产品问世。在衰退期企业面临的问题，一是销售量从缓慢下降变为急剧下降；二是面临着已经形成的大批量生产能力和迅速缩小的市场需求之间的矛盾；三是原有的竞争者大多退出该产品的市场，转向其他市场。企业在市场衰退期采取营销策略时必须注意两种倾向。首先，当刚发现产品进入了衰退期即退出市场，使新旧产品的生命不能连续，造成企业停产。其次，即使证实该产品已进入衰退期，仍不退出市场，结果，大量产品销售不出去，形成积压。这两种倾向都会造成巨大的经济损失，所以必须避免。此时的营销策略有：

(1) 集中策略。即把企业能力和资源集中使用在最有利的细分市场，最有效的销售渠道和最易销售的品种款式上。即缩短战线，在最有利的市场赢得尽可能多的利润。

（2）维持策略。即保持原有的细分市场，沿用过去的营销组合策略，把销售维持在一个低水平上。这种策略是在等待时机成熟，以便停止该产品的经营，退出市场。

（3）榨取策略。即大大降低销售费用，如大幅度削减广告费用，大幅度精减推销人员等，以最大限度增加眼前利润的策略。这样做，销售量有可能迅速下降，因而通常作为停产前的过渡策略。

（4）放弃策略。对于衰落比较迅速的产品，采取当机立断，放弃经营的策略。如果企业决定停止经营衰退期的产品，就应在立即停产，还是逐步停产问题上慎重决策，并应处理好善后事宜，使企业有秩序地转向新产品经营。

由以上分析可以看出，产品处于生命周期的不同阶段，其特点不同，因此其营销策略也有所不同，如表9－2所示：

表9－2　产品生命周期各阶段特点及其营销策略

		投入期	成长期	成熟期	衰退期
特点	市场需求状况	确认新产品的需求，新产品试销、产品销量较低	销量急剧增加，市场规模迅速扩大	销量增长缓慢，只有少数新的消费者	销售急速下降
	市场抵抗	市场抵抗性强，只有少数人使用	市场抵抗性弱，使用率提高，也有再度购买的情况	无力抵抗，市场完全被开发，市场占有率达到巅峰状态	市场占有率降低，市场规模逐渐萎缩
	消费者	创新的顾客	市场大众	市场大众	延迟的顾客
	竞争者	竞争对象少，竞争和缓	竞争对手增加，彼此竞争激烈	竞争对手最多，竞争对手可能中途退出，价格竞争费激烈	竞争对手锐减，但尚有若干竞争对手存在
	经销商	经销商虽存疑心，但开始尝试销售	经销商积极地销售，逐渐提高销售量	经销商已经完全掌握市场，各自相互竞争	经销商兴趣降低，数量剧减
	营销费用	推广费用高	推广费用低	推广费用高	推广费用低
	利润	无多少实际的收益	单位利润达到最高状态	单位利润稳定，总利润最大	总利润逐渐降低

续表

		投入期	成长期	成熟期	衰退期
策略	策略特点	市场扩张	市场渗透	防守占有率	酌情退出
	营销重点	产品知晓	品牌偏好	品牌忠诚	选择性
	产品	基本的	改进的	多变的	合理的
	价格	高价或低价	较低价格	最低价	低价
	促销	信息培训	强调竞争差异	以提醒为导向	最小化促销
	分销	少量的	增加网点	网点最大化	尽可能减少网点

三、产品生命周期的应用

1. 产品生命周期的意义

研究分析产品生命周期，正确把握产品在市场上的寿命，对企业营销策略的制定和实施活动有着非常重要的指导意义：

首先，产品生命周期理论解释了产品和其它生命有机体一样，都有从诞生到衰亡的过程。这表明没有任何一种产品能够在市场上永远畅销，永久获利。因此企业要居安思危，不断创新，开发新产品，才能够更好地生存和发展。

其次，借助产品生命周期理论，可分析判断产品处于生命周期的什么阶段，并根据不同阶段的特点采取相应的营销组合策略，把握企业市场竞争节奏，增强企业竞争力，提高企业的经济效益。

最后，从产品的生命周期理论可知，由于科学技术的发展，人们需求变化加快，未来产品生命周期的发展趋势将会越来越短。但是通过企业的市场营销的努力，产品市场生命周期是可以延长的。

2. 产品生命周期的延长方法

产品市场生命周期的长短，受到技术进步、市场竞争、政府干预、消费者需求等多种因素的制约。从产品给企业带来利润的多少作为衡量标准，企业一般都希望延长生命周期中的成长期和成熟期，缩短投入期和衰退期，希望出现第二个成长期。产品的市场生命周期从整体上来说，取决于企业外部环境变化趋势，但如果企业营销工作卓有成效，可适当延长产品市场生命周期。延长产品市场生命周期的主要方法有：

（1）加大促销力度，促使消费者增加使用频率，扩大购买。即使产品处在成长期或成熟期，企业仍要重视提高产品质量和服务质量，综合运用人员推销、营业推广、广告宣传和公共关系等促销手段，培养消费者的品牌偏好，促成购买习惯，增加使用频率，以扩大销售。

（2）对产品进行改进。要根据产品的市场反应，改进产品的特性，开发产品的功能，革新产品造型包装，增加产品的美感，以巩固老客户，争取新客户。

（3）开拓新市场，拓展顾客群。由于不同区域市场消费存在着明显差异性，企业可以利用这种差异开拓新的市场领域。例如，产品在城市市场已经滞销，可以向农村市场发展。

（4）开拓产品新的使用用途领域。有的产品用途随着生产力发展、科技水平和消费水平提高而不断拓展。当产品新的用途一旦开拓出来，其市场生命周期必然得以相应延长，如纸过去主要用于书写和印刷，后扩展到餐巾纸、装饰纸、卫生纸和纸桌布等。用途多了，销量就大，市场生命周期就长。

小贴士

老产品俏起来

一个公司的某种产品，在市场营销的成熟后期和衰落期时，就应提早考虑对老产品的改造和开发新用途。下面是三个美国公司发展原有产品的第二第三作用与用途，对原有产品线进行改进的案例

1. 苏打的新用途

C&D公司具有100多年历史，已发展成为国际知名企业。它不但生产那种改善人类居住环境和生活环境的优质产品，而且在公益事业上做出了许多贡献。

该公司最初仅是一个生产食用苏打的小公司。可想而知，尽管产品质量、销量都比较令公司满意并占据一定的区域市场。但随着社会的发展，众多厂家市场竞争的加剧，求生存求发展仍是摆在公司面前的主要问题。公司认识到只有扩大市场，才能站稳脚跟，获得更大的利润。然而各个州市地有许多生产食用苏打的厂家。各占一方区域市场。加之苏打粉的使用范围很有限，这种产品的营销区域不易扩大，利润难以提高，公司发展举步维艰，如何解决发展问题？公司另辟蹊径，根据其基础产品、苏打成分

的基本特性分析认定，苏打除可以制成食用焙粉外，还具有抗酸特性。即又能发酵又能杀菌消毒。这样的功能特点促使公司开发出了新一代的苏打产品，对新一代的苏打粉，采用了原苏打的品牌，即“胳臂与铁锤”牌，因为原产品的质量与功效已在消费者心里留下了较好形象。正如一位专门研究品牌发展与市场权益间关系的咨询公司主任真正感受到的那样：“一旦把品牌形象建立起来，公司就可用其品牌展开另一产品的营销了。”该公司便对原苏打粉进行改造，生产出的新一代苏打粉具有多种，用途（其品牌获得政府批准的经销权）。除了可以烘烤面包外，还能做清凉饮料，用作牙膏、洗衣粉、清洁剂、地毯清新剂和冰箱除味剂，等等。为使消费者尽快了解，接受新一代苏打产品，他们在所作的一则广告中提示消费者，把苏打粉盒盖打开，放在冰箱里就能达到消除异昧的功用。现在这一产品早已被大众所接受。

2. 食用醋成为清洗剂

美国的海思兹公司原来只是生产普通的食用醋。为了拓展市场，经过调研，发现美国39%的家庭多多少少都使用醋来清洁东西。一位专门从事家用清洁、修理及食品消费市场研究的专家认为完全可以把醋当作清洁剂，用来清洗木制地板、门窗和地毯污渍等，使公司豁然心亮。并针对这一市场，开发出了醋清洁剂这种高效浓缩型新产品，其功效比普通的食用醋高出一倍多，并且带有一种柠檬的清香，能除去强烈的坏、臭和霉等气味而使人感到清新。至此，原来只能放在副食品货架上出售的食用醋，经过改造开发，现在也出现在日用品货架上了。产品能否被消费者接受而拓开销路呢？公司对产品的营销方向和营销规模进行仔细策划。1991 年，首先在三个区域市场上对醋清洁剂的销售情况作了市场营销测验，结果令人满意，因此，公司开始营销第二步棋，把产品推向全国，公司采用了如下营销手段：

(1) 将印刷广告夹在报纸杂志中，一起发往顾客手中，扩大影响；

(2) 利用广播、电视广告媒介宣传；

(3) 开展公共关系活动促进销售。

所有这些方法的运作都由公司内部人员操作管理和实施，没有花钱请广告公司代理。在营销宣传中，公司还考虑分析广告、宣传时间与季节对消费者影响程度的利害关系。把促销手段和宣传活动多集中安排在恰逢秋季来临之际，因为秋的季节是美国人民家家户户都要进行里里外外的大扫除的时期。这种宣传与时间的默契安排，增强了产品在消费者心目中的意义与形象，促进了产品销售。

3. 酸乳酪的妙用

近年来，丹恩公司想要发展酸乳酪的市场销售。那么该怎么办好呢？丹恩公司不像海恩兹和 C&D 公司那样。改造原产品为新一代产品。那实际是寻求老产品的变体。丹恩公司采用了加大老产品使用范围的方法争取更大的市场与销路。公司通过广告宣传媒介，引导和开发消费者的消费意识和习惯以达到营销的目的。这对营销人员来说，听起来似乎难以操作。但当你了解丹恩公司的实际方法时，就会幡然醒悟。1990 年前后，为了促进酸乳酪的销售和宣传引导，公司经过认真考虑和计划，兴起一场散发印刷广告的宣传活动。建议消费者在烘烤一种叫做 brownie 的蛋糕时（一种带巧克力的蛋糕，与普通的蛋糕味不大一样，且不如一般蛋糕膨松），用乳酪替代鸡蛋和油。而且竟组织编写出版了一本“乳酪烹饪全书”。这种不断的广告宣传使消费者越来越多地把乳酪的用途自然地与制作 brownie 蛋糕联系起来，认为乳酪就是制作这种蛋糕的用料。这种制法使味道比以前更加甜美，更适宜大众口味。宣传赋予了乳酪一种与制作蛋糕不可分割使用的特性和用途。可在圆饼干上、松饼上或蛋糕上涂夹乳酪制成各种食品，使公司获得了很大利润。为了进一步强化消费者对乳酪的认识和市场销售，1992 年，公司通过纽约一家广告公司发动了第二次散布印刷广告的宣传浪潮。并与 P&G 公司合伙制作 brownie 蛋糕半成品投放市场，以促进快食与方便食品的开发与销售，争取了更大的市场。除此外，在超级市场货架上陈列的本类产品大都提供有制作方法或食谱说明，如胡萝卜蛋糕、苹果风味蛋糕和用醋乳酪制作的各种甜食等，其中一则食谱告诉消费者如何处理酸乳酪，制成干乳酪，而后如何制成乳酪饼的几个过程。丹恩公司由此获得巨大的利润。

第四节　新产品策略

随着科学技术的迅速发展，市场竞争不断加剧，产品的生命周期不断缩短，企业必须不断的推陈出新，开发适销对路的产品，才能够更好的生存和发展壮大。因此开发新产品是企业产品策略中的重要内容。

一、新产品的概念及分类

从市场营销的角度看，凡是企业向市场上提供的过去没有生产过的产品都可以称为新产品，即与既有产品相比，凡是具有新功能、新特征、新结构或新用途，能满足消费者新的需求的产品都是新产品。

1. 新产品的分类

（1）全新产品

全新产品是指应用科技新原理、新技术和新材料制造的前所未有的产品。这类新产品的研制需要花费很长的时间和巨大的人、财、物等资源，因此对大多数企业来说，独立发展这种新产品是很困难的。这种全新产品要经国家科学技术管理部门的鉴定批准，并可申请专利，得到法律的保护。

（2）换代新产品

换代新产品主要是指采用新材料、新技术生产出来的能够适合新用途和满足新需要的新产品。例如，黑白电视机革新为彩色电视机。

（3）改进新产品

这种新产品不是由于科学技术的进步而导致产品的重大革新，只是对现有产品的品质、性能和款式等做一定的改进，而形成的新产品。例如，不同型号的汽车、新款式的服装等。改进新产品与换代新产品是市场上大量出现的新产品的主要来源，前者主要是对用途而言，后者主要是对性能而言，两者都是企业开发新产品的重点。改进新产品比较容易被消费者接受，但是也易于被竞争者仿效，因此竞争比较激烈。

（4）仿制新产品

仿制新产品是指市场上已有的产品，对企业而言是一次生产的产品，因此也称企业的新产品。

2. 新产品开发的必要性

创新是企业生命之所在，如果企业不致力于发展新产品，就有在竞争中被淘汰的危险。努力开发新产品，对于企业的生存发展有极为重要的意义。

（1）企业不断开发新产品是产品市场生命周期的要求

只要是在市场上销售的产品都具有市场生命周期，而且，企业的命运是与产品的命运紧密相连的，当产品在市场上衰落时，生产该产品的企业如果没有其他的产品来替代，那么，这个企业必然要走向衰败。一般而言，当一种产品投放市场时，企业就应当着手其他新产品的开发，以便使企业在任何时期都有不同的产品处在周期的各个阶段，从而保证企业经营活动的稳定和利润增长的稳定。

（2）企业不断开发新产品是适应迅速变化的消费需求的需要

随着社会经济的发展和人们生活水平的提高，消费需求必将随之发生变化，这一趋势在当代呈现得更加明显。消费结构发生变化，消费者的选择将更加多样化，产品的市场生命周期普遍缩短。这样的市场环境一方面给企业经营带来威胁；另一方面也给企业开发新产品提供了必要的市场机会。

小贴士

海尔集团创立于1984年现已成为享誉海内外的大型国际化企业集团。1984年海尔只生产单一的电冰箱，而目前它拥有白色家电、黑色家电和米色家电在内的96大门类15100多个规格的产品群。海尔的产品出口到世界160多个国家和地区。冰箱、空调、洗衣机等产品属于白色家电。作为在白色家电领域最具核心竞争力的企业之一，海尔有许多令人感慨和感动的营销故事。

1996年，一位四川成都的一位农民投诉海尔洗衣机排水管老是被堵，服务人员上门维修时发现，这位农民用洗衣机洗地瓜（南方又称红薯），泥土大，当然容易堵塞。服务人员并不推卸自己的责任，而是帮顾客加粗了排水管。顾客感激之余，埋怨自己给海尔人添了麻烦，还说如果能有洗红薯的洗衣机，就不用烦劳海尔人了。农民兄弟的一句话，被海尔人记在了心上。海尔营销人员调查四川农民使用洗衣机的状况时发现，在盛产红薯的成都平原，每当红薯大丰收的时节，许多农民除了卖掉一部分新鲜红薯，还要将大量的红薯洗净后加工成薯条。但红薯上沾带的泥土洗起来费时费力，于是农民就动用了洗衣机。更深一步的调查发现，在四川农村有不少洗衣机用过一段时间后，电机转速减弱、电机壳体发烫。向农民一打听，才知道他们冬天用洗衣机洗红薯，夏天用它来洗衣服。这令张瑞敏萌生一个大胆的想法：发明一种洗红薯的洗衣机。1997年海尔为该洗衣机立项，成立以工程师李崇正为组长的4人课题组，1998年4月投入批量生产。洗衣机型号为XPB40-DS，不仅具有一般双桶洗衣机的全部功能，还可以洗地瓜、水果甚至蛤蜊，价格仅为848元。首次生产了1万台投放农村，立刻被一抢而空。

一般来讲，每年的6至8月是洗衣机销售的淡季。每到这段时间，很多厂家就把促销员从商场里撤回去了。张瑞敏纳闷儿：难道天气越热，出汗越多，老百姓越不洗衣裳？调查发现，不是老百姓不洗衣裳，而是夏天里5公斤的洗衣机不实用，既浪费水又浪费电。于是，海尔的科研人员很快设计出一种洗衣量只有1.5公斤的洗衣机——小小神童。小小神童投产后先在上海试销，因为张瑞敏认为上海人消费水平高又爱挑剔。结果，上海人马上认可了这种世界上最小的洗衣机。该产品在上海热销之后，很快又风靡全国。在不到两年的时间里，海尔的小小神童在全国卖了100多万台，并出口到日本和韩国。张瑞敏告诫员工说："只有淡季的思想，没有淡季的市场。"

在西藏，海尔洗衣机甚至可以合格地打酥油。2000年7月，海尔集团研制开发的一种既可洗衣又可打酥油的高原型"小小神童"洗衣机在西藏市场一上市，便受到消费者欢迎，从而开辟出自己独有的市场。这种洗衣机3个小时打制的酥油，相当于一名藏族妇女三天的工作量。藏族同胞购买这种洗衣机后，从此可以告别手工打酥油的繁重家务劳动。

在2002年举办的第一届合肥"龙虾节"上，海尔推出的一款"洗虾机"引发了难得一见的抢购热潮，上百台"洗虾机"不到一天就被当地消费者抢购一空，更有许多龙虾店经营者纷纷交定金预约购买。这款海尔"洗虾机"因其巨大的市场潜力被安徽卫视评为"市场前景奖"。5月的安徽，是当地特产龙虾上市的季节，龙虾是许多消费者喜爱的美味。每到这个季节，各龙虾店大小排挡生意异常火爆，仅合肥大小龙虾店就有上千家，每天要消费龙虾近5万斤。但龙虾好吃清洗难的问题一直困扰着当地龙虾店的经营者。因为龙虾生长在泥湾里，捕捞时浑身是泥，清洗异常麻烦，一般的龙虾店一天要用2—3人专门手工刷洗龙虾，但常常一天洗的虾，不及几个小时卖的多，并且，人工洗刷费时又费力，还增加了人工成本。针对这一潜在的市场需求，海尔洗衣机事业部利用自己拥有的"大地瓜洗衣机"技术，迅速推出了一款采用全塑一体桶、宽电压设计的可以洗龙虾的"洗虾机"，不但省时省力、洗涤效果非常好，而且价格定位也较合理，极大地满足了当地消费者的需求。过去洗2公斤龙虾一个人需要10~15分钟，现在用"龙虾机"只需三分钟就可以搞掂。

“听说你们的洗衣机能为牧民打酥油，还给合肥的饭店洗过龙虾，真是神了！能洗荞麦皮吗?”2003年的一天，一个来自北方某枕头厂的电话打进了海尔总部。海尔洗衣机公司在接到用户需求后，仅用了24小时，就在已有的洗衣机模块技术上，创新地推出了一款可洗荞麦皮枕头的洗衣机，受到用户的极力称赞，更成为继海尔洗地瓜机、打酥油机、洗龙虾机之后，在满足市场个性化需求上的又一经典之作。明代医学家李时珍在《本草纲目》中有一则“明目枕”的记载：“荞麦皮、绿豆皮……菊花同作枕，至老明目。”在我国，人们历来把荞麦皮枕芯视为枕中上品。荞麦皮属生谷类，具有油性，而且硬度较高，如果不常洗或者晒不干又容易滋生细菌，但荞麦皮的清洗与干燥特别费劲，因为“荞麦皮”自身体积微小，重量极轻，很难晾晒，如果在户外晾晒更容易被风刮走。“荞麦皮”的清洗和晾晒问题就成了“荞麦皮”枕头厂家及消费者的一大难题。海尔开发的这款既可以家庭洗衣，又可以用来洗荞麦皮枕头的“爽神童”洗衣机，除了洗涤、脱水等基本功能外，还独有高效的PTC转动烘干、自然风晾干两种干燥技术，同时专门设计了荞麦皮包装洗涤袋，加上海尔独有的“抗菌”技术，非常圆满地解决了荞麦皮枕头的清洗、干燥难题。

世界第四种洗衣机——海尔“双动力”是海尔根据用户需求，为解决用户对波轮式、滚筒式、搅拌式洗衣机的抱怨而创新推出的一款全新的洗衣机，由于集合了洗得净、磨损低、不缠绕、15分钟洗好大件衣物、“省水省时各一半”等优点于一身，迎合了人们新的洗衣需求，产品上市一个月就创造了国内高端洗衣机销量、零售额第一名的优秀业绩，一度成为国内市场上升最快的洗衣机新品。

赛诺市场研究公司的统计监测数据显示，海尔洗衣机市场份额曾持续高居全国第一，尤其在我国华北、东北、华东、西北、中南和西南6大地区市场上分别稳居第一，且与竞争对手的距离进一步拉大。在西北地区，海尔洗衣机的市场份额已接近40%，超出第二名近3倍；在其他5大地区，海尔洗衣机的市场份额也都有明显上升，均超出了第二名近两倍。

（3）科学技术的发展推动着企业不断开发新产品

科学技术的迅速发展导致许多高科技新型产品的诞生，同时也加快了产品更新换代的速度，如电话之代替电报。科技的进步有利于企业淘汰过时的产品，生产更符合消费者新的需求的新产品，并及时推向市场。

(4) 市场竞争的加剧迫使企业不断开发新产品

在目前的买方市场上，企业之间的竞争十分激烈。企业要想在市场上取得一定的竞争优势，只有不断创新，不断开发新产品。另外，一家企业经常不断地推出新产品，可以加强企业在消费者心目中的地位，提高企业的市场声望，从而更有利于企业的市场营销活动。

开发新产品是关系到企业生存和发展的大事，但又是一项很艰难的工作，不仅需要投入大量资金，而且具有很大的风险，实际上并不是任何新产品都能获得成功。这是因为：第一，由于社会经济的发展，人们精神文化的进步，对市场上商品的需求也越来越复杂。一件新产品问世，很难适合多方面的要求，因而也难于在市场上占有较大的份额；第二，由于资源和环境的制约，对产品使用上的经济性与安全性提出了更高的要求，使新产品制造技术的难度更大了；第三，对于技术条件要求高的创新产品，需要巨额的研究发展投资、雄厚的技术力量、完备的试验手段，而这些投资很多属于研究性质的，不能很快地取得收益。因此，企业开发新产品必须坚持积极慎重的方针，不能盲目轻率地采取行动。

3. 新产品开发的原则

(1) 根据市场需要，开发适销对路的产品

以消费者为核心，生产符合消费者需求的产品，是新产品开发是否成功的决定性因素。因此企业必须通过深入的调查研究，了解消费者对产品特性、价格等方面的要求，研发消费者喜欢的产品。

(2) 根据本企业资源、技术等能力确定开发方向

企业应当根据本身的资源、设备条件、技术力量等确定新产品的开发方向。只有量力而行，才能收到扬长避短、事半功倍的效果。如果企业忽视本身条件，新产品的开发就很难奏效。新产品的开发方向，最好是既符合市场需要，又能发挥本企业的优势。

(3) 量力而行，选择切实可行的开发方式

新产品开发，可采用引进技术、自行研制和引进技术与改进技术相结合等方式进行。

①引进技术。引进技术是指利用国内外已有的成功的制造技术，通过购买专利、合资经营方式，尽快地把产品制造出来。这种方式能使企业迅速地掌握原来没有的技术，缩短与竞争对手的差距，节约研制费用。

②引进技术与改进技术相结合。是指先把国外先进技术学过来，然后

加以改进，有所创新。这比单纯引进技术更为有利，是企业开发新产品的重要途径。

③自行研制。是指针对市场现有产品存在的问题，开展独创性研究，从根本上改进现有产品，采用新的原理、新的结构、新的材料创造出具有特色的新产品。这种自行研制常用于开创全新产品或研制换代型新产品。这类自行研制的产品投资多、风险大，但研制成功往往能给企业提供高速发展的机会。

④协作研制。即组织企业与企业、企业与科研单位、企业与教学部门等分工协作，共同研制。这种方式有利于充分利用社会科研力量，以弥补企业力量的不足；有利于直接把先进的科学技术成果运用于产品开发；有利于组织协作攻关，加快新产品的开发速度。因此，协作研制的开发方式是一种很有发展前途、非常有效的方式。

二、新产品开发的程序

新产品的开发特别是革新程度较大的新产品的开发是一项十分繁杂的系统工程。企业应该根据新产品的革新程度和生产技术条件，精心组织和控制新产品开发的过程，制定周密而有效的开发管理程序。新产品的开发一般要经历八个阶段，即新产品构思、筛选构思、产品概念形成和测试、市场营销战略规划、商业分析、产品研制、市场试销和批量上市等环节，如图 9 – 5 所示。

1. 新产品构思

新产品构思就是对未来的新产品如何去满足消费者某种消费需求的设想。新产品构思来源于各个方面。第一，是来自消费者。因为，新产品往往是为了满足消费者新的消费需求而开发的，所以，消费者的建议和意见是产品构思的主要依据；第二，是来自竞争者。企业要密切注意竞争对手产品的销售情况、产品特征等问题，了解竞争对手的产品为什么会受到消费者欢迎，并会获得新产品构思的启迪；第三，是来自本企业的推销人员和经销商。他们直接与购买者接触，因而最了解消费者的需求，往往有助于新产品构思的提出。另外，企业内的科技人员和企业外的发明人、市场研究公司、广告代理商等也是新产品构思的重要来源之一。

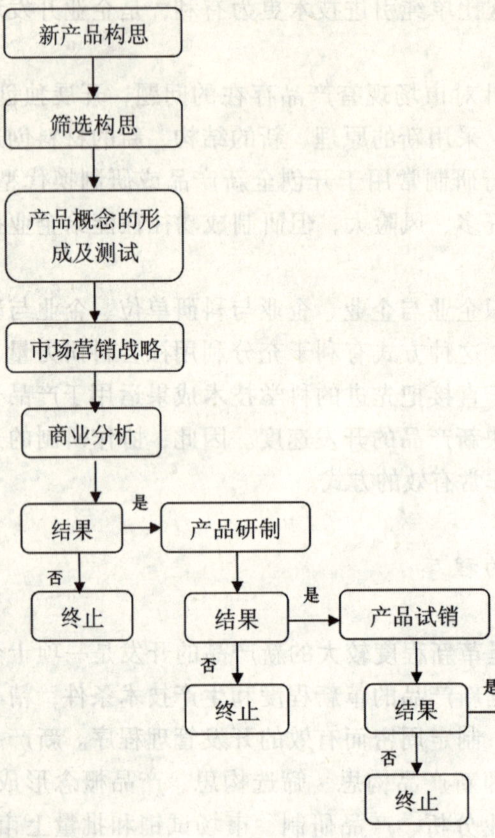

图9－5　新产品开发程序

2. 筛选构思

筛选构思是要从零乱、繁杂的新产品构思中选出最符合消费者需求的构思。筛选构思的过程一般分为两个阶段。第一阶段，迅速而准确的判断新产品构思是否适合企业的发展规划、技术专长和财务能力，以剔除那些明显不合适的建议，这种判断应由有经验的经理和专家做出。第二阶段要求，对第一阶段筛选出的新产品构思进行更细致的审查，对其进行更全面的评价，通常利用新产品构思筛选表，如表9－3所示，对新产品构思进行评价，再根据得分，决定取舍。

表9-3　新产品构思筛选表

产品成功的必要条件	权重	公司能力水平（B）											得分表
	（A）	0	0.1	0.2	0.3	0.4	0.5	0.6	0.7	0.8	0.9	1	（A）*（B）
公司信誉													
市场营销													
研究与开发													
人员													
财务													
生产													
销售地点													
采购与供应													
总计													

在筛选新产品构思时，首先应该避免漏筛良好的产品构思，或对其潜在价值估计不足，草率剔除而失去发展机会。其次避免采纳了错误的产品构思，仓促投产，遭致失败。

3. 产品概念的形成和测试

是指将新产品构思形成具体的产品概念，即指已经成型的产品设想或者说是以文字、图形、模型描述出来的、比较明确的、消费者可以接受的产品构思。一个产品构思可能演变为许多个产品概念企业要从中选出最适合的作为目标，然后将设计方案提交给未来目标市场上有代表性的顾客群体进行测试，听取他们的意见。最后，经过综合分析，选定一种最佳的设计方案。至此，企业不仅可以得到较清晰的产品概念，而且能够了解新产品概念的潜在价值，使其趋于完善。要为每一个产品概念定位。

小贴士

美国曾经有一个百万元的国防项目，是关于超级战斗机的设计。工程师和设计人员被召集在一起接受了全权委托设计：要求这架飞机可以满足所有可能的战略要求。同时，他们要求利用所有现存的技术制造出世界上最快、“最隐秘的”、最具战斗力和技术最先进的“超级飞机”。

一年以后，计划出来了，飞机模型也通过计算机绘出来了。一位富有经验的试飞人员进行试飞，但作出一切努力让飞机按照设计飞行时，高速飞行中的飞行员撞到了“地面”。为了显示飞机的显著特征，飞行员试飞了一次又一次，但始终没有人能驾驭它。

问题很明显，设计小组设计的飞机过于复杂以致没有人能驾驶得了。“超级飞机”的性能超过了所有飞行员的驾驶能力，驾驶飞机是他们力所不能及的。

4. 市场营销战略规划

产品概念经过测试以后，就要初步制定该产品市场营销战略。初步拟定的市场营销战略规划大体分为三个部分：第一部分主要规划目标市场的规模大小、结构、行为，计划中的产品定位，最初几年新产品的销售额、市场占有率、目标利润等；第二部分，规划预期价格和分销渠道策略以及第一年的市场营销预算；第三部分，规划长期计划销售额和目标利润以及不同时期的市场销售组合。

5. 商业分析

商业分析是在初步的制定了市场营销战略规划的基础上，从财务的角度对新产品概念进行进一步的判断，看它是否符合企业的经营目标，因此，商业分析实质上是一种经济效益的分析。其具体内容包括细分市场研究、市场潜力的估计、销售量预测、产品开发费用预算、价格水平的估计、整个产品市场生命周期内的赢利状况、投资报酬估计等。经过商业分析的新产品只有符合了企业的经营目标，才能够进入产品研制阶段，反之，新产品开发过程即宣告终止。

6. 产品研制

经过商业分析，将符合企业经营目标的新产品构思交由企业的产品开发部门进行研制，形成产品模型或样品。产品研制是把用文字描绘的产品概念实体化，并证明产品概念在技术上、工艺上是否可行。如果在产品研制的阶段发现新产品存在技术或工艺流程上不过关或是制作成本过高等问题，则这项产品的开发过程即告终止。

产品研制表面上看是技术部门和生产部门的事，成功与否也是他们的职责，但是，实际上产品研制也包含了营销部门新产品开发工作延续内容。技术部门和生产部门主要负责三个方面的工作，即外形设计分析、材料与加工分析、价值工程分析。而产品的包装设计、品牌设计和产品花色设计则要由市场营销部门来完成。产品研制的模型或样品应按产品概念要领的规定进行功能测试和消费者测试。功能测试是在实验室测试新产品是否安全可靠，性能质量是否达到规定的标准等。消费者测试是指由消费者试用样品，从使用中发现问题，以利于产品概念的修改和产品的重新研制。同样，只有通过了功能测试和消费者测试的产品才能进入新产品开发的下一个环节。

7. 市场试销

所谓市场试销就是将通过测试的样品投放到经过挑选的、有针对性的小范围市场上进行试验销售，目的在于检验该产品的市场效应，然后决定是否大批量生产。如果企业不进行市场试销而直接批量上市，一旦失误则可能受到比较大的损失。通常情况下，市场试销的规模取决于两个方面：第一，投资费用和投资风险的大小。投资费用和投资风险较高的新产品，试验的规模应该大一些，反之，则应该小一些；第二，市场试销的费用和时间。所需市场试销费用多、时间长的产品，市场试销的规模应该小一些，反之，则应该大一些，也就是说，市场试销的费用在整个新产品开发的投资中不应该占很大的比重。

除此以外，还应确定新产品试销的市场范围和地点以及试销的时间，明确试销中应取得的资料。如试用率、再购率、市场普及率、试销的推广费用、用户对产品的意见及试销所需要的各种费用开支等。

市场试销的方法因产品类型的不同而有所差异。消费品的市场试销主要采取销售波调查法即先选定一个消费者样本，免费向他们提供新产品试用，然后，再向他们折价供应这种新产品或是其他不同品牌的竞争产品。这样反复3—5次（即销售波），称为销售波调查，目的是了解每一次有多少消费者选购了该种产品，满意程度如何，有什么问题和想法。还可采用模拟商店法、有控制的市场试销和试验市场等方法。产业用品的市场试销主要采取产品使用试验、贸易展览、批发商和零售商的陈列室、有控制的市场试销或试验市场试销等方法。

对于新产品市场试销取得的信息资料，企业应进行分析研究，据以调整市场营销策略。例如观察研究试用率和再购率的变化，就可以得出四种结论，如表9-4所示：

表9-4　新产品市场试销分析表

试用率	再购率	结论
高	高	很成功，必须迅速批量上市
高	低	产品需要改进
低	高	应加强广告宣传，开拓新市场
低	低	新产品失败

需要强调的是，新产品试销可能带来以下一些问题：一是试销有时不能正确反映市场需求；二是试销代价很大；三是容易泄露企业的新产品信息，易被竞争对手所利用。

8. 批量上市

新产品经过市场试销成功后，就可以进行大批量生产，全面推进市场，即进入产品生命周期的投入期，也可称为新产品的商业化。产品在市场生命的投入期往往没有利润，甚至亏损，因此，当产品决定批量上市时，企业对以下问题做出决策：

（1）投放时机的决策

新产品的投放时机应选择在对新产品的销售比较有利的时候。如果新产品需求有较强的季节性，就要选择最恰当的季节投入；如果新产品是用来代替本企业其他产品的，那么，应选择原有产品库存较少的时候投放。

（2）投放地区的决策

通常情况下，新产品上市，首先应该选择主要的市场区域，开展促销活动，取得一定的市场份额后，再向其他地区的市场扩展。为了科学地决策投放地区，企业应对不同地区市场的吸引力做出全面的评价，然后再做出相应的决策。评价的主要标准是市场潜力、企业在市场的信誉、营销费用、该市场对其他市场的影响力以及市场竞争的程度等。

（3）正确选择目标市场

新产品的潜在消费者有四种类型：最先采用者、大量购买者、有影响的带头购买者和对价格敏感的购买者。企业应根据新产品的特点，选择最有潜力的消费者群，作为自己的目标市场。

（4）营销组合决策

企业要在新产品投放前制定周密的营销组合方案，以保证新产品顺利度过投入期。营销组合策略的制定可以有计划地安排各种营销活动，同时保证各种营销活动顺利进行保持对市场变化的高度灵敏，以便对市场做出及时反应。

小贴士

宝洁（P&G）公司以其寻求和明确表达顾客潜在需求的优良传统，被誉为在面向市场方面做得最好的美国公司之一。其婴儿尿布的开发就是一个例子。1956年，该公司开发部主任维克·米尔斯在照看其出生不久的孙子时，深切感受到一篮篮脏尿布对家庭主妇的烦恼。洗尿布的责任给了他灵感。于是，米尔斯就让手下几个最有才华的人研究开发一次性尿布。

一次性尿布的想法并不新鲜。事实上，当时美国市场上已经有好几种牌子了。但市场调研显示：多年来这种尿布只占美国市场的1%。原因首先是价格太高；其次是父母们认为这种尿布不好用，只适合在旅行或不便于正常换尿布时使用。调研结果还表明，一次性尿布的市场潜力巨大。美国和世界许多国家正处于战后婴儿出生高峰期，将婴儿数量乘以每日平均需换尿布次数，可以得出一个大得惊人的潜在销量。

宝洁公司产品开发人员用了一年的时间，力图研制出一种既好用又对父母有吸引力的产品。产品的最初样品是在塑料裤衩里装上一块打了褶的吸水垫子。但1958年夏天现场试验结果，除了父母们的否定意见和婴儿身上的痱子以外，一无所获。于是又回到图纸阶段。

1959年3月，宝洁公司重新设计了它的一次性尿布，并在实验室生产了37000个，样子相似于现在的产品，拿到纽约州去做现场试验。这一次，有三分之二的试用者认为该产品胜过布尿布。行了！然而，接踵而来的问题是如何降低成本和提高新产品质量。为此要进行的工序革新，比产品本身的开发难度更大。一位工程师说它是“公司遇到的最复杂的工作”，生产方法和设备必须从头搞起。不过，到1961年12月，这个项目进入了能通过验收的生产工序和产品试销阶段。

公司选择地处美国最中部的城市皮奥里亚试销这个后来被定名为“娇娃”（Panpers）的产品。发现皮奥里亚的妈妈们喜欢用“娇娃”，但不喜欢10美分一片尿布的价格。因此，价格必须降下来。降多少呢？在6个地方进行的试销进一步表明，定价为6美分一片，就能使这类新产品畅销，使其销售量达到零售商的要求。宝洁公司的几位制造工程师找到了解决办法，用来进一步降低成本，并把生产能力提高到使公司能以该价格在全国销售娇娃尿布的水平。

娇娃尿布终于成功推出，直至今天仍然是宝洁公司的拳头产品之一。它表明，企业对市场真正需求的把握需要通过直接的市场调研来论证。通过潜在用户的反映来指导和改进新产品开发工作。企业各职能部门必须通力合作，不断进行产品试用和调整定价。最后，公司做成了一桩全赢的生意：一种减轻了每个做父母的最头疼的一件家务的产品，一个为宝洁公司带来收入和利润的重要新财源。

第五节　品牌与包装策略

一、品牌的含义和作用

1. 品牌的含义

品牌是一种名称、标志、符号或设计，或它们的组合运用，其作用是用以标识一个或一群营销者的产品或劳务，并使之同竞争对手的产品或劳务区别开来。品牌通常包括品牌名称、品牌标志、商标三部分。品牌名称是指品牌中能够发音，能被读出的那部分。品牌标志是指品牌可以通过视觉辩别，能用语言描述，但不能用语言直接称呼的部分，如一些符号、图像、色彩等。

品牌是商业术语，而商标则是法律术语，当品牌（包括品牌名称和标志）经向国家有关部门注册登记后，获得专用权，受国家法律保护，就称之为商标。商标有专门的使用权，受法律保护，具有排他性。商标不能等同于品牌。所有的商标都是品牌，但并非所有的品牌都是商标。

2. 品牌的层次

（1）属性。是指品牌所能带来的，符合消费者需要的产品特征。属性是消费者判断品牌接受性的第一要素。因此，品牌所带来的产品属性首先要求能够符合消费者的需要。例如，“奔驰”代表着高贵、工艺精湛、耐用和高档。

（2）利益。消费者购买某一品牌产品，购买的并不是该品牌所提供的产品属性，而是产品属性所能转化成的功能或利益。因此，营销人员应注意品牌的利益是否能够迎合消费者需要的利益。例如，“昂贵”带给消费者的是受人羡慕的情感利益；“先进”带来的是超凡的舒适和便利性等。

（3）价值。品牌的价值包括营销价值和顾客价值。营销价值也就是通常所说的“品牌效应”，即如果品牌为消费者所接受，则该品牌的产品在市场上就受消费者欢迎，营销过程也不必花费很多的促销费用。顾客价值主要是指品牌的声誉或形象能够满足消费者的某种情感需要，如爱慕虚荣的需要。

（4）文化。品牌中所蕴含的文化是使品牌得到市场高度认可的深层次因素。市场对品牌的偏好反映的是消费者对品牌中所蕴含文化的认同。例如，“可口可乐”代表的是美国人崇尚个性自由的文化；“奔驰”代表的是日耳曼民族严谨、追求卓越的文化；“海尔”代表的是包容、亲和的中国文化。

（5）个性。品牌个性的塑造是为了使消费者产生一种认同感和归属感。例如，百事可乐是“年轻一代的可乐”。

（6）使用者。上述五个品牌层次的综合已基本界定了购买该品牌产品的消费者类型。使用者对品牌的选用，恰恰反映了使用者对品牌文化、价值和个性的认同。

由此可见，品牌是复杂的产品识别系统。产品的品牌化就是要使品牌的六个层次都能为消费者所识别，成为一个深度品牌。品牌的属性和利益都是表层性的，很容易被模仿，不足以区别其他品牌。品牌中最持久的内涵是价值、文化和个性，构成了品牌的实质，也是最不易被模仿、最深入人心的东西。因此，市场营销人员所做的不仅仅是提供符合消费者需要的产品属性，更应注意品牌文化和个性的培育。

3. 品牌的作用

品牌是企业重要的无形资产，在营销活动中发挥着重要的作用。其作用可以从消费者、企业和社会三方面分别分析：

（1）给消费者带来的好处

首先，品牌代表产品一定的质量和特色，便于买者选购，提高购物效率，其次，品牌可保护买者的利益，便于有关部门对产品质量进行监督，质量出了问题也便于追查责任。

（2）给企业带来的好处

第一，品牌便于卖者进行营销管理。如在做广告宣传和签订买卖合同时，都需要品牌信用做保障，以简化交易手续；第二，注册商标受法律保护，具有排他性；第三，品牌可建立稳定的顾客群，吸引那些具有品牌忠诚性的消费者，使企业的销售额保持稳定；第四，品牌有助于市场细分和定位。企业可按不同细分市场的要求，建立不同的品牌，以不同的品牌分别投入不同的细分市场；第五，良好的品牌有助于树立良好的企业形象，使企业获得长久地、稳定地、可持续地发展。

(3) 给社会带来的好处

首先，品牌可促进产品质量的不断提高。由于购买者认牌购货，生产者不能不关心品牌的声誉，加强质量管理，从而使市场上的产品质量普遍提高。其次，品牌可加强社会的创新精神，鼓励生产者在竞争中不断创新，从而使市场上的产品丰富多彩，日新月异。最后，商标专用权可保护企业间的公平竞争，使商品流通有秩序地进行，促使整个社会经济健康发展

4. 品牌设计

(1) 品牌名称的设计

品牌名称的设计是品牌设计的第一步。品牌名称如同人的姓名，所选择的符号及词语要有一定意义，并能给消费者留下深刻、良好的印象。品牌名称的设计应该遵循以下原则：

① 易于发音、拼读和记忆。读音响亮、音韵协调的品牌，读起来朗朗上口便于记忆。

② 独特新颖，不落俗套。品牌名称要有独特的风格，不要盲目模仿别人的品牌。

③ 提示产品特色。品牌名称应与产品本身有某种固有联系，能暗示产品某方面的优点，或启发人的联想。

④ 要注意各种禁忌。在品牌命名时应做周密考虑，遵从社会道德和风俗习惯。

小贴士

“金利来”的创始人——曾宪梓先生，在初涉领带行业时就已意识到品牌的重要性，为产品取名“金狮”。领带作为男性服饰，必须体现男子汉的气魄，“金狮”听起来就有一种阳刚之美，并且也符合东方传统的审美心理。然而，曾宪梓的朋友在一次家访中说：“香港社会物欲横流，人人都想发财，谁都想讨个吉利，但‘金狮’在发音上与粤语的‘尽输’极其

相似，人们在购买时，心中总有些不舒服，长此以往，可不是好兆头。”这席良言对曾宪梓触动很大，于是，决定为产品易名。香港人多熟悉英语，也普遍使用英语，“金狮”的英文拼写“goldlion”中的“lion”在粤语发音中，酷似“利来”。金来、利来，金利俱来，正应了港人朝思暮想的发财梦。“金利来”不仅有外国名字的韵味，又有典型的东方色彩，中西兼有，合二为一，真是东西方文化的巧妙结晶。一名定乾坤，“男人的世界”就这样诞生了。

（资料来源　李航：《有效管理者——营销企划》，中国对外经济贸易出版社 1998 年版）

（2）品牌标志设计

品牌不但要有好的名称，还要有好的标志形象和色彩，并与产品相映生辉。品牌标志是品牌识别的视觉基础，其设计的好坏直接关系到品牌留给消费者的印象的深刻度。标志设计应做到：

①简洁明了，新奇独特。品牌标志应有显著特征，在文字、图像设计和色彩运用方面，都应有异于同类品牌的特色。好的标志设计，应当图案清晰、符号简明、色彩醒目，每一部分都是高度概括，能迅速强烈地捕捉公众的视线。

②易懂好记，启发联想。品牌标志应尽量表达出品牌特征，但并不是向公众传递的信息越多越好。品牌所蕴含的信息必须在易懂好记的基础上进行丰富。

③功能主导，传播方便。品牌标志不仅要美化产品，其最主要的功能是起标识作用。品牌设计要以视觉传达的速度、准确性与信息量的大小为中心。此外，品牌作为营销活动的信息载体，应尽可能地适用于各种传媒。设计中应考虑品牌的符号化及其应用中的通用性。

小贴士

联想的更换品牌标识策略

上世纪50年代末，毫无海外知名度可言的“东京通讯工业公司”决定改名，这意味着它十年来的品牌经营付诸东流。面对铺天盖地的质问与怀疑，创始人盛田昭夫平静地解释说：“这样能使公司扩展到世界各地，因为旧的名字外国人不容易念出来，我们希望改变日本产品（在世界各地）品质低劣的形象。”这家公司就是现在的索尼，全世界见证了盛田昭夫的“说到做到”。

Intel、Sony，很多国外企业在取名的时候，都采取了自己“造词”的办法，并最终让这些“莫名其妙”的字母变得家喻户晓，而联想打算走同样的道路。曾经联想的英文标识Legend（传奇），伴随着成千上万的联想产品，进入寻常百姓家，其品牌价值高达200亿元。联想PC市场占有率至今保持中国第一，就像Legend的英文原意一样，演绎了一段中国IT企业的“传奇”。此时，联想却决定要更换品牌标识，在造了40来个含义不同的词语后，Lenovo脱颖而出。联想将原本的品牌标识“Legend”换成了“Lenovo”，“Lenovo”一词读的时候重音应该在‘no’上面”。联想集团高级副总裁兼首席财务官马雪征带着联想总裁室的全体成员一起读过新标识，很顺口。总裁杨元庆在解读这个全新的字母组合时表示：“‘novo’是一个拉丁词根，代表‘新意’，‘le’取自原先的‘Legend’，承继‘传奇’之意，整个单词寓意为‘创新的联想’”。

联想之所以更换品牌标识，首先是国际化的需要”，杨元庆直言，“联想要国际化，首先需要一个可以在世界上畅通无阻的、受人喜爱的英文品牌，但Legend这个英文名称在很多国家已被注册。联想产品进入海外市场后，无法使用Legend标识进行销售及市场推广。所以我们必须未雨绸缪，为未来公司业务的拓展先行做好部署。”

联想走国际化的道路绝非一时冲动，集团董事局主席柳传志说：“IT企业要保持长期持续增长，必须走出国门，并且必须形成有突出地位的品牌。”杨元庆更是明确表示：“国际化是产业全球化趋势和联想自身发展的必然要求。如何进一步融入全球范围的产业整合和竞争格局中去，在更广阔的舞台上最大限度地获取我们所需的资源和增长机会，已经成为联想下一步战略规划的重点。”

杨元庆曾宣布联想的发展战略是成为“高科技的联想、服务的联想和国际化的联想”。联想也正逐步向“在IT领域内多元化发展、技术领先和国际大型企业规模”这个新的台阶迈进。

打江山时需要缔造“传奇”，想基业常青则要不断“创新”，从Legend到Lenovo，在品牌标识更迭的过程中，柳传志对标识含义转换中的巧合特别满意。

（资料来源：根据2003年5月15日，《北京晨报》改编）

二、品牌策略

1. 有品牌和无品牌策略

企业可以根据产品的特点、品牌运营的需要决定是否给自己的产品使用品牌。随着市场竞争日益激烈，越来越多的企业都使用品牌作为区别于竞争对手的有效手段和武器。采用有品牌策略，第一，可以比较容易处理订单并发现问题；第二，还可以吸引忠实的和有利可图的顾客；第三，品牌忠诚使销售者在竞争中得到某些保护。

2. 品牌归属策略

常见的品牌归属策略包括：

（1）制造商品牌（Manufacturing brand），即使用企业自己的品牌。制造商品牌有利于建立良好的企业形象，帮助新产品的开发和销售，获得品牌所带来的收益。

（2）中间商品牌（distribution brand），即将产品售给中间商，由中间商使用它自己的品牌将产品转卖出去。中间商品牌可以帮助资源有限的企业较好利用中间商的特有资源，即交易场所和渠道，将自己的产品打入市场，同时还可以利用中间商的品牌形象推广自己的产品。

3. 品牌名称策略

（1）个别的品牌名称（individual brand name），即企业的每种产品都有一个品牌，也就是说企业对各种不同产品分别使用不同品牌。多品牌是指企业同时为一种产品设计两种或两种以上相互竞争的品牌。采用个别品牌策略则需要为每个品牌的推广花费大量的时间和金钱，但是，却可以在诸多品牌中形成企业的核心品牌，明确经营优势。

（2）统一品牌名称，也叫家族品牌名称（Blanket family name for all product），是指所有各类产品共同使用一个品牌。使用统一品牌策略可以降低营销费用，同时张显企业实力，提高企业声誉。是否采用统一品牌策略，需要考虑以下因素：

①产品是否属于同一类别，即这些产品是否具有相同的用途、满足相同需要。

②产品是否属于同一等级，即这些产品在顾客心目中是否具有类似的品质印象或产品定位（如高档品与低档产品之分）。

③产品是否销售给市场中相同的细分市场，如果这些产品是销售给相同的对象——性别、年龄、社会阶层等，目标市场相同，即使用相同品牌可产生连带提携的作用。反之，则应以不同品牌为宜。

④产品是否经由相同的零售店销售，如果是利用相同的零售通路，为壮大声势，吸引顾客的注意，可考虑运用家族品牌，反之，如果产品是经由不同类的零售出口，则使用家族品牌的正面影响并不明显。

（3）个别的统一品牌名称（separate family names for all product），即每类产品使用一个统一品牌。采用个别的统一品牌策略通常可以以产品线为依据，一条产品线的产品是使用统一品牌；或者按照质量等级进行分类，相同类别的产品使用统一品牌。

（4）统一的个别品牌名称（company trade name combined with individual product names），是指新产品命名是将公司名称和个别品牌名称连用。公司名称证明新产品是系出名门，而个别品牌让新产品个性化。

4. 品牌扩展策略

品牌扩展策略是指企业利用其成功品牌名称的声誉来推出改良产品或新产品，包括推出新的包装规格、香味和式样等。通过这种策略，企业可以利用原有品牌的知名度和美誉度推广改良产品或新产品，可以节省宣传介绍新产品的费用，使新产品能迅速、顺利地打入市场。

5. 多品牌策略

多品牌策略是指企业决定同时经营两种或两种以上互相竞争的品牌。企业采取多品牌决策的主要原因是：

（1）多品牌可以在零售终端挤占竞争对手的空间，强化自己的竞争优势；

（2）多种不同的品牌可吸引不同细分市场的消费者，提高市场占有率；

（3）多品牌有助于在企业内部各个产品部门、产品经理之间开展竞争，提高效率；

（4）多品牌策略可使企业将业务延伸到不同的细分市场或其他行业的市场。

三、包装决策

1. 包装的含义和作用

包装是指为了保护商品，便于储运、携带和使用，促进销售，采用适当材料制成与商品相适应的容器，并加以标志和装饰。产品包装包括三个层次：一是首要包装，即产品的直接容器，如饮用水的瓶子；二是中层包装，其作用是保护产品并促进销售，如牙膏的外包装纸盒；三是储运包装，主要是为了方便大量产品的储运和辨认。美国的一项调查表明，有50%到60% 的消费者是受产品包装的影响而产生购买欲望并付诸实际购买行为的。因此，做好商品包装，有着重要作用：

（1）保护商品。这是包装的物理功能，其目的在于保证产品从出厂到消费的整个运销过程和使用消费过程中，不致损坏、散失和变质，保护商品的使用价值。

（2）美化商品，促进销售。消费者在购买商品时，首先接触到的是商品的包装，好的包装能引起消费者的兴趣，触发其购买动机，因而成为"无声的推销员"。

（3）便于运输、携带和储存。商品的物质形态有气态、液态、固态和胶态等不同形态，它们的物理和化学性质也各有差异，有的可能有毒，有的有腐蚀性，有的容易挥发、易燃或易爆。因此，只有加以合适的包装，才便于运输、携带和存放，保证产品在储运过程中的安全。

（4）便于购买和使用。从消费者的角度来看，通过一定形式的商品包装，方便消费者购买、携带和保管，同时，通过包装复印说明，可以便于消费者了解商品的使用和保管方法。

2. 包装的设计

包装分为外包装与内包装。外包装称为运输包装，主要着眼于保护商品和便于运输。内包装也叫做销售包装，其设计着重考虑美化商品、促进销售和便于使用。这里所说的包装设计，主要是指商品的销售包装的设计，具体说来，有以下几点要求：

（1）包装设计必须兼顾实用性和美观性，既要美观大方，形象生动，容易打动消费者，还要能够结合商品的物理化学性能，起到很好的保护商品的作用。

（2）包装设计应符合商品的质量和价值水平。既不盲目追求昂贵的包装，也不采用过于廉价的包装，自贬身价。

（3）包装要能显示商品的特点或独特风格，便于消费者选购。

（4）包装上文字的设计能增加顾客的信任感并能指导消费。通过包装上的文字设计回答消费者所关心的问题，消除购买疑虑，增强消费者对商品的了解和信任。

(5) 包装装潢上所采用的色彩、图案以及包装的数量要符合消费者的心理要求，并且不与民族习惯、宗教信仰等发生抵触。

此外，某些产品的包装还要按照国家的相应法规或经销商的要求进行设计，并在包装上印制条形分辨码，并粘贴防伪、防盗标签。

小贴士

利用商品的包装来宣传商品，扩大影响，增加企业和商品的知名度，这是企业常用的一种促销方法。然而，能用珠宝玉雕这种昂贵的东西来做商品的包装材料，这种做法是一般企业难以想象出来的绝招。

法国有一家企业集团公司的总经理，同时接到下属两家企业的报告：一家生产香水的企业研制成功一种高级香水。请示如何能让这种香水成为顶级的名牌，在国际市场上成为法国香水之冠。另一家珠宝工艺品厂从巴西购进了一批优质天然水晶原料，原打算雕制精美的鼻烟壶出售。后经市场调查人员研究，世界上鼻烟壶的爱好者和收藏家的数量是有限的，大批量生产收藏型鼻烟壶艺术品势必会造成积压。为此事特向经理请示。总经理接到报告后，及时的进行了周密的调查和研究，决定让珠宝工艺品厂用天然水晶精工细雕一批香水瓶，瓶盖用有色宝石配制，并在瓶底刻制出编号。

第一批香水瓶制成后，在清澈透明雕制精美的天然水晶香水瓶内，装上金色的30cc特制的高级香水。这种叫“克莉丝汀迪奥”的法国香水，首先在欧洲限量2000瓶，以当时最高香水价格的十倍出售。由于这金光灿灿的黄色香水幽香宜人，欢柔甜悦的混合型香气纯洁可人，再加上这天然精美的水晶瓶本身就是一件价值不菲的艺术精品。这种把高级香水和珠宝工艺精品相结合，把实用和艺术欣赏巧妙的糅合在一起，更增加了两者的销售价值。使消费者爱之如狂。

据悉，这种用珠宝做包装的“克莉丝汀迪奥”香水，在世界各地经济发达的地区均举办过限量销售，其效果都十分理想。这种香水也曾在台湾限量销售200瓶，每瓶以15万元新台币的“天价”出售，都被抢购一空。

3. 包装策略

（1）类似包装策略

所谓类似包装策略，是指一个企业所生产的各种不同产品，在包装上采用相同的图案、色彩，使消费者易于辨认并联想是同一家企业的产品。这种包装策略的优点是：既可以扩大企业和产品的影响，增强推销效果，又能减少包装设计，节省费用。所以，一般名牌厂商、专业化制造商大都采用这种包装策略。但是类似包装策略一般只适用于质量水平相当的产品，如果质量相差悬殊，就不宜采用这种包装策略。

（2）等级包装策略

等级包装策略是指企业将产品分成若干个等级，针对不同等级的产品分别采用不同的包装。这种策略有利于把不同品质的产品明确区分开来；有利于满足不同消费者的需求和爱好。但是，必然增加包装的设计费用。它主要适用于品质相差悬殊的产品。

（3）配套包装策略

配套包装策略是根据消费者的特殊需求，将多种相关的、不同类型和规格的商品组合在同一包装容器内同时出售。这种策略为消费者的购买和使用提供了方便，同时也有利于扩大企业的销售额和推出新产品。但是，必须注意配套包装的产品在某一方面要有密切的关联性。

（4）重复使用包装策略

重复使用包装策略是指企业在设计和制作包装容器时，考虑到商品用完后，剩下的包装容器可以给消费者作新的用途。这种策略是从消费者求廉和追求纪念意义的心理角度所使用的策略。这种策略一方面可以通过给消费者额外利益，引起其购买兴趣而扩大产品销售，另一方面还能发挥广告宣传作用，吸引用户重复购买。

（5）附赠品包装策略

附赠品包装策略是指企业在包装内附有彩券、小物件、纪念品或以包装本身（图案部分）换取礼物，以此吸引顾客重复购买的策略。

（6）差异包装策略

差异包装策略是根据消费者的使用习惯和产品性质的差异性，按产品的质量、重量、份量和数量等条件设计多种不同的包装。也相应地增加包装设计费用和新产品的促销费用。

(7) 改变包装策略

改变包装策略是指对企业原有产品的包装进行改进与更新。即当某种产品在同类产品中质量相近而销路不畅或长期使用一种包装时，企业则可以改变包装设计、包装材料、推陈出新。

产品包装策略的运用应根据不同产品、不同市场环境灵活使用，要以有利于营销为最高原则。未来商品的包装正朝着轻量化、少量化、薄型化和无害化方向发展。对于包装还要考虑其废弃物的回收问题，以利于环境保护。

本章小结

产品是市场营销组合中的第一要素，是定价、分销和促销的基础。本章首先介绍了产品的整体概念、产品组合及相关策略：产品组合包括产品的广度、长度、深度和关联性等基本要素，产品组合策略包括扩大的产品组合、缩减的产品组合以及产品差异化和产品组合的现代化和特色化等策略。其次，介绍了产品生命周期的概念及划分方法，产品市场生命周期各阶段的特点及其营销策略；新产品的概念、新产品开发的意义、原则和新产品的开发的程序等相关内容。此外，介绍了产品及服务的品牌策略对品牌内涵、品牌名称及标志设计的原则及要点，品牌名称决策和品牌策略决策等内容进行了阐述。最后，介绍了产品的包装及标签策略，具体包括：包装的概念及作用、包装决策的程序和包装策略等内容。企业应根据市场及消费者的需求，对产品策略所涉及的相关内容做出协调一致的决策。

思考题

1. 什么是产品整体概念？它包括哪些内容？
2. 什么是产品生命周期？它包括哪几个阶段？
3. 什么是新产品？它包括哪几类？
4. 什么是产品组合？产品组合的宽度、长度、关联度的含义是什么？
5. 什么是品牌？品牌和商标的区别与联系是什么？
6. 品牌策略包括哪几种？
7. 结合实际谈谈如何进行品牌延伸。
8. 包装有哪些种类？其作用是什么？

第十章 定价策略

【学习目标】

1. 掌握企业定价目标；理解影响企业定价的因素；

2. 掌握企业定价的方法；掌握企业定价的程序；

3. 掌握产品生命周期不同阶段的企业定价策略；理解心理定价和折扣定价策略；了解产品组合定价策略；

4. 掌握降价与提价策略；理解企业价格调整带来的各方面的反应；了解企业被动调整价格的情况。

【重点难点】

1. 企业定价目标；影响企业定价的因素；

2. 企业定价方法；

3. 产品生命周期不同阶段的定价策略；

4. 降价策略与提价策略。

职业引导案例

家乐福的定价策略

走进家乐福大卖场，顾客感觉到的是令人心跳的低价，真是“挡不住的诱惑”。家乐福之所以采取低价销售策略还能获得相当利润，拥有较强的市场竞争力，主要原因以下方面：

控制进价

作为超级大卖场，家乐福在货品采购方面有强大的优势：其一，巨大的采购规模使其能从供应商处获得优惠价格。其二，直接向生产厂家订货，越过批发环节。其三，对于供应商来说，将货品打进家乐福这样的跨国零售巨头，是他们梦寐以求的事；因为能被家乐福接受的产品，很容易打入其他销售终端，所以家乐福在采购议价方面占据明显优势。

高商品流转率

这是家乐福能制定低价的重要原因之一。通过商品的高流通性，积压的资本可以大大降低，故家乐福选择商品的第一要求就是要有高流转性。比如，如果一个商品上了货架销得不好，家乐福就会把它货架展示缩小，甚至取下让位。这方面的管理工作全部由电脑来完成，由POS终端实时收集上来的数据进行统一汇总和分析，对每一个产品的实际销售情况和毛利率进行严密的监控。如此一来，家乐福的商品结构得到充分的优化，完全面向顾客的需求，减少了很多资金的占用。长期的经验使家乐福总结了一套“全国性商品组织表”和“共同分类表”，严格规定各类商品的进货规则。

控制装修成本

家乐福可以投巨资建近万平方米的免费停车场，却没有花一分钱去装修不被顾客注意的天花板。家乐福在卖场内的设施，从存包密码箱、价格扫描器、超市吊秤到简单大方的货架无不极尽气派与现代，而在其办公区的会客厅，却只留几条木制的长椅。

在为顾客提供便利方面，家乐福敢掷重金，而在卖场及办公装修方面，却又十分吝啬。以重庆棉花街分店为例，包括货架、扶梯、灯光和收银系统等，总体投入没有突破1000万元人民币，卖场地面只是用涂料进行了防漏耐磨处理，没有一块昂贵的花岗石；墙面除不足1米高的护墙板外，连顶在内只是涂了白色普通涂料。顶部是成排悬挂在钢架上的日光灯；天花板纵横的管道和银色的空调排送气管完全暴露无遗，仅这8000平方米的吊顶就节约了一大笔装潢开支。

灵活的定价技巧

事实上，并非家乐福所有的商品都是低价。一份针对家乐福某分店的调查显示，1/3的商品价格比国内零售企业低，1/3的价格持平，1/3的价格要高出。但在消费者看来，家乐福的商品就意味着便宜，可见家乐福的定价技巧是很高超的。

在开业的最初几天，家乐福把商品价格定得很低，并充分利用店堂招贴、售点广告进行特价提示，并把特低价格的商品集中陈列展示，营造商品价格特别低廉的卖场氛围，这些技巧为家乐福营造了低价形象，并产生较长时间的持续效应。

开业之后，家乐福坚持走低价路线，从商店布局、特价商品目录的发送、商品陈列到店堂内售点广告宣传，到价格标签及特价商品的周期性轮换等，大肆渲染低价，将低价形象深深地植根于广大消费者的心中。特价商品一般摆放在商店最显眼的地方，如人流集中的中央通道边、货架两端，收款台旁等，并用大而独特的字体进行醒目标示，造成强烈的视觉效果。家乐福会轮流选择一些低值易耗、需求量大、周转快、购买频率高的商品（牙膏、肥皂、饮料、食用油等），作为吸引顾客的“磁石”商品，制定特低价格以招揽顾客。节假日、双休日这种商品更多一些，做到特价销售常年不断，周期性循环。通过持之以恒的强化，顾客只记住了特价商品的特低价格，而忽略了其他商品正常的甚至稍高的价格。

自助服务

在一个面积约1万平方米、人均购买次数为1.5万人次的大型卖场里，家乐福配备的员工只有500—600人。当顾客需要帮助时，工作人员才会出现。全部卖场实行电子眼监控系统，无需售货员随时监督。员工的减少，降低了经营成本。

在商品陈列上下工夫

家乐福在货品的陈列上有效利用陈列空间。信奉“库存尽量放在卖场”的原则，堆头、端头和货架顶层均安放货品；有时还用吊钩、吊篮来陈列商品，主通道和主副通道沿线，有大量的存放商品。

尽可能做到零库存

每个店都根据电脑反映的销量来订货，尽可能做到零库存；同时通过加强内部管理，较大程度地减少缺货现象的发生。各门店都制定了相应措施，及时反馈缺货信息，此外还派专人负责卖场巡视，掌握存货动态。为确保安全库存，家乐福尽可能选择当地最优秀供应商，使其能在规定的配送时间及时补货。

采购本土化

家乐福尽可能在本地寻找供应商，以降低成本，准时供货。中国境内的家乐福在本地的采购比例高达90%以上。

家乐福还采用了招徕定价和特价商品策略。特价商品和招徕商品常年不断，周期性地循环，使顾客只记住了这种商品的特低价格，而忽略了其他商品以正常价格甚至稍高的价格出售。在消费者的印象中，家乐福的商品就意味着物美价廉，可见其定价技巧是很高超的。

价格策略是市场营销组合中非常重要的环节，也是市场营销组合中最活跃的因素，带有强烈的竞争性和多因素的综合性。价格既是影响商品交易成败的关键因素，又是企业是否能够盈利的关键因素，还是营销组合中最难确定的环节。因为，企业定价是为了销售商品，获取利润，因而价格既要考虑消费者的接受能力，促进消费者购买，又要给企业留有利润，所以一方面价格具有买卖双向决策的特征；另一方面，价格还体现了市场竞争的因素。此外，价格还是市场营销组合策略中较为活跃的一个因素，要能够及时对市场变化做出灵敏的反应。

第一节 定价目标

一、追求盈利最大化

企业以在一定时期内获取最大盈利额为目标。盈利最大化取决于合理的价格和与之相适应的销售规模，并不意味着要为产品制定高价。以盈利最大化为目标的企业往往考虑的是何种价格出售商品可以得到最大的利润，而对竞争等其他因素考虑得较少。当企业处于有利的竞争地位是，获得盈利最大化是可行的，但是一旦市场竞争激励，短期内实现盈利最大化就存在一定的困难，因此，追求盈利最大化往往是企业定价的长期目标，企业还需再选择一个适合的短期定价目标。

二、短期利润最大化

当企业生产的产品具有一定的独创性或者技术先进的新产品，在产品刚刚上市时，可以通过制定较高的价格快速获取市场利润，此时适合采取"撇脂定价"，在短期内获得尽可能多的利润。

三、实现预期的投资报酬率

投资报酬率反应企业的投资收益情况，企业在一定时期内投入的资金，都希望能够在预期的时间内收回。此时，企业的定价就可以在总成本的基础上加上额外的预期盈利，因此，当产品的成本不变时，企业价格的高低就取决于企业确定的投资报酬率的高低。采用这种定价目标时必须注意：

首先，要合理确定投资报酬率，投资报酬率过低，会影响企业的收益；过高，则消费者不能接受，同时会使企业在市场竞争中处于不利地位；其次，采用这种目标必须具备一定的条件，即自己的产品是畅销产品，或在同行业中居于领导地位的产品，有能力竞争。

四、提高市场占有率

市场占有率是企业经营状况和产品竞争能力的直接反映，较高的市场占有率，既可以保证产品的效率，又有利于企业掌握市场需求的变化，形成长期的市场优势，为提高企业盈利水平提供了保证。

小贴士

美国的营销研究表明，市场占有率与利润率之间存在着很高的内在关联度。市场营销战略影响利润系统（PIMS）的分析指出：当市场占有率在10%以下时，投资收益率大约为8%；市场占有率在10%—20%之间时，投资收益率为14%以上；市场占有率在20%—30%之间时，投资收益率约为22%；市场占有率在30%—40%之间时，投资收益率约为24%；市场占有率在40%以上时，投资收益率约为29%。

五、实现产品质量领先

采取这一定价目标的企业通常在市场上有一定的形象和声誉，为了维护产品的质量，提高企业的信誉，企业为产品制定一个较高价格，这样一方面可以通过高价格带来较高的利润，使企业有足够的资金来保持产品质量的领先地位；另一方面，高价格本身就是产品质量、信誉的一种表现。这种定价目标有利于保持产品内在质量和外部形象的统一。

六、适应价格竞争

随着市场竞争的加剧，企业经常根据竞争对手的价格策略，来制定自己的价格策略。实力雄厚的企业，为防止竞争者进入自己的目标市场，故意把价格定得很低，抢先占领市场；而经济实力相对弱小的中小企业在市场竞争激烈的情况下，以市场领导者的价格作为基础，并与自己的产品进行谨慎比较、权衡，然后根据企业自身的经营能力制定企业的产品价格，从而缓和竞争，稳定市场。低价竞争会使得一部分企业避开竞争，重新开辟新的市场。

七、维持生存

当企业处于不利的经营环境时所采用的一种定价目标。当企业经营管理存在问题、市场竞争过于激烈、消费者需求突然发生改变而导致企业产品销路不畅、经营不善时，企业就会采取低价，以保本价格甚至更低的价格销售商品，以求能够快速回收资金，维持营业。这种定价目标只是权宜之计，一旦企业经营出现转机，企业就会采用其他定价目标。

第二节　影响企业定价的因素

由于价格策略是营销策略中最具特色的部分，因此制定价格策略要综合考虑各种影响因素。这些影响因素主要包括：企业定价目标（上一节已经详细分析，在这一节不在赘述）、生产成本、市场需求、竞争情况等。

一、生产成本

成本是影响企业定价的基本因素，通常也是企业定价时首要考虑的因素。产品的价格以成本为底限，只有定价高于成本，企业才能补偿生产消耗，获得一定的盈利。生产成本可以分解为固定成本和变动成本两个最基本的部分，通常情况下，产品的价格由总成本决定的，但当企业经营不善，以维持生存为定价目标时，产品的价格仅由变动成本决定。一般来说，企业的生产成本是相对稳定并可预测的，如以生产成本作为定价的依据，则定价的过程就相对比较简单。用于衡量企业生产成本的指标包括：

（1）固定成本。指在既定生产经营规模范围内，不随产品种类及数量的变化而变动的成本。如基础设施及设备的折旧费、房地租、办公费用、产品设计、市场调研及管理人员工资等项支出。

(2) 变动成本。指随产品种类及数量的变化而相应变动的成本。主要包括原材料、燃料、运输和存储等方面的支出，以及生产工人工资，部分市场营销费用等。

(3) 总成本。指全部固定成本与变动成本之和。当产量为零时，总成本等于未开工时发生的固定成本费用。

(4) 平均固定成本。指单位产品所包含的固定成本的平均分摊额，即固定成本与总产量之比，它随着产量的增加而减少。

(5) 平均变动成本。指单位产品所包含的变动成本平均分摊额，即变动成本与总产量之比。它在生产初期水平较高，其后随产量增加呈递减趋势，但达到某一限度后，会由于报酬递减率的作用转而上升。

(6) 平均成本。指总成本与总产量之比，即单位产品的平均成本。企业订价必须首先使总成本得到补偿。这就要求价格不能低于平均成本。但是这仅仅是获利的前提条件。由于平均成本包含平均固定成本和平均变动成本两部分，而固定成本并不随产量变化而按比例发生，因此企业取得盈利的初始点只能在价格补偿平均变动成本之后的累积余额等于全部固定成本之时。

(7) 边际成本。是指企业生产中每增加或减少一个单位产量所导致的成本变动数额。在制定产品价格策略时，生产者所关心的是找到一个能获得最大利润的产量，故对产量变动所发生的新增成本比平均成本更为重视。

二、市场需求因素

市场需求是影响定价的重要因素，价格的高低是影响消费者需求量的重要因素，因而也是影响企业销售量的重要因素。不同商品的需求特点不同，消费者对价格及其变化的反应就不相同。

1. 需求的价格弹性

需求的价格弹性简称需求弹性，是指因价格变动而引起的需求相应的变动率。需求弹性反映的是需求变动对价格变动的敏感程度。

$$E_P = \frac{\text{需求量变动的百分比}}{\text{价格变动的百分比}}$$

E_P：需求价格弹性

$E_P = 1$　需求量与价格成等比例变化：价格上升（下降）引起需求量等

比例的减少（增加）。这类商品价格的变化对销售收入的影响不大。

$E_P > 1$　需求量变动的百分比大于价格变动的百分比：价格的上升（下降）引起需求量较大幅度的减少（增加），这类商品定价时，通过降低价格、薄利多销达到增加盈利的目的，相反，涨价就有可能导致销量的锐减。

$E_P < 1$　需求量变化的百分比小于价格变化的百分比：价格的上升（下降），引起需求量较小幅度的减少（增加），这类商品定价时，高价会增加盈利，低价促销对需求量的刺激不大。

商品的需求弹性的大小往往取决于两个因素：一个因素是商品的需要程度，需求弹性与商品的需要程度成反比，例如生活必需品的价格变化对其需求量的影响就较小；另一个因素是商品的替代性，需求弹性与商品的替代性成正比，一种商品的替代性强，则其价格的变化对需求量的影响就较大。

2. 需求收入弹性

需求的收入弹性，简称收入弹性，是指因收入变动而引起的需求量的相应变动率，反映需求量的变动对收入变动的敏感程度。

$$E_y = \frac{\text{需求量变动的百分比}}{\text{收入变动的百分比}}$$

E_y：需求收入弹性

收入弹性也有大小之分，需求量与收入一般成正比关系，当 $E_y = 1$、$E_y > 1$、$E_y < 1$ 时，表示随着收入的变化，需求量会产生较大比例变化、较大幅度变化或较小幅度的变化；当 $E_y < 0$ 时，表示的是即将淘汰的商品或低档商品的需求特征，即随着收入的增加，需求量绝对的减少。

企业在制定价格策略时，考虑收入弹性，一方面可以针对那些随收入水平变化而需求量发生变化的那些商品，制定不同的价格，尽量使价格的变化与收入变化对需求的影响相适应，达到企业预期的目的；另一方面，企业还可以利用价格对实际收入的反向影响，适时调整价格，刺激高收入弹性的商品的需求，实现更多的利润。

3. 需求的交叉弹性

需求的交叉弹性指因一种商品价格变动引起其他相关商品需求量的相应变动率。

$$E_B P_A = \frac{\text{B 商品需求量变动的百分比}}{\text{A 商品价格变动的百分比}}$$

E_BP_A：需求的交叉弹性

即交叉弹性表示的是 A 商品的价格变动使 B 商品的需求量发生变化的比率。按照商品在彼此使用价值上的关联，可有替代品和互补品两种。

替代品是消费时使用价值可以相互替代的商品，或者说是具有相同、相近的使用价值的商品。当消费者在消费互相替代的商品时没有明显偏好的情况下，一种产品价格的提高会导致另一替代品需求量的上升。反之，价格下降会导致替代品需求下降。

互补品是指在消费商品的过程中只有配合使用才具有某种使用价值的商品，如照相机与胶卷。当其中一种商品价格上升时不仅该种商品需求量会下降，而且其互补品的需求量也会下降。反之，当其中一种商品价格下降时，两种互补品的需求都会跟着上升。

不同商品的交叉弹性各不相同，企业定价时不仅要考虑价格对自身产品需求量的影响，还要考虑市场上相关产品的价格对自己产品需求量的影响。替代性商品定价要同时兼顾各种替代品间需求量的影响，选择恰当的比价。互补性商品定价则应错落有致，高低分明，以一种商品需求的扩大带动另一种商品需求的增加，从而兼获销售量增长与盈利水平不减之利。

三、市场竞争因素

从营销的角度来看，产品的最低价格取决于该产品的成本费用，最高价格取决于产品的市场需求，而在最高价格和最低价格的幅度内，企业如何制定价格，则取决于竞争者同种产品价格水平。由此可以看出，竞争价格也是影响企业定价的重要因素之一。

1. 价格竞争

同类产品的竞争最直接地表现为价格竞争，企业都谋求通过制定适当的价格及价格的调整来争取更多的顾客。市场竞争的程度不同，竞争对市场营销者制定商品价格会产生不同的影响：

(1) 完全竞争市场

在完全竞争的条件下，买方和卖方都不掌握定价的主动权，买卖双方要遵循市场供求关系决定的市场价格，卖主不可能以高于或低于市场价格的价格出售商品。因此，在完全竞争的市场上，买卖双方都是价格的接受者。

(2) 垄断竞争市场

在市场经济条件下，垄断竞争市场广泛存在，此时的企业定价往往利用消费者的心理认知，通过强调本企业产品的特色，使消费者接受其价格。

(3) 寡头垄断市场

寡头垄断市场又可以分为完全寡头垄断和不完全寡头垄断。在完全寡头垄断市场，产品同质型强，企业时刻留意竞争对手的价格和战略，市场价格相对稳定；不完全寡头垄断市场，产品的异质性强，企业可以利用产品的特色和其垄断地位制定价格，甚至制定非常高的价格。

(4) 纯粹垄断市场

从理论上看，一个卖主完全控制市场，可以在法律许可的范围内随意定价。纯粹垄断又分为政府垄断和私人垄断。政府垄断的企业在制定价格时会考虑产品的性质，是否与居民生活关系密切，决定制定高价还是低价。与居民生活关系密切的商品定价较低，限制性商品价格较高。私人垄断的企业定价要考虑自身的盈利性，非管制垄断企业可以随意定价；管制性垄断企业的定价以获取中等收益为依据。

2. 以产品为核心的全面竞争

价格竞争只是同类产品竞争的一个方面，实际上，同类产品的竞争体现在产品的开发、研制直至销售的全过程，包含了以产品为核心的价格、渠道及促销的全面竞争。价格竞争的实质，是通过价格的调整，改变产品的质量价格比、效用价格比，促使消费者对商品重新做出评价。企业定价时不仅要关注竞争者的价格策略，对其产品策略、渠道策略及促销策略也不能忽视。

第三节　产品定价方法

产品定价方法是指企业为了实现其定价目标而采取的具体的方法。企业的定价主要受到成本、市场需求和竞争的影响，因此企业可以分别采取有针对性的定价方法，即成本导向定价法、需求导向定价法和竞争导向定价法，如图 10－1 所示：

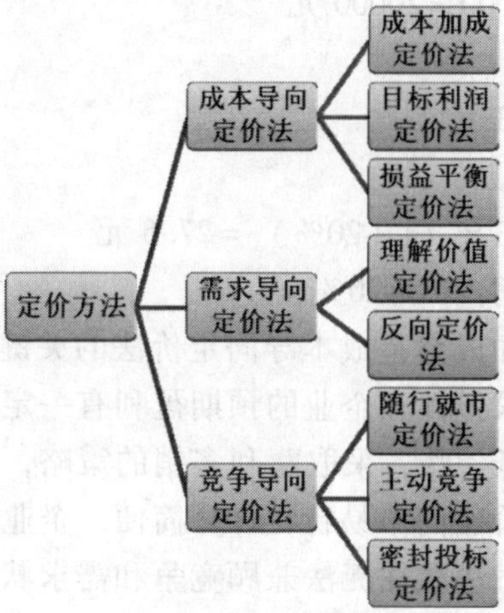

图 10－1　企业定价方法

一、成本导向定价法

成本导向定价法是一种主要以成本为依据的定价方法，包括成本加成定价法、损益平衡定价法和目标贡献定价法三种。

1. 成本加成定价法

成本加成定价是指完全成本加上一定百分比的加成来制定产品价格的方法。完全成本是指单位变动成本加上单位产品固定成本；加成就是指一定比率的利润（毛利率）。所以公式为：

产品售价＝单体完全成本×（1＋成本加成率）

其中：$成本加成率=\frac{售价-进价}{进货成本}\times 100\%$

零售企业普遍采用进价加成的方法确定产品售价，其公式为：

$产品售价=\frac{进货价格}{1-加成率}$

其中：$加成率=\frac{售价-进价}{售价}\times 100\%$

【例题 10－1】某工艺品厂生产 1000 个仿真根雕，固定成本为 3000 元，每个根雕的可变成本为 20 元，设目标赢利率为 20%，则：

固定成本：3000 元

变动成本：20×1000=20000 元

总成本：23000 元

单位产品成本：23 元

所以

单位产品价格=23×（1+20%）=27.6 元

单位产品目标利润：23×20%=4.6

因此，如何确定加成率是成本导向定价法的关键。通常情况下，加成率的大小与商品的需求弹性和企业的预期盈利有一定的关系。需求弹性大的商品，加成率应该低一些，采取薄利多销的策略，反之，则加成率可以高一点。成本加成定价法简单易行，计算简便，企业可以据此预估自己的预期收益，但是这种方法往往无法兼顾竞争和需求状况，缺乏市场适应性和灵活性。

2. 损益平衡定价法

损益平衡定价法是指在既定的固定成本、单位变动成本和价格的前提下，确定能够保证企业收支平衡的产（销）量。损益平衡点也叫盈亏分界点。如图 10-1 所示：

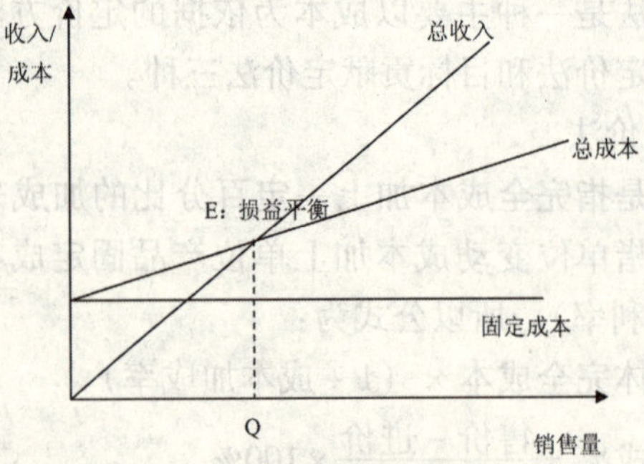

图 10-2　损益平衡点

其中，E 为损益平衡点，Q 为保本销售量，则 Q 的计算公式为：

$$损益平衡点销售量=\frac{固定成本}{价格-单体变动成本}$$

$$保本价格=\frac{固定成本}{损益平衡点销售量}+单体变动成本$$

此时的销售量只够企业刚刚保本，因此，此时的价格就是保本价格，因此，保本价格的公式：

一方面，企业都可以根据价格计算出保本销量，企业只要将一定价格下的保本销量和该价格下的预计销量进行比较，就可以确定该价格是否可以采用：预计销量低于保本销量，则该价格方案被淘汰。

另一方面，保本价格只能使企业在经营过程中做到不盈不亏，如果企业期望获得适当的利润来实现持续经营，这时企业商品的定价公式为：

$$商品价格=\frac{固定成本+目标利润}{销售量}+单体变动成本$$

【例题10－2】某企业生产某种产品，固定成本为400万元，单位产品的变动成本为10元/件，根据市场需求确定生产并销售产品为100万件，目标利润要求达到300万元。企业应该如何定价？

$$商品价格=\frac{400万+300万}{100万}+10=17元/件$$

由此例可以看出，企业可以根据市场需求量的大小，结合企业的经营目标来制定企业产品的价格。盈亏平衡定价法将企业的产量、成本和利润结合起来考虑，避免了孤立地考虑单一因素，同时，在价格确定的情况下，企业可以在生产经营中加强管理，努力控制成本，保证目标利润的实现。

损益平衡定价法计算方法相对比较简便，还可以帮助企业明确保本时的价格，并计算不同的价格水平的盈亏状况。但是，损益平衡定价法也存在一定的风险，即这种定价方法要求能够准确的预测市场销量，一旦预测错误，就有可能给企业带来损失。

3. 目标贡献定价法

目标贡献定价法又称可变成本定价法，是指以单位变动成本为依据定价的基本依据，加上单位产品的贡献，即形成产品的价格。即：

价格＝单位可变成本＋单位产品贡献额

通过公式可以看出，价格中超出可变成本的部门就被看做是贡献。目标贡献定价法的关键就是确定贡献，步骤如下：

第一步：确定一定时期内企业的目标贡献：

年目标贡献＝年预计固定成本费用＋年目标盈利额

第二步：确定单位限制因素贡献量：

$$单位限制因素贡献量=\frac{年目标贡献}{限制因素单位总量}$$

其中限制因素是指企业所有的产品在市场营销过程中必须经历的关键

环节，如劳动时数、资金占用等，也可根据产品特性加以确定，各种限制因素单位加总就是限制因素单位总量。

第三步：根据各种产品的营销时间的长短及难易程度等指标，确定各种产品在营销过程中对各种限制因素的占用比例；

第四步：形成价格

价格 = 单位可变成本费用 + 单位限制因素贡献量 + 单位产品所含限制因素数量

贡献的意义在于单位产品的销售收入在补偿变动成本后，首先用来补偿固定成本，在盈亏分界点前，所有产品的积累贡献都体现为对固定成本费用的补偿，企业无盈利。在达到盈亏分界点后，产品积累的贡献才才是现实的盈利。

【例题 10－3】某企业一定时期内，固定成本费用 10000 万元，企业生产和销售两种产品，预计销量在 10000 万件以上，平均变动成本与平均固定成品均为 1 元，预期目标成本盈利率为 20%。如果按照成本加成定价法：价格 =（1+1）×（1+20%）=2.4 元，按照这个价格两种产品共销 7000 件，收入 16800 元，扣除变动成本 7000 元，还剩 9800 元，不能补偿全部固定成本，亏损 200 元。但是如果按照可变成本定价，以 50% 单位贡献率计入单位可变成本，价格 =1+0.5=1.5 元，在低价刺激下，两种产品各销 11000 件，收入 33000 元，扣除变动成本 22000 元，剩余的 11000 元出了补偿固定成本 10000 元外，还可获利 1000 元。

目标贡献定价法有利于企业在各种产品之间合理分摊固定成本费用；有利于企业选择和接受市场价格，因为在竞争的作用下，市场价格较低，可能接近于或低于平均成本，但只要价格高于平均变动成本，企业就可以接受市场价格；企业还可以根据各种产品的贡献安排企业的产品线，有利于实现最佳产品组合。

二、需求导向定价法

需求导向定价法是以消费者的需求强度和对价格的承受能力作为定价依据制定价格的方法。其特点是有较强的灵活性和适应性。

1. 理解价值定价法

理解值定价法是以消费者对商品价值的认知和理解程度作为定价的依

据。消费者对产品认知价值，是指消费者基于自身需要的迫切程度、支付能力及对市场供给情况的认识，在各种产品信息影响下所产生的对某一特定产品价格的承受能力。消费者对商品价值的认知和理解程度不同，会形成不同的定价上限，如果价格刚好定在这一限度内，消费者既能顺利购买，企业也更为有利可图。

小贴士

卡特皮拉公司的一台拖拉机定价为10万美元，同类型的产品定价为9万美元。

9万美元——相当于竞争者拖拉机的价格

7000美元——产品优越的耐用性增收的溢价

6000美元——为产品优越的可靠性增收的溢价

5000美元——为优越的服务增收的溢价

2000美元——为零配件较长时间的担保增收的溢价

11万美元——包括一揽子价值的价格

1万美元——折扣额

10万美元——最终价格

实施理解值定价法的要点在提高消费者对商品的效用认知和价值理解度。企业可以通过实施产品差异化和适当的市场定位，突出企业产品特色，再辅之以整体的营销组合策略，塑造企业和产品形象，使消费者感到购买这些产品能获取更多的相对利益，从而提高他们可接受的产品价格上限。这种定价方法的步骤如下：

(1) 对产品定位，了解消费者的需求情况，确定产品的市场地位和形象；

(2) 根据产品的性能、用途等多种要素，判定消费者对商品的理解价值，制定商品的初始价格；

(3) 在初始价格条件下，预测商品可能的销量；

(4) 分析初始价格及销量条件下的目标成本和销售收入；

(5) 将成本和收入、销量和价格等进行比较，确定该定价方案的可行性，并制定最终价格。

2. 需求差异定价法

需求差异定价法是指产品价格的确定以需求为依据，强调适应消费者需求的不同特性的定价方法。这种定价方法根据销售对象、销售地点和销售时间不同而产生的需求差异对商品定价。具体有以下形式：

(1) 因顾客而异。由于年龄、性别、职业、社会阶层等因素，消费者对商品的需求各不相同，企业在销售同一商品时，针对不同的消费者而采取不同的价格或可以享受不同的配套服务。如银行对大、小储户给以不同的储蓄存款利率。

小贴士

北京世界公园门票定价

北京世界公园于1993年11月1日正式对游客开放时，其门票价格分为五种：

①平日门票价格：40元；

②星期六、星期日门票价：48元；

③团体门票价：优惠20%；

④离退休干部、大中小学生门票：30元；

⑤75岁以上老人和残疾人、1.1米以下儿童：免费。

(2) 因产品而异。不同形式的产品，其需求强度往往不同，因此可对不同形式的同一产品采用不同的价格，并且这种价格上的差异与成本差异不成比例。

(3) 因时间而异。当产品的需求随时间的变化而需要变化时，企业可对同一产品在不同的时间制定出不同的价格。例如旅游、服务业常在不同时间如淡、旺季对所提供的产品或服务收取不同的费用。

(4) 因地点而异。即同一产品在不同地点销售的价格有所不同。

实施需求差异定价法应具备一定的条件：第一，市场必须能细分，且不同的细分市场能显示不同的需求程度；第二，要防止高价细分市场的竞争者，不可能以较低的价格进行竞销；第三，要防止低价细分市场的买主，向高价细分市场转售；第四，划分细分市场所增加的开支不能超过高价销售的所得；第五，差别定价不会引起顾客的反感；第六，差别定价符合法律要求。

三、竞争导向定价法

竞争导向定价法，是指企业在制定商品价格时，以竞争对手的定价为依据制定价格的方法，主要包括随行就市定价法、产品差别定价法、投标定价法。

1. 随行就市定价法

随行就市定价法是根据同行业其他企业的现行价格水平制定本企业产品的价格，是一种比较常见的定价方法。采用这种方法既可以追随市场领先者定价，也可以采用市场的一般水平定价。

随行就市定价法的优点在于定价简单，无须对成本和需求作详细了解，为企业节约了市场调研的时间和费用，对测算成本和市场调查困难的企业非常适合，同时能够适应市场竞争的需要，避免价格战的发生。但随行就市定价法的适应性有限，只适合行业内的中小企业，不适合大型企业和行业领先者。当行业领先者率先进行价格变动或降价时，采用该定价法的中小企业往往很难应对。

2. 产品差别定价法

产品差别定价法，也称主动竞争定价法，是指企业根据自身及产品的差异性，结合市场竞争状况，制定高于或低于市场竞争者价格的定价方法。企业可以依据产品的式样、功能、质量、服务等进行差别定价，也可根据时间或消费者的需求进行差别定价。

采用此种定价方法的企业一般处于进攻地位，这就要求他们必须具备真正的实力或独具特色，不能以牺牲顾客价值和顾客满意为降价的代价。

3. 投标定价法

投标定价法即由投标竞争的方式确定商品价格的方法，其操作程序是在商品或劳务的交易中，由招标人发出招标公告，投标人竞争投标，密封递价，招标人择优选定价格。这种定价方法是根据对竞争对手的报价进行预估而得到的，不是按照自己企业的成本或市场需求确定的。该定价法主要在多个卖主争取同一笔交易合同时使用。参加投标时，企业往往面对一种颇为矛盾的选择：如果报价低，容易得到合同，但所得的利润很少；如果报价高，预期利润高，但得到合同的几率又很小。这种方法通常用于建筑包工、大型设备制造、政府大宗采购等。采用投标定价法的难点在于估计中标的概率，这涉及对竞争对手营销情报的掌握。

企业采用投标定价时，通常以投标最高期望利润作为选择定价水平的标准。对企业而言，定价高、利润率就高，但中标机会就小；定价低，中标机会大，但利润率就低，甚至会出现亏损状况。因此，定价既要容易中标，又要有利可图，企业就必须以投标最高期望利润为标准来确定定价水平。所谓投标期望利润就是企业投标定价预期可得利润与该定价水平中标概率的乘积。投标报价时，必须预计竞争者的价格水平，准确估算成本，正确判别中标机会，选择期望利润最大的报价方案。如表 10－1 所示：

表 10－1　密封投标定价分析表　　单位：万元

编号	标价	利润	中标概率	期望利润
1	1000	150	92%	138
2	1050	200	81%	162
3	1100	125	50%	250
4	1150	300	30%	90
5	1200	350	10%	35

可以看出表中第二种方案的预期利润能够达到 162 万元，为最大的预期利润，因此，企业的投标价格应定于 1050 万元。此时，企业能获得 200 万元的利润，而中标的可能性为 81%。对经常参加投标的大企业来说，利用期望利润作为一种出价标准制定价格是有意义的。

4. 拍卖定价法

拍卖定价法是卖方通过众多买者对产品价格的竞争来确定成交价格的方法。采取该定价方法的卖方事先不规定产品的价格，而是运用非价格因素如广告宣传等促销措施来刺激顾客公开竞相出价购买，最后由卖方按最满意的价格即最高价拍板成交。该定价法适宜于珍贵文物、艺术珍品及企业财产拍卖等方面。

四、企业定价的程序

企业在制定价格时，除了要考虑影响定价的因素和选择定价的方法，还要遵循一定的程序和步骤，一般企业的定价程序可以分为六个步骤，即确定企业定价目标、测定市场需求、估算产品成本、分析竞争状况、选择定价方法、确定最后价格。

图 10－3　企业定价程序

第一，确定定价目标。主要有投资收益率目标、市场占有率目标、利润最大化目标、渠道关系目标、生存目标、塑造形象目标等。

第二，测定需求。企业产品的价格会影响需求，需求的变化又会影响企业的产品销售以至企业营销目标的实现。因此，测定市场需求状况是制定价格的重要工作。在对需求的测定中，首要的是了解市场需求对价格变动的反应，即需求的价格弹性。

第三，估算成本。企业在制定产品价格时，要进行成本估算。企业产品价格的最高限度取决于市场需求及有关限制因素，而最低价格不能低于产品的经营成本费用，这是企业价格的下限。

第四，分析竞争状况。对竞争状况的分析，包括三个方面的内容：分析企业竞争地位；协调企业的定价方向；估计竞争企业的反应。

第五，选择定价方法。

第六，确定最后价格。在最后确定价格时，应遵循如下四项原则：一是与企业预期的定价目标的一致性，有利于企业总的战略目标的实现；二是符合国家政策法令的有关规定；三是符合消费者整体及长远利益；四是与企业市场营销组合中的非价格因素协调一致、互相配合，能够为达到企业营销目标服务。

第四节　定价策略

定价策略是企业在特定的经营环境中，为实现其定价目标所采取的价格对策。定价策略是企业参与市场竞争的重要武器。

一、产品生命周期不同阶段的定价策略

1. 投入期新产品定价策略

新产品定价策略指为新产品制定基本价格的定价策略，是处于投入期的产品价格策略。新产品定价的高低直接关系到产品能否挤入市场，站稳脚跟，打开局面的问题，新产品定价的高低也关系到是否会引发竞争对手加入，影响到可能出现的众多竞争者。新产品定价策略有：撇脂定价策略、渗透定价策略和温和定价策略。

(1) 撇脂定价策略

撇脂定价策略就是高价策略，是指在新产品上市时把价格定得较高，以期获取超额利润，在短期内收回投资并取得较高收益的一种定价策略。采用这种策略为了尽快收回投资。

小贴士

雷诺圆珠笔的撇脂定价

1945 年底，第二次世界大战刚刚结束，战后第一个圣诞节来临之际。美国的消费者都热切希望买到一种新颖别致的商品，作为战后第一个圣诞节的礼物送给亲朋。于是雷诺公司看准这个时机，从阿根廷引进了美国人从未见过的圆珠笔并很快形成了规模生产。

当时每支圆珠笔的生产成本只有 0.5 美元，那么，市场的零售价该定多少呢？如果按照通常的成本导向定价法，定 1 美元就能赚 1 倍，1.5 美元就是 200% 的利润。似乎应该满足了。但公司的专家们通过对市场的充分研究后认为：圆珠笔在美国属于首次出现，奇货可居，又值圣诞节，应用高价格引导，刺激消费。于是，公司决定以 10 美元批给零售商，零售商则以每支 20 美元卖给消费者。

事情果然如预测的那样，圆珠笔尽管以生产成本 40 倍的高价上市，立刻以其新颖、奇特、高贵的魅力风靡全美国。虽然后来跟风者蜂拥而至，生产成本降到了 0.1 美元，市场价也跌到了 0.7 美元，但雷诺公司早已狠狠地赚了一大笔。

雷诺公司之所以成功，关键的因素是高价格引起的轰动效应。这种用于新产品上市的定价方法，被形象地称为“撇脂法” (market - skimming pricing）——把一杯牛奶的最上边的一层奶脂一下子撇走。此法的特点：一是可以实现短期利润最大化；二是高价格可以提高产品身价，激起消费者购买欲；三是高价可以控制市场的成长速度，使当时的生产能力足以应付需求，减缓供求矛盾；四是为价格的下调留出空间。

撇脂定价策略的优点：第一，采用高价策略，有利于树立产品高品质形象，扩大销售。新产品上市，消费者往往对产品还不熟悉，加之竞争者较少，企业可以利用消费者的求新心理，扩大销量，以最快的速度收回投资，获取利润；第二，采用高价策略，有利于企业掌握价格主动权。当市场竞争激烈激烈，企业可以主动降价，吸引具有求廉心理的消费者购买商品，扩大销售，进而提高市场占有率；第三，高价可以为企业带来更多的利润，可以为企业扩大市场投资奠定基础。

撇脂定价策略的缺点：第一，损害消费者利益，产品的价格高于其价值，必然损害消费者利益，引起顾客反感；第二，不利于拓展市场，为新产品制定高价，使那些购买力不足的消费者望而却步，不利于开拓市场；第三，容易诱发竞争，如果高价投放新产品，企业的获利丰厚，容易引起竞争对手的觊觎，纷纷进入市场，加剧竞争。

（2）渗透定价策略

渗透定价策略又称为低价策略，它是指产品上市初期，将产品价格定得低于预期价格，以市场占有率扩大为目标的定价策略。它是利用低价来进行市场渗透，从而达到扩大销售的目的。

渗透定价策略的优点：第一，低价易为顾客接受，有利于迅速打开产品销路；第二，低价可以有效地排斥竞争者介入，因而能在较长时期内占领市场；第三，低价能带来销售额的迅速增长和市场占有率的扩大，从而保证企业经营长期稳定地发展。

渗透定价策略的缺点：第一，由于新产品刚上市就实行低价，当市场竞争日益激烈时，产品降价的空间较小；第二，不利于其高质量形象的树立，往往会影响产品的声望；第三，在成本发生变化等原因需要提高产品价格时，会引起顾客的反感，从而影响销路。

（3）温和定价策略

温和定价策略又称中间价格策略或满意定价策略，是指将新产品价格定在高价与低价之间，使各方面都满意的定价策略。新产品在上市初期采取高价策略与低价策略，都比较极端，往往会损害中间商、消费者和同行其他企业等各方面的利益，从而使企业处于不利的境地，影响企业的经营和市场形象。因此，很多企业在产品定价时既不偏高，也不偏低，让价格走中间路线。

采用温和定价策略制定价格，能够吸引广大消费者购买产品，又能赢得各方的信任和尊敬，使各方都感到满意。但是，温和定价策略，缺乏特色，需要兼顾的因素过多，会制约企业通过价格实现其竞争目的，例如丧失市场占有率及获得高额利润的机会。

2. 成长期的定价策略

产品在成长期一般适用目标利润价格策略。因为在这个阶段，企业产品成本迅速下降，市场中竞争者较少，产品销路已打开，销售量呈上升趋势，企业在市场中处于主导地位，这时是最有利于实现企业预定目标利润的时期。方法如下：

目标赢利额 = 总投入资金 × 资金目标赢利率

目标销售收入 = 总成本费用 × 目标赢利额

产品价格 = 目标销售收入 × 总产量

这种价格策略的关键是对目标利润水平的掌握。一般而言，这个阶段的价格水平以获得社会平均利润率的水平为宜。在导入期采取撇脂策略的产品可随产量的增加和竞争者的进入适当降低价格；在导入期采用渗透策略的产品由于此阶段的成本已大幅度下降，维持原来的渗透价格即可获得平均利润；而在导入期实行满意策略的产品可随成本的降低适当降价，企业仍能取得平均利润而满意，顾客享受降价实惠也满意。

3. 成熟期的定价策略

这个阶段企业一般实行竞争价格策略。产品进入成熟期后，虽然生产量和销售量都达到最大，但因大量竞争者进入市场，企业的产品销售肯定会受一定影响，而这一阶段的产品生产成本也进一步下降了，企业可以根据市场情况对产品作不同程度的降价，同时辅以一些非价格竞争的手段以扩大销售、获得利润。实行竞争价格时，掌握降价的依据和幅度十分重要。降得太多，虽然可扩大销售，但可能亏损；降得太少，不足以保证扩大销售量，也无法在竞争中取胜。企业在实行竞争价格策略时，必须对企业内外部情况进行综合分析，合理确定产品的竞争价格。通常，产品需求价格弹性大降价幅度可较大，需求价格弹性小则降价幅度宜小。

4. 衰退期的定价策略

产品进入衰退期之后，新产品、替代品不断出现，消费者对老产品也逐渐失去兴趣，销量直线下降，而且这个阶段的产品成本也会有所上升，利润减少，甚至出现亏损。这个时期产品的定价，主要着眼于最大限度提取收益和尽快收回占压资金，尽可能发挥产品在其市场寿命最后阶段的经济效益。衰退期的产品定价一般采用驱逐价格策略和维持价格策略。

（1）驱逐价格策略

这种策略是以产品的平均变动成本作为价格下限，大幅度降价，以驱逐竞争者，阻止本企业产品销售下降，延长产品寿命。这种定价策略有较强的价格攻击力，但风险也较大，仅限于产品生命周期结束阶段，以便清仓扫屋，迅速转产。

（2）维持价格策略

就是企业对老产品继续保持其在市场成熟期的价格水平。这种定价策略可以保持产品在消费者心目中的良好形象，不至于造成劣质品降价的影响。但容易使销售量大幅度减少，加快产品退出市场。因此要采取一些措施，如调整产品结构、缩减生产量、加强售后服务等，以延长其市场寿命。

二、心理定价策略

心理定价策略是为适应和满足消费者的购买心理所采用的定价策略。

1. 尾数定价策略

尾数定价策略是指在制定价格的时候，保留价格尾数，即“零头”，又叫非整数定价策略。从心理学的角度来看，带尾数的价格会给消费者一种“商品便宜、定价认真、货真价实”的心理感受。对于需求弹性较大的商品，采用尾数定价的方法会带来需求量的大增。

2. 整数定价策略

整数定价策略是把商品定为一个整数，不带尾数。整数定价策略可以使价格上升一个档次，满足消费者的高消费心理。高档商品、奢侈品常采用整数定价策略，可以满足消费者对地位、身份、所属阶层的认知需求。

3. 声望定价策略

声望定价是利用消费者“一分钱一分货”的心理，对在消费者心目中具有声望的商品制定较高的较高。其目的在于建立企业的良好声誉，或树立产品的高档形象。价格的高低常常被当作商品质量与档次的最直接的标志，特别是消费者在识别名优产品时，这种意识更为强烈，因此采用声望定价策略一定要质价相符。

4. 习惯性定价策略

习惯性定价策略是指按照消费者习惯的价格心理定价。有些商品，由于同类产品多，成本相对稳定，使价格在一定水平上维持了较长时间，就形成了某种程度的价格固定性，即习惯价格。在这种情况下，企业定价应遵守这个习惯价格，不要贸然提价或降价，以免引起消费者的不满或怀疑。这种价格策略有利于在获得相对平均利润的前提下保持价格稳定，给消费者一个良好印象，而且可以把企业间的价格竞争缩小到最低程度，促进整个行业的稳定发展。

三、折扣定价策略

企业在市场营销活动中，一般按照确定的目录价格或标价出售商品。但随着企业内外部环境的变化，为了促进销售者、顾客更多地销售和购买本企业的产品，往往根据交易数量、付款方式等条件的不同，在价格上给销售者和顾客一定的减让，这种生产者给销售者或消费者的一定程度的价格减让就是折扣。灵活运用价格折扣策略，可以鼓励需求，刺激购买，有利于企业搞活经营，提高经济效益。

小贴士

蒙玛公司的分段定价

蒙玛公司在意大利以“无积压商品”而闻名，其秘诀之一就是对时装分多段定价。它规定新时装上市，以3天为一轮，凡一套时装以定价卖出，每隔一轮按原价削减10%，以此类推，那么到10轮（一个月）之后，蒙玛公司的时装价格就削到了只剩35%左右的成本价了。这时的时装，蒙玛公司就以成本价售出。因为时装上市仅一个月，价格已跌到1/3，谁还不来买？所以一卖即空。蒙玛公司最后结算，赚钱比其他时装公司多，又没有积货的损失。国内也有不少类似范例。杭州一家新开张的商店，挂出“日价商场”的招牌，对店内出售的时装价格每日递减，直到销完。此招一出，门庭若市。

1. 数量折扣

当买方购买商品达到一定数量时，卖方在原标价的基础上给予买方一定减让的优待。数量折扣既有利于鼓励顾客大量购买、重复购买，建立长期稳定的买卖关系，也有利于减少交易次数、缩短交易时间，节省企业各项费用开支，最终实现企业的利润目标。

2. 现金折扣

现金折扣是对在规定的时间内提前付款或用现金付款者所给予的一种价格折扣。实行现金折扣策略可以鼓励顾客尽快支付款项，从而减少资金占用，加速资金周转，而且可以减少呆账、坏账损失。

例如，买卖双方成交金额为40万元，且在合同中注明“2/7 净15天”则表示：此笔交易的付款期限为15天，如在7天内付款，给予2%的折扣优待，若在第8—15天内支付，买方应付全部款项40万元，若超过15天则属违约。

3. 季节折扣

它是企业为保持均衡生产、加速资金周转，节省业务费用而鼓励消费者在销售淡季购买商品的一种折扣形式。季节折扣策略可以减少季节差别对企业生产经营活动的不利影响，有利于进行均衡生产，充分利用企业的设备和人力等资源，减少资金积压和保管费用，提高经济效益。

4. 功能折扣

功能折扣也称贸易折扣，是指由于中间商承担了本应由生产商承担的部分销售功能如运输、贮藏、广告等，因此生产商给予这些中间商一定的价格优待。这是生产企业为建立和稳定分销渠道，鼓励各类中间商在市场营销中各负其责而采取的一种措施。给予中间商一定交易折扣，可以补偿中间商经营有关产品的成本和费用，并让中间商有一定的赢利，从而鼓励中间商大批量订货，扩大销售。

5. 折让

这是另一种类型的目录价格的减让。例如，一台新电视机标价2000元，顾客以旧电视机折价400元，只需付款1600元，这是以旧换新折让。如果经销商同意参与制造商的某些促销活动，则制造商卖给经销商的产品可以打折扣，这叫促销折让。

四、组合定价策略

企业的产品并不是孤立存在的，一个企业往往要经营多种产品，而这些产品之间大多存在着替代关系或互补关系。企业在定价时不能只考虑某种产品自身的成本及供求状况，还要考虑系列产品之间价格和销售的相互影响，定出一组合适的价格，使整个产品组合的利润最大。产品组合定价策略包括：替代型产品定价、互补型产品定价及选择型产品定价。

1. 替代型产品定价

替代型产品定价是指对于那些在功能和用途等方面相同或相近，可以相互替代来满足人们同一需要的系列产品，企业有意识地安排它们之间的价格比例，满足不同消费层次的需要，实现企业的整体销售目标。替代型产品的定价，企业必须进行深入的市场调研，了解系列产品各自的市场潜力及需求价格弹性，确定合理的比价。

通常情况下，如果替代品价格差额过小，顾客就会选择其中的质优产品，质量相对较差的产品就难以售出；若差额太大，许多顾客又会倾向于购买其中的廉价产品，优质产品就会因价位过高而卖不出去。因此，企业定价时必须认真研究产品价格与需求量的关系，并适当考虑行业定价习惯，定出适当的价格。

2. 互补型产品定价

这主要是针对那些在使用价值和功能上相互补充，同时使用才能满足消费者某种需要的产品而采取的定价方式。一般来说，是以较低廉的价格扩大主体产品或服务的推销，从而带动其他价格较高的互补产品或劳务的消费需求。如，给圆珠笔定较低的价格，而笔芯定价较高，消费者在使用过程中虽用较低的价格购得了圆珠笔，但会花更多的钱经常更换笔芯，这样企业就能获得丰厚的利润。

3. 选择型产品定价

这是在规定的范围内，将基本价格略有不同的商品或不同规格型号的商品以相同价格出售，给消费者充分的选择余地，提高消费者的心理满足感，从而使消费者经常购买其产品，扩大销售利润。

小贴士

产品定价管理流程

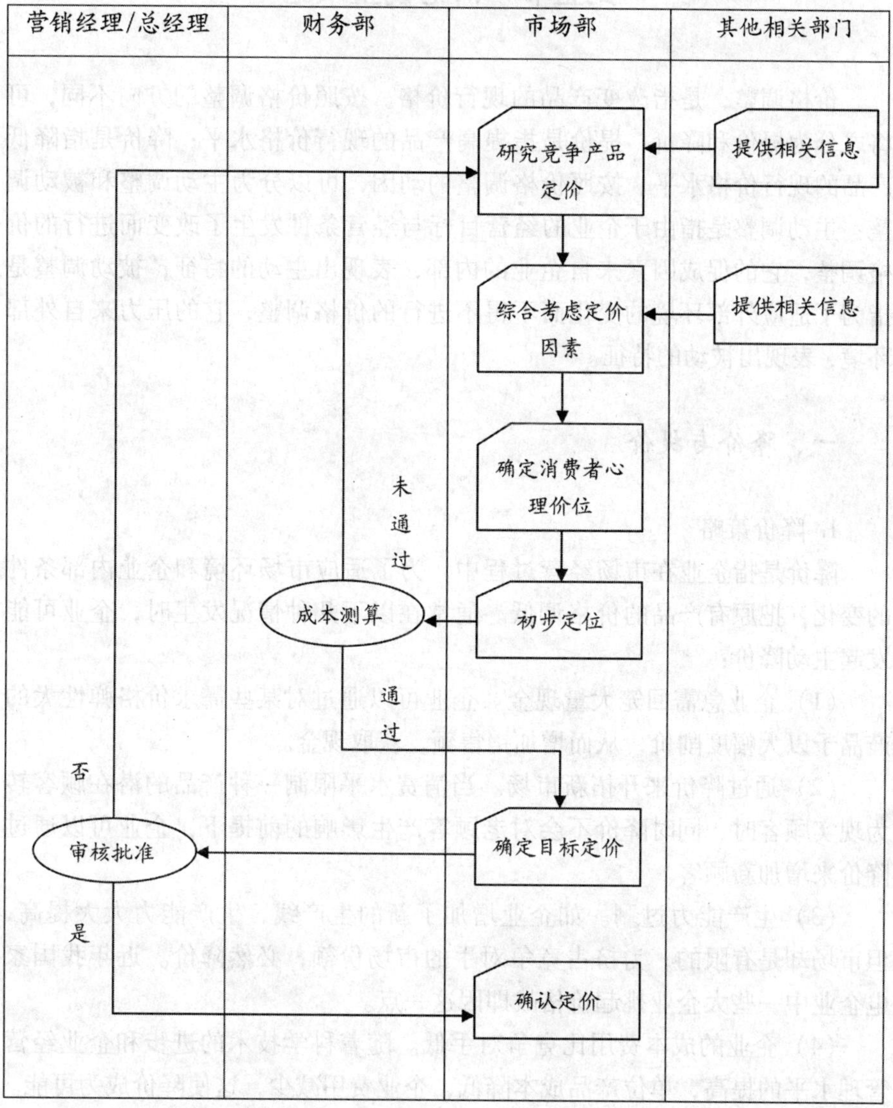

第五节 价格调整策略

价格调整，是指改变产品的现行价格。按照价格调整的方向不同，可将之分为提价和降价：提价是指提高产品的现行价格水平；降价是指降低产品的现行价格水平。按照价格调整的动因，可以分为主动调整和被动调整：主动调整是指由于企业的经营目标与经营条件发生了改变而进行的价格调整，它的促成因素来自企业的内部，表现出主动的特征；被动调整是指为了适应外部环境的变化而不得不进行的价格调整，它的压力来自外部环境，表现出被动的特征。

一、降价与提价

1. 降价策略

降价是指企业在市场经营过程中，为了适应市场环境和企业内部条件的变化，把原有产品的价格调低。通常在以下几种情况发生时，企业可能发起主动降价：

（1）企业急需回笼大量现金。企业可以通过对某些需求价格弹性大的产品予以大幅度削价，从而增加销售额，获取现金。

（2）通过降价来开拓新市场。当消费水平限制一种产品的潜在顾客转为现实顾客时，同时降价不会对老顾客产生影响的前提下，企业可以通过降价来增加新顾客。

（3）生产能力过剩。如企业增加了新的生产线，生产能力大大提高，但市场却是有限的，为挤占竞争对手的市场份额，必然降价。近年我国家电企业中一些大企业挑起价格战即因这一点。

（4）企业的成本费用比竞争对手低。随着科学技术的进步和企业经营管理水平的提高，单位产品成本降低，企业费用减少，这使降价成为可能。

（5）企业在强大的竞争压力下，其市场占有率下降。例如，在国际市场上，美国的汽车、电子产品、照相机、钟表行业由于日本竞争者的产品质量较高、价格较低，而逐渐失去一部分市场。因此，为了增强竞争能力，维持和提高市场占有率，企业必须降价。

(6) 经济不景气，消费者购买意愿下降时。在通货紧缩的经济形势下，或者在市场疲软、经济萧条时期，由于币值上升，消费者实际收入和预期收入均下降，对一些可买可不买的商品会推迟购买，或选择价格较低的商品，这就迫使企业产品价格也应随之降低，以适应消费者的购买水平。

小贴士

长虹——风风雨雨价格战

四川长虹电子集团的前身，是1958年创建的军工企业“国营四川无线电厂”，位于四川省绵阳市。1965年，“国营四川无线电厂”更名为“国营长虹机器厂”。1973年长虹厂率先在军工系统成功研制出第一台电视机，注册商标“长虹”，品牌由此创立。1973年成功生产出了“长虹牌”电视机，到1992年长虹已经跻身中国电视五大品牌行列。1993年至1998年，“长虹牌”彩电从国内同等竞争对手中杀出重围，成功地登上“中国彩电大王”的宝座。长虹股票于1994年3月在上海证券交易所挂牌上市，并很快成为“龙头股”。1998年长虹提出“世界品牌，百年长虹”的战略目标，长虹彩电以正式走向全球市场为新起点，长虹产品由彩电向空调器、数字视听、电子产品和电池等相关产业拓展。2004年，长虹品牌价值达330.73亿元，成为中国最有价值的知名品牌。

在发展过程中，长虹通过多次的降价活动，成长为我国的“彩电大王”，同时也成为我国家电行业的一面旗帜，将家电行业带动成为我国最具市场经济特征的行业之一。长虹今天的表现归功于长虹的几次主动降价行动：

第一次，开启自主调价之路。1988年彩电严重紧缺，抢购倒卖之风盛行，普通老百姓以高于国家牌价1倍的价格还很难买到彩电。在国家牌价的制约下，出现“百姓多花钱，厂家挣不到钱”的局面。长虹以略高于国家牌价而低于黑市的价格卖给省工商银行一批彩电开始自己的自行价格调整旅程。1989年国内彩电生产厂引进了大量彩电生产线，同时国家开征彩电消费税，彩电市场顿时供过于求，厂家彩电积压严重。光上半年长虹就积压近20万台彩电，占用资金3.2亿，资金严重紧张。在请示省物价局后，1989年8月9日长虹进行自行降价活动，每台彩电降价350元，长虹积压彩电一销而空，同时也提升了长虹在彩电行业的地位。为此而受到“不让涨价你涨价，不让降价你降价”的责难，引发了一场“长虹现象”

大讨论。1989年9月，围绕1988和1989年长虹两次价格调整，由《中国体改研究会通讯》发起，《中国电子报》积极响应的“长虹现象”大讨论在全国范围内轰轰烈烈地展开。1991年3月，国家统计局公布：长虹1990年首次荣登彩电行业销售冠军。

第二次，也是一场具有决定意义的降价行动，国产彩电开始“当家做主”。1996年，进口品牌在25英寸以上大屏幕彩电市场占有绝对优势，在北京、上海、广州的市场份额更是高达80%以上，但众多合资厂尚未投入规模生产。1996年3月26日长虹彩电凭借“同样的技术、同样的质量”，祭起降价大旗，首次向洋彩电宣战。面对铺天盖地的洋彩电，长虹宣布在全国范围内降价18%，带动国产彩电夺取市场份额，由此国产彩电在国内中低端彩电市场占据了绝对主导地位。而长虹的市场占有率由1995年的22%提高到1996年的27%左右，彩电销量比上年同期增长61.96%。长虹在1996年发起的价格战对于国产彩电的翻身功不可没。

第三次（1999-2001年），长虹针对传统彩电的洗牌行动，逐步向高端市场挺进。对于长虹来说，1998年是一个转折点。长虹为了遏制对手，从当年8月份起大批量购进彩管，最多时控制了国内彩管70%以上，使应付款项、票据从35.51亿元直线上升到61.9亿元，当年长虹计划生产彩电800万台，但实际销量只有600多万台，到1998年末，长虹库存达到77亿元，比上年增加一倍。同时1998年郑百文问题爆发，在暴露的时候，这条渠道的销售收入占长虹总营业额的30%。由于“郑百文事件”，1998年上半年长虹的销售费用由1997年同期的1.98亿上升至3.46亿，增加了14.75%，而销售收入却下降了14.2%。到1999年，长虹销售业绩同比下滑14.5%，销售成本反而上升25.5%。“囤积彩管”事件不仅使企业不得不承担起70亿元库存的压力，也使TCL、创维、康佳这三剑客对抗长虹的联盟更加坚固。其结果是，长虹从习惯先声夺人沦为在频繁的价格战中疲于应招。在这一年，长虹主业收入锐减4亿元。经过1997年和1998年由别人发起的价格战，长虹的彩电霸主地位岌岌可危。为了挽回颓势，1999年4月，长虹彩电开始降价行动。但康佳对长虹降价早有应对，降价幅度超过长虹80—300元。长虹主营利润由1998年的31.6亿元下降到1999年的15.7亿元，净资产收益率仅4.06%，1999年下半年长虹利润仅1亿多元。

国内彩电市场2000年销量为2000万台，而生产能力却超过了4000万台，重复建设导致的过度竞争，逼使产品同质化的企业为了生存，只有不断举起价格利刃展开肉搏。2000年伊始国内彩电业便笼罩在全行业亏损147亿浓重的阴影中。为了避免发生1999年惨烈的价格战，2000年6月9日，9大彩电企业在深圳召开的“中国彩电企业峰会”上，签订了彩电销售最低价协约，随即被国家计委宣布违法。在不到一个月后，各地彩电掀起了规模空前的降价狂潮，29寸彩电最低跌至1680元，而此时彩电峰会上的一纸协定墨迹未干。这之后，同盟军内纷纷“背叛”，同盟者厦华、熊猫率先降价，到了8月，盟主康佳和根本没参加同盟的四川长虹分别宣布大幅度调低彩电售价，其中康佳最大降幅为20%，而长虹的降幅更高，达35%。此次彩电降价是1996年四川长虹挑起价格战以来，规模和降价幅度最大的一次。在这次降价中，29英寸纯平彩电售价不到2000元。截至2000年12月中旬，长虹销售收入已突破800亿元，其中主要产品彩电的销售量已达4500万台。2000年，长虹彩电总销量694万台，索尼彩电销量为50万台，但两者的利润却几近相同。长虹彩电2000年度再次成为销量第一名，在行业大滑坡的情况下，市场占有率重新回升到25%。

2000年，在国产品牌全线降价的同时，进口品牌发起大规模反扑，率先在中国市场推出最先进的产品，并靠越来越接近的价格和已有的品牌优势，将29英寸以上大屏幕彩电的市场份额从15%提升到30%，在市场占有率十强中占得三席。虽然经过几次价格战，淘汰了许多彩电企业，但到2001年全国彩电行业还有七八十家生产企业，100多条生产线、5000万台的年生产能力，而国内销售量仅有2000万台，经过努力出口达到1000万台，还有2000万台的闲置生产能力。为了夺取被跨国公司占据的市场和进一步清理国产品牌，2001年4月中旬由长虹发起的自称为“五一战役”将这次意料中的价格战提前了半年。4月13日，长虹将其十多个品种的高档彩电在全国范围内大幅度降价，而这些彩电大都是以前被人们认为高不可攀的大屏幕超屏彩电。在市场畅销的29英寸大屏幕“国礼精品”彩电从4000元左右直接降到了2000元左右，价格仅为进口品牌同档次机器的40%—50%。

第五次（2002年开始），开创国产彩电主导高端之路。1998年，我国背投电视销量为4795台，2000年超过10万台，2001年则达到了35万台，连续四年超过300%的增幅。2001年1月1日，中国首台精密显像电视——长虹精显彩电诞生，从而一举打破了彩电高端核心技术一直由跨国彩电巨头垄断的局面。同年7月，领先世界水平的第三代60赫兹数字变频逐行扫描背投彩电在长虹诞生，至此，中国彩电业在高端核心技术上全面受制于人已经成为历史。2002年初长虹研制出领先世界水平的第三代75赫兹数字变频逐行扫描背投彩电。在长虹产品投放市场以前，彩电高端产品一直是日韩企业的天下。出于技术、利润周期的考虑，日韩企业在背投市场上采用区别对待策略：在发达国家市场投放第三、四代背投，而在中国市场则主要投放第一、第二代背投，从而用普通背投延长自己在中国市场的利润赚取时间。2002年4月29日，长虹投影公司宣布即日起将全面停止内销一、第二代（即50Hz及100Hz）普通背投彩电的生产，将全部精力转移到第三代及第四代60/75Hz+逐行扫描背投彩电的生产和销售。此时，离2001年1月1日中国首台精密显像电视在长虹成功下线仅16个月。2002年5月，长虹率先强力推出精显背投，打响了国内彩电业全面进军高端市场的第一枪；之后，跨国公司才开始向国内企业传让高端背投技术，于是TCL、创维、海信等国内彩电品牌相继推出了等离子、液晶彩电等高端产品，7月，TCL、创维先后以29800元的超低价启动了等离子彩电市场。至此，国内彩电企业成功地完成了由低端市场向高端市场的转型。在2002年中报中，低迷长达5年之久的长虹终于拥有了回到从前的感觉。8月10日公布的中报显示，长虹彩电等主营业务收入同比增长65.38%，净利润同比增长435.67%，彩电出口额达27.96亿元，同比增长1789%，在中国彩电行业中排名第一。另外，长虹精显背投彩电仅用了一年时间，就直逼东芝和索尼，无可争议地成为中国背投彩电的代言人。2001年10月，长虹背投市场占有率不足1.5%，而2002年同期市场占有率则高达18.5%。

2003年4月8日，中国彩电大王长虹在捧回2002全国彩电销量冠军后不到半个月时间内，又出重拳，推出“长虹背投普及风暴”活动，在高端市场全面反击跨国背投品牌。长虹精显王背投彩电价格全线下调。平均降价幅度为25%，最高降幅达40%。进一步巩固和增加自己背投的市场份额。2004年10月，长虹开始“虹色十月”行动，“虹色十月打造新一代数字阶级”活动在全国如火如荼地进行。

2. 提价策略

提价是在市场营销活动中，为了适应市场环境和企业内部条件的变化，把原有产品的价格提高。成功的提价能增加企业的利润，因此许多企业对提价十分关心，企业提价主要动因有以下几点：

（1）产品成本上涨的压力。这是产品价格上涨的主要原因。由于原材料价格上涨，或生产管理费用提高导致成本上涨，迫使企业不得不提价。

（2）适应通货膨胀。在通货膨胀条件下，物价上涨，企业成本费用提高，这时，企业往往通过提价将通货膨胀的压力转嫁给中间商和消费者。

（3）产品供不应求。在某些产品的需求膨胀，供给又不能及时扩大，出现供不应求的情况下，企业可以通过提价来遏制需求，可以取得高额利润，为扩大生产提供条件。

企业提价应讲究技巧，尽可能多地采用间接提价方式，即产品价格不变，但产品上作了调整，把提价的不利因素减到最低程度，使提价不影响销量和利润。同时，企业提价时应采取各种渠道向顾客说明提价的原因，帮助顾客寻找节约途径，减少顾客不满，维护企业形象。至于价格调整的幅度，最重要的考虑因素是消费者的反应。

小贴士

美国人鲍洛奇的重庆食品公司生产的“中国炒面”，以“给美国人换换口味”口号并运用东方神秘色彩的广告，在美国食品市场上占有一定的市场份额。当时，重庆公司在资金实力上属于行业中的中等企业，鲍洛奇深知公司经不起“薄利、降价、为市场份额而战”的竞争。为了进一步扩大市场销量，鲍洛奇仔细的分析了中国炒面的对象——中等收入家庭特点，这些家庭的收入并不丰厚，但虚荣心却在各类家庭中最强，总在亲友面前保持自己富裕的形象。经过这些分析，他制定出了提价促销的营销策略，将重庆公司的“中国炒面”定为同类产品中最高价位产品。

提价前重庆公司在各类媒体上做了大量的广告宣传，营造了吃中国炒面是家庭地位的某种象征，是三餐之外最佳营养食品，并对包装作了改进。重庆公司还向每个经销商发出了提价说明书，并附代鲍洛奇的亲笔签名信。全新的包装和标识、优良的产品品质，使重庆公司的“中国炒面”在市场上出现了一个销售高潮。

时隔4个月，重庆公司又传出再次提价的消息，但公司在正式的传播渠道中没有确认和否定。只是口头通知了大型经销商可能提价的消息，并说产品仅在包装上稍有改变。市场上的消费者、商业企业出现了“投机心理”，发生“储存式购买”，中国炒面开始脱销。时隔30多天，包装稍加改变的“中国炒面”真的以更高的价格，出现在消费者面前。市场调查表明，消费者不仅不认为“中国炒面”价格高而且认为他“货真价实”。鲍洛奇的“提价促销”策略取得了巨大成功，“中国炒面”成为美国面食食品中的最高价格产品，公司进入了美国食品行业中的第一阵营。

案例中，鲍洛奇实施的“提价促销”并不是简单的“涨价”，而是在对目标消费群体消费心理详细分析的情况下做出的，是有步骤分阶段的连续提价促销，在每个阶段中产品包装和所运用的传播方式都发生了改变，但始终有一点是不变——优质的产品质量。从本案例看出一个企业如果准备运用“提价促销”，须要具备以下几个条件：

第一，企业所准备提价产品品牌，在市场上有较高的知名度和美誉度。对于品牌知名度美誉度一般的企业，因为现有品牌的消费群体有限，所以市场对于企业“产品提价”的行为，不能形成新闻效应和足够的社会关注率。

第二，提价产品能保证在市场上质量稳定。优良、稳定的产品品质，是提价促销扩大产品销量的基础，如果产品质量因为市场需求量大，引起增加产量而发生降低，企业的提价促销就会得不偿失，并可能最终导致整体营销工作的失败。

第三，促销中，企业与商业零售企业配合良好，并讲究一定的策略。企业在提价促销前，一般应事先告知自己的渠道商，如果产品发生了改变包括附属产品、核心产品，在新品上市时就应及时给予更换，更换时间应在新品上市之时，不能早也不能晚，早了不能促进市场现有产品的销售，晚了会使新品上市力度减弱。提价促销中得到渠道商的支持，是促销得以成功的重要条件。

第四，欲提价产品需要进行必要的改进。企业对提价产品应进行必要的改进，但不应做大的改动如主要功能，以免老客户的不适应。对产品进行形象上的重新包装是个好的办法。

第五，提价中运用多种传播方式。企业在产品提价前一定要通过各类媒体，让消费者知道“提价”这一事情和提价的缘由，这种缘由的说明企业应多从消费者角度出发，避免成本等企业方面的原因。

鲍洛奇的“中国炒面”提价促销，向我们演绎了一场高水准的“价格”战，这很值得我们国内一些为“价格大战”而杀红眼的企业经营者借鉴。鲍洛奇促销中采用“欲盖弥彰”、“一箭双雕”、“山雨欲来风满楼”的策略，给我们的营销策划者也有很好的启示意义。

二、变价反应

1. 消费者对价格调整的反应

企业调整的价格能否被消费者接受是衡量价格调整成功与否的重要标志。消费者对提价和降价的反应和理解是不同的：

(1) 消费者对产品降价可能产生的理解：产品因式样陈旧、将被新型产品所替代；企业遇到财务困难，难以继续经营下去；价格还要进一步下降；产品质量下降了，产品成本降低了等等。

(2) 消费者对于产品的提价则可能这样理解：很多人购买这种产品，需赶紧购买以免价格继续上涨时再买付出更大；产品质量有了改进，产品更有价值了；企业将高价作为策略树立名牌形象；企业想取得更多利润；通货膨胀，所有产品提价很正常。

因此，企业必须重视顾客对调价的反应，并据此制定相应的策略。研究消费者对调价的反应，注重分析的是消费者的价格敏感性。价格敏感性是指消费者对商品价格高低强弱的感知程度。价格敏感性和收入呈反比关系，即收入越低，价格意识越强，价格的变动直接影响需求量；收入越高，价格意识越弱，价格的一般调整不会对需求产生较大的影响。

2. 竞争者对价格调整的反应

企业的调价行为在很大程度上会引起竞争者的反应，尤其是某些行业中，企业越少，产品的同质性越强，购买者对产品的辨别水平越高，就越要重视竞争者的反应。

竞争者对调价的反应包括以下几种类型：

(1) 顺向式反应。顺向式反应即“你提价他提价，你降价他也降价”。这样一致的行为，通常对企业影响不太大，不会导致严重后果，市场份额变化不大。

(2) 逆向式反应。逆向式反应即“你提价，他降价或维持原价不变；你降价，他提价或维持原价不变”。这种相互冲突的行为，影响往往比较大，竞争者此种反应目的就是乘机争夺市场。对此，企业要进行调查分析，摸清竞争者的具体目的，估计其实力，预测市场的竞争格局，预防主动价格调整出现被动局面。

(3) 交叉式反应。众多竞争者对企业调价反应不一，有相向的，有逆向的，有不变的，情况错综复杂。如出现这种情况，企业必须在进行价格调整时应注意提高产品质量，加强广告宣传，保持分销渠道畅通等。

3. 企业对竞争者调价的反应

在市场竞争条件下，企业同时必须具备对竞争对手的价格调整做出及时正确反应的能力。企业在对竞争者的价格变更作出反应之前，必须思考如下问题：

第一个问题：竞争者调价的目的是什么？

第二个问题：竞争者调价是临时的还是长期的措施？

第三个问题：如果本企业对此不作反应，将对本企业的市场占有率、销售量、利润、声誉等方面有何影响？

第四个问题：同行业的其他企业对竞争者调价行动有何反应？

第五个问题：企业有几种反应方案？竞争者对本企业每一个可能的反应方案又会有何反应？

在回答这些问题的基础上，一方面还需结合企业自身产品的特性来确定对策。一般而言，在同质产品市场上，如果竞争者降价，企业必须随之削价，否则顾客将转向价格较低的竞争者；如果竞争者提价，本企业既可以跟进，也可以暂且观望，因为提价不是行业的集体行为，多数会失败。另一方面，在异质产品市场上，企业对竞争者的价格变更所做出的反应有更多的自由。可以选择下列对策：

第一，价格不变，任其自然。以不变应万变，寻找机会谋求更大的突破。适用于实力较强的企业，此策略能巩固和稳定本企业产品高质、优价的地位。另外对需求价格弹性小的产品，企业也可维持价格不变。

第二，价格不变，运用非价格竞争手段反击。比如加强广告攻势，强化售后服务，提高产品质量，或者对产品进行改进。

第三，部分或完全跟随竞争者的价格变动，维持原来的市场格局，巩固已有的市场地位。

第四，以比竞争者更大的幅度削价或以更小的幅度提价，同时强化非价格竞争，形成产品差异，利用较强的经济实力或优越的市场地位，给竞争者以致命打击。

三、企业被动调整价格

在营销实践中，企业除了主动发起价格变动，还会面临竞争对手率先调价的情况，此时大多数企业都会面临跟随竞争对手调整价格，即被动调整价格。

在同质产品市场上，如果竞争者降价，企业也要随之降价；否则，顾客就会购买竞争者的产品而不购买本企业的产品。如果竞争者提价，其他企业也可能会随之提价（如果提价对整个行业有利）。但是，如果某些企业认为提价没有好处，不随之提价，那么，最先发动提价的企业也不得不退回到原来的价格水平。

在异质产品市场上，企业对竞争者价格变动的反应，则有较大选择余地，因为购买者采购时所考虑的不仅是价格，还要考虑产品质量、服务等因素。在这种情况下，企业可以有多种选择。例如：根本不理睬，任凭顾客对本企业产品的忠诚程度决定去留；修正营销组合中的其他因素加以对抗，保持原价格甚至采取相反的价格调整策略；采取完全的或部分的价格变动以应付之。为了保证企业对竞争者调价做出正确的反应，必须对竞争者和本企业的情况进行深入的研究和分析比较。

1. 研究竞争者的情况

对竞争者情况的研究主要考虑以下问题：

（1）竞争者为什么要改变价格？是为了扩大市场占有率，还是因为成本太高，为了整个行业的共同利益带头涨价？

（2）竞争者改变价格是临时性的？还是长期性的？

（3）本企业对竞争者的调价做出反应后，竞争者和其他企业又会采取什么样的措施？

（4）提出调价的竞争者的经济实力如何？

2. 研究本企业的情况

对本企业情况的研究主要考虑以下问题：

(1) 本企业的经济实力；

(2) 本企业产品的市场生命周期；

(3) 顾客对这类产品价格的敏感程度；

(4) 本企业如果跟随调价以后，会对企业的营销产生什么影响？

对竞争者和本企业情况认真分析后，应迅速做出反应。当竞争者变化价格时，企业花很多时间做详尽分析是不可能的，因为竞争者可能花费大量时间来准备变价，而企业必须在几天内甚至数小时内就做出反应。一般来说，对竞争者调高价格的反应比较容易，而对竞争者调低价格的反应则应慎重。当竞争者降低价格时，企业要首先考虑除跟随降价外是否还有其他可行的应变方案，有时非价格竞争手段更具有吸引力。某些时候竞争者降价愈多，愈可以用强烈的非价格竞争手段与之对抗，对抗成功，条件也比较成熟，甚至还可以提价。但是，如果非价格手段无效，就要考虑跟随竞争者降价，是降到与竞争者相同水平，还是降到企业的损益两平水平，要视市场形势而定。为了果断地做出适当反应，综合"价格反应决策时间"，可以预先编制应变程序，如图 10－4 所示。

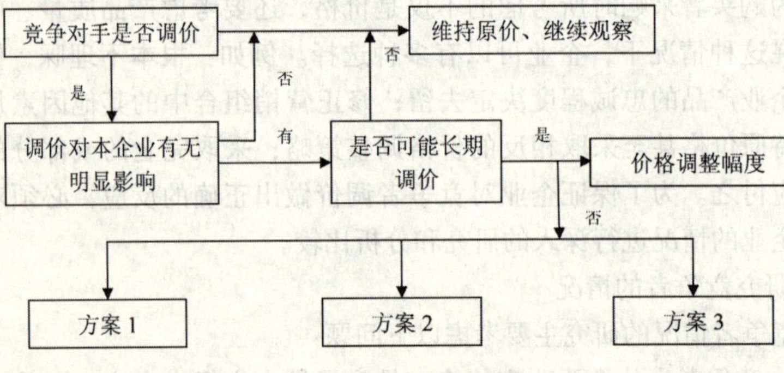

图 10－4 企业价格调整应变程序

通过图 10－4 可以看出，应变程序一方面说明了一个企业预先计划如何应付竞争者降低价格，另一方面还反映出，企业在调整价格时还应考虑的其他情况，并确认非价格竞争在什么情况下比价格竞争更有利，从而提出全部调整或部分调整价格的策略。

小贴士

产品价格调整流程

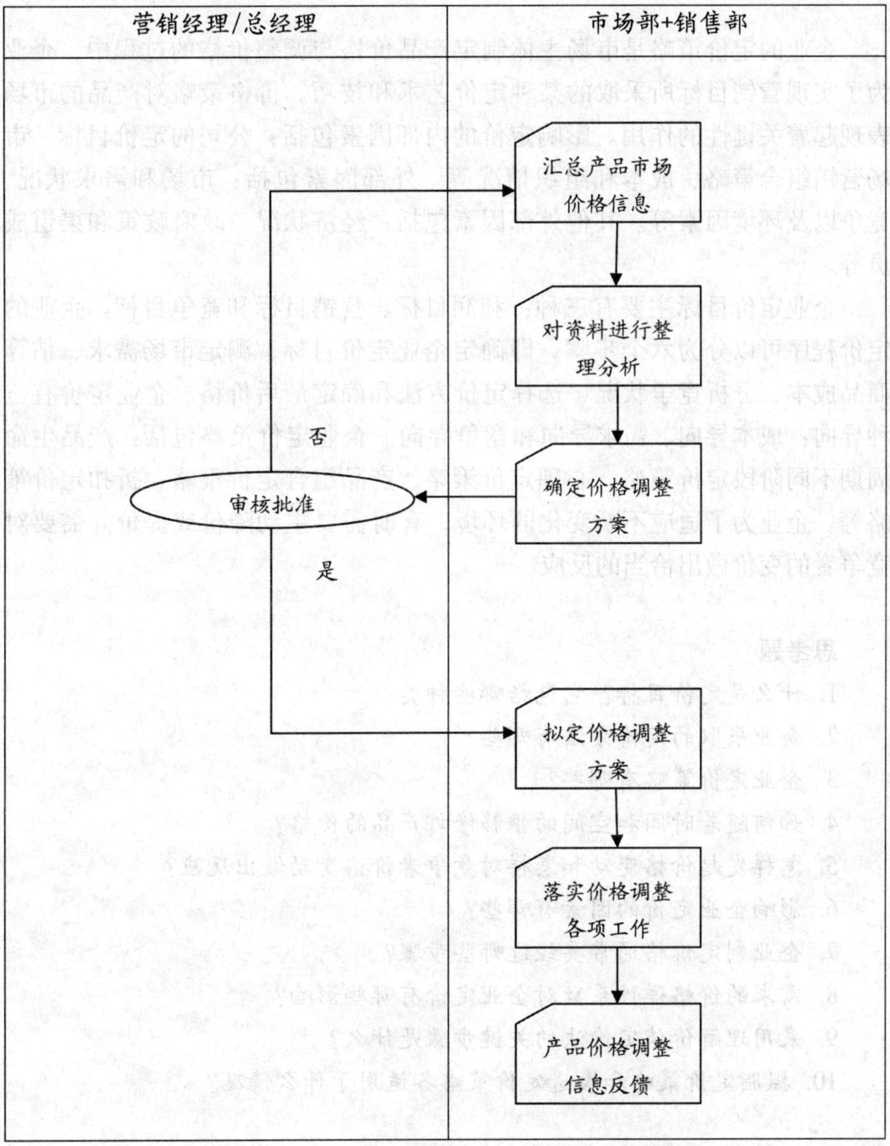

本章小结

企业的定价策略是市场主体制定产品价格与调整价格的过程中，企业为了实现营销目标所采取的某种定价艺术和技巧。价格策略对产品的市场表现起着关键性的作用。影响定价的内部因素包括：公司的定价目标、市场营销组合策略、成本和组织情况等。外部因素包括：市场和需求状况、竞争以及环境因素等。其他外部因素包括：经济状况、政府政策和渠道成员等。

企业定价目标主要有三种：利润目标、营销目标和竞争目标。企业的定价程序可以分为六个步骤，即确定企业定价目标、测定市场需求、估算商品成本、分析竞争状况、选择定价方法和确定最后价格。企业定价有三种导向：成本导向、需求导向和竞争导向。企业定价策略包括：产品生命周期不同阶段定价策略、心理定价策略、产品组合定价策略、折扣定价策略等。企业为了适应不断变化的环境，有时需要主动降价或提价并需要对竞争者的变价做出恰当的反应。

思考题

1. 什么是定价目标？它包括哪些种类？
2. 企业采取的定价方法有哪些？
3. 企业定价策略有哪些？
4. 如何随着时间和空间的推移修订产品的价格？
5. 怎样发起价格变动和怎样对竞争者价格变动做出反应？
6. 影响企业定价的因素有哪些？
7. 企业制定价格通常要经过哪些步骤？
8. 需求的价格弹性系数对企业定价有哪些影响？
9. 采用理解价值定价法的关键步骤是什么？
10. 撇脂定价策略和渗透定价策略各适用于什么情况？

第十一章 渠道策略

【学习目标】

1. 掌握分销渠道的含义；理解分销渠道的功能；掌握分销渠道的结构；

2. 掌握分销渠道选择的因素；掌握如何设计分销渠道；了解评估渠道方案的标准；理解分销渠道的管理与调整的必要性；理解渠道冲突的分类、原因以及化解冲突的方法；

3. 掌握批发商的含义和功能；了解批发商的分类；

4. 掌握零售商的含义、特点和功能；了解零售商的分类；掌握连锁经营的方式。

【重点难点】

1. 分销渠道的结构；

2. 营销分销渠道选择的因素；如何设计分销渠道；分销渠道的管理；

3. 中间商的类型及选择。

职业引导案例

渠道为王——家电连锁业的国美时代

国美电器有限公司成立于1987年，是一家以经营各类家用电器为主的全国性家电零售连锁企业。目前，国美已经发展成为中国最大的家电零售连锁企业，多次蝉联中国商业连锁三甲，成为国内外众多知名家电厂家在中国最大的经销商。国美电器在中国大中型城市拥有直营门店1200多家，直接为社会创造就业30万人，年销售能力1000亿元以上，每年为国家上缴税收达15亿元以上。对家电生产企业而言，谁掌握着规模大、效率高、运作灵活和运营成本低的销售渠道，谁就赢得了市场，就能有效地战胜自己的竞争对手。从国美电器本身来说，在经营实践中，国美电器形成了独特的商品、价格、服务和环境四大核心竞争力。

作为具有卓越竞争力的民族连锁零售企业，国美电器坚持“薄利多销，服务当先”的经营理念，依靠准确的市场定位和不断创新的经营策略，引领家电消费潮流，为消费者提供个性化、多样化的服务，国美品牌得到中国广大消费者的青睐。本着“商者无域、相融共生”的企业发展理念，国美电器与全球知名家电制造企业保持紧密、友好和互惠的战略合作伙伴关系，成为众多知名家电厂家在中国的最大的经销商。

国美积极倡导的创新精神和“薄利多销、服务当先”的经营理念直接决定着国美的价格策略为低价策略。国美借助不断的降价，拉开与其他竞争对手的价格差距，吸引了大批的消费者，同时也实现了自己的快速增长。国美的这种价格优势主要来自于渠道优势：

第一，是从进货渠道上采取直接从生产厂商供货的方式，取消了中间商、分销商这个中间环节，降低了成本也就降低了产品价格，把市场营销主动权控制在自己手中。

第二，是采用诸如大单采购、买断、包销和订制等多种适合家电经营的营销手段，也就保证了价格优势。国美是国内几乎所有家电厂家最大的合作伙伴，供货价一般都给得低；另外，以承诺销量取代代销形式。他们与多家生产厂家达成协议，厂家给国美优惠政策和优惠价格，而国美则承担经销的责任，而且必须保证生产厂家产品相当大的销售量。

第三，是国美将降价的部分影响转嫁到生产厂商上，因为销售一定量的产品国美就可以从生产厂家获取返利。

第四，国美电器在进货渠道上进行大胆探索，重新审视和缔造新时期厂商关系，整合营销渠道，倡导“商者无域，相融共生”的战略联盟，以发展的眼光加强联盟伙伴之间广泛持久的联系，并且相互帮助、相互支持和相互服务，通过资源共享、专业分工和优势互补，更好地服务于消费者，最终达到战略协同、合作制胜共存共荣的目的。这个观点到了众多家电制造企业的广泛认同，这似乎也标志着一个由家电零售业带领前进的中国家电业发展时代正式到来。

企业生产的最终目的就是为了满足市场需求并从中获取利润。但由于企业与消费者或客户之间存在着时间、空间和数量等差异和矛盾，因此如何将商品送达消费者或用户手中，实现商品的价值和使用价值，就成为每一个企业必须要解决的重要问题。因此渠道策略是市场营销组合策略的重要环节之一。它是企业能否成功地将产品打入市场，扩大销售，实现企业经营目标的重要手段。

第一节　分销渠道功能与结构

一、分销渠道的概念与功能

1. 分销渠道的含义

分销渠道是指某种货物或劳务从生产者向消费者移动时，取得这种货物或劳务的所有权或帮助转移其所有权的所有企业和个人，是联结生产和消费之间的“桥梁”和“纽带”。

在市场经济条件下，大部分的生产企业并不直接将商品销售给最终消费者，而是要借助一系列的中间商进行转卖。商品在中间环节的流转主要包括商品交易所带来的商品所有权的转移以及商品存储、运输过程中完成的商品实体的转移两个方面，而且，现代社会中，商品实体的转移的动向和经过的环节不一定与商品所有权转移的动向和经过的环节完全一致。例如，运输公司参与了商品实体的转移，但并没有参与商品所有权的转移。因此本章节的分销渠道主要侧重于参与了商品所有权转移的中间商组成的商流通道如图 11 –1 所示。

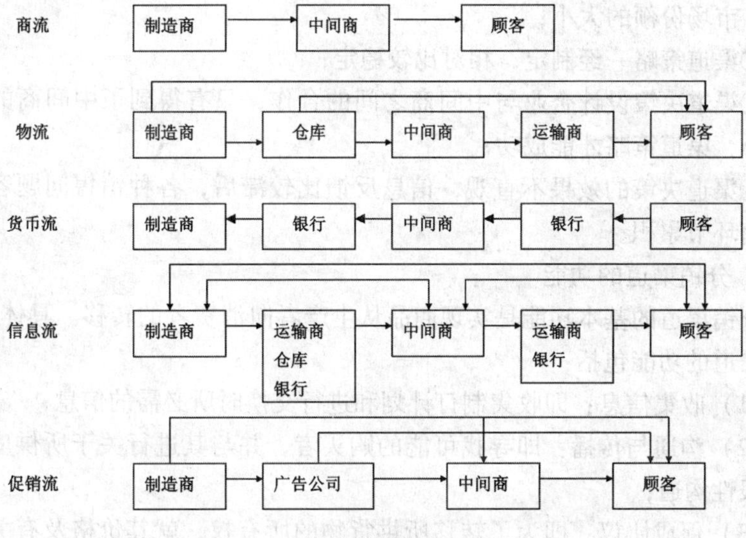

图 11 –1　分销渠道中的五种“流”

从图中可以看出：商流是指制造商通过中间商将商品卖给消费者；物流是指商品的实体通过储运环节到达消费者手中；货币流是指消费者和中间商获得商品所有权，支付货币；信息流是指渠道内各层次间都会发生信息的传递，形成信息控制与反馈；促销流是指制造商或中间商通过促销手段影响消费者的购买决策。

（1）分销渠道的特点

①分销渠道的起点是生产者，终点是消费者和用户。分销渠道是指从生产者到消费者之间完整的商品流通过程，而不是商品流通过程中的某一阶段；

②分销渠道的参与者是商品流通过程中各种类型的中间商；

③在分销渠道中生产者向消费者或用户转移产品或劳务，应以商品所有权的转移为前提；

④分销渠道是指某种特定产品从生产者到消费者或用户所经历的流程。分销渠道不仅反映商品价值形态变化的经济过程，而且也反映商品实体运动的空间路线。

（2）分销渠道的决策与管理在营销组合策略中的地位

①渠道的选择直接影响和制约着其他的营销策略，例如，产品价格不仅取决于生产成本，还应该包含对流通环节费用的补偿、经销商的实力、声誉、市场份额的大小；

②渠道策略一经制定，相对比较稳定；

③渠道决策设计企业与中间商之间的合作，只有得到了中间商的支持和配合，渠道策略才能成功；

④渠道决策的效果不直观，信息反馈比较滞后，各种销售问题容易在中间商环节累积。

2. 分销渠道的功能

分销渠道的基本功能是实现商品从生产者向消费者的转移。具体而言，分销渠道的功能包括：

（1）收集信息：即收集制订计划和进行交换时所必需的信息；

（2）沟通与传播：即寻找可能的购买者，并与其进行关于所供应货物的说服性沟通；

（3）促成协议：即为了转移所供货物的所有权，就其价格及有关条件达成最后协议；

（4）辅助配合：使所供应的货物符合购买者需要，包括制造、装配和包装等活动；

（5）仓储运输：即从事商品的运输、储存等；

（6）资金流动：即承担资金从消费者向生产者的转移；

（7）融资功能：即为补偿渠道工作的成本费用而对资金的取得与使用；

（8）风险承担：即承担与从事渠道工作有关的全部风险；

（9）所有权转移：即所有权从一个组织或个人转移到其他组织或个人的实际转移。

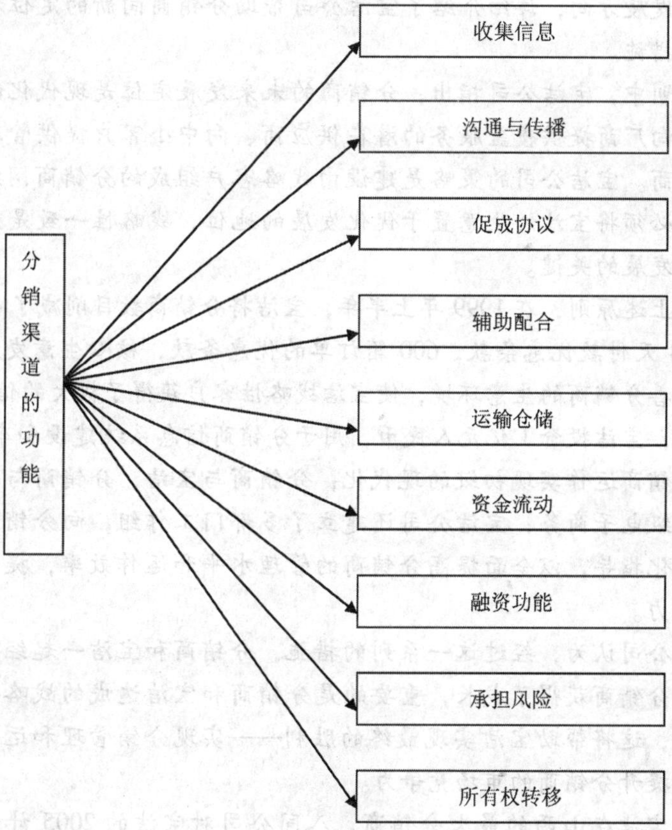

图 11－2　分销渠道的功能

在不同的分销渠道中，这些功能是由不同的渠道成员承担的，当渠道结构发生改变时，功能的结合方式也会发生改变。

小贴士

宝洁和中国分销商“一起跳舞”

从1996年开始，针对中国市场大型零售终端快速发展的情况，宝洁公司调整了其分销策略，将超市作为宝洁公司的直供客户，跨过中间商，直接与零售终端合作。宝洁公司的这种策略性调整使所有宝洁分销商面临着终端超市和厂家的双重压力，分销商该向何处去？众多分销商陷入了迷茫。

为帮助分销商迎接新的挑战，全面推进宝洁公司的渠道管理，宝洁公司在1999年7月推出了“宝洁分销商2005计划”。计划指明了分销商的生意定位和发展方向，详细介绍了宝洁公司帮助分销商向新的定位和发展方向过渡的措施。

在计划中，宝洁公司指出，分销商的未来发展定位是现代化的分销储运中心、向厂商提供覆盖服务的潜在供应商、向中小客户提供管理服务的潜在供应商。宝洁公司的策略是建设由战略客户组成的分销商网络，宝洁的分销商必须将宝洁的生意置于优化发展的地位，战略性一致是分销商与宝洁共同发展的关键。

根据上述原则，在1999年上半年，宝洁将分销商数目削减了40%，同时推出14天付款优惠条款，600箱订单的优惠条款，核心生意发展基金等措施，改善分销商的生意环境，使宝洁战略性客户获得了极大的信心。

同时，宝洁投资1亿元人民币，用于分销商信息系统建设和车辆配置，逐步使分销商运作实现初级的现代化，分销商与宝洁、分销商与其下游客户实现初级电子商务；宝洁公司还建立了多部门工作组，向分销商提供全面的专业化指导，以全面提高分销商的管理水平和运作效率，提升分销商的竞争能力。

宝洁公司认为，经过这一系列的措施，分销商和宝洁一起经历了深刻的变革，分销商获得了成长，重要的是分销商和宝洁达成的战略性共识和全面协作，这将帮助宝洁实现最终的胜利——实现分销管理和运作的现代化，全面提升分销商的市场竞争力。

作为宝洁在山西的最大分销商，八同公司对宝洁的2005计划充满信心。它投入了大量资源在山西各行政区域建立分公司，力求实现销售方式的多样化和实现最大程度的分销，建立自己独特的销售模式。

二、分销渠道的结构

分销渠道可根据其渠道层次的数目来分类，在产品从生产者转移到消费者的过程中，除了生产者和消费者外，任何一个对产品拥有所有权或负有销售责任的机构，都叫做一个渠道层次。

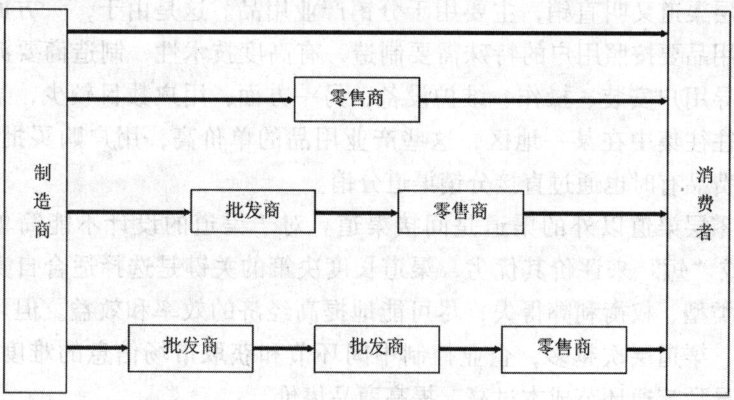

（a）消费者分销渠道

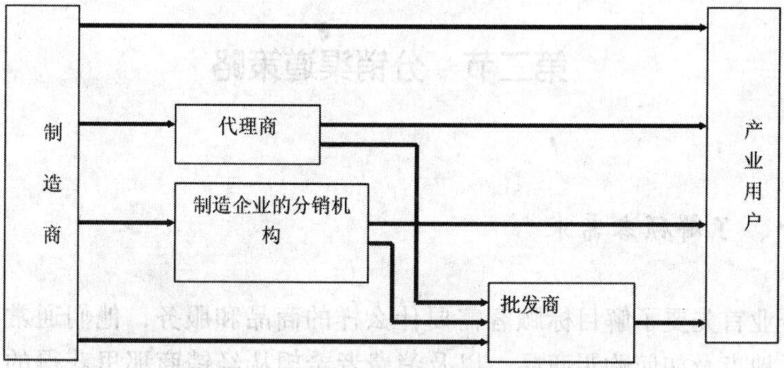

（b）生产者分销渠道

图 11－3　分销渠道的基本类型

由图 11－3 可以看出根据参与商品分销的中间环节的多少，可以将分销渠道分为不同的层级：

零层渠道：也叫直接渠道，是指由制造商直接将商品销售给最终消费者；

一层渠道：是指在制造商和最终消费者之间只包含一层中间销售机构，如零售商；

二层渠道：即包含两层中间销售机构，如消费者市场的批发商和零售商；

三层渠道：包含三层中间销售机构。

零层渠道又叫直销，主要用于分销产业用品。这是由于，一方面，许多产业用品要按照用户的特殊需要制造，有高度技术性，制造商要派遣专家去指导用户安装、操作、维护设备；另一方面，用户数目较少，某些行业工厂往往集中在某一地区，这些产业用品的单价高，用户购买批量大。某些消费品有时也通过直接分销渠道分销。

除零层渠道以外的渠道是间接渠道。对于渠道的设计不能简单地以“长”或“短”来评价其优劣，渠道长度决策的关键是选择适合自身特点的渠道类型、权衡利弊得失，尽可能地提高经济的效率和效益。但可以肯定的是，渠道层次越多，企业控制中间环节和获取市场信息的难度越大，而且会导致流通环节成本过高，提高商品售价。

第二节　分销渠道策略

一、了解顾客需求

企业首先要了解目标顾客需要什么样的商品和服务，他们通常在什么时间、地点及如何购买商品，以及消费者希望从经销商那里获得的服务水平、时间和空间的便利条件等，因为企业设计分销渠道的目的就是为了满足消费者的需求，因此企业要对以上情况做到心中有数。例如，越来越多的消费者开始阅读电子书籍。

二、了解影响渠道选择的因素

企业在制定渠道策略是，要受到多种因素的影响，如表 11－1 所示：

表 11－1 影响渠道选择的因素及原因

影响因素	选择直接渠道的原因	选择间接渠道的原因
产品特性	特殊商品 技术复杂 易腐 流行商品 单位价值高 笨重 附加服务多	便利商品 技术简单 耐久 大宗、常用商品 单位价值低 轻便 附加服务少
市场需求特点	购买批量大而集中 需求特殊 订货次数少	购买批量小而分散 无特殊需求 频繁订货
企业状况	具有营销管理的技能和经验 需要高度控制渠道 财力雄厚，声誉好	缺乏营销管理技能和经验 对营销渠道的控制要求不高 资金紧缺，企业知名度低

1. 产品特性

产品特性也影响渠道选择。例如，易腐坏的产品为了避免拖延及重复处理增加腐坏的风险，通常需要直接的渠道。营销影响渠道选择的产品因素包括：

（1）产品单价。一般来说，产品单价愈低，其分销渠道愈长；单价愈高，分销渠道愈短。如日用百货品的制造商常把自己的产品卖给批发商，再由批发商卖给零售商，零售商再卖给消费者；而高级服装的制造商，则愿把自己的产品直接交给大的百货公司或高级服装店出售给消费者。

（2）产品的体积和重量。在选择产品分销渠道时，必须要考虑运输和储存费用的多少。一般来讲，产品的体积和重量小，由于运输和储存较为便利，费用较低，所以，选择的渠道可以长一些；反之，产品体积和重量大，如重型机器及建筑材料，由于运输、储存困难，费用较高，则渠道的选择不宜过长。如果要使用中间商，最好是用代理商。

（3）产品款式。款式容易发生变化的产品，如各种新式玩具和妇女时装，则销售渠道要短，以免停留在流通渠道中就已过时；款式不易发生变化的产品，则渠道可以长一点，以扩大其销售面。

（4）产品的物理化学性质。有的产品易腐烂变质或易损坏，例如，各种有生命的农产品，粮食、蔬菜、水果、家禽等，易腐烂变质产品适合选用短渠道，以减少多次搬运、装卸可能造成的损失。

（5）产品的技术复杂程度和服务程度。技术复杂程度越高，或对售前、售后服务要求多的产品，其销售渠道要短，如各种机械设备、大型电子计算机等技术复杂的产品，最好由制造商直接销售给用户，以免中转过多形成信息干扰太多，影响技术传递的真实度，从而影响用户对产品的了解和使用，或对服务不周的不满。

（6）定制品和标准产品。定制品是用户或消费者直接向制造商订购的，所以没必要再经过中间商，渠道要求短。而标准产品则适合很多用户、消费者的需要，所以销售渠道可长些。

（7）新开发产品。为了很快地把新产品投入市场，往往需要采用强有力的促销手段，甚至组成推销队伍，直接向消费者推销，在这种情况下，采用短渠道显然是较为有利的。同时，因为是新产品，中间商要承担较大风险，一般都不敢贸然合伙经营，也只能选择短渠道。

（8）政府对产品分销渠道的限制。如有的国家对烟酒类产品实行专卖制度，烟酒类产品生产企业不能任意选择分销渠道。有些国家还规定哪些产品可以出口，哪些不能。

2. 市场需求特性

（1）市场范围大小。产品销售的市场范围越大，则销售渠道越长。如果产品是在全国范围销售或者面向国际市场，企业就应使用长渠道；如果产品的市场范围很小，仅是地产地销，则由制造商直接销售，或仅通过零售商销售就行了。

（2）顾客的集中程度。如果消费者比较集中在某一个地区，或者说某一地区消费者购买力比较集中，则可由企业自己派销售组织或人员进行销售；反之，若顾客比较分散，就需用批发商或当地零售网点进行销售。

（3）消费者的购买习惯。消费者对各类消费品的购买习惯，包括愿意付出的价格、对购物场所的偏爱以及对服务的要求等直接影响分销渠道的选择。对于各类不同的消费品，顾客的购买习惯和一次购买量是不同的。例如对油、盐、酱、醋和糖果等，消费者习惯于一次少量购买，但经常买，重复进行，则要求零售网点要多设；反之，对一些耐用和半耐用消费品，消费者购买次数较少，可少设网点。

（4）产品的季节性变化。有的产品消费季节性很强，季节一到，需要动员中间商的力量，拓宽渠道，大量供应，通过各种方式尽快把产品推销出去。某些主要供节日使用的产品，如我国中秋节的月饼和新年的年货，在平时和节日来临之前，要有不同的销售渠道。

（5）竞争者产品的销售渠道。对于制造商来说，同类产品应采取相同的分销渠道，但是，当所有的销售渠道都已被竞争者利用，企业就要考虑换一个更有效的销售渠道来销售自己的产品。近几年来，美国某些厂商生产出一种裤袜，这种产品主要在百货公司或妇女商店出售。可有的厂商发现许多超级市场也卖日用品，就想出办法，改进这种产品的包装，使之适合超级市场出售，取得了较好的效果。

此外，从市场分类上看，消费者市场较为分散，消费者购买频繁，单次购买数量少，要求能够就近方便购买商品，因此对于个人消费品可以采用间接渠道；生产者市场的采购量大，产业区域相对集中，购买次数较少，希望能够与厂家直接交易，既节省交易成本，又节约流通费用，因此适宜采用直接渠道。

3. 企业自身特性

（1）企业的规模。企业的规模大小决定了其市场范围、所需要的中间商的规模及与中间商合作的制约力。大规模的企业要选择具有相应实力的中间商来经销产品，同时也会因为自身的实力而在挑选中间商时有较大的选择余地。

（2）企业资源。企业资源决定了企业所能够承担的营销功能和中间商所承担的营销功能。如果企业有足够的资源来自己建立销售网，并且有丰富的销售经验和较强的管理能力，企业可以选择较短的分销渠道。如果企业的财务能力比较薄弱，则只能依靠中间商经销产品。

（3）企业的产品组合。产品组合越广，企业和消费者直接接触的能力就越强；产品组合越深，企业采取独家经销或选择少量的代理商就越有利；产品组合的关联性越强，就越应该采取性质相同或相似的分销渠道。

（4）企业对渠道控制的态度。如果企业要有效地控制消费者面临的产品价格和质量，加强渠道管理，建立市场信誉，有效地进行销售活动，企业往往愿意花费更多的直接销售费用，采取短渠道分销。

另外，企业过去的渠道经验和现行的市场营销策略也会影响渠道的设计。以前曾通过某种特定类型的中间商销售产品的企业，会逐渐形成渠道偏好。

4. 环境特性

渠道设计还要受到环境因素的影响。从宏观环境来看，经济形势对渠道的选择有较大的制约作用，例如，当经济萧条时，生产者都希望采用能使最终顾客以廉价购买的方式将其产品送到市场。这也意味着生产者使用较短的渠道来销售商品。从微观环境看，企业应该尽量避免使用与竞争对手相同的分销渠道，同时了解市场上各个中间商的规模、承担各种职能的优势和不足也很重要，例如，现在大型仓储式超市的进货批量大，企业就可以省掉其他环节，将商品直接卖给零售商，因此渠道较短。

三、设计分销渠道

分销渠道的设计是分销渠道策略的核心内容。分销渠道设计的首要环节是确定渠道目标，了解限制因素。渠道目标是在企业营销目标的要求下，确定的分销渠道应该达到的目标。该目标一般包括企业希望达到的消费者服务水平、中间商应该执行的职能、计划投入的渠道费用等。每一个企业都必须在制订营销计划之初，在市场、产品、企业自身和竞争者等所形成的限制条件下，确定其希望达到的渠道目标和要进入的目标市场，了解目标市场中消费者对渠道的要求，并考虑限制性因素的影响，具体地设计和选择最佳的分销渠道。主要包括确定渠道模式、确定渠道宽度和明确渠道成员的权利与责任等三个方面。

1. 确定渠道模式

确定渠道模式就是确定渠道的长度。并且需要根据市场需求的特点、企业战略目标的要求决定分销渠道的类型：采取直接渠道还是间接渠道，间接渠道的具体类型。企业在确定渠道模式是可以选择其他企业采用的传统的渠道模式，也可以开辟新的渠道模式，或者同时采用多种渠道模式。

2. 确定中间商数量

在确定渠道模式时，还应该确定渠道的"宽度"，即每个层级中使用的同类型的中间商数目的数量。企业使用的同类型的中间商越多，渠道越宽。分销渠道的宽度不同，相对应的渠道策略也不相同，主要包括三种：

（1）密集分销

所谓密集分销，是指制造商尽可能多地通过批发商、零售商销售其产品，使广大消费者和用户能随时随地地买到这些商品。密集分销的重点是扩大市场覆盖面或加快进入新市场的速度，使更多的消费者能够随时随地买到商品。消费品中的便利品和产业用品中的供应品，通常采取密集分销。

（2）选择分销

所谓选择分销，是指制造商在某一地区仅通过少数几个精选的中间商来销售其产品。选择分销的重点是巩固在某一地区的竞争地位，维护企业的良好声誉。选择分销适用于所有产品，但相对而言，消费品中的选购品和特殊品比较适合采取选择分销。

（3）独家分销

所谓独家分销，是指制造商在某一地区仅选择一家中间商来销售其产品。企业采用独家分销策略时，往往与对方签订独家经销合同，规定经销商不得经营竞争者的产品。独家分销的重点是控制市场，控制中间商，或者彼此充分利用对方的商业信誉和经营能力。独家分销比较适合具有特色的产品，如专利、品牌优势和特殊品等。

3. 明确渠道成员的权利和责任

制定渠道成员的权利和责任需要十分谨慎，而且要获得中间商的配合和响应。渠道成员的权利包括：生产者的供货保证、产品质量保证、退换货保证、价格折扣和广告促销策略等；渠道成员的责任包括：向生产者提供市场信息和业务统计资料、保证实施价格策略、达到要求的服务水平和提供相应的售后服务等等。

四、渠道方案的评估

每一个渠道设计方案都可能成为企业产品送达最后顾客的最终路线。当生产者面对几种可供选择的渠道设计方案时，对于每一渠道方案，必须从经济性标准、控制性标准和适应性标准等角度进行评估、筛选，从中挑选出能满足企业长期目标的最佳方案。

1. 经济性标准

判别一个分销渠道方案好坏，不应单纯看其能否为企业带来较高的销售额或较低的成本，而应看其能否取得最大利润。经济分析的三个步骤是：

第一步，估计每个渠道方案的销售水平，因为有些成本会随着销售水平的变化而变化；

第二步，估计各种方案实现某一销售额所需花费的成本；

第三步，分析各种方案的投资收益率及其可能得到的利润额。

2. 控制性标准

评估工作还要从不同渠道对销售的控制能力方面来进行。例如，采用代理商可能意味着企业控制程度的降低或控制难度的上升，因为代理商是一个独立的组织，它关心的是自己的利益和自己感兴趣的消费者，而较少从生产者的角度考虑问题和进行销售。因此，企业要权衡各种渠道方案的利弊，进行综合的比较和分析。

3. 适应性标准

生产者是否具有适应环境变化的能力，与其建立的分销渠道是否具有弹性密切相关。每个渠道方案都会因生产企业对某些固定期限的承诺而失去弹性。例如，当某一制造商决定利用销售代理商推销产品时可能要签订几年的合同，这段时间内即使采用其他销售方式更有效，但制造商也不得任意取消销售代理商。因此，生产者在选择和设计分销渠道时必须考虑分销渠道的环境适应性和可调整性问题。

总之，一个分销渠道方案只有在经济性、控制性和适应性等方面都较为合理时才可予以考虑。

五、分销渠道管理

1. 选择渠道成员

如果企业的产品畅销或有良好的声誉，企业就可以比较轻易地使中间商加入其渠道体系，或者当企业实施独家分销或选择分销时，已比较容易吸引中间商的加入。此时，企业就要认真挑选符合企业要求的中间商；另一种情况是，企业需要努力寻找符合自己要求的中间商加入渠道系统。不论是哪种情况，企业都必须清楚地认识到各中间商的优势和不足，包括中间商的成长和发展过程、清偿能力、合作态度、市场覆盖能力和声誉等；当中间商是代理商时，生产者还须评估其经销的其他产品大类的数量与性质、推销员的素质与数量；当企业打算选择独家分销时，则需评估该商店的位置、未来发展潜力以及经常光顾的顾客类型。

2. 激励渠道成员

生产者不仅要选择中间商，而且还要经常激励中间商使之恪尽职责。因为中间商是独立的企业个体，它与企业所处的地位不同，考虑问题的角度也不同，因此中间商与企业利益有一致的一面，还有冲突的一面。因此要激励渠道成员出色地完成营销职能和进行销售，生产者必须充分了解各个中间商的不同需要和欲望。因为中间商是独立的实体，有自己的利益要求，可以制定自己的经营策略。

中间商的任务是满足消费者的需求，而不是充当生产者利益的代言人。为了实现自身的利益，它会重视那些消费者喜爱的产品的销售，如果没有生产者的特别鼓励，它不会花费精力收集关于产品的各种信息。因此，生产者必须给予中间商以充分的理解，并从满足中间商需求的角度出发对中间商进行激励。激励中间商的措施有以下几个方面：

（1）物质鼓励

企业要给予中间商以合理的商业利润，这个办法对于经销企业产品的所有中间商都是可行的，可以根据中间商的销售量和所提供的劳务水平确定利润。恰到好处的商业利润和适当的商品销售量结合在一起，有助于提高中间商推销商品的积极性。

（2）精神鼓励

中间商也是有情感的，也需要心理上的安慰，企业应对他们所干的工作表示关注和重视。如有的中间商可能希望亲自参观生产企业；有的则可能希望自己的贡献能得到社会公众的认可等。如果这些心理需求能得到满足，中间商会非常积极地为企业销售产品。另外，企业的宣传品或者是地方报纸若能对中间商的情况进行宣传报导，则有助于在中间商中树立尊重感和集体成员感。

（3）授予中间商独家经营权

这种做法固然会影响生产企业的市场覆盖面，但可以获得中间商的积极合作。中间商将更乐于在广告、促销等方面投入资金，以独享独家经营所获得的利益。一般来说，独家经营可以为生产企业和经销商双方带来名誉上的好处。

（4）提供援助

中间商一般都期望生产企业能够给予他们一定的援助，这可促使他们放手进货，积极经销产品。生产者支援中间商的办法有：提供有利的付款条件、准确的产品信息、技术援助、产品维修服务和承担退货风险等。这些援助可以增强中间商对自己经营的产品的信心以及取得成功的信心。

（5）提供市场信息

市场信息是企业开展市场营销活动的重要依据。企业应将其所掌握的市场信息及时传递给中间商，使他们心中有数，以便及时调整和制定销售策略。

此外，企业在激励渠道成员时，还要尽量避免激励过分与激励不足这两种情况：当企业给予中间商的优惠条件超过他取得合作与努力水平所需条件时，就会出现激励过分的情况，其结果是销售量提高而利润减少；当企业给予中间商的条件过于苛刻，以致不能激励中间商的努力时，则会出现激励不足的情况，其结果是销售量降低而利润减少。因此，企业要想获得中间商的合作，就要了解中间商的需要和愿望，了解中间商的利益所在，然后提出切实可行的减少矛盾、加强合作的激励方案。

3. 评价渠道成员

除了选择和激励渠道成员外，还必须定期评价他们的工作：销售强度、绩效与覆盖率、平均存货水平、送货时间、次品与遗失品的处理方法、对企业促销与训练方案的合作程度和中间商对顾客须提供的服务等。如果某一渠道成员的绩效过分低于既定标准，则需找出主要原因，同时还应考虑可能的补救方法。

正确地对中间商进行评估，可以使生产者及时掌握渠道情况，发现问题，以便有针对性地对不同类型的中间商展开激励和推进工作，提高分销渠道的效率。

小贴士

分销渠道管理流程

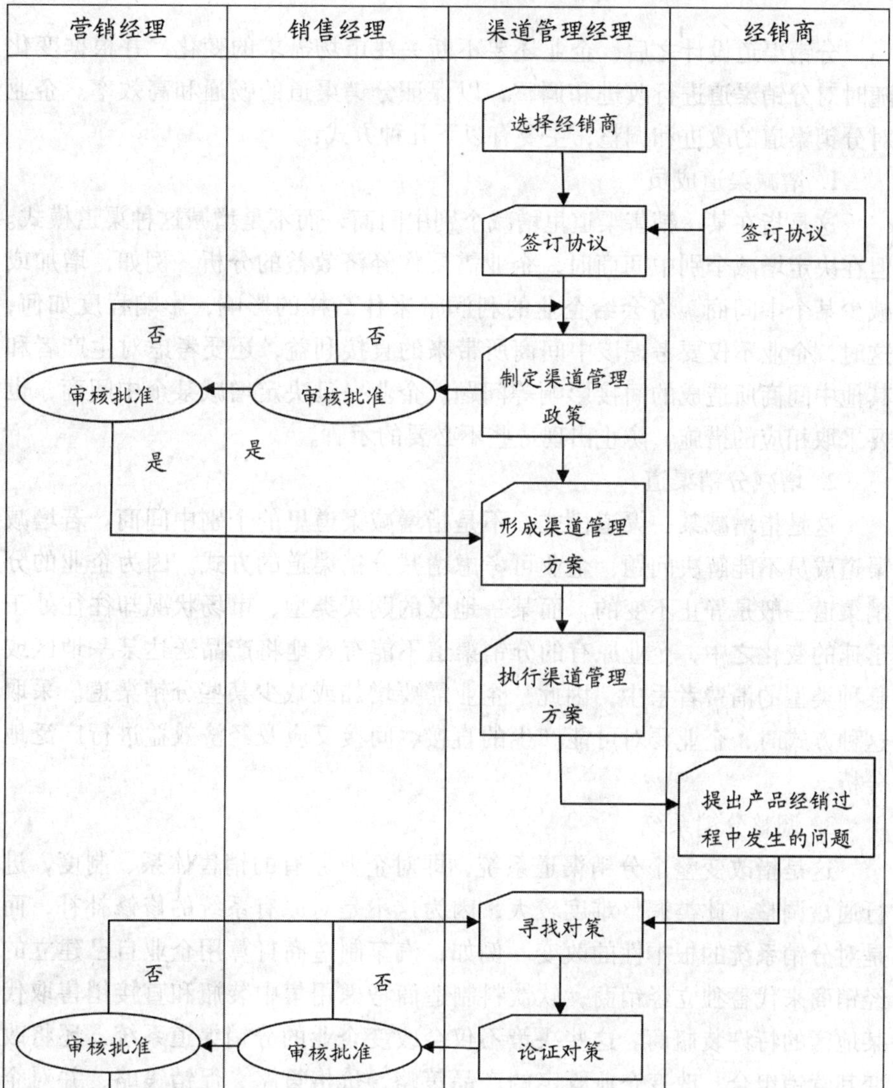

六、分销渠道的调整

分销渠道设计之后，企业还要不断关注市场需求的变化，并根据变化随时对分销渠道进行改进和调整，以保证分销渠道的畅通和高效率。企业对分销渠道的改进和调整，主要有以下几种方式：

1. 增减渠道成员

这是指在某一销售渠道里增减个别中间商，而不是增减这种渠道模式。但在决定增减个别中间商时，企业需要作经济效益的分析。例如，增加或减少某个中间商，将会给企业的利润带来什么样的影响，影响程度如何，这时，企业不仅要考虑该中间商所带来的直接利益，还要考虑对生产者和其他中间商所造成的间接影响等问题。企业一旦决定增减某个中间商，也要采取相应的措施，防止出现一些不必要的矛盾。

2. 增减分销渠道

这是指增减某一渠道模式，不是指增减渠道里的个别中间商。若增减渠道成员不能解决问题，企业可考虑增减分销渠道的方式。因为企业的分销渠道一般是静止不变的，而某一地区的购买类型、市场状况却往往处于迅速的变化之中，企业原有的分销渠道不能有效地将产品送达某一地区或某种类型的消费者手中，因此，企业需要增加或减少某些分销渠道。采取这种方式时，企业要对可能产生的直接、间接反应及经济效益进行广泛地分析。

3. 调整分销系统

这是指改变整个分销渠道系统，即对企业原有的销售体系、制度，进行通盘调整。此类调整难度较大，因为这不是对原有系统的修修补补，而是对分销系统的根本性的改变。例如，汽车制造商打算用企业自已建立的经销商来代替独立经销商；软饮料制造商考虑用集中装瓶和直接销售取代某地区的特许装瓶商。这些决策不仅会改变企业的分销渠道系统，还将改变其营销组合，改变企业既定的产品策略、价格策略、促销策略，并对企业的营销活动产生深远的影响。这种调整一般是在企业的分销渠道和市场状况存在严重的矛盾冲突，或渠道系统存在严重失衡情况下才会采用。

增减渠道成员属于结构性调整，其着眼点在于增加或减少某个中间商；增减分销渠道和调整分销渠道系统属于功能性调整，其目的在于将销售任务在一条或多条分销渠道的成员中重新分配。分销渠道是否需要调整，调整到什么程度，企业应视具体情况综合考虑而定。

小贴士

安利在中国的渠道转型

创立于1959年的美国安利公司是世界知名的日用消费品生产商及销售商，业务遍及五大洲80多个国家和地区，以安利（Amway）为商标的产品共有5大系列、400余种，全球员工超过1.2万人，营销人员超过300万人。2002年，安利在全美500家最大私营企业中排名第27位；50大家居与个人用品制造企业排名第4位；公司总资产达380亿美元；在安利45年的持续增长过程中，从未向银行贷款，保持“无借款经营”的纪录。由于安利公司的两位创始人狄维士和温安洛都是推销员出身，所以近五十年来直销一直被安利公司看做是最有效的营销方式，然而，当安利兴冲冲地将这种营销模式导入中国的时候，他们却遇到了前所未有的尴尬。

1995年，安利正式落户中国，他们在广州投资一亿美元建成了安利在海外唯一的现代化日用消费品生产基地，欲在中国掀起一场安利的直销风暴。可是很快国内形形色色打着直销旗号的传销诈骗活动搅乱了安利的市场前景。1998年4月21日，国务院《关于禁止传销经营活动的通知》出台，对传销（包括直销）活动加以全面禁止。对于安利来说，1998年无疑是它在中国的一个分水岭，随着这年4月在中国的业务被禁，安利开始在中国寻求新的生存方式。1998年6月18日，国家工商总局颁发《关于外商投资传销企业转变销售方式有关问题的通知》，准许部分外资传销企业转为店铺经营，并可以雇佣推销员。1998年7月经批准，安利（中国）日用品有限公司正式采用新的营销方式，由直销改为“店铺+雇佣推销员”的经营模式，自此，安利40多年来在全球80多个国家和地区均通过直销员销售产品的传统被彻底打破。转型后的安利把原来分布在全国20多个分公司改造成为第一批店铺，以后又陆续对这些店铺进行扩充。所有产品明码标价，消费者可以直接到专卖店中自行选购，杜绝推销员自行定价带来的问题。新的经营模式给消费者带来了新的选择，同时也让安利做出了新的尝试，突破原有的直销模式，多种销售方式并举，对于融入中国国情的安利来说也是一种挑战。

“店铺+雇佣推销员”模式是安利在中国渠道转型的最主要内容。安利公司创办人之一狄维士针对这一转型直言：“这是安利41年来前所未有的革命！”总裁黄德荫将“店铺+雇佣推销员”渠道模式的优势总结为下列三个方面：（1）保证了产品质量：通过直销模式，安利的消费者基本上不会遇到假冒伪劣的产品；（2）提供了很好的销售渠道：店铺既是公司形象的代表，又为营销人员提供后勤服务，还直接面对普通消费者，消费者和政府都因为店铺的存在而更加放心；（3）这种模式可直接受益于安利（中国）积极的市场推广手法。安利公司执行副总裁 Bill Payne 这样总结安利的变革：“到目前为止，这种经营方式非常有效。其一，自设店铺提高了公司透明度，让消费者有一个自愿选货、进货和成为优惠顾客的机会；其二，安利目前在全国120家店铺的所有产品都明码标价，公开的价格避免了哄抬价格的可能。此外，营业代表的推销弥补了销售网点的不足，提升了服务素质，让消费者享受到更直接、更亲切的售前、售后服务。”

“店铺+雇佣推销员”的新型渠道成功地推进了安利在中国的转型进程，而与此同时，安利对员工的管理整顿也在加紧进行。从2002年1月开始，安利（中国）公司停止了新营业代表的加入，并对现有人员进行培训和全面的整顿，所有营销人员都是安利的合约雇员，这就意味着安利必须承担每一位推销员的职务行为所引起的法律责任，新推销员加入不会给任何人带来收入。在对推销员的管理方面，安利进一步加大了透明度，制定了一系列精确的制度，并且十分严格地加以实施。从2002年1月至今，安利（中国）已清除了近600名身份为公务员、军人或学生等不符合从业规定的销售人员。它的推销队伍从2001年初的13万锐减至7万人。同时，安利（中国）还加强了对营销队伍的管理，通过培训和严格的奖惩制度来规范其推销员的行为。2002—2003财政年度，安利（中国）共查处各类违规行为1649起，处分营销人员2317人。

安利的渠道转型为其带来了巨大的市场收益。公司财务报告显示，在2002—2003财政年度（2002年9月至2003年8月）中，安利（中国）的销售额已超过10亿美元，在公司49亿美元的全球销售额中占据二成。2003年8月，安利公司在大中华区的销售业绩已超过美洲地区，中国成为安利全球营业额最大的市场。正如安利公司执行副总裁 Bill Payne 所说：“我们重视中国市场，我们尊重中国国情，我们遵守中国的规则，因此我们改变自己的经营模式来适应中国，做这一切的结果是：我们赢得了中国市场。”总裁黄德荫说：“经过短短9年的发展，中国已经超过拥有45年历史的美国市场，成为安利在全球的最大市场。安利（中国）的成功充分说明了规范经营的直销企业，在快速发展的中国市场上的广泛空间。”在2002年翰威特咨询公司和《亚洲华尔街日报》《远东经济评论》联合发布的“2001年亚洲最佳雇主评选”中，安利（中国）名列榜中。在《财富》（中国版）评出的“2002年最受赞赏的50家外商投资企业”中，安利（中国）也榜上有名。根据独立市场调查公司于2004年初进行的一项调查，安利（中国）的知名度和美誉度分别达到了93%和75%。

七、渠道冲突的管理

渠道冲突是指分销渠道中的某一成员将另一成员视为竞争对手，且对其进行伤害或损害以获取稀缺资源的企业行为。在企业营销活动中，生产者、中间商、消费者等渠道成员作为独立的利益主体，不可避免地会出现各种各样的冲突。当渠道成员都力求自身利益最大化时，就有可能损害其他成员的利益。因此，企业必须重视渠道冲突的管理，防止渠道关系的恶化。

小贴士

因特网引发的渠道冲突

2002年，全美唱片零售商协会起诉Sony唱片公司，诉状称：Sony滥用其版权垄断优势，在唱片包装上印有该公司自己拥有的在线零售站点网址，诱导购买者转向网络购买，从而给经销商造成损失。“我们并不是要Sony唱片关闭他们的零售站点。”协会负责人说：“我们欢迎竞争，这个站点本身不是问题，但Sony利用特权把我们的客户拉到他们自己的在线商店，明显有悖公平竞争原则。”这场官司还没有个明确的了结，但有微软失败的前车之鉴，“反不公平竞争”的法宝也要给Sony唱片点颜色看看了。

1. 渠道冲突的分类

（1）横向渠道冲突。指企业同一分销渠道内同一环节的不同成员之间的冲突。如同级批发商或同级零售商之间的跨区域销售、压价销售等冲突。

（2）纵向渠道冲突。指企业同一分销渠道中不同环节成员之间的冲突。如生产者与分销商之间、总代理与批发商之间、批发商与零售商之间的冲突，具体表现为进货价格的不同、信贷条件的差异等。

（3）多渠道冲突。指两条或两条以上渠道之间的成员发生的冲突。当生产者在同一市场或区域建立两条或两条以上的分销渠道时，渠道成员之间就会发生此类冲突。具体表现为同一市场区域产品销售价格不同、销售网络紊乱等。

2. 渠道冲突的原因

企业分销渠道发生冲突，其原因很多，主要有以下几点：

（1）目标不一致。生产者可能通过低价来追求迅速发展，而经销商则可能通过高价来追求赢利。

（2）角色的权利不明确。如渠道成员销售的区域界线混乱、销售方式不一，渠道成员之间容易产生冲突。

（3）感知不同。如分销商和生产者对某一产品的市场前景判断不一导致发生冲突。

（4）沟通困难。渠道成员之间信息传递不畅或信息传递失真，引起成员之间沟通困难，也是渠道冲突的一个原因。

（5）中间商对生产企业的依赖过高。例如，汽车制造商的独家经销商的利益及发展前途直接受制造商产品设计和定价决策的影响，这也是产生冲突的隐患。

3. 化解渠道冲突的方法

（1）目标管理。当企业面临对手竞争时，树立共同的目标是团结渠道成员的根本。渠道成员会发现他们有共同的目标，如生存、市场份额、高品质、消费者满意度等，这种情况通常发生在渠道面临外来威胁时，比如出现了强有力的竞争渠道、立法的改变或消费者需求的改变等。紧密合作能够战胜威胁，这也可能使各渠道成员明白紧密合作求共同的最终目标的价值。

（2）沟通。通过劝说、沟通来解决渠道冲突。从本质上说，劝说是为存在冲突的渠道成员提供沟通的机会，强调通过劝说来影响其行为而非信息共享，也是为了减少有关职能分工引起的冲突。既然大家已通过目标管理结成利益共同体，沟通可帮助成员解决有关各自的领域、功能和对顾客的不同理解的问题。

（3）协商谈判。谈判的目标在于停止成员间的冲突。谈判是渠道成员讨价还价的一种方法。在谈判过程中，每个成员会放弃一些东西，从而避免发生冲突，但利用谈判或劝说要看成员的沟通能力。事实上，用上述方法解决冲突时，需要每一位成员形成一个独立的战略方法以确保冲突的解决。

（4）诉讼。冲突有时要通过政府来解决，诉诸法律也是借助外力来解决问题的方法。对于这种方法的采用也意味着渠道中的领导者不起作用，即通过谈判、沟通等途径已没有效果。

（5）退出。解决冲突的最后一种方法就是退出该营销渠道。当冲突处在不可调和的情况下时，退出是一种可取的办法。从现有渠道中退出可能意味着中断与某个或某些渠道成员的合同关系。所有的渠道安排都会存在不同程度的冲突，渠道成员总是不断想出各方都满意的方案解决渠道冲突这样做有利于各方的发展。

第三节　批发商

介于生产者和消费者之间，专门从事产品流通经营活动，促成买卖行为发生和实现的组织和个人统称为中间商。中间商又按在流通过程中所起的不同作用分为批发商和零售商。

一、批发商的含义和功能

批发商是指向制造商或经销单位购进商品，供给其他单位（如零售商）进行转卖或供给制造商进行加工制造产品的中间环节。批发商在营销渠道中起着联结生产者与零售商的作用，批发商的顾客主要是零售商，以零售商的需求为导向是批发商营销活动的出发点和归宿：批发商又是企业的直接供应对象，企业的营销活动通过批发商、零售商才能到达最终消费者。因此，批发商在企业的营销渠道中具有重要的地位。批发商的功能包括：

1. 集中商品

从企业的角度来看，大部分的产品必须通过批发商才能销售出去，从商品流通的角度看，批发商购进商品，商品开始进入流通环节，为满足市场需求提供物质基础，因此，组织货源、集中商品是批发商的首要任务。

2. 储备商品

在流通领域中，批发商起到了蓄水池的作用，合理存储商品，既减轻了生产者的存储压力和资金负担，又可以方便零售商根据市场需求购进货源，减轻零售商的库存压力。因此批发商必须要合理的储备商品，为生产环节和零售环节做到调节和储备得功能。

3. 商品运输

商品运输职能通常由批发商承担。批发商一般距离零售商较近，能够很快将货物送到零售商手中，因而可以有效地满足最终消费者的需求。

4. 提供信息

在流通环节中，批发商更接近消费终端，有利于收集与企业或产品相关的市场情报，并及时地将有关生产、技术、产品质量、市场需求动态等有关信息提供给生产企业。批发商往往还是经营方面的专家，可以向零售企业提供产品、价格等方面的信息，协助零售企业搞好商品陈列、推销，提高服务质量。

5. 资金融通

资金融通职能指批发商向小型零售商提供信用条件和融资服务，一方面有助于零售企业的正常销售和资金周转，另一方面减轻了生产企业的信贷风险。

6. 承担市场风险

商品在实现价值的过程中具有一定的风险，批发商在多数情况下大批量地购进和储存商品，分批少量地销售商品，在这个过程中为生产企业和零售商承担了一定的风险，如市场供求和价格变动带来的风险、商品储运过程中的风险等。

二、批发商的分类

按所有权关系和基本经营方式的不同，可以将批发商分为商人批发商、经纪人和代理商、制造商自设分销机构。

1. 商人批发商

商人批发商指的是自己进货，取得商品所有权后再批发出售的商业企业，也就是人们通常所说的独立批发商或经销商批发商。商人批发商是批发商的最主要的类型，在美国约占60%以上。按职能和提供的服务是否完全可以分为两种类型：

（1）完全服务批发商

完全服务批发商承担批发商的全部职能：保持存货、提供信贷、运送货物以及协助管理等。该类批发商有的经营范围很广，如一个完全服务的食品批发商，可能经营肉类、农产品、包装食品、日用品以及健美用品等非食品类产品等。有些完全服务批发商的经营范围可能较窄或专门性较强，如健康食品或新鲜农产品批发商等。完全服务批发商又分为批发商人和工业分销商。

①批发商人，主要是向零售商销售商品，并提供广泛的服务。批发商品可以根据经营范围的不同，分为：综合商品批发商，经营几条产品线，以适应综合商品零售商和专营一条产品线的零售商的需要；专线经营批发商只经营一条或两条产品线，但产品的花样品种比较齐全，如五金用品批发商、药品批发商等；专用品批发商则专门销售某一个产品线上的部分产品，如保健食品批发商、汽车零件批发商等。

②工业分销商，是指那些向生产商销售商品的商业批发商。他们提供几种服务，例如持有存货、提供信贷，并且负责交货。他们经营的商品范围可能比较广泛，也可能只经营一条普通产品线或专门产品线。

（2）有限服务批发商

有限服务批发商为了减少成本费用，降低批发价格，因而只执行批发商的部分职能。有限服务批发商主要有以下六种类型：

①现购自运批发商。现购自运批发商不赊销不送货，客户要自备货车去批发商的仓库选购货物并即时付清货款，自己把货物运回来。现购自运批发商主要经营食品杂货等。

②直运批发商。这类批发商主要经营煤、木材或重型设备等一些笨重物品。他们接到顾客订单后，寻找生产企业，由生产企业按双方议定的条件和送货时间，直接将货物运送到客户指定地点，所以批发商不需要储存商品。

③农产品收购批发商。农产品生产者规模较小，比较分散，农产品收购批发商专门收购农民和农场主的产品，再销售给使用这些农产品的企业。

④货架批发商。这类批发商的服务对象是超级市场、药店、五金店等一些货架服务零售店。它们在零售店内设有自己的货架，自己将商品送到商店，并在货架上陈列。

⑤卡车批发商。卡车批发商从生产者处把货物装车后立即运送给各零售商店、饭馆、旅馆等客户。卡车批发商实际上主要执行推销员和送货员的职能，而不承担仓储职能。

⑥邮购批发商。邮购批发商的经营方式与提供全面服务的批发商的经营方式很相似，只是在接受订单和送货方面采用的是邮寄方式，其客户主要是边远地区的小零售商等。

2. 经纪人和代理商

经纪人和代理商是从事购买、销售或二者兼有的洽商工作，但不取得商品所有权的商业企业。与商人批发商不同的是，他们对其经营的商品没有所有权，所提供的服务比有限服务商人批发商还少，其主要职能在于促成商品的交易，借此赚取佣金作为报酬。经纪人和代理商主要有以下几种：

（1）经纪人

经纪人是指为买卖双方牵线搭桥，协助谈判，向雇佣方收取一定的费用，不出储存商品，也不参与融资或承担风险的中间商。经纪人多见于房地产业、证券交易以及保险业务、广告业务等。经纪人掌握着大量的市场信息，包括卖方手里有哪些商品可以供应，买方需要什么商品，这些商品的价格行情如何等等。

（2）制造业代理商

也称为制造商代表，是独立的企业，通常经营几家不同制造商的非竞争产品。他们分别与每个制造商签订有关定价政策、销售区域、订单处理程序、送货服务和各种保证以及佣金比例等方面的正式书面合同。这类代理商往往相当于制造商自己的推销机构。一些新企业由于没有经验或没有资金成立自己的销售机构，就会利用它们进入市场。而一些老企业如果想集中精力生产，无意介入销售领域，或者打算进入新的市场时，也常常利用制造业代理商。

（3）销售代理商

销售代理商是在签订合同的基础上，为委托人销售某些特定产品或全部产品，对价格条款及其他交易条件可全权处理的代理商。销售代理商在委托人的销售问题上有发言权，有权制定价格、销售条件和广告甚至产品设计。纺织、木材、某些金属制品、某些食品、服装等行业的制造商以及没有力量自己销售产品的小制造商较多地使用销售代理商。

(4) 采购代理商

采购代理商一般与委托人有长期关系，代委托人采购、收货、验货、储运。由于采购代理商消息灵通，因而可以向委托人提供有价值的市场信息，而且能以最低价格买到最好的货物。

(5) 佣金商

这类代理商是采用寄售的方式销售商品，然后收取佣金。除了不拥有所经营的商品所有权以外，佣金商的业务与完全服务批发商十分相似。即这类佣金商也参与商品的实体分配、促销、谈判、财务支持、承担风险、提供市场信息等活动。

3. 制造商自设分销机构

制造商自设分销机构 是指生产企业直接设立批发机构，将产品直接批发销售给零售商或工业用户。制造商自营批发常见于电气设备、管道设备等行业，目的在于改进存货控制、销售和促销业务。通常面临以下几种情况时，制造商会自设分销机构：(1) 当批发商无法提供给顾客所需要的技术知识；(2) 制造商希望对某产品的促销和实体流通有较大程度的控制；(3) 批发业务给制造商带来额外的赢利机会。

制造商自设批发机构一般包括制造商的分销机构和销售办事处。制造商的分销机构执行产品储存、销售、送货以及销售服务等职能。制造商的销售办事处主要从事产品销售业务，没有仓储设施和产品库存。

第四节　零售商

零售商指的是直接向最终消费者销售商品或提供服务的活动的中间商。不论是制造商、批发商还是零售商都从事零售业务，但零售商仅指那些主要服务于广大消费者，满足个人或家庭多样化、小批量消费需要，销售量主要来自零售终端的中间商。

一、零售商的特点和功能

1. 零售商的特点

(1) 零售商是以最终消费者（ 个人或集体）作为服务对象。这是零售商的一个根本的特征；

（2）零售商处于流通过程的最末端，商品售出后就离开流通领域而进入消费领域，所以零售商注意售后服务等业务；

（3）零售商一般是零星交易，频率很高，从业人数多，基本属于劳动密集型行业。

（4）零售商面对的是广大消费者，直接受到人口分布的影响，分布面广，分布点多，因此一般设在繁华地区和居民稠密区。

2. 零售商的功能

由于零售商处于最终消费者和批发商或者生产者之间，因而他们的作用主要有：

（1）零售商承担着对消费者营销商品的重要职能。零售商的营销职能主要包括产品分配、展示、宣传推广、技术咨询、维修服务、企业营销方案的执行等方面。

（2）零售商有着方便顾客的功能。零售商通过对最终消费者需求的分析，根据其需求采购产品，这样可使顾客随时都能买到自己需要的产品。

（3）信息沟通作用。零售商可根据自己在销售渠道中所处的特殊地位，及时将市场信息反馈至供应商，使供应商能及时听到最终消费者对自己产品的意见，利于供应商对产品进行改进，进一步满足消费者的需要。

二、零售商的分类

1. 商店零售商

（1）专门商店

专门经营一类商品或某一类商品中的某种商品的商店。这类商店的经营的产品线较为狭窄，但产品的花色品种较为齐全。例如，体育用品商店、家具店等，这些商店经营的商品的品种、规格比较齐全。专门商店的未来发展趋势是品牌专卖店，即只经营单一品牌的。这类商店在服装和鞋业比较常见，如耐克、鄂尔多斯等。

（2）百货商店

百货商店通常规模较大，经营范围较宽，包括若干产品线，各条产品线分部经营，相对独立，可为顾客提供种类繁多、花色齐全的商品和优良的设施与服务。百货公司主要设于城市中心，由于他们资金雄厚、经营能力强、信誉好，而且能满足顾客在同一时间、同一地点选购多种商品的需要。因此，能吸引大量顾客，具有极大的招徕作用。

小贴士

1885年于巴黎开业的“好市场”是公认的全世界第一家百货商店，此后世界上许多城市相继效法，20世纪二三十年代百货商店的发展达到高峰，成为都市中心区主要的零售和游览场所。美、日、法等国的大型百货商店，销售的商品多在25万种以上，最高的达到50万种。

（3）超级市场

超级市场是规模相当大、成本低、毛利低、销售量大的自我服务的经营机构，主要经营各种食品、洗涤剂和家庭日常用品等。超级市场的主要竞争对手是方便食品店、折扣食品店和超级商店。其特点主要是：①薄利多销，基本上不设售货员，主要经营中低档商品；②商品采用小包装，标明分量、规格和价格；③备有小车或货筐，顾客自选商品；④出门一次结算付款。

超级市场的发展趋势是：①规模越来越大，营业面积大大增加；②经营品种日益增多，突出表现在非食品类产品的增多，其目的是增加经营毛利高的产品，以提高利润；③营业设施不断改善，如在更昂贵的地段设店，扩大停车场面积精心设计建筑和内部装修，延长营业时间和星期日营业等；④努力增加顾客服务项目，例如支票付现、休息室和播放音乐等；⑤不断增加促销费用。

（4）便利店

便利店是指设在居民区附近、营业时间长、销售品种范围有限、周转率高的小型商店。在居民的日常生活中，一些生活日用品的购买频繁、零星，随用随买，这就要求能够就近购买，省时快捷。这样，设立在居民区的方便商店就应运发展起来了。消费者主要利用它们做“填充”式采购，因此其营业价格要高一些。但是，由于便利店满足了消费者对于“便利”的需要，人们愿意为这些方便产品付高价。

（5）折扣商店

折扣商店是二次大战之后兴起的零售企业，它也是一种百货公司，主要以低价竞销、重点经营、不限制营业时间，自助选购。折扣商店明码标价，但出售时给予一定折扣商店的特点是：商品售价低于一般商店；出售全国性品牌，保证质量；一般远离市中心等。

（6）仓储商店

仓储式商业是一种以大批量、低成本、低售价和微利促销的连锁式零售商业。仓储商店一般具有以下特点：①以工薪阶层和机关团体为其主要服务对象，旨在满足一般居民的日常性消费需求，同时满足机关企业的办公性和福利性消费的需要；②价格低廉，通过从厂家直接进货，省略了中间销售环节，尽可能降低经营成本；③精选正牌畅销商品，并根据销售情况、季节等具体情况随时调整；④以会员制为基本的销售和服务方式；⑤低运营成本，运用各种可能的手段降低经营成本，如仓库式货架陈设商品，选址在次商业区或居民住宅区等；⑥先进的计算机管理系统，计算机收银系统及时记录分析各店的各种销售情况，不断更新经营品种，既为商场提供现代化管理手段，也减少了雇员的人工费用支出。

（7）Shopping Mall

Shopping Mall 简称 Mall，意为大型购物中心，最早起源于 20 世纪 50 年代中期的美国，是美国全面进入小康社会、物质生活高度丰富时期的产物，也是继连锁店、专卖店、折扣店、超市、购物中心之后，在商业领域兴起的最新业态。它集购物、餐饮、娱乐、休闲、旅游、社交、商务等功能于一体，为消费者提供一站式服务，因此，也可以概括为大型综合性购物体闲中心。20 世纪 80 年代以后，因其商品功能逐渐向休闲消费功能转移，这一商业模式很快风靡全球。

和传统的商业模式相比，Mall 具有三个显著的特征：一是坐落城市边缘，地价便宜，具有占地面积大、绿地大、停车场大和建筑规模大等特点；二是行业多、店铺多、功能多，集购物、体闲、娱乐、饮食等于一体。多数 Mall 包括两个或更多的大型百货店；三是购物环境好、档次高，顾客购买力聚合性好。Mall 靠"玩"聚集人气带动购物和餐饮，辐射范围广，所以也有人说 Mall 是建立在"汽车轮子上的购物中心"。

目前，Mall 是欧美国家的主流零售业态。在日本，Mall 是消费者假日购物的首选；在香港，每 30 万人便拥有一个 Mall；在美国，Mall 已成为占据零售业总额 50% 以上，且具有强大辐射能力的"商业巨无霸"；在我国内地，Mall 也进入了蓬勃发展时期。

2. 无店铺零售商

即销售商品不是在实体店铺里进行的零售商。虽然大多数商品和服务是由商店销售的，但无店铺零售的发展也很快，前景广阔，其主要形式有：

（1）直复式营销

是使用一种或多种广告媒体传播商品信息，以使广告信息所到之处迅速产生需求反应并最终达成交易的销售系统。直复式营销者利用广告介绍产品，顾客可写信或打电话订货。订购的货物一般通过邮寄交货，用信用卡付款。直复式营销者可在一定广告费用开支允许的情况下，选择可获得最大订货量的传播媒体，使用这种媒体是为了扩大销售量，而不是像普通广告那样刺激顾客的偏好和树立品牌形象。例如电视购物、邮购、电话购物、网上购物等。

（2）直接销售

直接销售主要有挨门挨户推销、逐个办公室推销和举办家庭销售会等形式。推销人员可以直接到顾客家中或办公室里进行销售，也可以邀请几位朋友和邻居到某人家中聚会，在那里展示并销售该公司的产品。直接销售成本高昂（销售人员的佣金为20%～50%），而包括支付雇用、训练、管理和激励销售人员的费用。

（3）自动售货

自动售货就是利用设置在工厂、办公室、大型零售商店、加油站、街道等地方的自动售货机进行商品销售使用硬币控制的机器自动售货。是第二次世界大战后出现的一个主要的发展领域。自动售货向顾客提供24小时售货、自我服务和无需搬运商品等便利条件，但是由于要经常给相当分散的机器补充存货、机器常遭破坏、失窃率高等原因，自动售货的成本很高，因此，其销售商品的价格比一般水平要高15%到20%。

三、连锁组织

连锁商店是指由一家大型商店控制的，许多家经营相同或相似业务的分店共同形成的商业销售网。其主要特征为总店集中采购，分店联购分销。连锁商店出现在19世纪末到20世纪初的美国，20世纪60年代初，欧洲、日本也逐渐出现了连锁商店，并得到迅速发展，到70年代后得到全面普及，逐步演化为一种主要的商业零售企业的组织形式。因此也可以说20世纪零售业最重要的发展是连锁店的产生和发展。

连锁店包括两个或者更多的共同所有和共同管理的商店，它们销售类似产品线的产品，实行集中采购和销售，还可能具有相似的建筑风格。连锁店有各种零售经营形式：超级市场、折扣商店、杂货店、专用品商店和百货公司。连锁店的成功在于能够扩大销售量、降低毛利。因此，它们比独立商店享有更多的价格优势。连锁店可在以下几个方面提高其经济效益：连锁店能够大量进货，以便充分利用数量折扣和运输费用低这个优势；连锁店能够雇用优秀管理人员，在销售额预测、存货控制、定价和促销等方面制定科学的管理程序；连锁店可以综合批发和零售的功能，而独立的零售商却必须与许多批发商打交道；连锁店所做的广告可使各个分店都能受益，而其费用可由分店分摊，从而做到促销方面的经济节约；连锁店允许各分店享有某种程度的自由，以适应消费者不同的偏好，有效地对付当地市场的竞争。

连锁组织形式有三种：

1. 直营连锁

直营连锁是指同属于某一个总部或总公司，统一经营，所有权、经营权、监督权三权集中，也称正规连锁。各国对直营连锁的分店数目规定各不相同：美国定为 12 个或更多；日本定义为 2 个以上；英国规定是 10 个以上的分店。

直营连锁的特点包括：所有成员企业必须是单一所有者，归一个公司、一个联合组织或单一个人所有；由总公司或总部集中统一领导，包括集中统一人事、采购、计划、广告、会计等；成员店铺不具企业资格，其经理是总部或总店委派的雇员而非所有者；成员店标准经营，商店规模、商店外貌、经营品种、商品档次、陈列位置基本一致。

2. 自愿连锁

各店铺保留单个资本所有权的联合经营，多见于中小企业，也称自由连锁、任意连锁。直营连锁通常是大企业扩张的结果，目的是形成垄断，而自愿连锁是小企业的联合，抵制大企业的垄断。

自愿连锁的最大特点：成员店铺是独立的，成员店经理是该店所有者。自愿连锁总部的职能一般为：确定组织大规模销售计划；共同进货；联合开展广告等促销活动；业务指导、店堂装修、商品陈列；组织物流；教育培训；信息利用；资金融通；开发店铺；财务管理；劳保福利；帮助劳务管理等等。

3. 特许连锁（Franchiser Chain）

也称合同连锁、契约连锁。它是主导企业把自己开发的商品、服务和营业系统（包括商标、商号等企业象征的使用，经营技术，营业场合和区域），以营业合同的形式给规定区域的加盟店授予统销权和营业权。加盟店则须交纳一定的营业权使用费、承担规定的义务。

特许经营的特点是：经营商品必须购买特许经营权；经营管理高度统一化、标准化。麦克唐纳连锁店一般要求特许经营店在开业后，每月按销售总额的3%支付特许经营使用费。肯德基连锁店的这一比例一般是5%左右。

本章小结

分销渠道也叫销售渠道或通路，指促使产品或服务顺利地被使用或消费的一整套相互依存的组织。分销渠道所涉及的是商品实体和商品所有权从生产向消费转移的整个过程。影响渠道选择的因素包括：产品因素、市场因素、生产企业因素、中间商特征、竞争特征、环境特征、政策规定和经济收益。企业要对渠道进行设计，在进行渠道设计之后就需要对中间商进行选择，在分销渠道投入运行后还涉及对中间商的激励、评估以及对渠道系统进行调整等问题。分销渠道不是一成不变的，新型的批发机构和零售机构不断涌现，全新的渠道系统正在逐渐形成。如垂直营销系统，水平营销系统，多渠道营销系统等。

批发指将产品和服务出售给把它们再次出售或用于商业用途的对象的全部活动。那些主要从事批发活动的企业就是批发商。批发商主要有商人批发商、经纪人和代理商、制造商和零售商的分部和营业所及其他批发商。零售指直接向最终消费者销售产品或服务以满足其个人及非商业目的的相关的所有活动。零售商指将商品直接销售给最终消费者的中间商，处于商品流通的最终阶段。零售商可按不同标准进行分类，可按经营商品范围、商品售价、有无店铺、是否连锁划分。

思考题

1. 什么是分销渠道？

2. 影响分销渠道选择的因素有哪些?

3. 宽度不同的渠道策略有哪几种?

4. 渠道方案评估的标准有哪些?

5. 什么是直接式分销渠道和间接式分销渠道?各有哪些优缺点?

6. 中国企业的渠道管理存在哪些问题?

7. 物流的战略方案有哪几种?

第十二章 促销策略

【学习目标】

1. 掌握促销的含义和作用；了解信息沟通的模式；掌握促销组合决策的内容；了解促销决策的过程；

2. 掌握人员推销的含义、特点和作用；了解人员推销的过程；掌握如何管理推销人员；

3. 掌握广告的含义和功能；了解广告决策的内容；掌握如何选择广告媒体；理解如何评价广告效果；

4. 掌握营业推广的含义和特点；理解营业推广的对象和方式；

5. 掌握公共关系的含义、作用和特点；理解公共关系的方式；了解开展公关活动的程序。

【重点难点】

1. 促销的含义和作用；

2. 人员推销的含义和过程；

3. 广告的含义；广告媒体的选择；

4. 营业推广的含义和方式；

5. 公共关系的作用和方式。

职业引导案例

中美史克的危机公关

背景

2000 年 11 月 16 日，应是许多感冒药生产企业难忘的日子，因为这一天，国家药品监督管理局发布了《关于暂停使用和销售含苯丙醇胺的药品制剂的通知》。通知要求，国内药品生产销售企业暂停生产和销售含有苯丙醇胺（PPA）的感冒药。该通知使国内十余家感冒药生产企业受到影响，中美史克公司首当其冲，因为过去十年间史克公司生产含有 PPA 的康泰克、康得两种药品占据感冒药市场 40% 以上的份额，处于行业领导者地位，康泰克早已成为许多感冒患者的首选药品，其“早一粒、晚一粒，有效缓解感冒困扰”的广告词是广大消费者耳熟能详的广告之一。然而，药品事关消费者人身健康，人们消费时会十分谨慎，因而，禁令一出，史克公司成为众矢之的，新闻界更是摇旗呐喊，一时间，康泰克＝PPA 的呼声此起彼伏，史克公司顿时陷入十分被动的境地，危机来临了。

史克公司的攻关举措

面对危机，企业通常有两种态度，一是漠然以对，听之任之；二是正视问题，沉着应对，态度不同，结果迥然。史克公司选择了后者，其鲜明的公关意识和成熟的公关手段可圈可点。

1. 建立专门机构。11 月 16 日，中美史克接到天津市卫生局的暂停通知后，立即成立由十位部门经理组成的危机管理机构，并组建多个管理小组分别负责多方面事务的处理工作，如沟通小组负责统一发布有关信息，生产小组负责处理中间产品并尽快调整生产线，市场小组负责新产品开发，各部门各司其职，各负其责，并有专门人员负责部门间的协调。

2. 针对不同公关对象的举措

(1) 表明立场态度

危机管理小组统一立场，并于 11 月 16 日上午及时向社会公众公布了其应对政府指令的基本立场，明确表示：维护广大消费者的健康是史克公司的一贯原则，公司坚决执行政府的暂停令，暂停含有 PPA 成分的感冒药的生产，通知经销商停止销售，同时停止相关产品的广告和市场推广活动。

(2) 面对员工

在企业内部，公司于 17 日召开全体职工大会，向广大员工通报了事件的情况，以及公司为此制定的解决方案，以便统一认识。同时向员工承诺，不会因为此事件而裁员，稳定了员工情绪。员工看到了公司的真诚之心，表现得空前团结，表示要与公司共渡难关，这成为公司战胜危机的基础。

(3) 面对经销商

为使公司的措施有效贯彻，史克公司紧急召全国各地的经销商到天津总部，通过有效的沟通取得他们的谅解，并承诺，没有返还货款的不再返还，已经返还的全部退还。同时，由经销商带着史克公司《给医院的信》、《给消费者的信》回到全国各地，他们成为公司与客户之间沟通的桥梁。

(4) 面对消费者

首先停止了相关药品的销售和各种促销活动。为及时给不明就里的消费者以明确的答复，公司紧急培训了数十名专职接线员，开通专线电话，对咨询者做出准确的解释，解除消费者的疑虑。这些举措让消费者看到了企业的责任心，反而增加了对品牌的忠诚度。

（5）面对股东

股东是企业内部公关的对象，如果处理不好，会使企业面临资金匮乏的境地。为了增加股东的信心，解决企业因库存积压、退货、开发新产品、公关等造成的资金困难，公司一方面请大股东参观生产现场，当股东看到了高昂的员工士气，井然有序的生产情景，特别是开发中的新产品时信心大增；另一方面，公司将整个事件经过和解决方案提交总部，以取得总部的资金支持，这一切使公司在危机时保持健康的财务状况，为度过危机打下了物质基础。

（6）面对媒体

媒体是公共关系重要的外部对象，不少企业甚至发出“成也媒体，败也媒体”的感叹。史克公司面对事件发生后来自媒体和同行的炒作甚至不公平宣传，保持了应有的冷静和克制，显示了一个成熟企业的大气和理智。积极与新闻媒体接触，史克公司在危机事件中始终以坦诚和理性的态度处理与媒体的关系，不遮掩、不回避，及时发布相关信息，召开新闻媒体恳谈会表明企业立场，公司老总主动接受媒体采访。这一切，赢得了新闻界和同行的赞誉。

史克公司通过以上种种举措，稳定了员工、股东、消费者，协调了与政府、经销商、新闻媒体的关系，成功化解了一场可能的企业灾难，赢得了人心，保住了企业良好的形象。

现代营销不仅要求开发新产品，制定具有竞争力的价格，选择合理的分销渠道，而且还需要有效地与顾客进行沟通。每个营销者都承担着沟通者和促销者的角色，促销就是一种企业与消费者进行沟通的方式。因此，企业需根据实际情况制定促销策略，这是营销组合的一个重要部分。

第一节　促销组合

一、促销及其作用

1. 促销的概念

促销是促进销售的简称，指企业通过人员推销或非人员推销的方式，向目标顾客传递商品或劳务的存在及其性能、特征等信息，帮助消费者认识商品或劳务所带给购买者的利益，从而引起消费者的兴趣，激发消费者的购买欲望及购买行为的活动。促销的实质是卖方企业与现实和潜在顾客之间进行信息沟通的过程。

企业促销活动采用的方式主要有人员推销、广告、公共关系和营业推广四种，其中广告、公共关系、营业推广是非人员促销。相应的，企业促销策略的类型分为两种："推"式策略和"拉"式策略。

(1)"推"式策略

"推"式策略就是指人员促销策略，是企业通过推销人员，将产品推到中间商和消费者手中的策略，如图 12－1 所示。

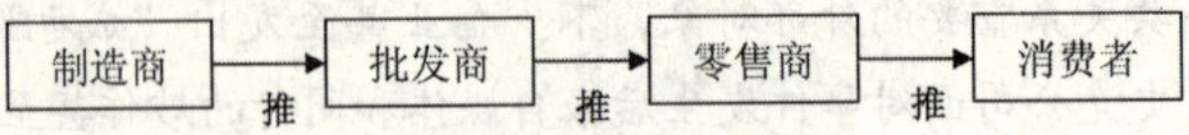

图 12－1 "推"式策略

"推"式策略的优点是由销售人员面对面地向客户销售商品，能够准确了解消费者的意见和要求；有利于改善企业与客户的关系；对于操作复杂或需要演示的商品，可以直接向客户进行解说和演示，有利于促成销售。但是相对的，由于"推"式策略需要大量的推销人员，因此销售费用较高。"推"式策略一般适合单位价格较高、性能复杂、需要较多示范操作的产品，或根据某些用户需求特点专门设计的产品，以及目标市场集中、销售渠道窄而短的其他产品。

(2)"拉"式策略

"拉"式策略就是指非人员促销策略，是企业利用非人员的形式宣传自己的产品，提高企业声誉，从而将中间商和消费者拉到自己身边的策略，如图 12－2 所示。

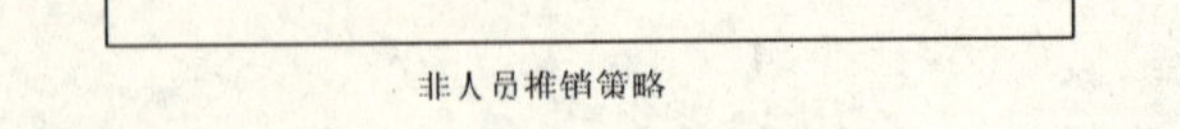

图 12－2 "拉"式策略

"拉"式策略可以克服企业推销人员不足，而又要大力推销产品的困难。适合采用"拉"式策略的产品，一般是那些单位价格较低的日用消费品，或专用性小而挑选性强、操作简单的商品，以及企业要求以最快速度将信息传递给用户的其他产品。适合采用这一策略的市场，是那些范围广、购买分散、市场需求日益扩大、通过促销活动能尽快扩大产品销售的市场。

小贴士

Intel 的 Intel Inside

通常情况下，工业品促销经常使用“推”式策略，但也有例外，如著名的 Intel 公司在使用拉式策略上就很成功。Intel 公司是以生产电脑的核心部件——中央处理器（CPU）而出名的跨国公司，它的产品必须安装在电脑当中才能发挥作用。所以，其主要顾客不是最终消费者，而是各个大的电脑公司。但是，Intel 公司巧妙地运用拉式策略，使最终消费者在购买电脑时指名购买安装有 Intel 公司的 CPU 的电脑。一方面，Intel 公司利用电视、杂志、报纸等大众媒体发布广告，使消费者对 Intel 生产的处理器产生深刻的印象，同时，也对 CPU 在电脑中的关键作用有了深刻的了解；另一方面，Intel 公司与它合作的电脑厂家签订协议，凡安装有 Intel 公司生产的 CPU 的电脑，均在其产品外壳及包装上贴有“Intel Inside（含义为：内装 Intel 中央处理器）”特定字样的标记，使消费者在选购电脑时将其作为决策的一个重要因素考虑。这种策略使 Intel Inside 公司成为世界第一的 CPU 生产企业。

资料来源：《市场营销学》2006，李小红，中国财政经济出版社

在企业市场营销实践活动中，更多的是将“推”式策略和“拉”式策略相互结合使用，通过多种手段和途径影响消费者的购买决策。

2. 促销的作用

（1）传递信息，强化认知

在商品销售的过程中，促销可以起到在买卖双方传递信息的作用。一方面，卖方要向买方介绍有关企业现状、产品特点、价格及服务方式和内容等信息，以此来诱导消费者对产品或服务产生需求欲望并采取购买行为；另一方面，买方向卖方反馈对产品价格、质量和服务内容、方式是否满意等有关信息，促使生产者、经营者取长补短，改进产品和服务，更好地满足消费者的需求。

(2) 突出特点，诱导需求

随着市场竞争的激烈，市场上同类商品越来越多，消费者往往不易分辨。企业可以通过促销活动，宣传、说明本企业产品与同类竞争产品的差别，便于消费者了解本企业产品的特色，认识到购买本企业产品所带来利益，能激发消费者的需求欲望，变潜在需求为现实需求。

(3) 指导消费，扩大销售

在促销活动中，营销者通过循循善诱的产品知识介绍，在一定程度上对消费者起到了教育指导作用，从而有利于激发消费者的需求欲望，变潜在需求为现实需求，实现扩大销售之功效。

(4) 形成产品偏爱，稳定销售

在激烈的市场竞争中，企业产品的市场地位常不稳定，致使有些企业的产品销售此起彼伏、波动较大。企业运用适当的促销方式，开展促销活动，可使较多的消费者对本企业的产品产生偏爱，进而稳住已占领的市场，达到稳定销售的目的。

二、信息沟通的模式

从营销时间的角度来看，企业为了进行有效的沟通，公司需聘请广告代理商设计有效的广告；请销售促进专家设计销售激励方案；请公关公司负责产品的宣传并塑造公司形象。公司还要训练自已的推销员待人友善并具备丰富的商品知识。对大多数公司来说，问题已不在于是否要进行沟通，而在于沟通的内容、对象和频度。因此，市场营销人员应了解沟通进行的方式。沟通模式包括：谁、说什么、通过何种渠道、对谁说以及效果如何，入图 12－3 所示。

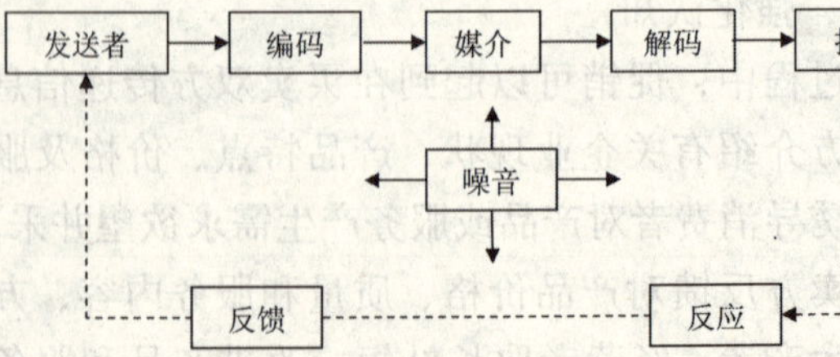

图 12－3　信息沟通模式

图中，两个要素表示沟通的主要参与者———发送者与接收者；两个要素表示主要的沟通手——信息与媒体；四个要素表示主要的沟通职能——编码、解码、反应与反馈；最后一个要素表示系统的噪音。

信息沟通模式强调了有效沟通的关键因素，发送者必须知道要传播给何种受众，并想得到何种反应；他们必须根据受众的信息解码方式来对信息进行编码；他们必须利用能传播到目标受众的有效媒体来传递信息；必须建立反馈渠道，以便了解接收者对信息的反应。要使信息有效，发送者的编码过程必须与接收者的解码过程相吻合。信息必须是接收者所熟悉的基本信号。发送者与接收者的经验领域重叠得越多，信息就越可能产生效果。信息源点之所以能编码，信息目标点之所以能解码，完全是根据两者所具有的共同经验。

发送者的任务就是将信息准确无误地传递给接收者。但在环境中存在着大量噪音———人们每天被数以百计的商业信息所包围着。受众可能由于下述原因而得不到发送者想要其得到的信息。首先是有选择地注意，他们不可能注意到所有的刺激因素；再者是有选择地曲解，他们可能按照自己的意图来曲解信息；还有就是有选择地记忆，他们可能只记忆所得到信息的很少部分。

1. 确定目标受众

市场营销沟通人员心中首先要有明确的目标受众。受众可能是公司产品的潜在购买者、目前的使用者、决策者或影响者，也可能是个人、群体、特殊公众或者普通公众。目标受众会极大地影响沟通人员的下列决策：说什么、如何说、何时说、何处说以及谁来说。关于形象分析。受众分析的主要部分就是评价公司、产品和竞争者在受众心目中的形象。人们对某个对象的态度和行动会受到他们对这个对象信念的高度制约。形象是某人对某个对象所持的综合信念、观念和印象。

首先，可以利用下述熟悉标度来衡量目标受众对这个对象的熟悉程度：

从未听说	听说过	了解一些	很了解	非常了解

假如，某企业的衡量结果为多数人选择了前两类，那么该公司就得扩大知名度。

其次，对熟悉该产品的调查对象，可利用下述喜爱标度来询问他们对产品的感觉：

很不喜爱	不怎么喜爱	无所谓	比较喜爱	非常喜爱

如果多数人选择的是前两类，那么公司就要解决这种负面形象的问题。有时可以利用名人广告来提高人们对品牌的喜爱。

2. 确定沟通目标

目标市场及其特点一旦明确后，市场营销沟通人员就必须决定期望的受众反应。最终的反应当然是购买与满意，但购买行为是消费者漫长决策过程的最后结果，市场营销沟通人员要了解将目标受众推动到准备购买的更高状态的方法。市场营销人员可以寻求目标受众的认知、感情或行为的反应，即市场营销人员要给消费者灌输某些想法，改变消费者的态度或者使消费者采取行动，即“学习——感受——行动”模式。这一模式比较适用于顾客购买产品时有高度参与性而且产品差别大的情况。

假设顾客有高度参与性，产品差异度大，因此，我们可使用学习——感受——行动模式来描述购买者的六种意愿状态，即认识、了解、喜爱、偏好、说服、购买。

（1）认识

如果绝大多数目标受众对于沟通对象一无所知，信息传播的任务就是帮助人们建立知晓，虽然可能只是对名称的认知。这能用重复这一名称的简单信息完成。尽管如此，促使人们知晓是要花费一定时间的。例如，假设一所位于中国内地的新建大学（东方大学）需要从香港和中国南方经济发达地区招收新生，但它在这些地区没有名气；再假设有 5 万名高中毕业生很可能会对东方大学产生兴趣。所以该大学可能的沟通目标就是在一年之内，使这些学生中的 80% 知道“东方大学”这一名称。

（2）了解

目标受众可能对公司及其产品的认识仅仅停留在知道其名称的阶段。东方大学希望它的目标受众了解它是一所私立四年制，有着完整商业课程的大学，因此它需要了解目标受众中，分别有多少人对东方大学所知甚少、有所了解或非常熟悉，从而决定把产品认知作为首要的传播目标。

（3）喜爱

如果目标受众知道了产品，会作何感受？如果他们对东方大学并不看好，沟通者就必须弄清原因并努力建立受众对大学的良好印象。如果人们的反对是基于大学中的实际问题，那么要解决这一障碍仅靠沟通工作是不够的。东方大学需要弥补实际中的不足，将改进后的品质向大众传播，良好的公众关系要求“言行一致”。

（4）偏好

目标受众可能喜欢某种产品却不一定有偏爱。这种情形下，传播者必须创造消费者偏好，比如改善产品品质、价值、性能及其他一些特性。实施这些措施之后再测量人们的偏好，沟通人员可检验措施成功与否。

（5）说服

目标受众有了偏好却不一定到了为产品所折服而去购买的程度。正如一些高中毕业生可以偏爱东方大学却拿不准他们是否就上这所大学。沟通人员的工作是让人相信，去东方大学是唯一的选择。

（6）购买

最后，目标受众中一部分人可能已对产品产生信任感，却尚未准备购买。他们可能期待更多的信息或日后再作决定。沟通者一定要引导这一部分消费者走出最后一步。行动策略包括低价提供产品，给予优惠奖励，或是允许消费者在有限程度上试用。这样，东方大学可能会吸引一部分从高中遴选出的学生参观校园，旁听一些课程，另外也可设一些奖学金项目来吸引确实优秀的学生。

三、促销组合决策

促销组合就是企业根据产品的特点和营销目标，在综合分析各种影响因素的基础上，对各种促销方式进行的适当选择和组合应用。促销组合的主要要素包括广告促销、人员促销和销售促进，以及公共关系。如何选择、搭配、有效地运用促销组合，形成有效的促销组合策略，需要考虑以下几方面的因素：

1. 促销目标

促销目标是企业从事促销活动所要达到的目的。在企业营销的不同阶段和为适应市场营销活动的不断变化，要求有不同的促销目标。无目标的促销活动收不到理想的效果。因此，促销组合和促销策略的制定，要符合企业的促销目标，根据不同的促销目标，采用不同的促销组合和促销策略。

2. 产品生命周期

在产品不同的生命周期阶段，企业的促销目标及重点都不一样，所选择的促销组合也应有所不同，如表 12－1 所示。

表 12－1　产品生命周期与促销方式

产品生命周期	促销目标	促销方式
投入期	使消费者认识产品，使中间商愿意经营	广告宣传，对中间商人员推销
成长期	使消费者感兴趣，扩大市场占有率	扩大广告宣传、强力人员推销
成熟期	使消费者形成品牌偏好，保持市场占有率	促销组合各方式
衰退期	保住老顾客或使其使用新产品	适当的营业推广和广告

3. 产品特性

产品特性不同，其促销组合也有不同。一般而言，低值易耗、性能简单的产品，适宜以广告为主要促销方式，而对于高值耐用、技术性较强、使用方法复杂的产品，则应以人员推销为主；生活消费品由于购买者数量多、分布广，适合采用广告促销；生产资料的购买者数量少、分布比较集中、购买批量大，宜以人员推销为主。当然，无论哪种商品的销售，都要利用公共关系和营业推广作为辅助促销方式。

4. 市场特点

市场特点可通过市场的地理范围、市场类型以及不同类型市场潜在顾客的数量体现出来。从市场的地理范围来说，范围广的应以广告为主，目标市场窄而集中，则应以人员推销为主；从市场类型来说，面向消费者市场，应更多地利用广告，面向组织市场，则应更多地利用人员推销；从市场潜在顾客的数量来说，潜在顾客多，适合广告方式，潜在顾客少，则适合人员推销。

5. 促销预算

企业开展促销活动，必然要支付一定的费用。费用是企业经营十分关心的问题，企业能够用于促销活动的费用总是有限的，而各种促销方式所花费用不同，在不同时期的促销效果也不同。因此，在满足促销目标的前提下，要做到效果好而费用省。一般而言，广告和人员推销费用较高，营业推广和公共关系费用较低。企业在选择促销组合时，应根据自己的促销目标及费用预算，综合考虑、全面衡量各种促销手段的费用及效果等，以求用尽可能少的促销费用取得尽可能大的促销效果，提高促销效益。

四、促销决策过程

企业的促销决策需要遵循一定的程序，如图 12－4 所示。

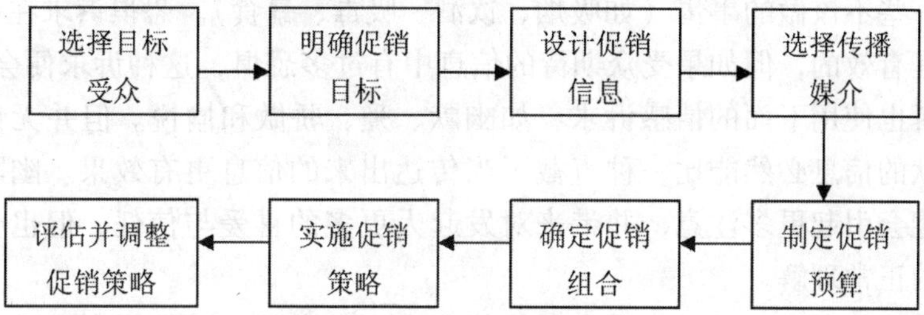

图 12－4　促销决策的程序

1. 选择目标受众

促销决策第一步是选择目标受众，针对不同的目标受众，有针对性的选择促销的方式、内容、时间、地点，以确保促销效果。根据企业促销目的的不同，目标受众可以是现实购买者，也可以是潜在购买者。

2. 明确促销目标

促销的最终目的是促成购买，实现利润。企业制定促销目标要根据企业营销活动的目标以及消费者的特点、所处购买阶段的不同，制定不同的促销目标。促销目标包括：扩大知晓、增进了解、诱使喜欢、培养偏爱、建立信任、诱使购买。

3. 设计促销信息

选择好目标受众，明确了促销目标，即可开始设计促销信息，即向客户传达的信息。合格的促销信息必须能够引起注意、唤起兴趣、激发需求，促进购买。因此，需要认真设计和选择促销信息，包括信息源、信息内容、结构、形式等。

（1）信息内容：就是指向目标受众传递的具体内容，也可称为诉求。需要针对不同的目标受众，设计不同的促销信息内容。诉求又可分为：

①理性诉求。用于激发受众的自我兴趣。其方式是展示产品确实具有其声称的利益。例如，说明产品的品质、经济性、价值或性能的均属于这种信息。人们普遍认为产业采购者对理性诉求反应最强烈。这些人熟悉产品等级，在识别价值方面训练有素，而且在选择产品时对其他人员有说明

的责任。当消费者从事一些大宗物品的购买时，也往往力图搜集信息，做些比较。他们会对质量、经济性及性能等诉求作出反应。

②情感诉求。试图激发导致购买的正面或负面情感。沟通者曾经利用害怕、内疚及害羞等诉求来说服人们做一些事情（如刷牙、年度体检）或不做一些不该做的事情（如吸烟、饮酒、吸毒、暴食）。恐惧诉求在一定程度上是有效的，但如果受众期待的信息中有过多恐惧，这种诉求便会失效。沟通者也使用下面的情感诉求，如幽默、爱、骄傲和愉悦。但并无证据表明幽默的信息必然能比一种直截了当传达出来的信息更有效果。幽默的信息可能会引起更多注意，并带来对发起人更多的喜爱与信任，但也会妨碍人们的正常理解。

③道德诉求。是针对受众的价值观念而设定的。通常用来激励人们支持社会事业，如更洁净的环境、更和谐的种族关系、妇女的平等权利及对困难地区的援助。有一个广告的例子，新加坡一则关于救援部队的广告附了一个大标题“她只能通过燃烧的香烟了解母亲的爱，试试告诉她爱是一种奇妙的东西”和一幅天真、忧郁的女孩照片。道德诉求在日常用品方面并不经常使用。

（2）信息结构：是指信息内容的次序安排。同样的信息内容，表达次序不同，效果也就不同。

（3）信息形式：即信息内容的表现形式。信息形式与所选择的的媒体特性直接相关。例如利用广播传递促销信息，就应仔细选择字眼、音质、音调等；若通过人员传播，体态语言也非常重要。

（4）信息源：信息的有效性也受到目标受众对信息源信赖程度的影响。因此，广告商常常利用名人拍广告，当名人们把某种产品的特性个人化时，他们往往会更有说服力。信息源的可信度取决于其专业性和可亲性，要求既专业又要有亲和力、吸引力。但是同样重要的是，宣传者要有可信度。高度可信的信息源输出的信息更有效果。药品销售公司希望医生们测试其产品的优点，是因为医生的可信度较高。

构成信息源可靠性通常有三个因素：专业性、可信度、喜爱度。专业性是传递者用以驳斥反对意见的专业知识。可信度与信息来源看上去在很大程度上与客观公正有关，比如朋友常常比陌生人或销售员更值得信任。喜爱度用来描述来源对接受者的吸引力。像热忱、幽默、自然等优点都使来源更讨人喜欢。

4. 选择传播媒介

设计好促销信息后，就要选择有效的传播媒介，进行信息的传播与沟通。信息传播的媒介可以直接是人员，即通过人与人之间的直接接触传递促销信息。也可以是一定的物质媒介，即借助一定媒体、气氛和事件进行。媒体包括大众媒体和有选择性的媒体，例如报纸、期刊、电视等；气氛是用来产生或加强购买者对所购买或消费的产品的了解而设计的环境；事件，企业可以通过一些偶然的、特别的事件向目标受众传递特别信息。

5. 制定促销预算

促销费用的确定通常有四种方法：（1）量力而行法，即根据企业的财力灵活确定促销费用；（2）效益比例法，即根据上年或当年预测的销售量、销售额或利润等，按一定比例确定促销费用；（3）竞争导向法，即根据竞争者的促销费用支出情况确定企业的促销费用；（4）目标任务法，即根据一定时期企业的目标或任务进行预算。实践中，促销费用的预算往往要同时考虑以上几个方面。

6. 决定促销组合

不同的促销方式，其特点、适用性不同，因此要综合考虑各方面的因素，选择最佳的促销组合。

7. 实施促销策略

按照促销组合的方案实施促销活动。

8. 评估促销效果，调整促销策略

实施促销策略并不是促销活动的终点，企业还应该了解掌握促销策略实施的效果如何，是否达到预期目的，因此必须对促销效果进行评估。例如，如有多少人接触过该信息，又有多少人能记住，对该信息的反应如何，有多少人采取了购买行为等。促销效果的评估是为了调整企业下一步的促销策略，做到有的放矢。影响促销决策的各种因素在不断发生变化，因此必须要对针对促销的结果对下一次的促销决策方案进行相应修正和调整。

小贴士

促销计划制定流程

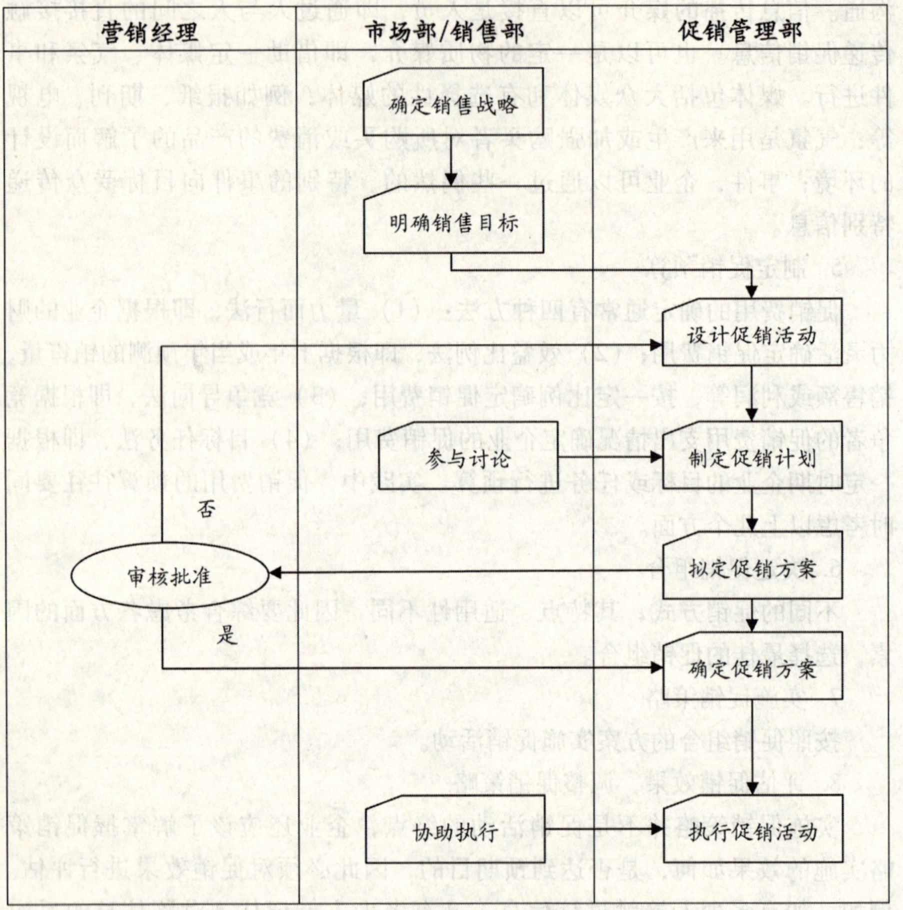

促销计划实施流程

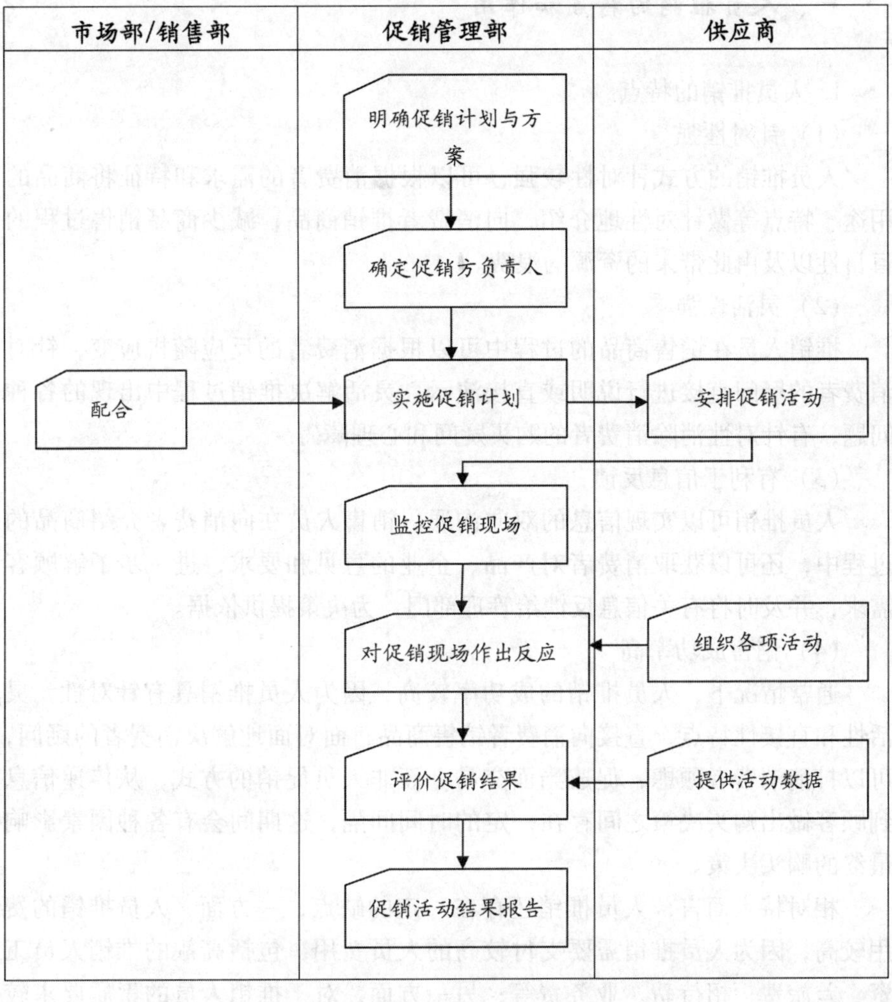

第二节　人员推销

人员推销是指企业派出推销人员以面谈的方式向目标顾客推荐产品并说服其购买的活动。人员推销是最早的销售方式，也市场经济条件下，商品销售的主要手段。

一、人员推销的特点和作用

1. 人员推销的特点

（1）针对性强

人员推销的方式针对性较强，可以根据消费者的需求和特征将商品的用途、特点等做针对性地介绍，向消费者推销商品，减少商品销售过程的盲目性以及由此带来的资源的浪费。

（2）灵活性强

推销人员在销售商品的过程中可以根据消费者的反应随机应变，针对消费者的疑问直接进行说明或直接演示，灵活解决推销过程中出现的各种问题，有针对性消除消费者的购买疑问和心理障碍。

（3）有利于信息反馈

人员推销可以实现信息的双向沟通，销售人员在向消费者介绍商品的过程中，还可以获取消费者对产品、企业的意见和要求，进一步了解顾客需求，并及时将有关信息反馈给管理部门，为决策提供依据。

（4）销售成功率高

通常情况下，人员推销的成功率较高，因为人员推销具有针对性、灵活性和直接性特点，直接向消费者销售商品，面对面地解决消费者的疑问，可以打消消费者顾虑，促成当面交易。而非人员促销的方式，从传递信息到顾客做出购买决策之间存在一定的时间间隔，这期间会有各种因素影响最终的购买决策。

相对特点而言，人员推销还存在一定的缺点，一方面，人员推销的费用较高，因为人员推销需要支付较高的人员费用，包括高额的推销人员工资、差旅费、招待费、业务费等；另一方面，对于推销人员的素质要求较高。人员推销能否取得好的推销业绩，在很大程度上取决于推销人员的推销技术和综合能力，推销人员不仅要有丰富的专业知识，对产品十分熟悉，还要有公关意识、应变能力，以及对顾客和推销工作高度负责的精神。

2. 人员推销的作用

（1）市场开发。推销人员的作用不仅是将商品销售给市场中的现实购买者，还需要不断地寻找、开发潜在消费者，努力开拓市场。

（2）沟通信息。推销人员是企业重要的信息通道，他们在把企业和产品信息传递给顾客的同时，也及时将顾客的意见和要求反馈回企业，从而实现双向信息沟通。

（3）促成交易。推销人员通过与顾客接触，推荐产品、解答疑问，从而促成交易。这是推销人员的中心工作，要求推销人员掌握一定的推销技巧，具备综合的知识、修养及能力。

（4）提供服务。推销人员不仅要在售前向顾客提供有关产品的信息，在售后也要善于帮助顾客熟悉产品性能、解决一般技术问题，从而密切双方关系，巩固推销成果。

（5）建立友谊。推销人员在同顾客交往过程中，可通过帮助顾客解决一些难题，树立信誉、培养感情，从而建立友谊，将“交易营销”发展为“关系营销”，使之成为企业的长期顾客。

二、人员推销的过程及策略

人员推销的过程包括七个环节，如图 12－5 所示。

图 12－5　人员推销的过程

1. 寻找客户

寻找客户是指寻找潜在顾客的过程。通常情况下，寻找潜在顾客具有一定的方法和技巧：

（1）目录寻找：即从各地编印的企事业单位名录中寻找潜在客户。

（2）介绍寻访：又称连锁介绍，即通过现有客户或亲戚朋友等不断介绍推荐，增加潜在客户的数量。该方法不仅可以避免推销的盲目性，还能较好地赢得未来客户的信任。

（3）社团联络：即通过参加各类社会团体组织，将组织成员逐步发展为自己的潜在客户，或者通过这些成员介绍他们所参加的其他组织中的成员为潜在客户。

（4）展销吸引：即通过举办各种展销会，吸引潜在客户。

2. 事前准备

在开展推销工作之前，推销人员必须要熟悉本企业产品、消费者需求、竞争对手产品等方面信息。这些信息的来源包括：

(1) 本企业和产品的资料，如图画、手册、幻灯片及其他促销方式使用的资料；

(2) 客户的需求，如客户的需要、个性特征、购买风格、购买决策过程。

(3) 竞争情况，包括竞争对手的产品特点、竞争能力和市场定位等情况，一方面有助于客户比较，促进客户的购买；另一方面也是知己知彼的需要。

3. 接触顾客

推销员要选择恰当的时机访问顾客。人员推销的目的就是要促成交易，因此推销人员与顾客的洽谈，首先应给顾客一个良好的印象，使双方的关系有一个良好的开端，因此，如何与顾客接触需要掌握一定的策略和技巧。

接触客户的技巧包括约见技巧和见面技巧。

(1) 约见技巧

约见是推销人员征求顾客同意接见的过程，是推销工作的开始，包括选择约见对象、确定访问事由、选择访问时间、确定访问地点等。选择约见对象，必须首先找出决策者，了解对方的性格特征、兴趣爱好、习惯等，然后有的放矢地开展工作；访问事由一般有直接推销、市场调查、提供服务、签订合同、收取货款、走访用户等。访问时间、访问地点的选择，应充分考虑对方的要求。

(2) 见面技巧

见面技巧是指双方见面时寒暄的技巧。见面的关键是要给对方留下良好的第一印象，争取其好感。首先，明确推销的时机，一般来说，推销的最佳时机是对方较空闲、乐于与人交谈或正好有所需求时，应尽量避免在对方较忙或者心情不好时进行推销；其次，面对面推销，推销人员必须十分重视自身形象，注意自己的衣着、态度、姿势及各种礼节，给顾客留下良好印象，使顾客产生信任感；最后，为下一次会面奠定基础，建立起和谐的洽谈气氛，做到轻松、自然。为此，既要求推销人员有较高的自我修养，又要能随机应变，及时引入话题，掌握洽谈的进度。

4. 商品介绍

在商品介绍阶段，推销人员要运用各种策略技巧，介绍商品的特点说服顾客购买自己的产品。例如，推销人员可以通过语言技巧、商品演示、试用等技巧促使顾客做出购买决定。

5. 处理异议

虽然推销人员对商品作了演示和说明，但是顾客还是会有些疑虑或不同看法，推销人员必须认真分析顾客异议，正确理解异议的真正意图，并采取灵活方式进行处理。如顾客最常问的问题就是“我为什么要买你的产品?”“你的产品有什么特点?”推销人员能够针对顾客的各种疑问做出恰如其分的回答，并采取相应的策略激发顾客的购买欲望。

6. 促成交易

在进行了演示及排除了各种异议后，推销员不要再迟疑，应抓住时机促成交易。

7. 售后服务

一个真正成功的推销员绝不会奉行“货经售出，概不负责”的思想的，他们往往会教顾客如何使用产品，而且有机会还会通过电话或登门拜访等方式了解顾客使用产品的情况和意见。

小贴士

在人员推销的过程中，常见的推销策略包括：

（1）试探性策略

试探性策略又称“刺激—反应”策略，是推销人员在不了解顾客需求的情况下，通过与顾客的“渗透性”交谈，对顾客进行试探，观察其反应，然后根据其反应进行宣传说服。

（2）针对性策略

针对性策略又称“配方—成交”策略，是在推销人员已了解顾客某些需求的情况下，针对这些要求进行有目的的宣传介绍，投其所好，以求引起对方共鸣，促成交易。

（3）诱导性策略

诱导性策略又称“诱发—满足”策略，是在顾客尚未认识到对该产品需求的情况下，通过推销人员的诱导，使其产生相应需求，然后再推销能满足这种需求的产品。

三、推销人员的管理

对推销人员的组织和管理，是人员推销工作的重要组成部分，主要包括推销人员的甄选、培训、激励和考核工作。

1. 推销人员的甄选

人员推销是一个综合的、复杂的过程，它既是信息沟通过程，也是商品交换过程，又是技术服务过程。推销人员一般应具备以下几个素质：

（1）态度热忱，勇于进取

推销人员既是企业的代表，同时又是顾客的购买顾问，因此，推销人员要具有高度的责任心和使命感，热爱本职工作，不辞辛苦，任劳任怨，敢于探索，积极进取，耐心服务，同顾客建立友谊，这样才能使推销工作获得成功。

（2）求知欲强，知识广博

推销人员在推销的过程中，要与大量的顾客打交道，要对他们的生活、工作有所了解，才能有针对性的展开推销。因此，广博的知识是推销人员做好推销工作的前提条件。较高素质的推销员必须有较强的上进心和求知欲，乐于学习各种必备的知识。一般说来，推销员应具备的知识有以下几个方面：

①企业知识：要熟悉企业的历史及现状，包括本企业的规模及在同行中的地位、企业的经营特点、经营方针、服务项目、定价方法、交货方式、付款条件和保管方法等；还要了解企业的发展方向。

②产品知识：要熟悉产品的性能、用途、价格、使用知识、保养方法以及竞争者的产品情况等。

③市场知识：要了解目标市场的供求状况及竞争者的有关情况，熟悉目标市场的环境，包括国家的有关政策、条例等。

④心理学知识：了解并适时适地运用心理学知识研究顾客心理变化和要求，以便采取相应的方法和技巧。

⑤财务知识：推销人员了解财务知识是保证销售收入顺利回收的重要前提。此外，推销人员还应了解政策法规的最新变化及影响。

（3）推销礼仪，善于表达

推销人员推销产品的同时也是在推销自己。这就要求推销人员要注意推销礼仪，讲究文明礼貌，仪表端庄，热情待人，举止适度，谦恭有礼，谈吐文雅，口齿伶俐，在说明主题的前提下，语言要诙谐、幽默，给顾客留下良好的印象，为推销获得成功创造条件。

（4）随机应变，掌握推销技巧

推销人员应该对各种变化反应灵敏，并有娴熟的推销技巧，能对变化万千的市场环境采用恰当的推销技巧。推销人员要能准确地了解顾客的有关情况，能为顾客着想，尽可能地解答顾客的疑难问题，并能恰当地选定推销对象；要善于说服顾客（对不同的顾客采取不同的技巧）；要善于选择适当的洽谈时机，掌握良好的成交机会，并善于把握易被他人忽视或不易发现的推销机会。

小贴士

玛丽·凯的生日礼物

玛丽·凯是美国一位大器晚成的女企业家，她干了25年的直销工作，退休后才办自己的玫琳凯化妆品公司。

有一次，玛丽·凯想买一辆新车，送给自己做生日礼物。当时领导潮流的福特汽车有两种颜色的新车刚刚投入市场，她想要一辆黑白色的。

玛丽·凯带着现金来到一家福特汽车销售代表处的展销厅。但售货员一点也不把她放在眼里，因为她看见玛丽·凯是开着一辆旧车来的，更何况那时候女性不容易得到购物信贷，所以他就轻易地判断玛丽·凯买不起车。由于觉得不是"潜在的买主"，这个代表处的售货员连理都不理她。当时正是中午，售货员干脆为自己找了个借口，说他有约会，已经迟到了，对不起。玛丽·凯也见不着经理，因为经理出门去了。

消磨时间的她走进了另一家出售默库里牌汽车的商行。她只是随便看看，因为她仍然太想要那种黑白福特车。这边的展示厅中摆放着一种米黄色汽车，玛丽·凯觉得也还可以，但车上标出的售价比原来准备花的钱要多一些。可是这里的售货员对她十分礼貌，当他听说那天是玛丽·凯的生日后，跟她说了声"请原谅"就走开了。几分钟后，他又回来同玛丽·凯接着聊。15分钟后，一位秘书给他送来了12枝玫瑰。这是给玛丽·凯的生日礼物。

"我顿时感到他送给我的好像是几百万美元！"玛丽·凯回忆起来时不禁感慨万分。当然玛丽·凯开走了那辆米黄色默库里牌汽车，而没有买那种福特车。

（资料来源 鲁原、焦若静：《顶尖业务员的成功法则》，企业管理出版社 1997 年版）

推销人员的甄选包括两个方面：第一，对未从事推销工作的人员进行甄选；第二，对在岗的推销人员进行甄选。对第一次从事推销工作的人员进行甄选，需要以推销人员的素质作为参照依据，尽量挑选品德端正、作风正派、工作责任心强人员从事推销工作。另一方面，对于已经从事推销工作的人员，要定期进行的考核，随时淘汰那些不适合推销工作的推销人员。

企业在挑选推销人员时，一方面可以从企业内部甄选，即把本企业内德才兼备、热爱并适合推销工作的人选拔到推销部门工作；另一方面，是从企业外部招聘，即企业从大专院校的应届毕业生、其他企业或单位等群体中物色合格人选。无论哪种来源，都应经过严格的考核，择优录用。

2. 推销人员的培训

企业在甄选出推销人员之后，还要对推销人员进行一定时间的培训，例如，国外的企业对于推销人员的培训都有明确的时间要求：产业用品类培训时间为 28 周，服务类培训时间为 12 周，消费品类位 4 周。由此可以看出，培训时间是按照推销工作的复杂程度和人员类别的不同而不同。

推销人员培训的内容通常包括企业知识、产品知识、市场知识、心理学知识和政策法规知识等内容。培训推销人员的方法很多，常被采用的方法有三种；一是课堂培训，这是一种课堂教学培训方法，一般是通过举办短期培训班或进修等形式，由专家、教授和有丰富推销经验的优秀推销员来讲授基础理论和专业知识，介绍推销方法和技巧；二是模拟培训，它是受训人员亲自参与的有一定真实感的培训方法，具体做法是，由受训人员扮演推销人员，向由专家教授或有经验的优秀推销员扮演的顾客进行推销，或由受训人员分析推销实例等；三是实践培训，这是一种岗位练兵。当选的推销人员直接上岗，与有经验的推销人员建立师徒关系，通过传、帮、带，使受训人员逐渐熟悉业务，成为合格的推销人员。

3. 推销人员的激励

从管理学的角度理解激励，是指一种人类活动的内心状态，它往往与动机连在一起。通过激励，企业可以鼓励推销人员积极工作，提高工作效率，实现企业目标。

（1）环境激励：企业可以通过创造良好的工作氛围、使推销人员身心愉悦的开展推销工作；

（2）目标激励：企业可以为销售人员确定一定的目标，以目标激励推销人员努力工作。目标包括销售额、毛利、访问数量、新客户数量、访问费用、货款回收等，其中较常见的是销售定额。

（3）物质激励：对销售业绩优秀的销售人员给予一定的物质奖励，用以调动销售人员的积极性。物质激励往往与目标激励结合使用。

（4）精神激励：对业绩优秀的销售人员给予一定的精神层面的鼓励，例如表扬、授予荣誉称号等。

4. 推销人员的考核

推销人员的工作业绩考核的方法包括：

（1）推销员绩效的横向比较

横向比较是指 将所有推销员的推销绩效加以比较，并评定其等级。这种考核方法要考虑到：由于不同责任区域的市场潜力、工作负荷、竞争水平、公司促销效果和其他因素的不同，会导致推销员的绩效可能有差异。

（2）推销员绩效的纵向比较

纵向比较是将推销员本期与前期所实现的销售额等指标情况进行比较，这种比较可以直接显示一个推销员的进步情况，从而判断其是否有发展前途。

（3）推销员的定性考核

定性考核是指查看推销员对企业、产品、顾客、竞争者、销售地区及本身职责的认识，推销员的特性——日常举止、仪表、谈吐及性情都是可以考核的。

第三节　广告策略

一、广告的含义和作用

1. 广告的含义

广告有狭义与广义之分。狭义的广告专指商业广告，是以赢利为目的，通过各种传播媒体向目标市场服务对象传递商品或服务信息的宣传活动。广义的广告是指通过各种形式公开向公众传播广告主预期目标信息的宣传手段。除商业广告外，还包括各种社会性广告，如有关政治、法律、社会、文化、教育、市政等方面的公告、通知、启示等。本节的广告是狭义的广告。

2. 广告的功能

(1) 引起注意，是广告最基本的功能。它借助精彩的文字、妙趣横生的话语、美的形象、动听的音乐等，引起广告对象的注意。

(2) 唤起兴趣，广告不仅能引起注意，而且可唤起广告受众对产品的兴趣，这就需要广告的内容和形式与目标对象的经验和心理需求相适应。

(3) 激发购买欲望。一个成功的广告在引起目标对象的兴趣之后，还必须促使其产生购买欲望。这就要求企业对目标顾客作进一步了解，以便投其所好，刺激其购买欲望。

(4) 促成购买行为。这是广告的最终功能，也是其目的所在。

二、广告决策

1. 广告目标的确定

确定广告目标是广告策略的第一步，这些目标的选择必须以现有目标市场、市场定位和营销因素组合方面的重要决策为依据。广告目标是指在特定时间内对特定的广告对象所要完成的沟通任务和所要达到的沟通程度。广告目标包括：

(1) 提高产品知名度

主要是向目标市场介绍企业产品，唤起消费者需求。以提高产品知名度为目标的广告主要用于开拓期的产品，目的是激发产品的初步需求。

(2) 建立需求偏好

目的是建立选择性需求，将购买者从竞争对手的品牌转向本企业的品牌。这类广告也可以称之为诱导性广告或竞争性广告，主要是通过与竞争对手的对比建立自己的品牌优势。

(3) 提示或提醒

目的是保持消费者对产品的记忆。这类广告多出现于产品成熟期，属于强化广告，使消费者相信自己的选择是正确的。

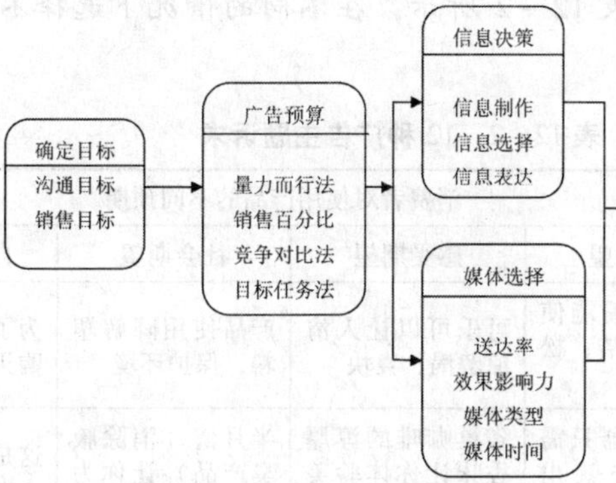

图 12－6　广告决策过程

2. 广告预算

广告预算是企业广告决策的重要内容，是企业为广告活动投入的预算。通常情况下，企业投入广告的费用是可以通过市场占有率的增长或者利润率的提高来反映，因此影响企业广告预算的因素包括：目标市场的大小及潜力、潜在市场的规模、目标市场的占有率和消费者对商品的理解、竞争者的广告策略、企业财务承受能力、产品生命周期、预期的销售额和利润额、广告形式和媒体选择等。

3. 广告信息决策

广告能否达到预期的沟通目的，信息的设计和选择起着重要的作用。好的广告一般集中表现某一中心销售主题，突出最想让人知道的信息内容。

（1）广告信息的主题

广告主题最重要的是突出产品能够给买者带来的利益，也是产品概念中的一部分。主题设计的实质是在众多可以反映企业和产品特点以及可以激发消费者购买欲望的众多因素中，选择出某些足以实现广告目标的因素来予以表现。

小贴士

研究表明，一个消费者在购买时对产品的使用有四种不同的期望：理性期望，感受期望，社会期望和自我满足期望。这四种期望可以从三种类型产品使用体验中得到，即对使用结果的体验，在使用中的体验和伴随在使用中的附带体验。如果把四种期望与三种体验结合起来，可以产生 12 种广告主题的诉求点，如表 12 -2 所示，在不同的情况下选择不同的广告主题目诉求点。

表 12 -2　12 种广告主题诉求

消费者和在产品使用中的不同体验	消费者对使用产品的不同预期			
	理性期望	感受期望	社会期望	自我满足期望
对产品使用结果的体验	这种洗衣粉能使衣物更清洁、松软、清香	可乐可以让人清凉解渴、爽快	产品使用降解塑料，保护环境	为了这种肤色值得购买
在产品使用中体验	这种热水器只需轻轻一按就出热水	雀巢咖啡的淳厚香味让你体验美好人生	半月清（消除腋臭产品）让你为社会所接受	这是为事业成功人士专门设计的住宅
伴随产品使用的附带体验	这种抽真空包装可以使产品长期保鲜	这种 MP4 小巧轻便，外形优美	能表现主人人性化的特点和艺术修养的家庭装修	具有较高鉴赏能力消费者的立体音响

（2）广告信息的选择

广告的效果不仅取决于它说什么，而且取决于它怎样说。有些广告从理性的位置来确定文稿，如液晶电视的“图像更清晰、色彩更鲜艳”。也有些广告从情感的角度出发，而不直接表现产品，如“南方黑芝麻糊，还是那个味儿”。企业一旦选择了广告信息的内容、形式等，所有这些表述必须是一致的，有助于主题思想的传递和产品形象的确立，同时也应该根据具体情况，突出某些方面。例如印刷广告，消费者一般比较标题与画面，而很少关注文字。

3. 广告媒体

（1）广告媒体的选择

不同的广告媒体，有不同的广告效果、吸引力和适应性。最常用的广告媒体有：电视、广播、杂志、报纸、网络和户外媒体等，如表 12 -3 所示。

表 12 -3　主要广告媒体的优缺点

广告媒体	优点	缺点
报纸	影响广泛，覆盖率高，传播速度快，反映及时，费用较低	广告时效短，重复性差，保存性差，印刷不精美，吸引力低，内容繁杂，不易引起消费者注意

续表

广告媒体	优点	缺点
杂志	广告对象明确，针对性强，美观，广告时效长，保存率较高	发行周期长，信息延迟性强，读者群比较窄
广播	传播迅速、及时，表现方式灵活多样，传播对象价位广泛，价格较为低廉	不容易记忆，印象不强，目标受众不明确
电视	视觉刺激强，收视效果好，传播范围广，影响面广，宣传手法灵活，艺术性强	时间性强，制作复杂，成本较高
网络	广告方式灵活，覆盖面广，持续时间长，费用低	广告范围窄，针对性差
户外	反复诉求效果好，对地区和消费者的选择性强，费用低	传播区域小，创造力受限
邮寄	有针对性，选择性强，注意率、阅读率高，灵活，人情味	欠生动，传播面小

企业在选择广告媒体时，不应拘泥于常用媒体，应该有创新意识，能出奇制胜。正确的广告媒体组合，可以增强广告效果，在心理效应上有提高广告声势的作用；把同一主题的广告分别在不同媒体上传播，目标顾客接触的机会就多，有拾遗补阙的作用。

（2）影响广告媒体选择的因素

不同的广告媒体有不同的特性，这决定了企业从事广告活动必须正确的选择广告媒体，否则将直接影响广告效果。正确地选择广告媒体，一般要考虑以下几个影响因素：

①产品的性质

不同性质的产品，有不同的使用价值、使用范围和宣传要求。广告媒体只有适应产品的性质，才能取得较好的广告效果。生产资料和生活资料、高技术产品和一般生活用品、价值较低的产品和高档产品、一次性使用的产品和耐用品等都应采用不同的广告媒体。通常，对高技术产品进行广告宣传，面向专业人员，多选用专业性杂志；而对一般生活用品，则适合选用能直接传播到大众的广告媒体，如广播、电视等。

②消费者接触媒体的习惯

选择广告媒体，还要考虑目标市场上消费者接触广告媒体的习惯。一般认为，能使广告信息传到目标市场的媒体是最有效的媒体。如，对儿童用品做广告宣传，宜选电视作其媒体。

③媒体的传播范围

媒体传播范围的大小直接影响广告信息传播区域的广窄。适合全国各地使用的产品，应以全国性发放的报纸、杂志、广播、电视等做广告媒体；属地方性销售的产品，可通过地方性报刊、电台、电视台、霓虹灯等传播信息。

④媒体的影响力

广告媒体的影响力是以报刊的发行量和电视、广播的视听率高低为标志的。选择广告媒体应把目标市场与媒体影响程度结合起来。能影响到目标市场的每一个角落的媒体是最佳选择。这样，既能使广告信息传递效果最佳，又不会造成不必要的浪费。

⑤媒体的费用

各广告媒体的收费标准不同，即使同一种媒体，也因传播范围和影响力的大小而有价格差别。考虑媒体费用，应该注意其相对费用，即考虑广告促销效果。

总之，要根据广告目标的要求，结合各广告媒体的优缺点，综合考虑上述各影响因素，尽可能选择使用效果好、费用低的广告媒体。

（3）广告媒体的使用时间

媒体使用时机是否恰当直接影响到产品的销售。对一种媒体从何时开始使用，使用多长时间？新产品推出时是先对批发商后对消费者做广告，还是同时对批发商和消费者做广告？媒体使用时间有以下四种安排方式。

① 集中时间安排。在较短的时间内，集中展开广告宣传对有限的目标市场发动强有力的广告攻势，以便在短时期内迅速树起企业和产品形象，以促进短期营销计划的实现。

②均衡时间安排。均衡反复地对目标市场实施广告宣传，有利于加深目标顾客对产品或企业的印象，扩大品牌知名度。

③季节时间安排。当销售旺季到来之前，开展广告活动，如对电风扇、空调机，在每年四五月开始做广告，当销售旺季达到高潮时，广告宣传也达到高潮，销量减退，广告也逐渐减少。

④节假日时间安排。在节假日之前大力开展广告活动，节日一过便停止广告。除了政府所规定的和民间风俗形成的节假日外，各行业往往也有特定的时令产品，如学校开学前是文化用品销售旺季。

小贴士

广告媒体投放流程

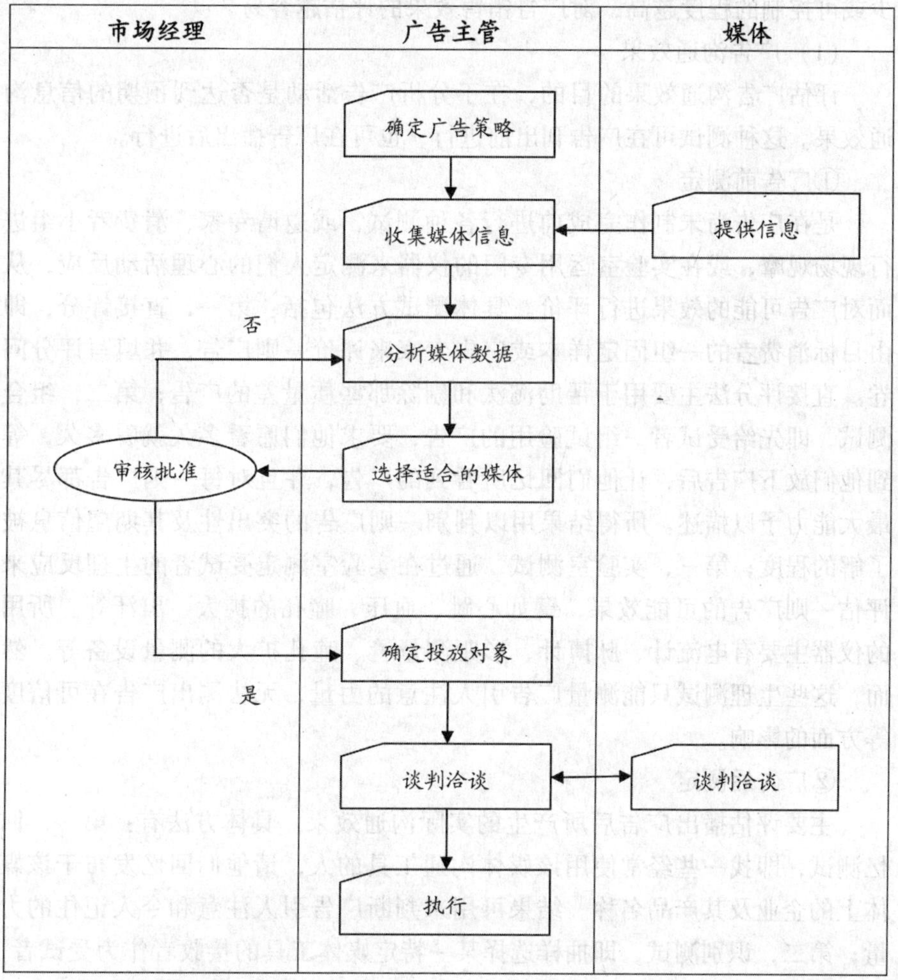

5. 广告效果评价

正确的评价广告效果，可帮助企业在降低广告费用的同时，帮助企业了解广告是否与其目标相吻合，是否获得更好的广告效益。对广告进行评估的内容很多，就效果而言，主要有两方面：一是广告销售效果，二是广告沟通效果。广告沟通效果是指广告活动对购买者知识、感情与信心的影响；广告销售效果是指广告发出后一定时间内销售额的变动与广告费的比例。广告销售效果往往比广告沟通效果更难评估，因为除广告因素外，销售还受产品特性、价格和购买利益等影响。一般而言，其他因素的影响越少或可控制的程度越高，对广告销售效果的评估越容易。

（1）广告沟通效果

评估广告沟通效果的目的，在于分析广告活动是否达到预期的信息沟通效果。这种测试可在广告刊出前进行，也可在广告播出后进行。

①广告前测定

是在广告尚未制作完成前进行各种测试，或邀请专家、消费者小组进行现场观摩，或在实验室运用专门的仪器来测定人们的心理活动反应，从而对广告可能的效果进行评价。具体测试方法包括：第一，直接评分，即由目标消费者的一组固定样本或广告专家来评价一则广告，并填写评分问卷。直接评分法主要用于帮助淘汰和剔除那些质量差的广告；第二，组合测试，即先给受试者一组试验用的广告，要求他们愿看多久就看多久，等到他们放下广告后，让他们回忆所看到的广告，并且对每一则广告都尽其最大能力予以描述。所得结果用以判别一则广告的突出性及其期望信息被了解的程度；第三，实验室测试，通过在实验室测定受试者的生理反应来评估一则广告的可能效果，譬如心跳、血压、瞳孔的扩大、出汗等。所用的仪器主要有电流计、脉搏计、形距测量管、瞳孔扩大的测量设备等。然而，这些生理测试只能测量广告引人注意的力量，无法测出广告在可信度等方面的影响。

②广告后测定

主要评估播出广告后所产生的实际沟通效果。具体方法有：第一，回忆测试，即找一些经常使用该媒体沟通工具的人，请他们回忆发布于该媒体上的企业及其产品名称。结果可用来判断广告引人注意和令人记住的力量；第二，识别测试，即抽样选择某一特定媒体工具的接收者作为受试者，再请他们反复观看或阅读该媒体，时间不限，然后说出认识媒体上众多广告中的哪一个，最后根据识别的结果给予每一则广告三种不同的可读性评分：第一，只注意到；第二，已记得名称；第三，了解了广告内容的一半以上。

（2）广告销售效果

测定销售效果的目的在于了解广告对销售的影响作用。广告销售效果的测定有两种方法：

①历史资料分析法。这是由研究人员根据同步或滞后的资料，利用最小平方回归法求得企业过去的销售额与企业过去的广告支出之间的关系的一种测量方法。在西方国家，这种方法用以测量香烟、咖啡等产品的广告效果时比较成功。

②实验设计分析法。用这种方法来测量广告对销量的影响时，可选择不同地区，在其中某些地区进行比平均广告水平强50%的广告活动，在另一些地区进行比平均广告水平弱50%的广告活动。然后把不同广告水平的地区的销售记录进行比较，就可以看出广告活动对企业销售量究竟有多大影响。

第四节　营业推广

营业推广，又称销售促进（Sale Promotion），是指企业运用各种短期诱因鼓励消费者和中间商购买、经销（或代理）企业产品或服务的促销活动.

一、营业推广的特点

1. 提高各种促销方式的促销效率

营业推广与其他促销方式结合，是广告、人员推销和公共关系的一种辅助和促进，起着互相配合、互相促进的作用，起到加速剂和润滑剂的作用。通过营业推广的配合，使其他促销方式发挥出更大的效果。它是以激励消费者购买和经销商经营积极性以及推销人员士气的辅助性的促销措施。

2. 形式多样化、规模大型化、应用灵活化和普及化

营业推广的受益面广，有消费者、经销商和推销人员，其形式丰富多彩，针对性强，容易产生更强烈、更快速的反应，能迅速扭转销售下降的局面。

3. 短暂性

营业推广的影响常常是短期的，因此对建立长期的品牌偏好贡献不是很大，另营业推广容易降低品牌形象，过多打折被消费者看成是低质产品，不利于企业长期发展。

二、营业推广的对象

企业销售促进的对象主要有三类：消费者、中间商和推销人员。

(1) 对消费者的销售促进。对消费者销售促进的目的主要是鼓励购买，吸引新的顾客试用，争夺其他品牌的顾客等。

(2) 对中间商的销售促进。与销售直接有关的中间商主要是批发商、代理商、零售商。当零售商对产品销量的影响越大时，营业推广就愈重要。对中间商的开展营业推广的目的主要是鼓励他们大量进货，卖力推销，特别是与企业建立稳定的合作关系。

(3) 对推销人员的销售促进。其目的主要是鼓励推销人员大力推销产品，开拓新市场，发掘潜在顾客。可以采用的销售促进方式有销售竞赛、红利、奖品等。

三、营业推广的方式

针对具体促销对象，采用的营业推广方法不同。

1. 针对消费者购买的方式

(1) 赠送样品。即免费让消费者试用产品，通过亲身试用，使消费者领略到产品的好处和实际利益，从而迅速接受新产品，成为新产品的购买者。

小贴士

宝洁公司通过互联网派送样品

当宝洁公司决定再一次投放别致（pert plus）洗发水的时候，扩大了价值2200万美元的广告促销活动，建立了新网站（www. pertpllus. com）。公司建立网站有三个目标：创造新配方洗发水的认知、让顾客使用产品和收集网络使用者信息。网站的首页请访问者“把头顶在屏幕上”，测量头发的清洁程度。列出结果后，网站告诉访问者需要立即得到帮助，解决方案是“试一下新的别致洗发水”。访问者填好一张简短的个人信息表格，就可以得到样品。网站还有其他有趣的特点，例如，点击“赶快告诉朋友”可以出现一个窗口，给朋友发信让他们参观网站并得到样品。样品促销的效果如何呢？宝洁公司对结果很惊讶，网站运行两个月内，有 170000 人访问，83000 人索要样品。更让人惊奇的是，网站虽然只有 10 个网页，每人平均访问网站 1.9 次，每次访问用时 7.5 分钟。

（2）有奖销售。企业销售某种产品时设立若干奖励，并印有奖券，规定购买数额，顾客达到购买数额后可获奖券。然后由销售者宣布中奖号码，中奖者持券兑奖。奖品从小饰物到电话卡、光碟等，这种营业推广方法利用了人们的侥幸心理，对购买者刺激性较大，有利于在较大范围内迅速促成购买行为，但应注意奖励适度及奖品真实性。

小贴士

别出心裁的胶水宣传

有一天，在香港一条平素冷落的街道上，一家很不起眼的小店门口，显得热闹非凡。这是一家经营强力胶水的小店。这天在店堂里，当着众多顾客和摄像机镜头，店主右手拿起一瓶胶水，左手取出一枚金币，先在金币背面薄薄地涂上一层胶水，又在店堂一面光洁的墙面上也均匀地涂布了一处，略等片到便把金币往墙上一粘。然后，他环顾四周，大声宣布：“这块金币是本店特意定制的，价值 4500 美元，现在已用本店出售的强力胶水粘在墙上，如有哪位先生能用手把它揭下来，这块金币就归他所有了！”人群顿时骚动起来，人们一个接一个满怀自信地上去试运气，又一个个心犹不甘地退了下来，连一位气功师也徒叹奈何。从此，这家小店的强力胶水名声远扬，天天门庭若市。

与这一案例有异曲同工之妙的是，美国一商人为将一种称作“超级三号胶”的强力黏合剂打进国际市场，在巴黎奥布尔维和马瑟公司设计师的策划下，将一名杂技演员的鞋底上点上几滴“超级三号胶”，然后将其倒黏在天花板上，保持 10 分钟，全部过程自始至终有公证人在场监督，并将此拍摄成电视广告片。广告播出后 6 个星期内，这种黏合剂销出 50 万支，以后年销量竟达 600 万支。不久，另一家黏合剂厂商在南非将特技演员用胶粘在一架飞机上，在空中飞行了 40 分钟，其间，飞机还在空中做了一个翻筋斗的动作！

（3）廉价包装。包装注明统一折价率，购买时按折价率付款；包装上注明该包装是加大容量的包装或购买时另赠送小容量包装的商品。

折价优待。随广告或商品包装发送的折价优待券，凭券到指定商店购买该商品即可获得一定的价格优惠。

（4）以旧换新。将以前购买的同牌型号的老产品或其他牌号的同类产品折价，再加上一定数量的现金即可换购该牌号的新产品。

（5）奖励券。购买一定数量商品即可获得奖励券，凭奖励券数目的多少可换领不同价值的商品。

（6）广告特制品。将印有广告商名字的有用物品作为礼物送给消费者。礼品包括笔、日历、钥匙链、购物袋、T恤衫、帽子以及茶杯。这是一项相当有效的促销，据美国一项调查结果表明，63%的消费者会使用这些特制品，在拿给采访者看之前，超过3/4的人记得特制品广告公司的名字。

由于竞争的加剧，许多厂商不断地开发出新的营业推广方式，使其类型不断增多。如现场展销、购物赠品、延期付款、特价日优待、先购优待、购物积分、限时折价等。

小贴士

耳听为虚，眼见为实，这是消费者普遍的心理状态，许多企业正是看准了消费者的这种心理，采用实物演示的手法，让消费者看个明白，买个放心。

茅台酒是中国名酒之王，但当初在国际上却还是“长在深闺人未识”。1915年的巴拿马万国博览会上，茅台酒开始竟无人问津。我方营销人员急中生智，故意在展览大厅里摔碎了一瓶酒。伴着“咣当”一声响，顿时整个大厅里酒香四溢，惊动了在场的各国客商。于是他们纷纷循香而来，争相购买。于是茅台酒一炮走红，结果被评为金牌产品，从而使这来自东方的玉液走向了世界。

2. 针对中间商的方式

（1）免费提供陈列样品。经销商在向顾客推销商品时，如果缺少陈列样品，就会减少许多成交机会，由生产企业提供陈列样品，经销商就会免除样品破损或废旧引起损失的担心，增加成交机会，也是对经销商的支持。

（2）推广资助。按订货量或销售额的多少发放推广津贴，专门供其进行推广所用；与经销商联合做广告或特殊展示，费用由双方按比例分摊或全部由生产企业承担；为经销商提供推广指导，如提供广告样板、专橱（专柜）设计资料，提供推广所用的材料、展品等。

（3）销售竞赛。由生产企业在众多本企业经销商中发起销售本企业产品的竞赛，对优胜者给奖金或奖励，带优胜者参加公司庆典活动。

（4）协助经营。由生产企业对本企业经销商提供人员培训、派员指导、举办经营研讨会、提供经营手册、发放经营简报、邮寄广告宣传品、产品目录、样品手册等形式，供其了解企业动态，学习经营经验，促进经销商提高经营效率。

（5）业务会议和贸易展览。业务会议是指企业自办或与其他企业联办业务洽谈会或商品展示会，以便吸引消费者或中间商前来观看、购买或洽谈业务，这是难得的营业推广机会和有效的促销机会。

3. 针对推销人员的方式

（1）推销竞赛。在推销人员中举行推销竞赛活动，对优胜者给予免费旅行、现金或授予某种荣誉称号，以激发员工士气和提高推销积极性。

（2）推销津贴。对推销人员按完成销量的多少，发放数量不等的津贴或奖金，与推销竞赛相比，推销津贴的办法有更大的受惠面，设计可测量、可达到的销售目标（如发现新客户、恢复老客户或者增加客户利润率），促进更多推销人员改进推销方法，扩大推销数量。

四、营业推广方案的制定及实施

1. 营业推广方案的制定

营业推广工具很多，企业在具体应用时不是选择一种，而是往往仔细分析多种因素，选择多种方案，组成一个营业推广方案的有机组合体。

（1）营业推广的规模。营业推广的规模需要结合目标市场的数量、规模及内在结构，并根据营业推广的成本与预期收益之间的关系来确定。

（2）营业推广的对象。营业推广的对象可以所有消费者，也可以某一个特定的群体，针对顾客或经销商的具体特点，应当优选那些积极参与并易产生最佳推广效果的对象。

（3）营业推广的时间。如果营业推广时间过短，可能使一部分顾客来不及购买；如果持续时间过长，一方面，可能会丧失部分刺激购买的作用，另一方面，会增加企业的营业推广成本。

(4) 营业推广的方式。企业应该根据营业推广的对象和持续的时间，有针对性的选择营业推广方式的组合。

(5) 营业推广的时机。推广时机选择得好，能起到事半功倍的效果企业应综合分析产品的生命周期、市场竞争态势、购买心理以及消费者收入水平等有利时机，开展营业推广活动。

(6) 营业推广的预算。企业综合考虑营业推广的规模、时间、对象和方式，合理确定营业推广的预算。

2. 营业推广方案的实施

(1) 预试营业推广方案

虽然营业推广方案是在经验基础上制定的，但仍应经过预试以求明确所选工具是否恰当，刺激规模是否最佳，实施方法效果如何？企业可以邀请消费者对营业推广方案进行评价，也可以在一定地区范围内开展退岗互动进行测试。

(2) 实施和控制营业推广方案

对每一项营业推广方案应该确定其实施和控制计划，实施计划必须包括前置时间和销售延续时间。前置时间是开始实施这种方案前所必需的准备时间。销售延续时间是指从开始实施优待办法起到大约95%的采用此优待办法的商品已经在消费者手里的结束为止的时间，这取决于实施方案持续时间的长短。

五、营业推广效果评估

在营业推广方案实施后，要对本次营业推广的活动进行效果评估，即对营业推广目标达成程度的检查，通过评估，测定营业推广的效果；总结好的经验，以便全面推广；对失误吸取教训，对营业推广方案进行调整，以提高推广效率。

对营业推广效果的评价标准包括：市场占有率的变化、产品知名度的提高、推广费用与实际利润比率、分销渠道的扩展与稳固等。

第五节　公共关系

公共关系出现于20世纪70年代，简称“公关”。由于公共关系主体的范围不同，其含义也有广义与狭义之分。广义的公关是指政府、企业或社会团体，为取得社会公众的信赖、理解与合作而采取的政策、服务和活动。狭义的公关作为企业的一种促销方式，是指通过各种传播媒介，与社会公众保持良好关系，从而为企业营销创造一个和谐外部环境的活动，其最终目的是通过树立在公众中的良好形象，起到促销的作用，其着眼点不是销售额的暂时上升，而是企业长期和未来的利益。

一、公共关系的特点

1. 公共关系是一定社会组织与其相关的社会公众之间的相互关系

首先，公关活动的主体是一定的组织，如企业、机关、团体等；其次，公关活动的对象，既包括企业外部的顾客、竞争者、新闻界、金融界、政府各有关部门及其他社会公众，又包括企业内部职工、股东，这些公关对象构成了企业公关活动的客体，企业与公关对象关系的好坏直接或间接地影响企业的发；第三，公关活动的媒介是各种信息沟通工具和大众传播渠道

2. 公共关系的目标是为企业广结良缘，在社会公众中创造良好的企业形象和社会声誉

通过公共关系，让社会公众熟悉企业的经营宗旨，了解企业的产品种类、规格以及服务方式和内容等有关情况，使企业在社会上享有较高的声誉和较好的形象，促进产品销售的顺利进行。一个企业的形象和声誉是其无形的财富。良好的形象和声誉是企业富有生命力的表现，也是公关的真正目的之所在。

3. 公共关系的活动以真诚合作、平等互利、共同发展为基本原则

公共关系活动的开展，关系着主客双方得利益关系，因此，主客双方必须均有诚意，平等互利，并且要协调、兼顾企业利益和公众利益。只有这样，才能维护和发展企业与公众的良好关系。

4. 公共关系是一种信息沟通，是创造“人和”的艺术

公共关系是企业与其相关的社会公众之间的一种信息交流活动。通过公关活动，可以帮助企业沟通上下、内外的信息，建立相互间的理解、信任与支持，协调和改善企业的社会关系环境。公共关系追求的是企业内、外部人际关系的和谐统一。

5. 公共关系是一种长期活动

公共关系不是短期活动，因此也不能追求短期效益，公共关系应着眼于长远打算，需要连续地、有计划地开展公关活动。企业要树立良好的社会形象和信誉，就要追求长期的、稳定的具有战略性的公关活动。

二、公共关系的作用

公共关系是一项与企业生存发展休戚相关的事业。公共关系被用来促进品牌、产品、人员、地点、构思、活动、各种组织机构甚至国家关系。组织机构利用公共关系去吸引公众的注意力或者去抵消留在公众头脑里的不利印象。国家使用公共宣传去吸引更多的观光者、外国投资者和取得国际支持。公共关系的作用主要体现在：

1. 信息收集、监测环境

信息是企业发展必不可少的资源。运用各种公关手段可以采集各种有关信息，检测企业所处的环境。公共关系所须收集的信息主要有以下几类：

（1）产品形象信息

产品形象信息包括公众特别是用户对于产品价格、质量、性能、用途、包装、售后服务等方面的反映，对于该产品优点、缺点的评价以及如何改进等方面的建议。

（2）企业形象信息

企业形象信息包括：①公众对本企业组织机构的评价，如机构是否健全，设置是否合理，人员是否精简，运转是否灵活，办事效率如何等；②公众对企业管理水平的评价，如经营决策评价、生产管理的评价、市场营销管理的评价、人事管理的评价等；③公众对于企业人员素质的评价，如对决策者的战略眼光、决策能力、创新精神等方面的评价；④公众对于企业服务质量的评价，包括服务态度、对顾客的责任感等方面。

(3) 企业内部公众信息

企业的职工作为社会公众的一部分，必然对企业产生不同的反映与评价。通过对企业内部职工意见的了解，能掌握职工对企业的期望，企业应树立什么样的形象，才能对职工产生向心力和凝聚力。企业内部公众的信息，可以通过意见书、各职能部门的计划、总结、工作报告以及企业内部的舆论工具等来获得。

(4) 其他信息

包括：投资者的投资意向、竞争者的动态、顾客的需求变化以及国内外政治、经济、文化、科技等方面的重大变化，都直接或间接地影响到企业的经营决策。

2. 咨询建议、决策参谋

公共关系领域内的咨询建议，指公共关系专业人员向组织领导提供有关社会组织形象和公众动向方面的情况说明和参考意见。公共关系的这一职能是利用所搜集到的各种信息，进行综合分析，考察企业的决策和行为在公众中产生的效应及影响程度，预测企业决策和行为与公众可能意向之间的吻合程度，并及时、准确地向企业决策者进行咨询，提出合理而可行的建议。

3. 舆论宣传、创造气氛

公共关系可以将企业的有关信息及时、准确、有效地传送给特定的公众对象，为企业树立良好形象创造良好的舆论气氛。如提高企业知名度、美誉度；引导舆论朝着有利于企业的方向发展；在企业遇到风险时，要进行必要的解释，将本企业采取的预防措施向公众宣布，使不良影响减小到最低限度，帮助企业重振声誉。

小贴士

以小告大，无事生非

第二次世界大战前夕，一个名叫洛克的匈牙利人发明了圆珠笔，并在英国申请了专利，引起很多厂商的兴趣。当时，规模很小的美国雷诺公司在引进过程中碰到了本国两家强有力的竞争对手。于是，一边对圆珠笔进行改进，一边与两大对手争夺市场。但苦于无钱扩大宣传，提高声誉。冥思苦想，终于，毫无根据地起诉两家大公司，说他们违反了反托拉斯法，阻挠了雷诺公司的圆珠笔的生产和销售，要求赔偿100万美元。此举引发两家大公司义正辞严的反控告，更引起传媒的宣传曝光，雷诺公司一举成名。

4. 交往沟通，协调关系

交往沟通是公关的基础，任何公共关系的建立、维护与发展都依赖于主客体的交往沟通。只有交往，才能使企业的内部信息有效地输向外部，是外部有关信息及时地输入企业内部，使企业与外部各界达到相互协调。协调关系，不仅要协调企业与外界关系，还要协调企业内部关系，包括企业与其成员之间的关系、企业内部不同部门成员之间的关系等，要使全体成员与企业之间达到理解和共鸣，增强凝聚力。

5. 教育引导，社会服务

指通过广泛、细致、耐心的劝服性教育和优惠性、赞助性服务，来诱导公众对企业产生好感。对企业内部，公关部门代表社会公众，向企业内部成员输入公关意识，诱发企业内部各部门及全体成员都重视企业整体形象和声誉。对企业外部各界，公关部门代表企业，通过劝服性教育和实惠性社会服务，使社会公众对企业的行为、产品等产生认同和接受。

三、公共关系的方式

企业在公关活动的不同阶段有不同目标，而要实现这些目标，必须善于运用各种公关活动方式。公关活动方式多种多样，可从不同角度作不同分类。

1. 按接触公众的工作方式分类

（1）宣传性公关。是指通过各种传播媒介的宣传，树立企业的良好形象。特点是主导性、时效性强，传播面广，可迅速提高企业知名度。宣传性公关的具体活动方式有两种，一种是公关广告，另一种是以新闻报道、记者招待会等方式进行的宣传。相比而言，后一种方式易于使人信服，因此效果也更好。

小贴士

长城饭店的名人公关

1984 年初，当长城饭店的经理和公关人员得到里根总统访华的消息后，立即意识到这是一个非常难得的机会。他们想，美国总统如能光临长城饭店，将会给“长城”带来极大的声誉，对饭店前途产生极大的影响。于是他们迅速制定出了周密的公关计划，并全力付诸实施。

当时，饭店还未全部竣工，服务设施尚不完善，公关部人员克服种种困难，做了大量准备工作。他们不厌其烦地陪同美国驻华使馆的工作人员参观饭店，介绍各种设施、服务项目及保安措施，接待上百名外国记者，为他们提供各种通讯设施和材料，协助他们采访，做到有求必应。

经过努力，终于争取到了里根总统在“长城”举办答谢宴会的机会。1984 年 4 月 28 日，来自世界各国的 500 多名记者，聚集在长城饭店，向世界各地发出了里根总统举办答谢宴会的消息。这些消息，当然无一不提到了“长城饭店”。于是长城饭店在全世界声名大振，许多外国人产生了好奇心：“长城”是怎么样的一家饭店，为什么美国总统选择在这里举办宴会？以至于后来许多外国来宾一下飞机，就想到“长城”去住宿。此后，长城饭店的生意格外兴隆，接待了许多国家元首和政府首脑，在长城饭店举行答谢宴会已成为惯例。所有这些都不能不归功于长城饭店极为成功的公关活动。

（2）交际性公关。是指通过人际交往为企业创造“人和”环境。其优点是直接沟通，形式灵活，信息反馈快，且富有人情味。采用的方式主要有宴会、座谈会、专访、慰问、电话、信函等。

（3）服务性公关。是以提供各种优质服务取得公众的理解、信任和好评，有利于密切与公众的关系。如各种消费教育、技术培训、售后服务等。

（4）社会性公关。是通过举办或参与各种社会性活动提高企业知名度和美誉度。其特点是公益性强、社会性强，公众能直接从中受益，因而有利于提升企业形象。如通过赞助文化、艺术、教育、体育、卫生、慈善等事业，承担相应的社会责任。

（5）征询性公关。是通过收集信息、舆论调查、民意测验等征询意见的方式进行的公关活动。如建立消费者热线电话，接受和处理消费者意见和投诉等。

2. 按企业与环境之间的适应程度或发展的不同阶段分类

（1）建设型公关。是企业为开创新局面而采取的公关活动。这是新企业和尚未在公众心目中树立起良好组织形象的企业所采用的公关活动类型。

（2）维系型公关。是企业为巩固已取得的良好形象而采用的公关活动。这是处于稳定发展时期的企业所采用的公关活动类型。

（3）防御型公关。是企业为防止自身的公共关系失调而采取的公关活动。这是公共关系已出现失调苗头的企业采用的公关活动类型。

（4）进攻型公关。是为了消除企业与外部环境的矛盾冲突而采取的公关活动。这是那些在发展过程中与环境发生某种矛盾冲突的企业所采用的公关活动类型。

小贴士

20世纪20年代，美国电话电报公司已经成为业务系统遍布全美的大企业。因业务具有独占性，最担心社会舆论干涉和责难。他们先行一步，制定了一套旨在防御的方案：

①系统的改造设备，以进一步提高服务质量；

②尽量、尽快降低服务费用和价格，取悦于公众；

③加强与政府部门和有关业务机构的往来，培养良好关系，使公司有一个特殊的地位；

④话务员改由女性担任，以减少与顾客发生争执；

⑤装线人员要特别小心对待用户的地板、墙壁和住房的其他设施，尽一切可能使其不受损害。

（5）矫正型公关。是危机事件出现后企业所采取的各种补救性的公关活动。这是企业形象受到损害时所采取的公关活动类型。

四、开展公共关系活动的步骤

1. 明确公关目标

公关人员应首先根据营销目标和形象差距，制定特定的公关目标。公关活动的目标应与企业整体目标相一致并尽可能具体，同时要分清主次、轻重。

2. 确定公关对象

确定公关对象即确定本次公关活动所针对的目标公众。企业的目标公众包括内部公众和外部公众两类。前者包括员工和股东等，后者包括供应商、销售商、竞争者、顾客、大众媒体、政府部门、群众团体等。每一项公关活动都应针对特定的公众展开。

3. 选择公关活动方式

选择公关活动方式即采用何种方式进行公关活动。公关活动的选题必须适合特定的市场环境及相关的文化背景。另外，还应考虑公关活动的费用预算及其他各种影响因素。

4. 公关活动的组织与实施

公关活动的组织与实施即对每一公关方式进行详细策划，制定具体方案，然后有计划地组织实施。公关方案实施的一个重要因素是时机，企业可利用一些特殊事件或突发事件实施公关方案，或者创造某些条件使事件变得富有新闻性，以提高公关活动的效果。

5. 公关活动的效果评估

由于公关活动的主要目的是树立企业形象与声誉，不是直接推销某种商品，而且往往与其他促销手段一起使用，因此衡量其效果也就比较困难。常用的方法主要有：

（1）展露度衡量法，即通过统计公关活动在新闻媒体上的展露次数和时间，了解公关活动的影响；

（2）态度改变衡量法，即考察公关活动后消费者对企业或品牌的知名度、理解度及态度偏好方面的变化情况；

（3）销售评估法，即通过比较公关活动前后销售额与利润额等的变化情况了解公关活动的效果。

本章小结

企业的营销沟通方式有多种：广告、人员推销、营业推广、公共关系将这些方式有选择地搭配起来使用才能达到最佳效果，这就是促销组合。为此，我们首先应了解各种营销沟通方式的特点、适用性及影响沟通组合决策的主要因素。除了了解各种促销方式的特点以外，企业制订促销组合决策时还需考虑到其他一些基本的影响因素：产品种类及市场类型；促销目标；沟通的总策略；产品生命周期所处阶段等。制订促销策略的步骤确定目标受众；确定促销目标；设计信息；选择媒体；编制预算；制订促销组合；对促销效果进行评价

思考题

1. 何谓促销？促销有哪些作用？
2. 人员推销有哪些优缺点？
3. 如何甄选和培训推销人员？
4. 推销人员应具备哪些素质？
5. 什么是广告？广告设计应遵循哪些原则？
6. 什么是广告媒体，如何选择广告媒体？
7. 什么是公共关系？它有哪些基本特征？
8. 公共关系活动方式有哪几种？
9. 营业推广有何特点？
10. 如何控制营业推广活动？

模块四　市场营销策略——技能训练

项目一　产品策略

项目目标

【知识目标】

了解产品的概念；

理解产品组合的含义；

掌握产品生命周期理论；

掌握品牌的含义及品牌战略。

【技能目标】

具备分析及确定产品规划的能力；

结合产品生命周期的不同阶段，制定相应产品策略的能力；

具备制定产品组合策略的能力；

具备制定品牌策略及包装策略的能力。

【实训目标】

具备进行产品规划、制订产品生命周期策略、产品组合策略、品牌及包装策略的技能。

项目实施

【技能训练】

1－1　设计产品使用说明书

训练目标：

更好地理解整体产品的概念；

使学生认识到从消费者的角度设计产品使用说明书的重要性；

使学生掌握产品使用说明书的设计方法。

训练内容：

选择一款简单的白色小家电产品，为其设计产品使用说明书。

训练要求：

(1) 以小组为单位，完成产品使用说明书的设计；

（2）小组讨论决定选择何种白色小家电产品，并进行相关资料的收集；

（3）设计并完成产品使用说明书，并向大家展示和介绍产品使用说明书；

1-2　产品组合策略

训练目标：

帮助学生理解产品组合的内容；

帮助学生掌握产品组合决策的内容。

训练内容：

通过浏览宝洁公司的官方网站和搜集其他二手资料，完成宝洁公司产品组合策略分析报告。

训练要求：

（1）以小组为单位完成训练内容；

（2）产品组合分析报告的内容应该包括：宝洁公司产品组合的基本情况（绘制相关图表）、宝洁公司产品组合策略、品牌策略及其市场细分的依据；

（3）撰写并上交产品组合分析报告，字数不少于1500字。

1-3　情景模拟——R牌洗发水的生命周期

训练目标：

熟练掌握产品生命周期各个阶段应该采取的营销策略；

学会用产品生命周期理论帮助企业作出决策；

利用模拟会议的方式分析问题、解决问题。

训练内容：

背景介绍：

R牌洗发水的生命周期

某国际知名洗涤日化企业针对市场需求情况，在华推出了R牌洗发水。R牌洗发水是该公司在中国本土市场推出的第一个原创品牌。因此，公司总部对R牌洗发水寄予了“厚望”，希望这个专门为中国消费者打造的产品可以在中国市场一炮而红，迅速抓住中国消费者，进而成为走向亚洲乃至全世界的新锐品牌。公司对这个品牌倾注了极大的心力和推广费用。同时，为了推广R牌洗发水，公司不断扩展其生产线，先后衍生出6个品种，以期增加消费者的购买空间，覆盖更大程度的市场。

（一）市场调研与产品测试

20 世纪 90 年代末期，中国洗发水市场被“植物”、“黑发”等概念充斥着。通过市场调查，公司发现：首先，与中国本土产品的“植物”、“黑发”的诉求相比，公司的产品被贴上了“化学制品”的标签，这使得公司的洗发水陷入被动的局面；其次，中国人以白皙为美，而黑发则更能衬托白皙之美。因此，R 牌洗发水应运而生。公司调整了产品组合，在旗下的产品中引入了“植物”和“黑发”的概念，邀请知名中医，共同参与研发中草药洗发水。之后，企业邀请了大量的消费者进行了产品概念测试，通过反复测试，最终确定了消费者需求。前后经过 3 年的反复调研和产品测试，公司终于推出了 R 牌洗发水。

（二）产品特色

在产品定位上，R 牌洗发水将目标消费者定位在 18—35 岁的城市高阶女性，因为她们具有更加明确的审美倾向。R 牌洗发水采用了洗发和润发的两个步骤，将洗头的时间延长了一倍，这主要是由于，在发达国家 80% 的消费者长期使用润发露，在日本，这一数据高达 85%，但在中国，使用润发露的消费者却不足 6%，因此公司认为，R 牌洗发水有着巨大的潜在市场。在包装策略上，公司也反复将 R 牌洗发水的包装和竞争对手的包装反复对比，调查消费者感受，最终确定了消费者容易记住的包装设计。

（三）宣传推广策略

在广告策略上，公司邀请消费者参与选择 R 牌洗发水的广告，公司制作了多条广告，请消费者选择他们定下的广告风格和配乐。此外，公司还为 R 牌洗发水精心设计了多种品牌宣传活动，突出强调品牌内涵。

从产品研究和市场推广来看，R 牌洗发水延续了公司一贯的谨慎原则。但是 R 牌洗发水上市后的市场反应却大大出乎公司的预料，R 牌洗发水在上市前两年的销售额大约在 1 个亿左右，品牌投入大约占到了其中的 10%，有不少消费者知道 R 牌洗发水，但是公司的数据却显示 R 牌洗发水的最高市场占有率不超过 3%，这个数字，不过是公司核心洗发水市场份额的十分之一。随后的市场调查表明，在女性喜欢使用的洗发水品牌中，R 牌洗发水榜上无名，而公司的其他洗发水产品均名列前茅。另一份市场调查也表明，看过竞争对手同类产品广告的消费者中有 24% 的消费者愿意尝试购买并使用，而看过 R 牌洗发水广告的消费者中，愿意尝试并购买的不到 2%。

场景设计：

R 牌洗发水的项目经理 A 最近一直愁眉不展，他反复思考一个问题：公司花费如此巨大的心思打造的 R 牌洗发水，市场形势却如此不容乐观，公司是应该继续在 R 牌洗发水上加大投入，扭转市场劣势呢？还是应该果断地放弃 R 牌洗发水，将企业资源投入更有需要的产品中去呢？

项目经理 A 决定在下次项目组会议中，与其他几位项目组负责人：产品经理 B、市场经理 C、财务经理 D 共同商议 R 牌洗发水的去留问题。

训练要求：

（1）以小组为单位，模拟 R 牌洗发水项目组会议；

（2）每组 4 人，分别扮演项目经理 A、产品经理 B、市场经理 C、财务经理 D；

（3）每个小组领取一份情景资料，提前进行讨论、排练；

（4）教师准备好会议场景和必备的相关材料（会议桌、椅子、纸、笔等文具）；

（5）模拟会议时间为 15 分钟；

（6）所有人员需要着正装，模拟会议要符合企业实际，会议过程表现完整，突出重点，表演要流畅、熟练；

（7）模拟会议结束后，每个小组提交会议纪要，会议纪要内容应该包括会议流程以及会议结论，会议结论部分需要相关的产品生命周期理论和决策理论作为决策依据。

1-4　新产品构思及品牌决策

训练目标：

了解寻求有效新产品构思的技巧；

熟悉品牌决策过程；

了解头脑风暴法的运用技巧。

训练内容：

假设某公司打算生产一款新型运动水壶，请你对该款运动水壶的功能、外观等进行重新设计，并完成其品牌决策。

训练要求：

（1）以小组为单位完成训练内容；

（2）通过头脑风暴法完成新型运动水壶的功能、款式的设计；

（3）其他需要完成的工作包括：新型运动水壶的命名、logo 设计、品牌使用决策。

项目总结

【知识回顾】

产品是指任何可提供于市场上，以引起消费者注意、购买，使用或消费，并满足他们的欲望或需求的一切有形或无形的东西，它包括核心产品、有形产品、附加产品、期望产品和潜在产品五个层次。

产品组合是指公司的业务经营范围，它包括公司向市场提供的全部产品线和产品项目的组合和结构。包括产品项目、产品线、产品组合的宽度、深度、长度以及关联度等要素，是选择产品组合策略的基础。

产品生命周期包括投入期、成长期、成熟期、衰退期 4 个阶段，每个阶段都有其特点，相应的市场营销策略也有所不同。

产品创新的成败决定着企业的成败，建立和完善新产品开发的流程，可以大大提高新产品开发的成功率。

品牌是一种名称、术语、标记、符号或设计，或是它们的组合使用，其目的是借以辨识某个销售者或某群销售者的产品或服务，并使之同竞争对手的产品和服务区别开来。品牌与商标有所不同。品牌决策包括品牌化决策、品牌归属决策、个别品牌与统一品牌决策、品牌延伸决策、多品牌决策、品牌更新决策。

【技能训练重点】

整体产品概念；

产品组合策略；

产品生命周期策略；

新产品开发；

品牌决策。

项目二　价格策略

项目目标

【知识目标】

理解影响定价的因素；

掌握企业定价的方法；

掌握企业的基本定价策略和价格调整策略。

【技能目标】

分析影响企业定价因素的能力；

选择适当定价方法的能力；

制定相应定价策略的能力。

【实训目标】

具备分析影响企业定价的因素，选择适合的定价方法，制定价格策略的技能。

项目实施

【技能训练】

2-1 校园餐厅的产品定价

训练目标：

熟悉影响定价的因素；

掌握定价策略。

训练内容：

假设你所在的学校食堂打算专门开辟校园餐厅服务，在有限的范围内为师生提供即时烹制的各种热炒产品，一方面可以满足师生的餐饮需求，另一方面还可以为学校食堂拓展收入领域，增加收入。请你根据学校食堂的实际情况，对校园餐厅选择合理的定价目标，并制订相应的的价格策略。

训练要求：

（1）以小组为单位完成技能训练；

（2）通过小范围调研（了解学生的需求和对价格的认知感等）和讨论的方式明确校园餐厅的定价目标、选择适当的定价方法、制定具体的定价策略；

（3）撰写校园餐厅的定价方案上交，并制作成 PPT，由一名组员向全班同学汇报。

2-2 市场调查——了解在校大学生对智能手机价格的感知

训练目标：

了解消费者心目中智能手机的定价属于什么水平；

帮助学生了解消费者的差异如何影响其对智能手机定价水平的感知；

了解消费者心目中理想的智能手机定价水平。

训练内容：

通过调查消费者对智能手机定价的认知，分析消费者的差异对这种认知的影响，并撰写在校大学生对智能手机定价感知的调查报告。

训练要求：

（1）以小组为单位，对在校大学生开展调研，了解其对智能手机定价的认知；

（2）可以设计简单的调查问卷或访谈提纲，调查对象不少于30人；

（3）调查对象要包括不同性别、年级以及消费水平的在校大学生；

（4）调查主要从消费者感知的角度进行；

（5）撰写调查报告。

项目总结

【知识回顾】

定价是一项非常复杂的工作，需要综合考虑多方面的因素，遵循一定的定价流程。企业定价方法主要包括成本导向定价法、需求导向定价法和竞争导向定价法等三种。企业的价格策略包括新产品定价、心理定价、地理定价、折扣定价、产品组合定价和价格变动策略等。

【技能训练重点】

明确定价目标；

选择定价方法；

制定价格策略；

了解消费者对价格的感知。

项目三　制订渠道策略

项目目标

【知识目标】

了解分销渠道的作用；

了解分销渠道的模式；

了解中间商的概念与类型；

理解分区渠道的含义及选择；

掌握影响分销渠道选择的因素；

掌握基本的渠道策略及渠道的设计和评估。

【技能目标】

具有选择分销渠道模式的能力；

具有设计和管理分销渠道能力。

【实训目标】

依据所学的知识，具备选择分销渠道和制定渠道策略的技能；

根据企业实际情况，具备评价和调整分销渠道的技能。

项目实施

【技能训练】

3-1　市场调查——绘制格力空调的零售网点图

训练目标：

帮助学生了解家电产品的分销渠道模式；

通过绘制零售网点图掌握零售终端布局技巧。

训练内容：

选择你所在的××城市××区内的格力空调的零售网点进行调查，详细了解销售格力空调的零售终端的种类、数量，绘制××市××区格力空调的零售网点图，通过观察和访问了解在不同的零售终端，格力空调某一型号产品的销量，了解消费者对零售网点的评价。

训练要求：

(1) 以小组为单位完成训练。

(2) 设计调查表，将调查结果填写在表格中，表格内容应该包括零售终端的类型、数量、地理位置、售价（某一型号产品）、销量以及消费者评价等内容。

(3) 绘制格力空调零售网点图。

(4) 根据调查表的内容，撰写格力空调零售网点分析报告，对不同零售商的运作方式、地位、销售效果以及零售网点布局情况进行评价。

3-2　××产品的分销渠道分析

训练目标：

使学生熟悉渠道评估的标准；

掌握渠道管理的内容和技巧。

训练内容：

选择熟悉的产品，讨论其分销渠道模式和渠道管理内容，并对其分销渠道进行评估，提出改进方案。

训练要求：

(1) 以小组为单位完成训练；

（2）收集资料，了解选定产品的分销渠道模式、渠道管理的内容；

（3）撰写渠道分析报告，内容包括：××产品的分销渠道模式、分销渠道的管理、分销渠道的评估以及渠道改进方案。字数不少于2000字。

项目总结

【知识回顾】

分销渠道是产品从生产领域向消费领域转移所经历的通道。企业的分销渠道可以分为直接渠道和间接渠道两种类型。

中间商是分销渠道中帮助商品流通的独立企业，是生产者和消费者之间的桥梁，主要包括批发商、代理商和零售商。

企业合理设计分销渠道首先应该明确分销目标，然后明确影响渠道选择的因素，确定渠道结构并挑选渠道成员。此外企业还应该做好渠道管理工作：选择渠道成员、激励渠道成员、处理渠道冲突、做好渠道改进分析。

【技能训练重点】

分销渠道模式；

设计分销渠道方案；

实施分销渠道管理。

项目四　制订促销策略

项目目标

【知识目标】

了解促销概念和作用；

熟悉促销组合策略；

掌握各种促销方式的特点、种类及使用。

【技能目标】

具有选择促销组合的能力；

具有开展人员推销的能力；

具有开展广告策划的能力；

具有策划营业推广活动的能力；

具有策划公共关系活动的能力；

具有设计促销方案的能力。

【实训目标】

具备策划和实施促销活动的技能；

具备开展人员推销的技能；

具备广告策划的技能；

具备策划营业推广活动和公共关系活动的技能。

项目实施

【技能训练】

4-1 ××商品的广告方案及一分钟广告创意

训练目标：

培养学生的市场沟通能力；

培养学生的创新能力；

培养学生的广告策划能力。

训练内容：

选择自己熟悉的商品，分析其现行广告策略存在的问题，并重新为其制订广告策略，选择适当的媒体为该商品设计一则新的广告。

训练要求：

(1) 以小组为单位完成训练；

(2) 对××商品的现行广告策略存在的问题进行分析；

(3) 为××商品重新制定广告方案，并撰写××商品广告策划方案；

(4) 为××商品制作15—30秒的广告脚本，并向全班同学展示。

4-2 情景模拟——向顾客推销其没有购买意向的商品

训练目标：

掌握人员推销的技巧；

提高学生的沟通能力；

了解消费者异议的重要性。

训练内容：

由教师设定4到5种消费者无需要购买意向的商品，每个小组利用不同的人员推销的方式，尝试将相应的商品销售给顾客。

训练要求：

(1) 以小组为单位完成情景模拟；

(2) 每个小组挑选两名组员分别扮演销售人员和顾客；

(3) 每个小组要提前了解商品，对销售场景进行提前设定，并加以练习；

（4）在课堂上分组演示人员推销过程。

4－3　当代商城"十一"黄金周营业活动策划

训练目标：

熟悉营业推广的方式；

掌握如何策划营业推广活动。

训练内容：

当代商城是一家综合性的商城，随着"十一"临近，当代商城打算针对"十一"黄金周策划一次营业推广活动，请你帮助当代商城完成此次营业推广活动的策划。

训练要求：

（1）以小组为单位完成训练内容；

（2）对当代商城的经营范围和规模、商圈进行设定；

（3）通过小组讨论的方式，明确当代商城此次的营业推广活动方案；

（4）撰写当代商城"十一"黄金周营业推广活动方案。

4－4　××欢乐谷"教师节"公关活动策划

训练目标：

了解公共活动策划的过程；

理解公关活动的意义和作用；

掌握制定公关活动策划方案的技能。

训练内容：

为××欢乐谷策划一次针对"教师节"的公关活动。

训练要求：

（1）以小组为单位，完成此次训练；

（2）通过××欢乐谷的官方网站了解欢乐谷的具体信息以及以往活动的相关信息；

（3）撰写××欢乐谷"教师节"公关活动策划方案，方案内容包括：公关活动的目标、活动主题、受众分析、活动策划、经费预算等内容。

4－5　广告欣赏

训练目标：

培养学生广告评价的能力；

帮助学生了解如何通过广告与消费者进行沟通。

训练内容：

每个小组成员针对一类产品，例如饮料、汽车等，搜集5则左右的广告，并将广告展示给全班同学，对广告的优点和不足进行点评。

训练要求：

（1）以小组为单位完成训练；

（2）每个小组可以通过多种途径收集多种形式的广告，广告形式不少于两种；

（3）对广告的合理之处或不当之处进行点评分析。

项目总结

【知识回顾】

促销是企业通过各种有效的方式向目标顾客传递有关企业或商品的信息，以刺激消费者需求，激发其购买的一系列综合活动的总称，因此促销也可以看作是一种信息沟通的活动。促销包括人员推销、广告、营业推广以及公共关系，每种促销方式都有其自身的特点、具体操作的方法和适用的具体情况。

【技能训练重点】

人员推销的技巧；

广告策划的能力；

策划营业推广活动的能力；

策划公关活动的能力。

附录：市场营销策划

“营销策划是为了达到营销目标而对
营销资源有计划的应用”。

——马尔科姆、麦克唐纳

一、市场营销策划的含义

市场营销策划是指企业在市场营销活动中，为了整个市场营销活动的目标、行为的统一和协调而进行的全局性和系统性的营销策划。它要求对企业市场营销活动的全过程进行系统的分析和设计，从市场营销环境的分析开始，选择营销战略，市场营销策略的制定和营销过程的控制和管理。市场营销策划是企业市场营销活动的总的纲领。

二、市场营销策划的流程

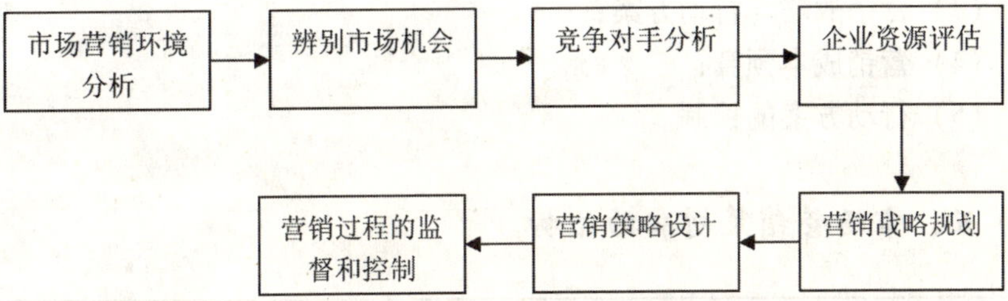

图1　市场营销策划流程图

三、市场营销策划的基本内容

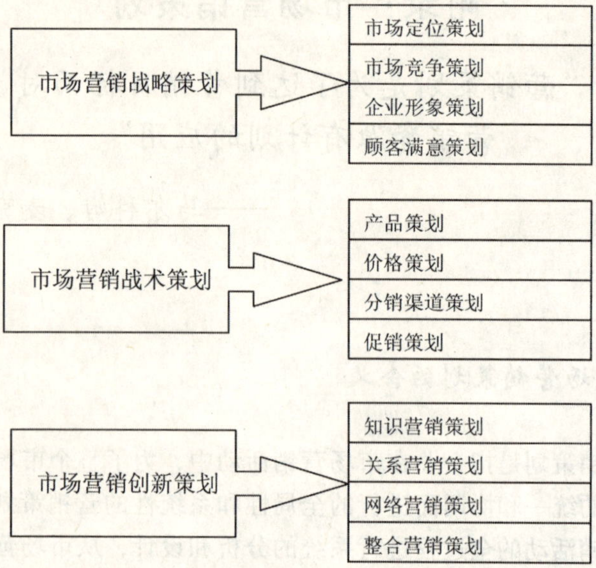

四、市场营销策划的构成要素

(1) 营销环境的分析与评价;
(2) 识别市场机会的威胁;
(3) 营销战略与行动方案;
(4) 营销成本预算;
(5) 行动方案的控制。

五、市场营销策划书的结构

市场营销策划书的结构	作用
封面	策划书的“脸”
前言	前景交待
目录	一目了然

续表

市场营销策划书的结构		作用
摘要		要点提示
正文	市场状况分析	营销策划的依据和基础
	SWOT 分析	提出问题（识别机会）
	营销策划目标	明确任务
	营销战略与具体行动方案	对症下药
	营销策划预算	预算准确
	行动方案控制	容易实施
结束语		前后呼应
附录		提高可信度

【技能训练】

1. 促销活动策划

训练目标：

帮助学生熟练掌握促销组合策略；

帮助学生掌握促销活动组织实施的技能；

帮助学生掌握促销活动方案设计的技能。

训练内容：

××产品“圣诞节”促销活动策划方案设计

训练要求：

（1）以小组为单位完成策划；

（2）小组成员通过讨论确定此次促销活动策划方案的产品；

（3）训练操作步骤：

明确促销的目的或必要性

进行市场状况分析和促销效果调查

设计促销目标

促销的策略组合设计

行动方案或具体活动安排

促销预算

撰写促销策划书

2. 市场定位策划

训练目标：

使学生了解市场定位策划的程序、方法和技巧；

使学生掌握市场定位策划方案的框架；

使学生掌握市场定位策划方案的设计。

训练内容：

某公司打算推出一款中草药牙膏，请你为这款中草药牙膏进行市场定位策划，并撰写市场定位策划方案。

训练要求：

（1）以小组为单位完成市场定位策划训练；

（2）对中草药牙膏进行市场分析和 SWOT 分析；

（3）对中草药牙膏的市场进行细分，并确定目标市场进入的策略；

（4）确定中草药牙膏的市场定位方案；

（5）撰写中草药牙膏市场定位策划方案。

3. 新产品上市推广策划

训练目标：

使学生了解新产品上市推广策划的程序、内容；

使学生掌握新产品推广策划方案的设计。

训练内容：

汇源公司预计在北京市场推出一款新产品“核桃露”，请你帮助汇源公司制订汇源“核桃露”上市推广的策划方案。

训练要求：

（1）以小组为单位完成训练；

（2）浏览汇源公司的官方网站，了解相关的产品信息；

（3）撰写新产品上市推广策划方案，内容包括：市场分析、企业及产品状况分析、上市推广方案设计、推广费用预算等内容。

参考文献

1. Peteraf M. The cornerstone of competitive advantage：A resource - based view［J］. Strategic Management Journal. 1993：35 - 36.

2. Teece D. J，Pisano G，Shuen A. Dynamic Capabilities and Strategic Management［J］. Strategic Mangement Journal. 1997，18（7）：21 - 23.

3. Porter，Michael E. Competitive Advantage：Creating and Sustaining Superior Performance［M］. New York：FreePress，1985：47 - 50.

4. Drucker，Peter F. The Practice of Management［M］. Now York：Harper & RowPress，1954：61 - 63.

5. Keller，K. L. CUSTOMER - BASED BRNAD EQUITU，Journal of Marketing［M］. 1993.

6. 徐康宁：《现代企业竞争战略——新的规则下的企业竞争》，南京大学出版社，2001 年。

7. 李湘真：《市场营销实训——核心能力拓展项目教程》，电子工业出版社，2011 年。

8. 赵国浩：《企业核心竞争力理论与实务》，机械工业出版社，2005 年。

9. 周志民：《试论品牌延伸的边界》，载《商业经济与管理》2001 年第 7 期。

10. 李志彩：《海尔中央空调奥运营销解析》，载《机电信息》2007 年第 5 期，第 23 页。

11. 张东晗：《消费者品牌忠诚影响因素研究——以液态奶消费为例》中国农业大学，2004 年，第 13 页。12. 李颖生：《本土名企市场攻略》，江西人民出版社，2005 年。

13. 徐凤琴、乔忠：《企业市场细分方法及目标市场的确定》，载《科技与管理》2004 年第 3 期，第 21 页。

14. 赵越：《市场营销实训》，首都经济贸易大学出版社，2007 年。

15. ［日］长古川纯雄：《国际品牌设计》，日本：Graphic 社编辑部，2006 年。

16. 阿克著，李兆丰译：《创建强势品牌》，机械工业出版社，2012 年。

17. 菲利普·科特勒：《市场营销教程》，高等教育出版社，2000 年，第 4 版。

18. 李倩茹、李培亮：《品牌营销实务》，广东经济出版社，2002 年。

19. 孙在国：《商战与名牌》，西南财经大学出版社，1998 年。

20. 万后芬：《周建设．品牌管理》，清华大学出版社，2006 年。

21. 黄金火、邱华、吴怀涛：《市场营销学》，华中科技大学出版社，2005 年。

22. 黄方正：《市场营销学》，电子科技大学出版社，2008 年。

23. 贾新政：《现代市场营销学》，吉林大学出版社，2006 年。

24. 白文周：《市场营销学》，吉林大学出版社，2006 年。

25. 李光斗：《品牌战——全球化留给中国的最后机会》，清华大学出版社，2006 年。

26. 盘和林：《哈佛危机管理决策分析及经典案例》，人民出版社，2006 年。

27. 颜炳荣：《世界著名企业的品牌攻略》，中国纺织出版社，2006 年。

28. 蒋波：《论企业品牌危机管理》，武汉理工大学，2006 年，第 15－17 页。

29. 王海滨：《市场营销管理》，武汉理工大学出版社，2004 年。

30. 莱波拉：《领导成就卓越品牌——品牌策略新观念》，中华工商联合出版社，2006 年。

31. 杨淑华：《服装产品品牌企划营销策略推广与经营企划文案写作经典范例》，宁夏大地音像出版社，2006 年。

32. 郑丽萍：《品牌榜样——旗舰日志：国际服装业十大实力品牌发展战略》，浙江大学出版社，2003 年。

33. 能力杂志编著：《品牌策略闯天下》，中国生产力中心出版社，2004 年。

34. 张玲：《品牌危机管理研究》，首都经济贸易大学，2006 年，第 18－20 页。

35. 白文周：《市场营销学》，吉林大学出版社，2006 年。

36. 刘莉、尚会英、陶晓波：《市场营销管理实训教程》，清华大学出版社、北京交通大学出版社，2010 年。

37. 符莎莉：《市场营销实务——项目导向教程 》，电子工业出版社，2010 年。

38. 彭石普：《 市场营销——理论、实务、案例、实训》，东北财经大学出版社，2011 年。

39. 纪宝成：《市场营销学教程》，人民大学出版社，2012 年。

40. 周爱学：《品牌密码——透视汽车品牌传播的奥秘》，机械工业出版社，2011 年。

41. 中国营销传播网 . http：//www. emkt. com. cn